Grammar in Use Intermediate

マーフィーのケンブリッジ英文法

(中級編) 第4版

Raymond Murphy 著

William R. Smalzer, Joseph Chapple 執筆協力

渡辺 雅仁・田島 祐規子・ドナルドソン 友美 訳

Shaftesbury Road, Cambridge CB2 8EA, United Kingdom

One Liberty Plaza, 20th Floor, New York, NY 10006, USA

477 Williamstown Road, Port Melbourne, VIC 3207, Australia

314–321, 3rd Floor, Plot 3, Splendor Forum, Jasola District Centre, New Delhi – 110025, India

103 Penang Road, #05-06/07, Visioncrest Commercial, Singapore 238467

Cambridge University Press & Assessment is a department of the University of Cambridge.

We share the University's mission to contribute to society through the pursuit of education, learning and research at the highest international levels of excellence.

www.cambridge.org

This Japanese bilingual edition is based on
Grammar in Use Intermediate with Answers, Fourth edition

ISBN 978-1-108-44939-7 first published by Cambridge University Press in 2017.

First published 2010

20 19 18 17 16 15 14 13 12 11 10 9 8 7 6 5 4 3

Printed in Malaysia by Vivar Printing

ISBN 978-4-889969-46-7 Paperback Japanese bilingual edition

Design: Q2A Media Services Pvt. Ltd

目次

本書の巻末(p. 321)には「診断テスト」が用意されています。
まず「診断テスト」を受けて、自分の学習すべきユニットを見つけてください。

if と wish

受動態

間接話法

疑問文と繰り返しを避ける助動詞

動名詞 (–ing) と不定詞 (to + 動詞の原形)

冠詞と名詞

本書の巻末 (p. 321) には「診断テスト」が用意されています。
まず「診断テスト」を受けて, 自分の学習すべきユニットを見つけてください。

本書の巻末(p. 321)には「診断テスト」が用意されています。
まず「診断テスト」を受けて、自分の学習すべきユニットを見つけてください。

本書の巻末（p. 321）には「診断テスト」が用意されています。
まず「診断テスト」を受けて、自分の学習すべきユニットを見つけてください。

日本語版出版にあたって

本書『マーフィーのケンブリッジ英文法（中級編）』は、2018 年にアメリカのケンブリッジ大学出版局から出版された *Grammar in Use Intermediate* fourth edition（アメリカ英語版）に基づいた「日英バイリンガル第 4 版」です。

レイモンド・マーフィー（Raymond Murphy）による Grammar in Use シリーズは、1985 年にイギリスで刊行された *English Grammar in Use*（イギリス英語版）以来、四半世紀にわたって世界の英語学習者からコミュニケーションに「使える」実用文法書として高い評価を得てきました。

現在、Grammar in Use シリーズは、中級の学習者を対象とする *English Grammar in Use* を核に、イギリス英語版とアメリカ英語版、さらに初級—中級—上級の分化とともに、学習者の母国語で解説を記述する各国のバイリンガル版の刊行等を通じてますます読者が増えています。

Grammar in Use シリーズの最大の特長は、以下の3点に集約されます。

1 統一された「見開き 2 ページ構成」によって、辞書を引くように学習したい文法項目がすぐに見つかる。
実用性の高い多様な文法事項が、左ページの「文法解説と例文」、右ページの「練習問題」といった共通のレイアウトで配置されている。

2 より主体的な文法学習を奨励するために専門用語に依存した文法解説は最小限にとどめ、直感による理解を促進するイラストや、中学校卒業程度の英語力があれば十分理解できる平易な例文を多数配置している。

3 コミュニケーションにおける実用性の高い例文
「文法解説」および「練習問題」中の「例文」は、その多くが1つのピリオドや疑問符で終わる単文ではなく、自然な文脈や会話を構成する文の中に配置されている。これにより、文法を英語が実際に使われる場面や会話の中で学ぶことができる。

本書「日英バイリンガル第 4 版」においても、オリジナルの *Grammar in Use Intermediate* 同様、左ページに「文法解説と例文」、右ページに「練習問題」という統一レイアウトを用いています。また、優れた例文をできるだけ多く読みながら文法理解の確認ができるように、以下の原則に基づいて解説の日本文を作成しました。

1 学習者が自問自答しながら、理解を確認できるような質問事項とその答えを配置した。

2 学習者ができるだけ多くの例文を自分の力で読みこなせるように、本文中の例文の全訳は行わない。日本語訳を行う場合には、例文中でポイントとなる部分についてのみ訳出した。

3 原著に準じて、文法の専門用語はできるだけ用いずに解説を行った。一方で原著に登場するが日本の中学校や高校で学習しない文法用語については、必要に応じて解説を加えて訳出した。

本書は「日英バイリンガル版」ですが、すべて英語で記述されている「オリジナル版」と同様、イラストや例文主体の学習は欠かすことができません。本書を通じて英文法のより深い直感的な学習が可能になり、ひとりでも多くの学習者の方がコミュニケーションに「使える」英文法力を獲得されることを願っています。

訳者

学習者の皆さんへ

学習をすすめていく中で、英文法がわからなくなることはありませんか。本書はそのような時にあなたが英語の先生に頼らずに自分で英文法が学べるように作られています。

例えば、次の質問にきちんと答えられますか。いずれの答えも本書の中に見つけることができます。

- ▢ I did(過去形)とI have done(現在完了形)は、どのように異なりますか。
- ▢ どのような時に、will を用いて未来を表しますか。
- ▢ I wish の後には、どのような構文がきますか。
- ▢ used to do と used to doing は、どのように異なりますか。
- ▢ どのような状況で定冠詞の the を使いますか。
- ▢ like と as は、どのように異なりますか。

本書には、この他にも様々な文法項目が解説されており、見開き 2 ページで構成され、項目ごとに理解を確認するための「練習問題」が右ページに配置されています。

学習者の対象レベル

本書は「中級」レベルの学習者を対象に書かれています。また、中学校から高校 1、2 年程度の英語の初級文法を終えて、さらに英文法を学びたいと考えている「中級」レベルの学習者が「英語で言ってみたい。でも間違っていないかどうか心配」と思うような構文を多く取り上げています。さらに、英語をそれなりに使えるものの、もっと文法を詳しく学びたいと考えている「上級」レベルの学習者にも役立ちますが、英語を学び始めた小学生や中学生のような「初級」の学習者には向いていません。左ページの日本語は参考のために表示されていて、英語との直訳ではない場合があります。

本書の構成

本書は「1 つのユニットに 1 つの文法事項」を原則として 142 ユニットで構成されており、「現在完了形」や「定冠詞の the 」などのように、より詳しい解説が必要な項目は複数のユニットで解説されています。それぞれのユニットで扱っている文法項目については「目次」で確認してください。各ユニットはすべて見開き 2 ページで構成されています。左ページには「文法説明と例文」、右ページには「練習問題」が配置されています。練習問題の正解は別冊解答集で確認してください。

また、巻末には「付録」(pp. 286–295) として次の7項目がまとめられています。

1　規則動詞と不規則動詞
2　現在時制と過去時制
3　未来
4　法助動詞 (can/could/will/would など)
5　短縮形 (I'm/you've/didn't など)
6　つづり
7　イギリス英語

さらに「索引」(pp. 332–334) では、文法項目と重要語句の確認ができます。

本書の使い方

本書は、最初から終わりまでのユニットを 1 つずつ順番に学習する必要はありません。ユニットは、易しいものから難しいものへと難易度順に構成されているわけではないからです。「本書の構成」でも触れたように「1 つのユニットに 1 つの文法事項」の原則によって、学習者が自分なりに「難しい、よくわからない」と感じる文法項目を選択して学習できます。

例えば、次のように学習します。

- ▢ 本書の巻末(pp. 321–330)には「診断テスト」が用意されています。まず、この「診断テスト」を受けてください。テストは全て選択式問題となっており1時間程度で終了します。このテストの結果から、自分が十分に理解していないユニットが明らかになります。また「目次」や「索引」から学習すべきユニットを探してみるのも良いでしょう。
- ▢ 選択したユニットの左ページの文法解説をよく読みます。解説だけを拾い読みするのではなく、例文やイラストが表す状況について理解しましょう。例文は、中学校レベルの英語力があれば十分理解できる平易な語句で記述されています。
- ▢ 本文中の以下の記号に注意します。
  - ☆ 文法について考えるべきポイントです。多くは質問形式になっていますので、質問に答えられるかどうか確認してから読み始めます。
  - ➤ ☆ の質問への解答がまとめられています。
  - ⇒ 解釈の難しい構文の理解を助けるヒントです。例文の日本語訳ではないことに注意してください。
  - ⇔ 左右の構文を比較し、どのように異なるかを考えます。
  - × 文法上正しくない構文を表します。なぜ正しくないかを考えます。
  - ＝ 左右の構文が同じであることを表します。
  - ➜ 参照すべきユニットを表します。指示されたユニットを参照して理解を確認します。
- ▢ 選択したユニットの右ページの「練習問題」に取り組みます。なぜその答えとなるのかを考えながら解答します。
- ▢ 別冊解答集で正解を確認します。
- ▢ 間違えた問題は、なぜ間違えたのかをユニット左ページの文法解説を読み直して確認します。間違えた問題は後で復習できるよう問題番号をメモしたり、「練習問題」を行わずに、左ページの文法解説を目次や索引から辞書を引くように参照してもよいでしょう。

補足練習問題

巻末には「補足練習問題」(pp. 296–320)が用意されています。この「補足練習問題」は、関連する複数のユニットをまとめたより広い出題範囲の中から作られています。例えば「補足練習問題 16」は、25- 35までのユニットを出題範囲としています。各ユニットを学習した後で補足練習問題に取り組めば、ユニットを超えたより幅広い範囲で、短時間に文法の理解ができるようになります。

先生方へ

本書『マーフィーのケンブリッジ英文法（中級編）』は、学習者がひとりで学べる自学自習用の文法書として作成されていますが、高校や大学などの英語の授業でもテキストや参考資料として十分活用いただけます。ことにコミュニケーションを重視しつつ、英文法についてより詳しく学習させたい場合に役立ちます。

中学校の文法を理解した「中級」の学習者や、高校までの文法を理解した「中上級」の学習者を対象としていますので、このレベルの学習者であれば、本文中のほぼすべての項目について問題なく理解できます。学習者にすでに学んだ文法事項を復習させることも、新しい構文を導入して練習させることも可能です。また、高校の英語を十分に習得し、さらに高度な英語力を目指す「上級」レベルの学習者にも、英文法でわからないことがあった際に辞書を引くように文法項目を参照させたり、練習させたりできます。しかし、小学生や中学生のような「初級」の学習者には向きません。

「目次」にあるように、それぞれのユニットは「現在形と過去形」「冠詞と名詞」「前置詞」といった文法上の分類によってまとめられています。この分類は易しいものから難しいものへと配置されているわけではありません。したがって、本書は「目次」にある順番どおりにすべてのユニットを１つ ずつ学習する必要はありませんので、先生方の授業における文法学習のシラバスや学習者のレベルや学習状況などに応じて、柔軟にユニットを選択することができます。

本書は、文法事項を新しく導入し、ただちに定着させる際にも、一定の期間の後に復習したり、学習者の弱い部分に焦点を当てて強化する際にも役立ちます。また、一斉授業においてクラス全体で使用することも、学習者に応じて個別学習させることも可能です。文法の解説と例文は、もとは英文法の自学自習のために書かれたものですが、教師が授業を行う際のヒントや参考資料にもなります。また、左ページの日本語は参考のために表示されていて、英p語の直訳ではない場合があります。学習者にとって左のページは授業で学んだことの記録となり、授業の後も繰り返して参照できます。右のページの「練習問題」は、学習者への自習課題としても、クラスでの全体学習としても、授業の予習としての自宅学習としても取り組ませることができます。また、ある文法項目について特定の学習者の理解が十分ではない場合に、その学習者に学習すべきユニットを個別に指定して取り組ませることもできます。ここでも複数のユニットをまとめ、より広い出題範囲の中から作られた巻末の「補足練習問題」が役立ちます（「学習者の皆さんへ」も参照してください）。

本書中の英語表現は、大半が標準的な口語の北アメリカ英語として実際に使われ、広く受け入れられているものです。英語の母語話者の中には、例えば、目的格代名詞としての who や、he or she（彼もしくは彼女）の意味で用いる they について「正しくない」とする意見もありますが、本書ではこのような用法は問題のない標準的なものとして取り上げています。

Grammar in Use Intermediate

マーフィーのケンブリッジ英文法

（中級編）第4版

Unit 1

現在進行形 (I am doing)

A

☆ **イラストの状況について考えましょう。どのような形の動詞が使われていますか。**

Sarah は車に乗っていて、仕事に向かっているところです。
She's **driving** to work. (= She **is driving** ...)

今のこの瞬間に、彼女は車を運転しています。運転は終了していません。

➤ **am/is/are + -ing の形は現在進行形と呼ばれます。**

I	**am**	(= I'**m**)	**driving**
he/she/it	**is**	(= he'**s** など)	**working**
we/you/they	**are**	(= we'**re** など)	**doing** など

B

「…している最中」のように、現在進行している動作は現在進行形 (**I am doing ...**) で表します。この動作は単純現在形 (I do) では書き換えられません。

- Please don't make so much noise. I**'m trying** to work. (× I try)
- "Where's Mark?" "He**'s taking** a shower." (× He takes a shower)
- Let's go out now. It **isn't raining** anymore. (× It doesn't rain)
- How's your new job? **Are** you **enjoying** it? (× Do you enjoy)
- What's all that noise? What**'s going** on? *or* What**'s** happening? (⇒ 何が起こっているの?)

☆ **下のイラストの現在進行形は、上の例文中の現在進行形とどのように異なりますか。**

Steve は電話で友達と話をしています。

I'm reading a really good book right now.
It's about a man who ...

Steve は電話で会話をしているところです。本を読んでいるわけではありません。「本は読み始めたが、まだ読み終えていない。本を読んでいる途中である」ことを意味しています。

➤ **現在進行形は、話をしている瞬間に進行していない動作を表すことがあります。**

以下の例文中の現在進行形も、動作は話の最中に進行していません。

- Kate wants to work in Italy, so she**'s learning** Italian.
  (⇒ イタリア語を学習している。たった今、学習しているわけではない)
- Some friends of mine **are building** their own house. They hope to finish it next summer.

C

today, this week, this year などの現在を含む語句は、現在進行形とともに用いることができます。

- A: You**'re working** hard **today**. (× You work hard today)
  B: Yes, I have a lot to do.
- The company I work for **isn't doing** so well **this year**.

現在も進行している変化は現在進行形で表します。以下の動詞はこのような状況で多く使われます。

getting	**changing**	**increasing**	**rising**	**starting**
becoming	**improving**	**growing**	**falling**	**beginning**

- **Is** your English **getting** better? (× Does your English get better?)
- The population of the world **is increasing** very fast. (× increases)
- At first I didn't like my job, but I**'m starting** to enjoy it now. (× I start)

現在進行形と単純現在形の違い ➜ Units 3–4　　未来を表す現在進行形や単純現在形 ➜ Unit 18

練習問題

1.1 イラストの人物は何をしていますか。以下から適切な動詞を選び、正しい形に変えて文を完成させなさい。

cross **hide** **scratch** ~~**take**~~ **tie** **wave**

1 She's taking a picture.
2 He .... his shoelaces.
3 .... the road.
4 .... his head.
5 .... behind a tree.
6 .... to somebody.

1.2 左の枠内に続く文を、右の枠内から選んで答えなさい。

1 Please don't make so much noise.	a I'm getting hungry.
2 We need to leave soon.	b They're lying.
3 I don't have anywhere to live right now.	c It's starting to rain.
4 I need to eat something soon.	d They're trying to sell it.
5 They don't need their car anymore.	e It's getting late.
6 Things are not so good at work.	~~f I'm trying to work.~~
7 What they say isn't true.	g I'm staying with friends.
8 We are going to get wet.	h The company is losing money.

1 f
2 ....
3 ....
4 ....
5 ....
6 ....
7 ....
8 ....

1.3 （ ）内の語句を使って、現在進行形の疑問文を作りなさい。

1 What's all that noise? What's happening? (what / happen?)
2 What's the matter? .... (why / you / cry?)
3 Where's your mother? .... (she / work / today?)
4 I haven't seen you in ages. .... (what / you / do / these days?)
5 Amy is a student. .... (what / she / study?)
6 Who are those people? .... (what / they / do?)
7 I heard you started a new job. .... (you / enjoy / it?)
8 We're not in a hurry. .... (why / you / walk / so fast?)

1.4 （ ）内の語句を使って、現在進行形肯定（I'm doing など）または否定形（I'm not doing など）の文を完成させなさい。

1 Please don't make so much noise. I'm trying (I / try) to work.
2 Let's go out now. It isn't raining (it / rain) anymore.
3 You can turn off the music. .... (I / listen) to it.
4 Kate called last night. She's on a trip with friends. .... (She / have) a great time and doesn't want to come back.
5 Andrew started evening classes recently. .... (he / learn) Japanese.
6 Jason and Sarah have had an argument, and now .... (they / speak) to each other.
7 The situation is already very bad, and now .... (it / get) worse.
8 Tim .... (work) today. He's taken the day off.
9 .... (I / look) for Allison. Do you know where she is?
10 The washing machine has been repaired. .... (It / work) now.
11 .... (They / build) a new hospital. It will be finished next year.
12 Ben is a student, but he's not very happy. .... (He / enjoy) his courses.
13 .... (The weather / change). I think it's going to rain.
14 Dan has been in the same job for a long time. .... (He / start) to get bored with it.

Unit 2

単純現在形 (I do)

A

☆ **イラストの状況について考えましょう。どのような形の動詞が使われていますか。**

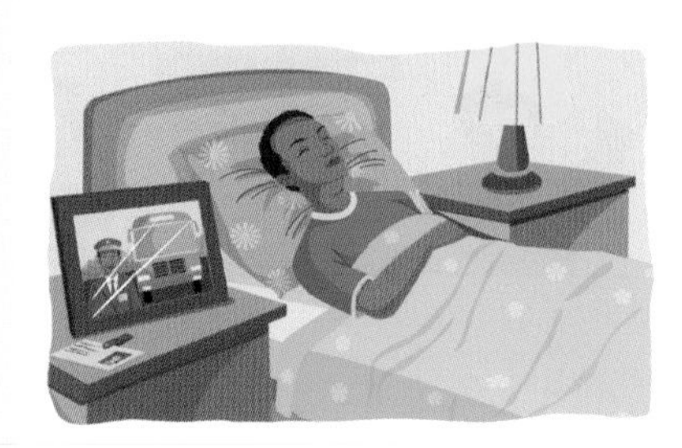

Alex はバスの運転手です。今、彼は寝ているところでバスは運転していません。
この状況は以下の 2 通りで表せます。

He is not **driving** a bus.（⇒ 今は眠っていられます）

⇔ He **drives** a bus.（⇒ 職業はバスの運転手）

➤ **drive(s)/work(s)/do(es) などの形は単純現在形と呼ばれます。**

I/we/you/they	**drive/work/do** など
he/she/it	**drives/works/does** など

B

「…するものだ／いつも…する」のように、常時成立していたり繰り返して生じる出来事などは、単純現在形で表します。

- ▢ Nurses **take** care of patients in hospitals.
- ▢ I usually **leave** for work at 8 a.m.
- ▢ The earth **goes** around the sun.
- ▢ The coffee shop **opens** at 7:30 in the morning.

☆ **主語が変わると、単純現在形の動詞は以下のように変化します。**

I **work**	⇔	he **works**	you **go**	⇔	it **goes**
they **teach**	⇔	my sister **teaches**	I **have**	⇔	he **has**

つづり（**-s**, **-es**）については、**付録 6** を参照

C

単純現在形の疑問文や否定文は、助動詞の **do/does** を用いて作ります。

do **does**	I/we/you/they he/she/it	**work**? **drive**? **do**?

I/we/you/they he/she/it	**don't** **doesn't**	**work** **drive** **do**

- ▢ I come from Japan. Where **do** you **come** from?
- ▢ I **don't travel** a lot.
- ▢ What **does** this word **mean**? （× What means this word?）
- ▢ Rice **doesn't grow** in cold climates.

以下の例文では、主動詞としての **do**（…をする）も do you **do** / doesn't **do** の形で含まれています。

- ▢ "What **do** you **do**?" "I work in a store."
- ▢ He's always so lazy. He **doesn't do** anything to help us.

D

頻度を表す語句は、単純現在形とともに用います。

- ▢ I **get** up at 8:00 **every morning**.
- ▢ **How often do** you **go** to the dentist?
- ▢ Julia **doesn't drink** coffee **very often**.
- ▢ Michael usually **plays** tennis **two or three times a week**.

E

I promise ... / **I apologize ...** などのように、宣言して動作が行われる場合は単純現在形を用います。例えば **I promise ...** では「約束」、**I suggest ...** では「提案」という動作が行われます。

- ▢ **I promise** I won't be late.（× I'm promising）
- ▢ "What do you **suggest** I do?" "**I suggest** that you ... "

I agree ... / **I advise ...** / **I insist ...** / **I refuse ...** / **I suppose ...** なども同じように用います。

現在進行形と単純現在形の違い ➜ Units 3–4　未来を表す現在進行形や単純現在形 ➜ Unit 18

練習問題

2.1 以下から適切な動詞を選び、正しい形に変えて文を完成させなさい。

cause(s) **close(s)** **connect(s)** **go(es)** **live(s)** ~~**speak(s)**~~ **take(s)**

1 Tanya ..*speaks*.. German very well.
2 Ben and Jack .... to the same school.
3 Bad driving .... many accidents.
4 The museum .... at 4:00 on Sundays.
5 My parents .... in a very small apartment.
6 The Olympics .... place every four years.
7 The Panama Canal .... the Atlantic and Pacific Oceans.

2.2 (　) 内の動詞を適切な形に変えて、文を完成させなさい。

1 Julia ..*doesn't drink*.. (not / drink) coffee very often.
2 What time .... (the banks / close) here?
3 I have a car, but I .... (not / use) it much.
4 "Where .... (Maria / come) from?" "Is she Colombian?"
5 "What .... (you / do)?" "I'm an electrician."
6 Look at this sentence. What .... (this word / mean)?
7 David isn't in very good shape. He .... (not / get) any exercise.
8 It .... (take) me an hour to get to work in the morning. How long .... (it / take) you?

2.3 以下から適切な動詞を選び、正しい形に変えて文を完成させなさい。否定形となる場合もあります。

believe **eat** **flow** ~~**go**~~ ~~**grow**~~ **make** **rise** **tell** **translate**

1 The earth ..*goes*.. around the sun.
2 Rice ..*doesn't grow*.. in cold climates.
3 The sun .... in the east.
4 Bees .... honey.
5 Vegetarians .... meat.
6 An atheist .... in God.
7 An interpreter .... from one language into another.
8 Liars are people who .... the truth.
9 The Amazon River .... into the Atlantic Ocean.

2.4 Emily に、本人や家族のことについて質問しなさい。

1 You know that Emily plays tennis. You want to know how often. Ask her.
How often ..*do you play tennis*.. ?
2 Perhaps Emily's sister plays tennis, too. You want to know. Ask Emily.
.... your sister .... ?
3 You know that Emily goes to the movies a lot. You want to know how often. Ask her.
.... ?
4 You know that Emily's brother works. You want to know what he does. Ask Emily.
.... ?
5 You're not sure if Emily speaks Spanish. You want to know. Ask her.
.... ?
6 You don't know where Emily's grandparents live. You want to know. Ask Emily.
.... ?

2.5 空所に適切な語句を以下から選び、文を完成させなさい。

I agree **I apologize** **I insist** **I promise** **I recommend** ~~**I suggest**~~

1 Mr. Evans is not in the office today. ..*I suggest*.. you try calling him tomorrow.
2 I won't tell anybody what you said. ....
3 (レストランで) You must let me pay for the meal. ....
4 .... for what I said. I shouldn't have said it.
5 The new restaurant on Lake Street is very good. .... it.
6 I think you're absolutely right. .... with you.

Unit 3 現在進行形と単純現在形 1 (I am doing と I do)

A

☆ 現在進行形と単純現在形は、どのように異なりますか。

I am doing（現在進行形）

➤ 現在進行形は「…している最中」のように、現時点で進行している出来事を表します。動作は完了していません。

I am doing

過去　現在　未来

- The water **is boiling**. Be careful.
- Listen to those people. What language **are** they **speaking**?
- Let's go out. It **isn't raining** now.
- "I'm busy." "What **are** you **doing**?"
- I'**m getting** hungry. Let's go and eat.
- Kate wants to work in Italy, so she'**s learning** Italian.
- The population of the world **is increasing** very fast.

➤ 現在進行形は一時的な状況を表します。

- I'**m living** with some friends until I find a place of my own.
- A: You'**re working** hard today.
  B: Yes, I have a lot to do.

現在進行形については **Unit 1** を参照

I do（単純現在形）

➤ 単純現在形は「いつも…する」のように、物や人の性質や習慣、繰り返し生じる出来事を表します。

← **I do** →

過去　現在　未来

- Water **boils** at 212 degrees Fahrenheit.
- Excuse me, **do** you **speak** English?
- It **doesn't rain** very much in the summer.
- What **do** you usually **do** on weekends?
- I always **get** hungry in the afternoon.
- Most people **learn** to swim when they are children.
- Every day, the population of the world **increases** by about 200,000 people.

➤ 単純現在形は永続的な状況を表します。

- My parents **live** in Vancouver. They have lived there their whole lives.
- Joe isn't lazy. He **works** hard most of the time.

単純現在形については **Unit 2** を参照

B

I always do (...) と **I'm always doing (...)**

I always do ... は「いつも…する」という習慣を表します。

- **I always go** to work by car. (× I'm always going)

☆ イラストの **I'm always doing (…)** は、どのような状況を表していますか。

➤ I'm always losing them. は「物を失くしてばかりいる」という意味を持ちます。I'm always doing ... は「…してばかりいる／よく…して困る」のように、困っている状況を表しています。

☆ 例文はどのような状況を表していますか。

- Eric is never satisfied. He'**s always complaining**. (⇒ いつも文句ばかり言っている)
- You'**re always looking** at your phone. Don't you have anything else to do? (⇒ いつも携帯電話ばかり見ている)

現在進行形と単純現在形 2 ➜ Unit 4　未来を表す単純現在形 ➜ Unit 18

練習問題

3.1 下線部の動詞の用法について誤りがあれば訂正しなさい。

1 Water boils at 212 degrees Fahrenheit. OK
2 How often ~~are you going~~ to the cinema? How often do you go
3 Ben tries to find a job, but he hasn't had any luck yet. ……
4 Melissa is calling her mother every day. ……
5 The moon goes around the earth in about 27 days. ……
6 Can you hear those people? What do they talk about? ……
7 What do you do in your spare time? ……
8 Sarah is a vegetarian. She doesn't eat meat. ……
9 I must go now. It gets late. ……
10 "Come on! It's time to leave." "OK, I come." ……
11 Mike is never late. He's always starting work on time. ……
12 They don't get along well. They're always arguing. ……

3.2 (　) 内の語句を現在進行形または単純現在形に変えて、空所に入れなさい。

1 A: I usually get (I / usually/get) hungry in the afternoon.
B: I'm getting (I / get) hungry. Let's go and eat something.
2 A: "…… (you / listen) to the radio?" "No, you can turn it off."
B: "…… (you / listen) to the radio a lot?" "No, not very often."
3 A: The Nile River …… (flow) into the Mediterranean.
B: The river …… (flow) very fast today – much faster than usual.
4 A: My apartment is a mess. …… (I / not / do) the housework very often.
B: What …… (you / usually / do) on weekends?
5 A: Rachel is in NewYork right now. …… (She / stay) at the Park Hotel.
B: …… (She / always / stay) there when she's in New York.

3.3 (　) 内の語句を現在進行形または単純現在形に変えて、空所に入れなさい。

1 Why are all these people here? What's happening (What / happen)?
2 Julia is good at languages. …… (She /speak) four languages very well.
3 Are you ready yet? …… (Everybody / wait) for you.
4 I've never heard this word. How …… (you / pronounce) it?
5 Kate …… (not / work) this week. She's on vacation.
6 I think my English …… (improve) slowly. It's better than it was.
7 Nicole …… (live) in Dallas. She has never lived anywhere else.
8 Can we stop walking soon? …… (I / start) to get tired.
9 Sam and Natalie are in Madrid right now. …… (They / visit) a friend of theirs.
10 "What …… (your father / do)?" "He's an architect."
11 It took me an hour to get to work this morning. Most days …… (it / not / take) so long.
12 I …… (learn) to drive. My driving test is next month. My father …… (teach) me.

3.4 以下の B の発言を現在進行形 (**always -ing**) を用いて完成させなさい。

1 A: I've lost my keys again.
B: Not again! You're always losing your keys.
2 A: The car broke down again.
B: That car is useless. It …….
3 A: Look! You made the same mistake again.
B: Oh no, not again! I …….
4 A: Oh, I left my phone at home again.
B: Typical! …….

Unit 4 現在進行形と単純現在形 2 (I am doing と I do)

A

I'm waiting. や **It is raining.** などのように、始まったものの完了していない動作や出来事は現在進行形で表します。**know** や **like** のような動詞は、I am knowing や they are liking のような進行形にはできず、常に I **know**, they **like** のような単純現在形を用います。このように、進行形にしない動詞には次のようなものがあります。

like	**want**	**need**	**prefer**	
know	**understand**	**recognize**		
believe	**suppose**	**remember**	**mean**	
belong	**fit**	**contain**	**consist**	**seem**

- ▢ I'm hungry. I **want** something to eat. (× I'm wanting)
- ▢ **Do** you **understand** what I **mean**?
- ▢ Anna **doesn't seem** very happy right now.

B

think

think が believe や have an opinion (…だと思う) の意味を持つ場合は、進行形にはなりません。

- ▢ I **think** Mary is Canadian, but I'm not sure. (× I'm thinking)
- ▢ What **do** you **think** of my idea? (⇒ 〜についてどう思う?)

think が consider (…と考える) の意味を持つ場合は、進行形になります。

- ▢ I**'m thinking** about what happened. I often **think** about it.
- ▢ Nicky **is thinking** of giving up her job. (⇒ 〜を(真剣に)考えている)

C

see **hear** **smell** **taste** **look** **feel**

知覚や感覚を表す動詞(**see**/**hear**/**smell**/**taste** などの知覚動詞)は、単純現在形で用い、通常は進行形にはしません。

- ▢ **Do** you **see** that man over there? (× Are you seeing)
- ▢ The room **smells** bad. Let's open a window.
- ▢ This soup **doesn't taste** very good.

look と **feel**

「…のように見える/…と感じる」の意味を持つ **look** と **feel** は、単純現在形でも現在進行形でも用いられます。

- ▢ You **look** well today. *or* You**'re looking** well today.
- ▢ How **do** you **feel** now? *or* How **are** you **feeling** now?

しかし「いつも…を感じる」のように、現在に限定されない場合には単純現在形を用います。

- ▢ I usually **feel** tired in the morning. (× I'm usually feeling)

D

am/is/are being

he's being ... / **you're being ...** は「…のようにふるまっている/…のふりをしている」の意味を持ちます。

- ▢ I can't understand why he**'s being** so selfish. He isn't usually like that.
  (**being** selfish = behaving selfishly now)
- ▢ "The path is icy. Don't slip." "Don't worry. I**'m being** very careful."

以下のように習慣や性格などを表す場合は、**am/is/are being** は用いません。

- ▢ He never thinks about other people. He**'s** very selfish. (× He is being ...)
  (= He is selfish generally, not only at the moment)
- ▢ I don't like to take risks. I**'m** a very careful person. (× I'm being ...)

am/is/are being ... は「(人が)…のようにふるまっている」の意味を持つ場合にのみ使えます。この意味を持たない場合は進行形にはできません。

- ▢ Sam **is** sick. (× is being sick)
- ▢ **Are** you tired? (× are you being tired)

現在進行形と単純現在形 1 ➔ Unit 3　**have** ➔ Unit 16　未来を表す単純現在形 ➔ Unit 18

練習問題

4.1 (　) 内の動詞を現在進行形または単純現在形の適切な形にして、文を完成させなさい。

1. Are you hungry? Do you want (you / want) something to eat?
2. Alan says he's 90 years old, but nobody .... (believe) him.
3. She told me her name, but .... (I / not / remember) it now.
4. Don't put the dictionary away. .... (I / use) it.
5. Don't put the dictionary away. .... (I / need) it.
6. Air .... (consist) mainly of nitrogen and oxygen.
7. Who is that man? What .... (he / want)?
8. Who is that man? Why .... (he / look) at us?
9. Who is that man? .... (you / recognize) him?
10. .... (I / think) of selling my car. Would you be interested in buying it?
11. I can't make up my mind. What .... (you / think) I should do?
12. Alex wasn't well earlier, but .... (he / seem) OK now.

4.2 (　) 内の語句を用いて文を完成させなさい。必要に応じて **Unit 3** を復習してください。

1
(you / not / seem / very happy today)
You don't seem very happy today.

2
Are you OK? You look worried.
(I / think / about something)
....

3
(who / this umbrella / belong to?)
....
I have no idea

4
(this / smell / good)
....

5
Excuse me. (anybody/ sit/ there?)
....
No, it's free.

6
GLOVES
(these gloves / not / fit / me)
....
They're too small

4.3 下線部の動詞の用法に誤りがあれば訂正しなさい。

1. Michelle is thinking of giving up her job. — OK
2. It's not true. I'm not believing it. — I don't believe it
3. I'm feeling hungry. Is there anything to eat? — ....
4. I've never eaten that fruit. What is it tasting like? — ....
5. I'm not sure what she does. I think she works in a store. — ....
6. Look over there. What are you seeing? — ....
7. You're very quiet. What are you thinking about? — ....

4.4 be 動詞の現在進行形 (**is/are being**) か単純現在形 (**is/are**) を用いて、文を完成させなさい。

1. I can't understand why he's being so selfish. He isn't usually like that.
2. You'll like Andrea when you meet her. She .... very nice.
3. Sarah .... very nice to me right now. I wonder why.
4. They .... very happy. They just got married.
5. You're normally very patient, so why .... so unreasonable about waiting ten more minutes?
6. Would you like something to eat? .... hungry?

Unit 5

単純過去形 (I did)

A

☆ **単純過去形はどのような状況で用いられますか。**

Wolfgang Amadeus Mozart **was** an Austrian musician and composer. He **lived** from 1756 to 1791. He **started** composing at the age of five and **wrote** more than 600 pieces of music. He **was** only 35 years old when he **died**.

➤ **lived/started/wrote/was/died のような過去を表す動詞の形を、単純過去形と呼びます。単純過去形は上記のモーツァルトの人生のように、過去において完結した出来事を表します。**

B

単純過去形の多くは動詞の語尾に **-ed** を補って作ります。このような動詞は規則動詞と呼ばれます。

- I work in a travel agency now. I **worked** in a department store before.
- They **invited** us to their party, but we **decided** not to go.
- The police **stopped** me on my way home last night.
- Lauren **passed** her exam because she **studied** very hard.

sto**pp**ed や stud**ied** などの語のつづりは、付録 6 を参照

以下のように、単純過去形の語尾に **-ed** を補って作れない動詞は、不規則動詞と呼ばれます。

write → **wrote**		Mozart **wrote** more than 600 pieces of music.
see → **saw**		We **saw** Alice in town a few days ago.
go → **went**		I **went** to the movies three times last week.
shut → **shut**		It was cold, so I **shut** the window.

不規則動詞一覧は、付録 1 を参照

C

単純過去形の疑問文や否定文は **did/didn't** (助動詞) + 動詞の原形 (**enjoy**/**see**/**go** など) を用いて作ります。

I	enjoy**ed**
she	**saw**
they	**went**

	you	**enjoy**?
did	she	**see**?
	they	**go**?

I		**enjoy**
she	**didn't**	**see**
they		**go**

- I enjoyed the party a lot. **Did** you **enjoy it**?
- How many people **did** they **invite** to the wedding?
- I **didn't buy** anything because I **didn't have** any money.
- "**Did** you **go** out?" "No, I **didn't**."

以下の例文では、主動詞としての **do** (…をする) も **did ... do** / **didn't do** の形で含まれています。

- What **did** you **do** on the weekend? (× What did you on the weekend?)
- I **didn't do** anything. (× I didn't anything)

D

was/were は **am/is/are** (**be 動詞**) の過去形です。

I/he/she/it	**was/wasn't**
we/you/they	**were/weren't**

was	I/he/she/it?
were	we/you/they?

was/were (be 動詞の過去形)が含まれている時は、否定文と疑問文中に did は生じません。

- **I was** annoyed because **they were** late.
- **Was the weather** good when **you were** on vacation?
- **They weren't** able to come because **they were** so busy.
- **I wasn't** hungry, so I didn't eat anything.
- Did you go out last night, or **were you** too tired?

単純過去形と過去進行形 ➜ Unit 6　現在完了形と単純過去形の違い ➜ Units 8, 13

練習問題

5.1 Lauren の平日は次のように過ぎていきます。昨日も彼女はいつも通り出勤しました。Lauren が昨日したこと、しなかったことについて答えなさい。

I usually get up at 7:00 and have a big breakfast. I walk to work, which takes me about half an hour. I start work at 8:45. I never have lunch. I finish work at 5:00. I'm always tired when I get home. I usually cook dinner a little later. I don't usually go out. I go to bed around 11:00, and I always sleep well.

LAUREN

1 She got up .... at 7:00.
2 She .... a big breakfast.
3 She ....
4 It .... to get to work.
5 .... at 8:45.
6 .... lunch.
7 .... at 5:00.
8 .... tired when .... home.
9 .... dinner a little later.
10 .... out last night.
11 .... at 11:00.
12 .... well last night.

5.2 以下から適切な動詞を選び、正しい形に変えて文を完成させなさい。

buy catch cost fall hurt sell spend teach throw ~~write~~

1 Mozart ...wrote... more than 600 pieces of music.
2 "How did you learn to drive?" "My father .... me."
3 We couldn't afford to keep our car, so we .... it.
4 Dave .... down the stairs this morning and .... his leg.
5 Joe .... the ball to Sue, who .... it.
6 Kate .... a lot of money yesterday. She .... a dress which .... $200.

5.3 James はアメリカで休暇を過ごしました。空所を埋めて質問文を作りなさい。

1 YOU: Where ...did you go... ?
JAMES: To the U.S. We went on a trip from San Francisco to Denver.
2 YOU: How .... ? By car?
JAMES: Yes, we rented a car in San Francisco.
3 YOU: It's a long way to drive. How long .... ?
JAMES: Two weeks, but we stopped at a lot of places on the way.
4 YOU: Where .... ? In hotels?
JAMES: Yes, small hotels or motels.
5 YOU: .... ?
JAMES: It was very hot – sometimes too hot.
6 YOU: .... the Grand Canyon?
JAMES: Of course. It was wonderful.

5.4 ( ) 内の動詞を肯定または否定の適切な形に変えて、文を完成させなさい。

1 It was warm, so I ...took... off my coat. (take)
2 The movie wasn't very good. I ...didn't enjoy... it very much. (enjoy)
3 I knew Sarah was very busy, so I .... her. (disturb)
4 We were very tired, so we .... the party early. (leave)
5 It was hard carrying the bags. They .... really heavy. (be)
6 The bed was very uncomfortable. I .... well. (sleep)
7 This watch wasn't expensive. It .... much. (cost)
8 The window was open, and a bird .... into the room. (fly)
9 I was in a hurry, so I .... time to call you. (have)
10 I didn't like the hotel. The room .... very clean. (be)

Unit 6

過去進行形 (I was doing)

A

☆次のイラストの状況について考えましょう。どのような形の動詞が使われていますか。

昨日、Karen と Joe はテニスを 10 時に始め 11 時半に終えました。この状況は次のように表すことができます。

So, at 10:30, they **were playing** tennis.

2 人はテニスをしている最中で、テニスはまだ終わっていなかった。

➤ **was/were -ing の形は過去進行形と呼ばれます。**

he/she/it	**was**	play**ing** do**ing** work**ing** など
we/you/they	**were**	

B

I was doing の過去進行形は「…していた」という意味を持ち、過去の一時点において何かをしていた最中であったことを表します。動作や状況はこの過去の時点でまだ完了していません。

動作の開始 **I started doing** → 過去
進行中の動作 **I was doing**
完了した動作 **I finished doing** → 過去
現在

- This time last year I **was living** in Hong Kong.
- What **were** you **doing** at 10:00 last night?
- I waved to Hannah, but she **wasn't looking**.

C

☆ 以下の例文の過去進行形 (**I was doing**) と単純過去形 (**I did**) は、どのように異なりますか。

➤ **過去進行形は過去の一時点で進行中の動作**

- We **were walking** home when we met Dan. (⇒ 家に向かって歩いている途中)
- Kate **was watching** TV when we arrived.

➤ **単純過去形は過去において完了した動作**

- We **walked** home after the party last night. (⇒ 家まで歩いた)
- Kate **watched** TV a lot when she was sick last year.

D

単純過去形と過去進行形を合わせて用いて「…していた時に～した」のように、ある出来事が別の出来事の最中に起こったことを表します。この場合は while が過去進行形の前によく用いられます。

- Matt **called** while we **were having** dinner.
- It **was raining** when I **got** up.
- I **saw** you in the park yesterday. You **were sitting** on the grass and **reading** a book.
- I **hurt** my back while I **was working** in the yard.

単純過去形が連続すると、1 つの出来事が別の出来事に引き続いて起こったことを表します。

- I **was walking** along the road when I **saw** Dan. So I **stopped**, and we **talked** for a while.

☆ **以下の例文が表す状況はどのように異なりますか。 ⇒ に注目して時を直線上で考えます。**

- When Karen arrived, we **were having** dinner. (⇒ 到着する前に夕食は始まっていた)

- When Karen arrived, we **had** dinner. (⇒ 到着してから夕食を始めた)

E

know や **want** のような動詞は、過去に進行中であっても通常は **is + -ing** や **was + -ing** などの進行形にしません。進行形にしない動詞のリストは **Unit 4A** を参照

- We were good friends. We **knew** each other well. (× We were knowing)
- I was enjoying the party, but Chris **wanted** to go home. (× was wanting)

単純過去形 (**I did**) ➜ Unit 5

練習問題

6.1 以下から適切な語句を選んで空所に入れ、文を完成させなさい。

was looking	~~**was wearing**~~	**wasn't listening**	**weren't looking**
was snowing	**was working**	**were sitting**	**were you going**

1 Today Hannah is wearing a skirt. Yesterday she ......was wearing...... pants.
2 "What did he say?" "I don't know. I ...."
3 We .... in the back of the theater. We couldn't hear very well.
4 This time last year John .... on a farm.
5 They didn't see me. They .... in my direction.
6 The weather was bad. It was very cold, and it ....
7 I saw you in your car. Where .... ?
8 I saw Kate a few minutes ago. She .... for you.

6.2 左の文章の続きとして適切なものを右から選び、記号で答えなさい。

1 When I got to the cafe,	a when she was living in Rome.	1 ...f...
2 We fell asleep	b she was working in a clothing store.	2 ....
3 Amy learned Italian	c when I was driving home.	3 ....
4 Tom didn't come out with us	d but nobody was watching it.	4 ....
5 The car began to make a strange noise	e while we were watching a movie.	5 ....
6 The TV was on,	f ~~my friends were waiting for me.~~	6 ....
7 When I first met Jessica,	g because he wasn't feeling well.	7 ....

6.3 (　) 内の動詞を過去進行形または単純過去形の適切な形にして、文章を完成させなさい。

1
SUE

I ...saw... (see) Sue downtown yesterday, but she .... (not/see) me. She .... (look) the other way.

2

I .... (ride) my bike home yesterday when a man .... (step) out into the road in front of me. I .... (go) pretty fast, but luckily I .... (manage) to stop in time, and I .... (not/hit) him.

6.4 (　) 内の動詞を過去進行形または単純過去形の適切な形にして、文を完成させなさい。

1 Jen ...was waiting... (wait) for me when I ...arrived... (arrive).
2 "What .... (you/do) at this time yesterday?" "I was asleep."
3 ".................................... (you/go) out last night?" "No, I was too tired."
4 How fast .... (you/drive) when the accident .... (happen)?
5 Sam .... (take) a picture of me while I .... (not/look).
6 We were in a very difficult position. We .... (not/know) what to do, so we .... (do) nothing.
7 I haven't seen Josh for ages. When I last .... (see) him, he .... (try) to find a job.
8 I .... (walk) along the street when suddenly I .... (hear) something behind me. Somebody .... (follow) me. I was scared, and I .... (start) to run.
9 When I was young, I .... (want) to be a pilot. Later I .... (change) my mind.
10 Last night I .... (drop) a plate when I .... (do) the dishes. Fortunately, it .... (not/break).

→ 補足練習問題 1 (p. 296)

Unit 7

現在完了形 (I have done)

A

☆ 次の対話の状況について考えましょう。どのような形の動詞が使われていますか。

DAVE: **Have** you **traveled** a lot, Liz?
LIZ: Yes, I**'ve been** to lots of places.
DAVE: Really? **Have** you ever **been** to China?
LIZ: Yes, I**'ve been** to China twice.
DAVE: What about India?
LIZ: No, I **haven't been** to India.

現在までの Liz の人生
過去　現在

Have/**Has** + **traveled**/**been**/**done** (過去分詞) などの形は、現在完了形と呼ばれます。

I/we/they/you **have** (= I**'ve** など)	**traveled** **been** **done** など
he/she/it **has** (= he**'s** など)	

過去分詞は travel**ed**/decid**ed** などのように、その多くは動詞の語尾に **–ed** を付加して作ります。しかし、重要な動詞の多くは **been**/**done**/**written** などのように不規則に作られます。
不規則動詞一覧は 付録 1 を参照

B

「今までに…したことがある」のように、過去から始まり現在まで継続している事柄については、現在完了形 (**have been** / **have traveled** など) を用います。上記 A の対話では、Liz が現在までの彼女の人生 (⇒ 過去から現在までの継続した期間) で訪問したことのある場所について話をしています。以下の例文でも同様の期間を表します。

- **Have** you **ever eaten** caviar?〔これまでのあなたの人生において〕
- We**'ve** never **had** a car.
- I don't know what the movie is about. I **haven't seen** it.
- Susan really loves that book. She**'s read** it three times. (She**'s** = She **has**)
- It's a really boring movie. It's the most boring movie **I've ever seen**.

C

recently / **in the last few days** / **so far** / **since I arrived** などの語句を使って、「…から今まで」のように過去から始まり現在まで継続している事柄を表す場合は、現在完了形を用います。

- **Have** you **heard anything** from Ben **recently**?
- **I've met** a lot of people **in the last few days**.
- Everything is going well. There **haven't been** any problems **so far**.
- The weather is bad here. **It's** (= **It has**) **rained** every day **since I arrived**. (⇒ 到着してから現在に至るまでずっと)
- It's good to see you again. There **haven't been** any problems **so far**.

recently
in the last few days
since I arrived
過去　現在

同じように、**today** / **this evening** / **this year** などの語句を使って、話をしている時点では物事がまだ完了していないことを表します。

- **I've had** four cups of coffee **today**.
- **Have** you **taken** a vacation **this year**?
- I **haven't seen** Tom **this morning**. **Have** you?

today
過去　現在

D

It's the (first) time ~ has happened の形で、「…したのは初めて」を表します。

Don is having a driving lesson. It's his first lesson.
この場合、以下のように表します。

- It's the first time he **has driven** a car. (× drives)
  or He **hasn't driven** a car **before**.
  or He **has never driven** a car **before**. 同様に、
- Sarah has lost her passport again. This is the second time this **has happened**. (× happens)
- Andy is calling his girlfriend again. That's the third time he**'s called** her **tonight**.

現在完了形と過去形の違い ➜ Units 8, 13　現在完了形 + **for**/**since** ➜ Units 11–12

練習問題

7.1 (　) 内の語句と **ever** を用いて、今までに経験したことがあるかどうかを尋ねる疑問文を作りなさい。

1 (ride / horse?) Have you ever ridden a horse?
2 (be / California?) Have ....
3 (run / marathon?) ....
4 (speak / famous person?) ....
5 (most beautiful place / visit?) What's ....

7.2 以下の動詞を肯定または否定の適切な形に変えて、A の質問に対する B の答えの文を完成させなさい。

be　be　eat　happen　~~have~~　have　~~meet~~　play　read　see　try

	A	B
1	What's John's sister like?	I have no idea. I've never met her.
2	Is everything going well?	Yes, we haven't had any problems so far.
3	Are you hungry?	Yes. I .... much today.
4	Can you play chess?	Yes, but .... for ages.
5	Are you enjoying your vacation?	Yes, it's the best vacation .... for a long time.
6	What's that book about?	I don't know. .... it.
7	Is Brussels an interesting place?	I have no idea. .... there.
8	I hear your car broke down again yesterday.	Yes, it's the second time .... this month.
9	Do you like caviar?	I don't know. .... it.
10	Mike was late for work again today.	Again? He .... late every day this week.
11	Who's that woman by the door?	I don't know. .... her before.

7.3 **I haven't** と枠内の語句を組み合わせて文を完成させなさい。

used a computer　taken a bus　eaten any fruit
been to the movies　read a book　lost anything

today / this week / recently / for ages / since ... / this year

1 I haven't used a computer today
2 ....
3 ....
4 ....
5 ....

7.4 例にならって、適切な語句を用いて文を完成させなさい。

1 Jack is driving a car for the first time. He's very nervous and not sure what to do.
It's the first time he's driven a car.
2 Some children at the zoo are looking at a giraffe. They've never seen one before.
It's the first time .... a giraffe.
3 Sue is riding a horse. She doesn't look very confident or comfortable.
She .... before.
4 Joe and Lauren are on vacation in Japan. They've been to Japan once before.
This is the second time ....
5 Emily is staying at the Prince Hotel. She stayed there a few years ago.
It's not the first .... this hotel.
6 Ben is playing tennis for the first time. He's a complete beginner.
.... before.

Unit 8

現在完了形と過去形* 1 (I have done と I did)

A

「最近〔たった今〕…した」のように、今または最近起こった出来事は、現在完了形 (**I have done**) で表します。

- I**'ve emailed** her, but she **hasn't replied**.
- You**'ve done** great work on the project. Congratulations!
- The police **have arrested** two people in connection with the robbery.

単純過去形 (I **lost** ... , she **went** ... など) でも表せます。

- I **emailed** her, but she **didn't reply**.
- You **did** great work on the project. Congratulations!
- The police **arrested** two people in connection with the robbery.

B

新しく話題にする出来事は、現在完了形 (something **has happened**) で表します。

- I**'ve repaired** the washing machine. It's working OK now.
- "Sally **has had** a baby! It's a boy." "That's great news."

I've repaired the washing machine. It's working now.

最近起こったとは考えられない過去の出来事には、単純過去形しか使えません。

- Mozart **was** a composer. He **wrote** more than 600 pieces of music. (× has been ... has written)
- My mother **grew** up in Chile. (× has grown)

☆ **単純過去形と現在完了形は、どのように異なりますか。**

- Somebody **has invented** a new type of washing machine.
- Who **invented** the telephone? (× has invented)

C

現在完了形は、現在と何らかのつながりがあります。

- I'm sorry, but I**'ve forgotten** your name. (⇒ 今も思い出せない)
- Sally isn't here. She**'s gone** out to the country for a few days. (⇒ 今も不在)
- It**'s** (=It has) **stopped** raining. (⇒ 今は降っていない)
- He**'s changed** a lot. (⇒ 容姿が大きく変わった)

上の例文では、いずれも単純過去形 (I **forgot** your name. など)も用いることができます。過去と現在で状況が異なる場合には、単純過去形のみを用い現在完了形は用いません。

☆ **現在完了形と単純過去形は、どのように異なりますか。**

- Sally **went** out to the country for a few days, but she's back now. (× Sally has gone out)
- It **stopped** raining for a while, but now it's raining again. (× it has stopped)

D

just, **already**, **yet** は、現在完了形と単純過去形の両方によく用いられます。

just : たった今/ほんの少し前に」

- A: Are you hungry?
  B: No, I **just had** lunch. *or* I**'ve just had** lunch.

already :「もう/すでに〔予想よりも早く出来事が起きた〕」

- A: What time is Mark leaving?
  B: He **already left**. *or* He**'s already left**.

yet :「もう…しましたか (疑問文) /まだ…していません (否定文)」
話し手はある出来事が起こると予想しています。疑問文と否定文においてのみ用いられます。

- **Did** it **stop** raining **yet**? *or* **Has** it **stopped** raining **yet**?
- Sally is still here. She **didn't leave yet**. *or* She **hasn't left yet**.

* 通常「過去形」とは「単純過去形」と「過去進行形」の 2 つの形を指しますが、この **Unit 8** では「単純過去形」の例文のみを扱います。

単純過去形 ➜ Unit 5　現在完了形 ➜ Unit 7　現在完了形と過去形 2 ➜ Unit 13　**yet** と **already** ➜ Unit 108
イギリス英語 ➜ 付録 7

練習問題

8.1 (　) 内の動詞を適切な形に変えて、文を完成させなさい。可能であれば現在完了を使用し、それ以外は過去形を使うこと。

1 It has stopped (stop) raining, so you don't need an umbrella.

2 before / now
The town .... (change) a lot.

3 I meant to call you last night but I .... (forget).

4 Mary .... (go) to New York on vacation, but she's back home now.

5 before
Are you OK?
Yes, I .... (have) a headache, but it's OK now.

6 This Year / Last Year
The economy .... (improve).

8.2 下線部に文法的な誤りがあれば正しく直しなさい。

1 Did you hear about Sophie? She's given up her job. ...... OK
2 My mother has grown up in Italy. ...... My mother grew up
3 How many plays has William Shakespeare written? ......
4 I know him, but I've forgotten his name. Is it Joe or Jack? ......
5 Who has invented paper? ......
6 Drugs have become a big problem everywhere. ......
7 We've washed the car, but now it's dirty again. ......
8 "Where have you been born?" "In Seattle." ......
9 Mary has gone shopping. She'll be back in about an hour. ......
10 Albert Einstein has been the scientist who ......
has developed the theory of relativity. ......
11 I have applied for a job as a tour guide, but I wasn't successful. ......

8.3 状況をよく読み、**just**, **already**, **yet** のいずれかを用いて適切な文を作りなさい。

1 After lunch you go to see a friend at her house. She says, "Would you like something to eat?"
You say: No, thank you. I just had lunch. (have lunch)
2 Joe goes out. Five minutes later, the doorbell rings, and the person at the door says, "Is Joe here?"
You say: I'm sorry. .... (go out)
3 You are eating in a restaurant. The waiter thinks you have finished and starts to clear the table.
You say: Wait a minute! .... (not/finish)
4 You are going to a restaurant tonight. You call to make a reservation. Later, your friend says, "Should I make a reservation?" You say: No, ... (do it)
5 You know that a friend of yours is looking for a place to live. Maybe she has been successful.
Ask her. You say: .... ? (find)
6 You are still thinking about where to go on vacation. A friend asks, "Where are you going on vacation?"
You say: .... (not/decide)
7 Liz went to the bank, but a few minutes ago she returned. Somebody asks, "Is Liz still at the bank?"
You say: No, ... (come back)
8 Yesterday Carol invited you to a party on Saturday. Now another friend is inviting you to the same party.
You say: Thanks, but Carol .... (invite)

Unit 9

現在完了進行形 (I have been doing)

A

It's been raining.

☆ イラストの状況について考えましょう。どのような形の動詞が使われていますか。今はどうなっていますか。

Is it raining?（まだ雨が降っていますか）
No, but the ground is wet.（いいえ、でも地面は濡れています）
It's been raining. (= It **has** been ...)（雨がずっと降っていました）

➤ **have/has been -ing の形は現在完了進行形と呼ばれます。雨は少し前にやんでいます。今は降っていません。**

I/we/they/you he/she/it	**have** **has**	(= I**'ve** など) (= he**'s** など)	**been**	**doing** **working** **learning** など

「少し前まで…していた」のように、最近または少し前に終わった出来事には現在完了進行形を用います。
現在完了進行形には、常に現在とのつながりがあります。

- ◯ Why are you out of breath? **Have** you **been running**?
  (⇒ 今、息を切らしている)
- ◯ Ryan is very tired. He**'s been working** hard.
  (⇒ 今、疲れている)
- ◯ Why are you so tired? What **have** you **been doing**?
- ◯ I**'ve been talking** to Amanda and she agrees with me.
- ◯ Where have you been? I**'ve been looking** for you.

have/has been + -ing
現在完了進行形
現在

B

It's been raining for two hours.

☆ イラストの状況について考えましょう。今はどうなっていますか。

➤ **2 時間前から雨が降り始めて、今も降り続いています。**
How long **has** it **been raining**?
It**'s been raining** for two hours. (= It **has** been ...)
現在完了進行形は、**how long**, **for ...** , **since** ... といった語とともに用いられます。出来事はまだ継続している場合もあれば、ちょうど今終わった場合もあります。

- ◯ **How long have** you **been learning** English?（⇒ まだ勉強は続いている）
- ◯ Ben is watching TV. He's **been watching** TV **all day**.
- ◯ Where have you been? I**'ve been looking** for you **for the last half hour**.
- ◯ Chris **hasn't been feeling** well **lately**. (=recently)

現在完了進行形は「今まで（何度も）…してきた」のように、習慣的に繰り返されている動作を表します。

- ◯ Silvia is a very good tennis player. She**'s been playing since she was eight**.
- ◯ Every morning they meet in the same coffee shop. They**'ve been going** there **for years**.

C

☆ **I am doing の現在進行形 (Unit 1) と I have been doing の現在完了進行形は、どのように異なりますか。**

➤ **現在を中心に少し前から始まり、まだ終わっていない**

I am doing
現在進行形
現在

- ◯ Don't disturb me now. I**'m working**.
- ◯ We need an umbrella. It**'s raining**.
- ◯ Hurry up! We**'re waiting**.

➤ **現在まで続いている／今から少し前に終わった**

I have been doing
現在完了進行形
現在

- ◯ I**'ve been working** hard. Now I'm going to have a break.
- ◯ The ground is wet. It**'s been raining**.
- ◯ We**'ve been waiting** for an hour.

単純現在完了形と現在完了進行形の違い ➜ Units 11–12　現在完了形 + **for**/**since** ➜ Units 12–13

練習問題

9.1 イラストの人物の行動やイラストの状況について、現在完了進行形で記述しなさい。

1 It's been raining.
2 She ....
3 They ....
4 He ....

9.2 (　) 内の語句を用いて、それぞれの状況について疑問文を作りなさい。

1 You meet Kate as she is leaving the swimming pool. You say:
Hi, Kate. (you / swim?) Have you been swimming?
2 You have arrived a little too late to meet Ben, who is waiting for you. You say:
I'm sorry I'm late, Ben. (you / wait / long?) ....
3 Emma's little boy comes into the house with a very dirty face and dirty hands. His mother says:
Why are you so dirty? (what / you / do?) ....
4 You are in a store and see Anna. You didn't know she worked there. You say:
Hi, Anna. (how long / you / work / here?) ....
5 A friend tells you about his job—he sells phones. You say:
You sell phones? (how long / you / do / that?) ....

9.3 それぞれの状況を説明する文を完成させなさい。

1 It's raining. The rain started two hours ago.
It 's been raining for two hours.
2 We are waiting for the bus. We started waiting 20 minutes ago.
We .... for 20 minutes.
3 I'm learning Japanese. I started classes in December.
I .... since December.
4 Jessica is working in a hotel. She started working there on January 18.
.... since January 18.
5 Our friends always go to Mexico for their vacations. The first time was years ago.
.... for years.

9.4 (　) 内の動詞を、現在進行形 (**am/is/are + -ing**) または現在完了進行形 (**have/has been + -ing**) の形にして、文を完成させなさい。

1 Maria has been learning (Maria / learn) English for two years.
2 Hi, Tom. .... (I / look) for you. I need to ask you something.
3 Why .... (you / look) at me like that? Stop it!
4 Rachel is a teacher. .... (she / teach) for 10 years.
5 .... (I / think) about what you said, and I've decided to take your advice.
6 "Is Eric on vacation this week?" "No, ... (he / work)."
7 Sarah is very tired. .... (she / work) very hard lately.
8 It's dangerous to use your phone when .... (you / drive).
9 Jessica .... (travel) in South America for the last three months.

Unit 10

現在完了進行形と単純現在完了形 (I have been doing と I have done)

A

☆ イラストの状況について考えましょう。どのような形の動詞が使われていますか。

There is paint on Kate's clothes
Kate の服にはペンキがついています。
She **has been painting** her bedroom.
塗装していた

➤ **has been painting の形は、現在完了進行形と呼ばれます。**

現在完了進行形では「ずっと…し続けてきた」のように、活動そのものを話題としています。その活動が完了したかどうかは重要ではありません。上のイラストでは、Kateはまだペンキを塗り終えていません。

The bedroom was green. Now it is yellow.
緑色だった寝室の壁は、黄色になりました。
She **has painted** her bedroom.
塗装した

➤ **has painted の形は、単純現在完了形と呼ばれます。**

単純現在完了形では「…し終えた」のように、活動が完了したことに焦点を当てています。Kate はペンキを塗り終え、その結果、壁は余すところなく黄色になりました。活動が完了した結果が話題となっていて、活動そのものは重要ではありません。

B

☆ 例文が表す状況は、現在完了進行形と現在完了形でどのように異なりますか。

現在完了進行形

- My hands are very dirty. I**'ve been repairing** my bike.
- Joe **has been eating** too much lately. He should eat less.
- It's nice to see you again. What **have** you **been doing** since we last met?
- Where have you been? **Have** you **been playing** tennis?

単純現在完了形

- My bike is OK again now. I**'ve repaired** it. (⇒ 修理し終えた)
- Somebody **has eaten** all the chocolates. The box is empty.
- Where's the book I gave you? What **have** you **done** with it?
- **Have** you ever **played** tennis?

C

How long ... ? で進行中の動作の継続期間について聞かれた場合、現在完了進行形で回答します。

- How long **have** you **been reading** that book?
- Amy is writing emails. She's **been writing** emails all morning.
- They**'ve been playing** tennis **since 2:00**.
- I'm learning Arabic, but I **haven't been learning** it very long.

How much, How many, How many times を用いて、完了した動作について量や個数や回数を聞かれた場合、単純現在完了形で回答します。

- How many pages of that book **have** you **read**?
- Amy **has sent** lots of emails this morning.
- They**'ve played** tennis three times this week.
- I'm learning Arabic, but I **haven't learned** very much yet.

D

know などの動詞は、期間について話題にする場合でも通常は進行形にしません。

- I**'ve known** about the problem for a long time. (× I've been knowing)
- How long **have** you **had** that camera? (× have you been having)

このような動詞の一覧は **Unit 4A** を、**have** に関しては **Unit 16** を参照。
want と mean は通常は進行形にしませんが、以下のように現在完了進行形 (have/has been + -ing) で用いられる場合もあります。

- I**'ve been meaning** to phone Anna, but I keep forgetting.

単純現在完了形 ➜ Unit 7　現在完了進行形 ➜ Unit 9　現在完了形 + **for/since** ➜ Units 11–12

練習問題

10.1 （　）内の語句を用いて、状況を説明する文を 2 通り作りなさい。

1 Tom started reading a book two hours ago. He is still reading it, and now he is on page 53.
He has been reading ...... for two hours. (read)
He has read ...... 53 pages so far. (read)

2 Rachel is from Australia. She is traveling around Europe. She began her trip three months ago.
She ...... for three months. (travel)
...... six countries so far. (visit)

3 Patrick is a tennis player. He began playing tennis when he was 10 years old. This year he won the national championship again—for the fourth time.
...... the national championship four times. (win)
...... since he was ten. (play)

4 When they left college, Liz and Sue started making movies together. They still make movies.
They ...... movies since they left college. (make)
...... five movies since they left college. (make)

10.2 （　）内の語句を用いて、単純現在完了形 (**have/has done**) または現在完了進行形 (**have/has been doing**) の疑問文を作りなさい。

1 You have a friend who is learning Arabic. You ask:
(how long / learn / Arabic?) How long have you been learning Arabic?

2 You have just arrived to meet a friend. She is waiting for you. You ask:
(wait / long?) Have ......

3 You see somebody fishing by the river. You ask:
(catch / any fish?) ......

4 Some friends of yours are having a party next week. You ask:
(how many people / invite?) ......

5 A friend of yours is a teacher. You ask:
(how long / teach?) ......

6 You meet somebody who is a writer. You ask:
(how many books / write?) ......
(how long / write / books?) ......

7 A friend of yours is saving money to go on a world trip. You ask:
(how long / save?) ......
(how much money / save?) ......

10.3 （　）内の語句を単純現在完了形または現在完了進行形に変えて、文を完成させなさい。

1 Where have you been? Have you been playing ...... (you/play) tennis?
2 Look! ...... (somebody/break) that window.
3 You look tired. ...... (you/work) hard?
4 "...... (you/ever/work) in a factory?" "No, never."
5 Where's Megan? Where ...... (she/go)?
6 This is a very old book. ...... (I/have) it since I was a child.
7 "Have you been busy?" "No, ... (I/watch) TV."
8 My brother is an actor. ...... (he/appear) in several movies.
9 "Sorry I'm late." "That's all right. ...... (I/not/wait) long."
10 Are you OK? You look as if ...... (you/cry).
11 "Is it still raining?" "No, ... (it/stop)."
12 The children are tired now. ...... (they/play) in the yard.
13 ...... (I/lose) my phone. ...... (you/see) it?
14 ...... (I/read) the book you lent me, but ...... (I/not/finish) it yet. It's really interesting.
15 ...... (I/read) the book you lent me, so you can have it back now.

Unit 11

How long have you (been) ... ?

A

☆ イラストの状況について考えましょう。どのような形の動詞が使われていますか。

Dan と Kate は結婚しています。2 人はちょうど 20 年前に結婚しました。今日が 20 回目の結婚記念日です。現在の状況は、以下のように現在完了形と単純現在形を用いて表現できます。

They **have been** married **for 20 years**.（現在完了形）

They **are** married.（単純現在形）

How long have they **been** married?（現在完了形）
(× How long are they married?)

They **have been** married **for 20 years**.（現在完了形）
(× They are married for 20 years)

➤ **現在完了形は「ずっと…し続けてきた」のように、過去に始まり現在時まで継続している出来事を表します。主に how long, for, since などの期間を表す語句とともに用いられます。**

☆ **以下の例文では、現在形* と現在完了形はどのように異なりますか。時を表す直線上で考えます。**

- Matt **is** in the hospital.
- ⇔ He**'s been** in the hospital **since Monday**.
  (× Matt is in the hospital since Monday)
- We **know** each other very well.
- ⇔ We**'ve known** each other **for a long time**.
  (× We know)
- **Do** they **have** a car?
- ⇔ **How long have** they **had** their car?
- She**'s waiting** for somebody.
- ⇔ She **hasn't been** waiting **very long**.

現在形
he is
we know
do they have
she is waiting

現在完了形
he has been
we have known
have they had
she has been waiting

過去 **現在**

B

現在完了形には、**I've known** / **I've had** / **I've lived** などの単純現在完了形と、**I've been learning** / **I've been waiting** などの現在完了進行形があります。

How long ... ? のように期間を質問したり答えたりする場合には、単純現在完了形よりも現在完了進行形の方がよく用いられす。(**Unit 10** を参照)

- I**'ve been learning** English **since January**.
- It**'s been raining all morning**.
- Richard **has been doing** the same job **for 20 years**.
- "**How long have** you **been driving**?" "Since I was 17."

know/**like** のような動詞は、期間について話題にしている場合でも、現在完了進行形にはなりません。

- How long **have** you **known** Jane? (× have you been knowing)
- I**'ve had** these shoes for ages. (× I've been having)

Unit 4A と **Unit 11C** を参照。動詞 **have** の用法については **Unit 16** を参照

C

live や **work** のような動詞は、現在完了進行形でも単純現在完了形でも同じように用います。

- Julia **has been living** / **has lived** in this house for a long time.
- How long **have** you **been working** / **have** you **worked** here?

ただし、文中に **always** が現れると現在完了進行形は使えません。

- **I've always lived** in the country. (× always been living)

D

I haven't done ~ **since**/**for** ... のような単純現在完了形もよく用いられます。

- I **haven't seen** Tom **since** Monday. (⇒ Monday was the last time I saw him)
- Sarah **hasn't called for** ages. (⇒ The last time she called was ages ago)

* ここでの「現在形」は、「単純現在形」と「現在進行形」の両方を指します。

I haven't ... **since/for** ... ➜ Unit 12B　現在完了進行形 ➜ Units 9–10　**for** と **since** の用法 ➜ Unit 12

練習問題

11.1 下線部から文法的に正しい方を選びなさい。

1 Ben is a friend of mine. I know / ~~I've known~~ him very well. (I know が正しい)
2 I like your house. How long do you live / have you lived here?
3 You'll need an umbrella if you go out now. It's raining / It's been raining.
4 The weather is / has been awful since I arrived here.
5 I'm sorry I'm late. Are you waiting / Have you been waiting long?
6 We've moved. We're living / We've been living on New Street now.
7 I met Maria just recently. I don't know / I haven't known her very long.
8 Lauren is in Germany. She's / She's been there on a business trip.
9 That's a very old bike. How long do you have / have you had it?
10 I'm not feeling well. I'm feeling / I've been feeling sick all day.

11.2 ( ) 内の語句を用いて、状況に適した疑問文を作りなさい。

1 A friend tells you that Chris is in the hospital. You ask him:
(how long / Chris / the hospital?) How long has Chris been in the hospital?
2 You know that Anna is a good friend of Katherine's. You ask Anna:
(how long / you / know / Katherine?) ....
3 Your friend's sister went to Australia some time ago, and she's still there. You ask your friend:
(how long / sister / in Australia?) ....
4 You meet a woman who tells you that she teaches English. You ask her:
(how long / you / teach / English?) ....
5 Tom always wears the same jacket. It's very old. You ask him:
(how long / you / have / that jacket?) ....
6 You are talking to a friend about Joe, who now works at the airport. You ask your friend:
(how long / Joe / work / airport?) ....
7 You meet somebody on a plane. She says that she lives in Chicago. You ask her:
(you / always / live / in Chicago?) ....

11.3 A の質問に対する B の答えを完成させなさい。

	A	B
1	Alex is in the hospital, isn't he?	Yes, he has been in the hospital since Monday.
2	Do you see Nicole very often?	No, I haven't seen her for three months.
3	Is Sam married?	Yes, he .... married for ten years.
4	Is Amy married?	Yes, she .... married to a German guy.
5	Do you still play tennis?	No, I .... tennis for years.
6	Are you waiting for the bus?	Yes, I .... for about 20 minutes.
7	You know Julia, don't you?	Yes, we .... each other a long time.
8	Jack is never sick, is he?	No, he .... sick since I met him.
9	Brian lives in Italy, doesn't he?	Yes, he .... in Milan.
10	Sue lives in Berlin, doesn't she?	Yes, she .... in Berlin for many years.
11	Is Joe watching TV?	Yes, he .... TV all evening.
12	Do you watch TV a lot?	No, I .... TV since last weekend.
13	Do you have a headache?	Yes, I .... a headache all morning.
14	Do you go to the movies a lot?	No, I .... to the movies for ages.
15	Would you like to go to Hong Kong one day?	Yes, I .... to go to Hong Kong. (*use* **always** / **want**)

Unit 12 for と since When ... ? と How long ... ?

A

☆ **for と since は、出来事がある一定期間継続していることを表します。それぞれどのように異なりますか。**

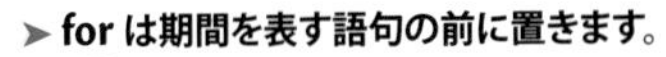

➤ **for は期間を表す語句の前に置きます。**

▢ We've been waiting **for two hours**.

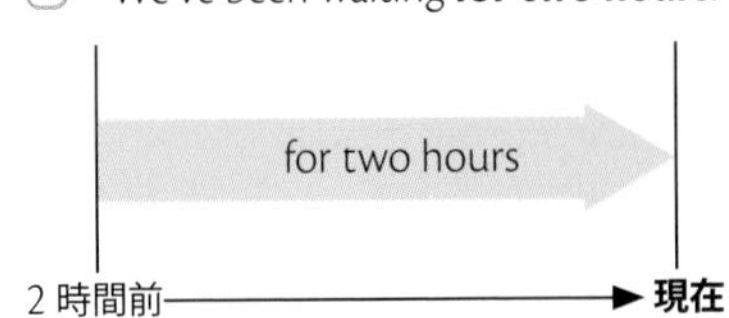

	for	
two hours	a long time	a week
20 minutes	six months	ages
five days	50 years	years

▢ Emily has been working here **for six months**. (× since six months)

▢ I haven't seen Tom **for three days**.

➤ **since は期間の始まりを表す語句の前に置きます。**

▢ We've been waiting **since 8:00**.

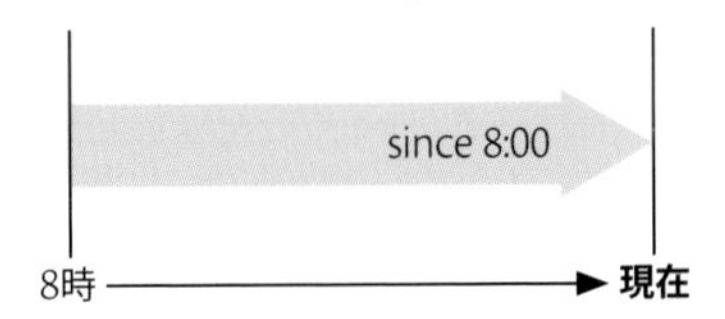

	since	
8:00	April	lunchtime
Monday	2009	we arrived
May 12	Christmas	I got up

▢ Emily has been working here **since April**. (= from April until now)

▢ I haven't seen Tom **since Monday**.

B

前置詞 **for** は省略できますが、否定文中では省略できません。

▢ They've been married (**for**) **ten years**. (**for** は省略可能)

▢ They **haven't had** a vacation **for ten years**. (**for** は省略できません)

否定文では **for** の代わりに **in** を使うこともできます。

▢ They **haven't had** a vacation **in ten years**. (= **for** ten years)

all day / **all my life** などのように、**all** で始まる名詞句の前には **for** は置けません。

▢ I've lived here **all my life**. (× for all my life)

C

以下のイラストの状況は、**When** ... (+ 単純過去形)? と **How long** ... (+ 現在完了形)? の 2 通りで表現できます。

A: **When** did it start raining?
B: It started raining **an hour ago** / **at 1:00.**

A: **How long** has it been raining?
B: It's been raining **for an hour** / **since 1:00.**

A: **When** did Joe and Kate first meet?
B: They first met { **a long time ago**. / **when they were in high school**.

A: **How long** have they known each other?
B: They**'ve known** each other { **for a long time**. / **since they were in high school**.

D

It's (= It has) **been a long time** / **two years** since ~ did は「~してから…経過した」を表します。

▢ **It's been two years since** I last saw Joe. (⇒ I **haven't seen** Joe for two years)

▢ **It's been ages since** we went to the movies. (⇒ We **haven't been** to the movies for ages)

出来事が起こってからの期間の長さは、How long has it been since ... ? で尋ねます。

▢ **How long has it been since** Mrs. Hill died? (⇒ When did Mrs. Hill die?)

How long have you (been) ... ? ➜ Unit 11

練習問題

12.1 空所に **for** または **since** を入れて、文を完成させなさい。

1 It's been raining ...since... lunchtime.
2 Sarah has lived in Seattle .... 2015.
3 Dan has lived in Brazil .... ten years.
4 I'm tired of waiting. We've been sitting here .... an hour.
5 Kevin has been looking for a job .... he left school.
6 I haven't been to a party .... ages.
7 I wonder where Joe is. I haven't seen him .... last week.
8 Liz is away on vacation. She's been away .... Friday.
9 The weather is dry. It hasn't rained .... a few weeks.

12.2 文法的に正しい疑問文を選びなさい。

1 ~~How long have they been married?~~ / When did they get married? — Ten years ago.
(When did they get married? が正しい)
2 How long have you had this car? / When did you buy this car? — About five years.
3 How long have you been waiting? / When did you get here? — Only a few minutes.
4 How long have you been taking the class? / When did the class start? — September.
5 How long has Anna been in New York? / When did Anna arrive in New York? — Last week.
6 How long have you known each other? / When did you first meet each other? — A long time.

12.3 空所に適切な語句や表現を入れて、状況に適した文を完成させなさい。

1 It's raining. It's been raining since lunchtime. It ...started raining... at lunchtime.
2 Anna and Jess are friends. They first met years ago. They've ...known each other for... years.
3 Josh is sick. He got sick on Sunday. He has .... Sunday.
4 Sarah is married. She's been married for a year. She got ....
5 You have a headache. It started when you woke up.
I've .... I woke up.
6 Sue is in a meeting at work. It's been going on since 9:00.
The meeting .... at 9:00.
7 You're working in a hotel. You started working there six months ago.
I've been ....
8 Kate is learning Japanese. She's been doing this for a long time.
Kate started ....

12.4 A の質問に対する答えを完成させなさい。

	A	B
1	Do you take vacations often?	No, I ...haven't taken a vacation for... five years.
2	Have you seen Amy recently?	No, I .... about a month.
3	Do you still go swimming?	No, I .... long time.
4	Do you still ride a bike?	No, I .... ages.

上の B の発言を、**It's been ～ since ...** の形で書き換えなさい。

5 (1) No, ...it's been five years since I last took a vacation.
6 (2) No, it's ....
7 (3) No, ...
8 (4) ....

Unit 13

現在完了形と過去形* 2 (I have done と I did)

A

yesterday / **last year** / **ten minutes ago** などのように、現在と関連のない過去を表す語句とともに現在完了形 (**I have done**) を用いることはできません。この場合は必ず過去形を用います。

- It **was** very cold **yesterday**. (× has been)
- Nick and Rachel **arrived ten minutes ago**. (× have arrived)
- **Did** you **eat** a lot of candy **when you were a child**? (× have you eaten)
- I **got** home late **last night**. I **was** very tired and **went** straight to bed.

When ... ? や **What time** ... ? のように「いつ…しましたか」と尋ねる時も単純過去形を用います。

- **When did** your friends **arrive**? (× have ... arrived)
- **What time did** you **finish** work?

☆ **動詞が表す出来事は、左右の例文でどのように異なりますか。**

➤ **現在完了形と単純過去形が同じように使える**

- Tom **has lost** his key. He can't get into the house. (= Tom **lost** ...)
- Is Carla here or **has** she **left**? (= **Did** she **leave**?) 〔最近の出来事〕

➤ **単純過去形しか使えない**

- Tom **lost** his key **yesterday**. He couldn't get into the house.
- **When did** Carla **leave**? 〔現在と関連しない過去の出来事〕

B

☆ **例文と下の図で考えます。現在完了形と単純過去形は、それぞれどのような期間を表していますか。**

現在完了形 (have done)

- I**'ve done** a lot of work **today**.

➤ **現在完了形は、today / this week / since 2010 などのように、現在まで継続し、まだ終わっていない事柄に関して用います。**

未完了
today
過去　現在

- It **hasn't rained this week**.
- **Have** you **seen** Anna **this morning**? (⇒ 今はまだ午前中)
- **Have** you **seen** Tim **recently**?
- I**'ve been working** here **since 2010**. (⇒まだここで働いている)
- I don't know where Emma is. I **haven't seen** her. (⇒ 最近会っていない)
- We**'ve been waiting** for an hour. (⇒ まだ待ち続けている)
- Jack lives in Los Angeles. He **has lived** there for seven years.
- I**'ve never ridden** a horse. (⇒ 今まで)
- 〔長期休暇の最終日に〕 It**'s been** a really good vacation. I**'ve** really **enjoyed** it.

単純過去形 (did)

- I **did** a lot of work **yesterday**.

➤ **単純過去形は、yesterday / last week / from 2010 to 2014 などのように、過去において完了した事柄に関して用います。**

完了
yesterday
過去　現在

- It **didn't rain last week**.
- **Did** you **see** Anna **this morning**? (⇒ もう午前中は終わった)
- **Did** you **see** Tim **on Sunday**?
- **I worked here from 2010 to 2014**. (⇒ もうここでは働いていない)
- A: **Was** Emma at the party **on Sunday**?
  B: I don't think so. I **didn't see** her.
- We **waited** (*or* **were waiting**) **for an hour**. (⇒ もう待っていない)
- Jack **lived** in New York for ten years. Now he lives in Los Angeles.
- I **never rode** a bike **when I was a child**.
- 〔長期休暇が終わって〕 It **was** a really good vacation. I really **enjoyed** it.

* ここでの「過去形」は「単純過去形」と「過去進行形」の両方を指します。

単純過去形 ➜ Unit 5　現在完了形 ➜ Unit 7　現在完了形と過去形 1 ➜ Unit 8

練習問題

13.1 下線部に文法的な誤りがあれば、正しい形に変えなさい。

1 I've lost my key. I can't find it anywhere. ......OK......
2 Have you eaten a lot of candy when you were a child? ......Did you eat......
3 I've bought a new car. You have to come and see it. ....
4 I've bought a new car last week. ....
5 Where have you been yesterday evening? ....
6 Maria has left school in 2009. ....
7 I'm looking for Mike. Have you seen him? ....
8 "Have you been to Paris?" "Yes, many times." ....
9 I'm very hungry. I haven't eaten much today. ....
10 When has this bridge been built? ....

13.2 ( ) 内の語句を用いて文を完成させなさい。現在完了形または単純過去形にしなさい。

1 (it / not / rain / this week) ......It hasn't rained this week.......
2 (the weather / be / cold / recently) The weather ....
3 (it / cold / last week) It ....
4 (I / not / eat / any fruit yesterday) I ....
5 (I / not / eat / any fruit today) ....
6 (Emily / earn / a lot of money / this year) ....
7 (she / not / earn / so much / last year) ....
8 (you / have / a vacation recently?) ....

13.3 ( ) 内の動詞を現在完了形または単純過去形の適切な形にして、文を完成させなさい。

1 ......I haven't been...... (I/not/be) to France, but I'd like to go there.
2 Aaron and Emily ......arrived...... (arrive) about ten minutes ago.
3 I'm tired. .... (I/not/sleep) well last night.
4 .... (There/be) a bus drivers' strike last week, so .... (there/be) no buses.
5 Michael .... (work) in a bank for 15 years. Then .... (he/give) it up. Now he works as a gardener.
6 Mary lives in Toronto. .... (She/live) there all her life.
7 My grandfather .... (die) before I was born. .... (I/never/meet) him.
8 I don't know Jessica's husband. .... (I/never/meet) him.
9 It's nearly lunchtime, and .... (I/not/see) Matt all morning. I wonder where he is.
10 A: .... (you/go) to the movies last night?
B: Yes, but the movie .... (be) awful.
11 A: .... (It/be) very warm here since we arrived.
B: Yes, ... (it/be) 95 degrees yesterday.
12 A: Where do you live? B: In Boston.
A: How long .... (you/live) there? B: Five years.
A: Where .... (you/live) before that? B: In Chicago.
A: And how long .... (you/live) in Chicago? B: Two years.

13.4 ( ) 内の指示通りに、自分自身のことを記述しなさい。

1 (something you haven't done today) ......I haven't eaten any fruit today.......
2 (something you haven't done today) ....
3 (something you didn't do yesterday) ....
4 (something you did last night) ....
5 (something you haven't done recently) ....
6 (something you've done a lot recently) ....

→ 補足練習問題 2–4 (pp. 297–298) , 14–15 (pp. 304–305)

Unit 14

過去完了形 (I had done)

A

☆ イラストの状況について考えましょう。どのような形の動詞が使われていますか。

Sarah は先週パーティーに出かけました。Nick もパーティーに出かけたのですが、2 人は会えませんでした。Nick は10 時半に帰り、Sarah は11時に到着したからです。

So when Sarah arrived at the party, Nick wasn't there.

He **had gone** home.

➤ **had gone のような形は(単純)過去完了形と呼ばれ ます。**

I/we/they/you he/she/it	**had**	(= I'**d** など) (= he'**d** など)	**gone** **seen** **finished** など

過去完了形は **had** + 過去分詞 (**gone**/**seen**/**finished** など) で作ります。
「…した」のように、過去に起こった出来事は単純過去形で表します。

- Sarah **arrived** at the party.

この過去の出来事を基準点とします。「すでに…していた」のように、基準点より以前の出来事は過去完了形 (**had** + 過去分詞) で表します。

- **When Sarah arrived** at the party, Nick **had** already **gone** home.

以下の例においても、過去完了形は過去の基準となる出来事より前の出来事を表しています。

- When we got home last night, we found that somebody **had broken** into the apartment.
- Lauren didn't come to the movies with us. She'**d** already **seen** the movie.
- At first I thought I'**d done** the right thing, but I soon realized that I'**d made** a big mistake.
- The people sitting next to me on the plane were nervous. They **hadn't flown** before.
  or They'**d** never **flown** before.

B

☆ **現在完了形** (have seen**など**) **と過去完了形** (had seen**など**) **は、それぞれどのように異なりますか。時を表す直線上で考えます。**

現在完了形

have seen

過去　現在

- Who is that woman? I'**ve seen** her before, but I can't remember where.
  (⇒現在より前に…)
- We aren't hungry. We'**ve** just **had** lunch.
- The house is dirty. They **haven't cleaned** it for weeks.

過去完了形

had seen

過去　現在

- I wasn't sure who she was. I'**d seen** her before, but I couldn't remember where.
  (⇒その時より前に…)
- We weren't hungry. We'**d** just **had** lunch.
- The house was dirty. They **hadn't cleaned** it for weeks.

C

☆ **単純過去形** (left, was **など**) **と過去完了形** (had left, had been **など**) **は、それぞれどのように異なりますか。時を表す直線上で考えま**

単純過去形

- A: Was Tom there when you arrived?
  B: Yes, but he **left** soon afterwards.
  (⇒その後…)
- Kate **wasn't** at home when I called.
  She **was** at her mother's house.

過去完了形

- A: Was Tom there when you arrived?
  B: No, he'**d** already **left**. (⇒すでに…)
- Kate **had** just **gotten** home when I called.
  She'**d been** at her mother's house.

過去完了進行形 ➜ Unit 15　不規則変化する過去分詞 (**had gone**, **had seen** など) ➜ 付録 1

練習問題

14.1 例にならって、( )内の語句を正しい形にして文を完成させなさい。

1 There was a picture lying on the floor.
(It / fall / off the wall) It had fallen off the wall.
2 You went back to your hometown recently after many years. It wasn't the same as before.
(It / change / a lot) It ……
3 I invited Rachel to the party, but she couldn't come.
(She / arrange / to do something else) ……
4 You went to the movies last night. You got to the movie theater late.
(The movie / already / start) ……
5 I saw Daniel last week. It was good to see him again after such a long time.
(I / not / see / him for five years) ……
6 I offered my friends something to eat, but they weren't hungry.
(They / just / have / lunch) ……

14.2 ( )内の動詞を用いて、**before** で終わる文を完成させなさい。

1 The people sitting next to you on the plane were nervous. It was their first flight.
(fly) They'd never flown before. or They hadn't flown before.
2 Somebody sang a song. I didn't know it.
(hear) I …… before.
3 Sam played tennis yesterday. He wasn't very good at it because it was his first game ever.
(play) He …… .
4 Last year we went to Mexico. It was our first time there.
(be) We ……

14.3 左の文を用いて右の文を完成させなさい。左は時系列 (a→b→c) で並んでいますが、右は左の下線部から文が始まっているので、必要に応じて過去完了形を使いなさい。

1 (a) Somebody broke into the office during the night. (b) We arrived at work in the morning. (c) We called the police.	We arrived at work in the morning and found that somebody had broken into the office during the night. So we called the police.
2 (a) Laura went out this morning. (b) I rang her doorbell. (c) There was no answer.	We went to Laura's house this morning and rang her doorbell, but …… no answer. …… out.
3 (a) Joe came back from his vacation a few days ago. (b) I met him the same day. (c) He looked great.	I met Joe a few days ago. …… just …… his vacation. …… great.
4 (a) James sent Amy lots of emails. (b) She never replied to them. (c) Yesterday he got a phone call from her. (d) He was surprised.	Yesterday James …… from Amy. …… surprised. …… lots of emails, but …… .

14.4 ( )内の動詞を過去完了形または単純過去形に変えて、文を完成させなさい。

1 David wasn't at the party when I arrived. He'd gone (He/go) home.
2 I felt very tired when I got home, so …… (I/go) straight to bed.
3 The house was very quiet when I got home. Everybody …… (go) to bed.
4 John travels a lot. When I first met him, ……
(he/already/travel) around the world.
5 Sorry I'm late. The car …… (break) down on my way here.
6 We were driving along the road when …… (we/see) a car that
…… (break) down, so …… (we/stop) to help.

→ 補足練習問題 5-8 (pp. 298-301)

Unit 15 過去完了進行形 (I had been doing)

A

☆ **イラストの状況について考えましょう。どのような形の動詞が使われていますか。**

Yesterday morning

昨日の朝、起きて窓の外を見ると、太陽は輝いていましたが地面は濡れていました。この状況は次のように表せます。

It **had been raining**.

窓の外を見た時には雨は降っていませんでした。The sun was shining. But it **had been** raining before.

➤ **had been -ing の形を過去完了進行形と呼びます。**

I/we/you/they he/she/it	**had**	(= I**'d** など) (= he**'d** など)	**been**	do**ing** work**ing** play**ing** など

以下の過去完了進行形も同じような状況を表します。

- My hands were dirty because I**'d been repairing** my bike.
- Tom was tired when he got home. He**'d been working** hard all day.
- I went to Mexico City a few years ago and stayed with a friend of mine. **She hadn't been living** there very long, but she knew the city very well.

「〜した時まで…し続けていた」のように、ある出来事がもう一つの出来事が起こる以前に一定期間継続していた場合、過去完了進行形 (had been -ing) を用いて表します。

- We**'d been playing** tennis for about half an hour when it **started** to rain heavily.

B

☆ **現在完了進行形 (have been -ing) と過去完了進行形 (had been -ing) は、どのように異なりますか。**

現在完了進行形

I have been -ing

過去 **現在**

- I hope the bus comes soon. **I've been waiting** for 20 minutes.
(⇒ 現在より前に…)
- James **is** out of breath. **He's been running**. (= he **has** been ...)

過去完了進行形

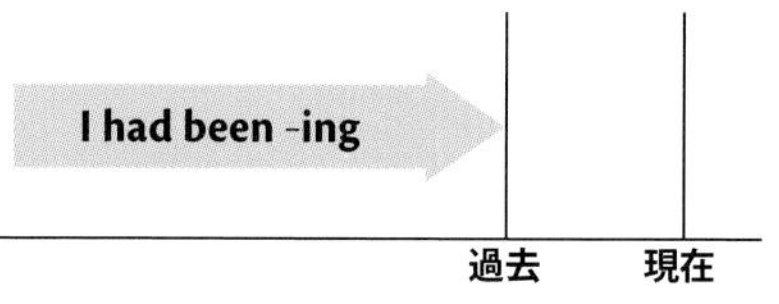

過去 **現在**

- The bus finally came. **I'd been waiting** for 20 minutes.
(⇒ バスが来るまで…)
- James **was** out of breath. **He'd been running**. (= he **had** been ...)

C

☆ **過去進行形 (was -ing) と過去完了進行形 (had been -ing) は、どのように異なりますか。**

- It **wasn't raining** when we went out. The sun **was shining**. But it **had been raining**, so the ground was wet. (⇒ 雨は降ってはいなかったが、その少し前まで降っていた)
- Katherine **was lying** on the sofa. She was tired because she**'d been working** hard.

D

know や **like** のような動詞は、過去のある時まで動作が継続していても、通常は過去完了進行形にはしません。

- We were good friends. We**'d known** each other for years.
(× had been knowing)
- A few years ago Lisa cut her hair really short. I was surprised because **she'd** always **had** long hair.
(× she'd been having)

進行形にしない動詞のリストは **Unit 4A**、動詞 **have** の用法については **Unit 16** を参照

現在完了進行形 ➜ Unit 9　単純過去完了形 ➜ Unit 14

練習問題

15.1 状況に合うように、(　) 内の語句を用いて文を完成させなさい。

1 Tom was very tired when he got home.
(He / work / hard all day) He'd been working hard all day.
2 The children came into the house. They had a football and they were both very tired.
(They / play / football) ....
3 I was disappointed when I had to cancel my vacation.
(I / look / forward to it) ....
4 Anna woke up in the middle of the night. She was frightened and didn't know where she was.
(She / have / a bad dream) ....
5 When I got home, Mark was sitting in front of the TV. He had just turned it off.
(He / watch / a movie) ....
6 The people waiting at the bus stop were getting impatient. The bus was very late.
(They / wait / a long time) ....

15.2 状況に合うように、空所に適切な語句や表現を入れて文を完成させなさい。

1 We played tennis yesterday. We didn't finish our game.
We'd been playing (We/play) for half an hour when it started (it/start) to rain.
2 I had arranged to meet Tom in a restaurant. I arrived and waited for him to come.
.... (I/wait) for 20 minutes when .... (I/realize) that .... (I/be) in the wrong restaurant.
3 Sarah worked for a company for a long time. The company no longer exists.
At the time the company .... (go) out of business, Sarah .... (work) there for twelve years.
4 I went to a concert. Soon after the orchestra began playing, something strange happened.
The orchestra .... (play) for about ten minutes when a man in the audience suddenly .... (start) shouting.

自由に文を完成させなさい。

5 I began walking along the road. I ....
when ....

15.3 下線部から文法的に正しい方を選びなさい。

1 It was noisy next door last night. Our neighbors were having / ~~had been having~~ a party.
(were having が正しい)
2 At the end of our trip, we were extremely tired. We were traveling / We'd been traveling for more than 24 hours.
3 James was on his hands and knees on the floor. He was looking / He'd been looking for his contact lens.
4 Sue was sitting on the ground. She was out of breath. She was running / She'd been running.
5 John and I went for a walk. He was walking / He'd been walking very fast, and I had difficulty keeping up with him.
6 I was sad when I sold my car. I've had it / I'd had it for a very long time.
7 I was sad when my local coffee shop closed. I was going / I'd been going there for many years.
8 I'm running a marathon next month. I've been training / I'd been training for it every day.
9 I had arranged to meet Kate, but I was late. When I finally arrived, she was waiting / she'd been waiting for me. She was annoyed because she was waiting / she'd been waiting such a long time.
10 a Joe and I work for the same company. He joined the company before me. When I started a few years ago, he was already working / he'd already been working there.
b I started working at the company a few years ago. At the time I started, Joe was already working / had already been working there for two years.
c Joe still works for the company. He's been working / He'd been working there a long time now.

→ 補足練習問題 5–8 (pp. 298–301)

Unit 16

have と have got

A

have と **have got** は、所有／関係／病気／予約などを表す場合に用います。
have と **have got** との間には意味の違いはありません。

- **They have** a new car. *or* **They've got** a new car.
- Lisa **has** two brothers. *or* Lisa **has got** two brothers.
- **I have** a headache. *or* **I've got** a headache.
- Our house **has** a small yard. *or* Our house **has got** a small yard.
- **He has** a few problems. *or* **He's got** a few problems.
- **I have** a driving lesson tomorrow. *or* **I've got** a driving lesson tomorrow.

have や have got が上のような意味（所有／関係／病気など）を表す場合、たった今起きている（持っている）ことであっても、**I'm having** などのような進行形にはなりません。

- We're enjoying our vacation. **We have** / **We've got** a nice room in the hotel.
  (× We're having a nice room)

have と **have got** の過去形はいずれも **had** となります。

- Hannah **had** long hair when she was a child. (× Hannah had got)

B

have と have got では、疑問文と否定文の作り方が異なります。

Do you have any questions?	*or*	**Have you got** any questions?
I don't have any questions.	*or*	**I haven't got** any questions.
Does she have a car?	*or*	**Has she got** a car?
She doesn't have a car.	*or*	**She hasn't got** a car.

過去形 had の疑問文と否定文は **did**/**didn't** を用いて作ります。

- **Did** you **have** a car when you were living in Miami?
- **I didn't have** my phone, so I couldn't call you.
- Liz **had** long hair, **didn't** she?

C

have breakfast / **have trouble** / **have a good time** など

以下のように、**have** はさまざまな動作や体験と結び付きます。

have	**breakfast** / **dinner** / **a cup of coffee** / **something to eat** など **a party** / **a vacation** **an accident** / **an experience** / **a dream** **a good trip** / **a good flight** / **a good time** **fun** / **trouble** / **difficulty** **a look** (at something) **a chat** / **a discussion** / **a conversation** / **a talk** (with somebody) **a baby** (= give birth to a baby : 出産する) / **an operation**

以下のような表現には **have got** を用いることはできません。

- Sometimes **I have** (= eat) a sandwich for lunch. (× I've got)
- ⇔ **I've got** / **I have** some sandwiches. Would you like one?

以下のような表現には進行形（**I'm having** など）を用いることができます。

- We're enjoying our vacation. **We're having** a great time. (× We have)
- Mike **is having** trouble with his car. He often has trouble with his car.

疑問文や否定文には、**do**/**does**/**did** を用います。

- I **don't** usually **have** a big breakfast. (× I usually haven't)
- Where **does** Chris usually **have** lunch?
- **Did** you **have** trouble finding somewhere to stay? (× Had you)

have (got) to ... ➜ Unit 30　イギリス英語 ➜ 付録 7

練習問題

16.1 右枠の文に続くものを左枠から選び、記号で答えなさい。

1 I'm not free tomorrow morning.
2 Rachel is an only child.
3 We've got plenty of time.
4 You've got a really good voice.
5 I don't feel very well this morning.
6 Megan went to college.
7 I've got a question.
8 James has got a lot of experience.

a She has a degree in physics.
b I've got a sore throat.
c There's no need to hurry.
d ~~I've got a driving lesson.~~
e Maybe you can answer it.
f I think he should get the job.
g I wish I could sing as well as you.
h She hasn't got any brothers or sisters.

1 ..d..
2 ......
3 ......
4 ......
5 ......
6 ......
7 ......
8 ......

16.2 動詞 **have** を用いて、現在形または過去形で文を完成させなさい。

1 She couldn't get into the house. She ..didn't have.. a key.
2 Is there anything you'd like to ask? ..Do you have.. any questions?
3 They can't pay their bills. They ...... any money.
4 We got wet in the rain yesterday. We ...... an umbrella.
5 Jack ...... a car. He can't afford one, and he can't drive anyway.
6 "Excuse me, ... a pen I could borrow?" "Yes, sure. Here you go."
7 I was very busy yesterday. I ...... time to go shopping.
8 "Tell me about Jack. ...... a job?" "Yes, he works at the hospital."
9 When you worked at your last job, ... your own office?
10 "Where's the remote control?" "I don't know. I ...... it."
11 "Tom ...... a motorcycle, ... he?" "Yes, a long time ago. He doesn't have one now."

16.3 下線部の文法に誤りがあれば、正しく直しなさい。

1 I'm not free tomorrow morning. I've got a driving lesson. ..OK..
2 Rachel had got long hair when she was a child. ..Rachel had long hair..
3 I couldn't contact you because I hadn't my phone. ......
4 "Are you feeling OK?" "No, I'm having a cold." ......
5 This party is great. I'm having a good time. ......
6 I felt really tired. I hadn't any energy. ......
7 It's a small town. It doesn't have many stores. ......
8 Was your trip OK? Had you any problems? ......
9 My friend called me when I was having lunch. ......
10 The last time I saw Steve, he was having a beard. ......
11 We don't need to hurry. We have plenty of time. ......
12 Have you breakfast every day? ......

16.4 以下から適切な語句を選び、必要ならば **have** を適切な形にして文を完成させなさい。

have a baby **have a bad dream** **have a chat** **have trouble** **have a good trip**
have a look ~~**have lunch**~~ **have a party** **have a nice time** **have a vacation**

1 I don't eat much during the day. I never ..have lunch.. .
2 I didn't sleep well last night. I ...... about my exam.
3 We ...... last week. We invited lots of people.
4 Excuse me. Can I ...... at your magazine, please?
5 Joe is away on vacation right now. I hope he ....
6 I met some friends in the supermarket yesterday. We stopped and ....
7 "...... finding the book you wanted?" "No, I found it OK."
8 Lauren ...... a few weeks ago. It's her second child.
9 "I'm leaving for Hawaii in a few hours." "That's great! ......!"
10 I'd like to go away somewhere. I ...... for a long time.

Unit 17

used to ＋ 動詞の原形

A

☆ **イラストの状況について考えましょう。どのような形の動詞が使われていますか。**

Nicole は、最近あまり旅行に出かけません。
今は家でゆっくりするほうが好きです。

But she **used to travel** a lot.
She **used to go** away two or three times a year.

➤ **She used to travel a lot は、過去には習慣的に旅行をしていたが、現在はあまり旅行していないことを表します。**

she used to travel	she doesn't travel
過去	現在

B

～ **used to** ＋ 動詞の原形は「よく…したものだ」のように、過去に習慣としていたが現在はしていない動作を表します。

- ◯ I **used to play** tennis a lot, but I don't play very much now.
- ◯ David **used to spend** a lot of money on clothes. These days he can't afford it.
- ◯ "Do you go to the movies much?" "Not now, but I **used to**." (= I used to go)

used to ＋ 動詞の原形は「昔は…だった」のように、現在とは異なる過去の状態を表すことがあります。

- ◯ The building is now a furniture store. It **used to be** a movie theater.
- ◯ I **used to think** Mark was unfriendly, but now I realize he's a very nice person.
- ◯ I started drinking coffee recently. I never **used to like** it before.
- ◯ Jen **used to have** very long hair when she was a child.

C

I **used to** ＋ 動詞の原形は過去の習慣を表します。I use to ＋ 動詞の原形のような現在形はありません。現在の習慣や状態は単純現在形（I **do**）で表します。

過去	he **used to play**	we **used to live**	there **used to be**
現在	he **plays**	we **live**	there **is**

- ◯ We **used to live** in a small village, but now we **live** in a city.
- ◯ There **used to be** four movie theaters in the city. Now there **is** only one.

D

used to ＋ 動詞の原形の疑問文は、**Did** (you) **use to** ＋ 動詞の原形で作ります。(= did you do this often?)

- ◯ **Did** you **use to eat** a lot of candy when you were a child?

used to ＋ 動詞の原形の否定文は、**didn't use to** ＋ 動詞の原形で作ります。

- ◯ I **didn't use to like** him.

E

I used to ＋ 動詞の原形と **I was -ing**（過去進行形）は以下のように意味が異なります。

- ◯ I **used to watch** TV a lot. (⇒ 以前はよくテレビを見たが、今はあまり見ていない)
- ◯ I **was watching** TV when Rob called. (⇒ テレビを見ている最中だった)

F

I am used to -ing（…するのに慣れている、**Unit 59**）と **I used to ＋ 動詞の原形**を混同しないように注意してください。

- ◯ I **used to live** alone. (⇒ 以前はひとり暮らしをしていたが、今はもうしていない)
- ◯ I **am used to living** alone. (⇒ 長くひとり暮らしをしてきたのでもう慣れた)

過去進行形 (**I was doing**) ➜ Unit 6　**would** (= **used to**) ➜ Unit 34　**be/get used to (doing ～)** ➜ Unit 59

練習問題

17.1 **used to** に適切な動詞を加えて文を完成させなさい。

1 Nicole ....used to travel.... a lot, but she doesn't go away much these days.
2 Sophie .... a motorcycle, but last year she sold it and bought a car.
3 Our friends moved to Spain a few years ago. They .... in Paris.
4 Jackie .... my best friend, but we aren't friends anymore.
5 I rarely eat ice cream now, but I .... it often when I was a child.
6 It only takes me about 40 minutes to get to work now that the new road is open.
It .... more than an hour.
7 There .... a hotel near the airport, but it closed a long time ago.
8 I .... in a factory. It wasn't my favorite job.

17.2 枠内から適切な語句を選び空所に入れ、文を完成させなさい。

1 Jen ....used to have.... very long hair when she was a child.
2 We .... to watch TV a lot, but we don't have a TV anymore.
3 Liz works in a store now. She .... a receptionist in a hotel.
4 What games .... you use to play when you were a child?
5 I .... like big cities, but now I prefer the country.
6 In your last job, how many hours a day did you .... work?
7 I don't travel a lot these days, but I used ....
8 I used to .... to run ten kilometers, but I can't run that far now.
9 These days I eat more than before. I .... use to eat as much.

did
didn't
to
use to
used
used to
used to be
~~**used to have**~~
be able

17.3 Karen の 10 年前の発言と今日の発言を比較しなさい。

Karen がこの 10 年間でどのように変わったか、**used to** / **didn't use to** / **never used to** のいずれかを最初の部分に用いて文全体を完成させなさい。

1 ....She used to travel a lot...., but ....she doesn't go away much these days....
2 She used ...., but ....
3 ...., but ....
4 ...., but ....
5 ...., but ....
6 ...., but ....

17.4 **I used to ...** (**I used to be/work/like/play** など)で始めて、自分自身についての文を作りなさい。

1 ....I used to live in a small village, but now I live in a city....
2 ....I used to play tennis a lot, but I don't play anymore....
3 I used ...., but ....
4 I ....
5 ....

I didn't use to ... で始まる文を作りなさい。

6 ....I didn't use to read a lot, but I do now....
7 I didn't ....
8 ....

→ 補足練習問題 9 (p. 301)

Unit 18

未来の意味を表す現在時制* (I am doing / I do)

A 未来の意味を表す現在進行形 (I am doing)

CALENDAR
Monday
Tennis 2:00 p.m.
Tuesday
Dentist 10:10 a.m.
Friday
Kate 8:00 p.m.

これは Ben の来週のスケジュールです。

He **is playing** tennis on Monday afternoon.
He **is going** to the dentist on Tuesday morning.
He **is meeting** Kate on Friday.

Ben はすでにこれらの予定を行う決心をし、準備ができています。

☆ **「…することになっている」のように、すでに決心し準備を終えた未来の活動は現在進行形 (I am doing) で表します。**

- A: What **are** you **doing** on Saturday night? (× What do you do)
  B: I**'m going** to the movies. (× I go)
- A: What time **is** Katherine **arriving** tomorrow?
  B: At 10:30. We**'re meeting** her at the airport.
- **I'm not working** tomorrow, so we can go out somewhere.
- Ryan **isn't playing** football next Saturday. He hurt his leg.

あらかじめ準備された活動については現在進行形を用いるほうがより自然です。この場合では **will** を用いることはできません。

- What **are** you **doing** tonight? (× What will you do)
- Alex **is getting** married next month. (× will get)

「今まさに…しようとしていた」活動についても現在進行形で表します。特に、**go**/**come**/**leave** などの移動を表す動詞とともに現在進行形が用いられた場合にこの意味が生じます。

- I'm tired. I**'m going** to bed now. Goodnight. (× I go to bed now)
- "Emily, are you ready yet?" "Yes, I**'m coming**." (× I come)

B 未来の意味を表す単純現在形 (I do)

交通機関の時刻表や映画のプログラムなどのように、予定が組まれている未来の出来事は単純現在形を用いて表します。

- I have to go. My flight **leaves** at 11:30.
- What time **does** the movie **start** tonight?
- The meeting **is** at 9:00 tomorrow.

未来に生じる活動を単純現在形を用いて表すと、その活動が時刻表のように決められていて変更しにくいことを意味します。

- I **start** my new job on Monday.
- What time **do you finish** work tomorrow?

個人的に計画や準備をした活動には現在進行形を用います。

- What time **are you meeting** Kate tomorrow? (× do you meet)

☆ **現在進行形と単純現在形では表す未来について、どのように異なりますか。**

現在進行形	単純現在形
What time **are you arriving**?	What time **does the train arrive**?
I'm going to the movies this evening.	**The movie starts** at 8:15.

予約、レッスン、試験などについては、**I have** または **I've got** を使って表すことができます。

- **I have** an exam next week. *or* **I've got** an exam next week.

* ここでの「現在時制」は「単純現在形」と「現在進行形」の両方を指します。

I'm going to + 動詞の原形 ➜ Units 19, 22 will ➜ Units 20–22 when/if 内の単純現在形 ➜ Unit 24

練習問題

18.1 Anna が長期休暇を取ろうとしています。( )内の語句を用いて疑問文を作り、休暇の計画について尋ねなさい。

ANNA

1 (where / go?) Where are you going? .... Quebec.
2 (how long / go for?) .... Ten days.
3 (when / leave?) .... Next Friday.
4 (go / alone?) .... No, with a friend.
5 (travel / by car?) .... No, by plane.
6 (where / stay?) .... In a hotel.

18.2 ( )内の語句を適切な形にして空所に入れ、文を完成させなさい。

1 Ryan isn't playing (not/play) football on Saturday. He hurt his leg.
2 .... (We/have) a party next week. We've invited all our friends.
3 .... (I/not/work) tomorrow. It's a public holiday.
4 .... (I/leave) now. I've come to say goodbye.
5 "What time .... (you/go) out tonight?" "7:00."
6 .... (Laura/not/come) to the party tomorrow. She's sick.
7 I love Tokyo. .... (I/go) there soon.
8 Ben can't meet us on Monday. .... (He/work) late.

18.3 ( )内で指定された時期に何か予定がありますか。自身についてを答えなさい。

1 (tonight) I'm not doing anything this evening.
2 (tomorrow morning) I ....
3 (tomorrow night) I ....
4 (next Sunday) I ....
5 (その他の日や時間) ....

18.4 ( )内の動詞を現在進行形または単純現在形に変えて文を完成させなさい。

1 A: Olivia, are you ready yet?
  B: Yes, I'm coming (I / come).
2 A: .... (you / go) to Sam's party on Saturday?
  B: No, I haven't been invited.
3 A: Has Jack moved into his new apartment yet?
  B: Not yet, but .... (he / move) soon – probably at the end of the month.
4 A: .... (I / go) to a concert tonight.
  B: That's nice. What time .... (it / start)?
5 A: Have you seen Chris recently?
  B: No, but .... (we / meet) for lunch next week.
6 A: .... (you / do) anything tomorrow morning?
  B: No, I'm free. Why?
7 A: When .... (this semester / end)?
  B: Next Friday. And the next semester .... (start) four weeks after that.
8 A: .... (We / go) to a wedding on the weekend.
  B: Really? .... (Who / get) married?
9 A: There' a football game on TV later tonight. .... (you / watch) it?
  B: No, I'm not interested.
10 A: What time is your train tomorrow?
  B: It .... (leave) at 9:35 and .... (arrive) at 12:47.
11 A: I'd like to go and see the exhibition at the museum. How long is it on for?
  B: .... (It / finish) next week.
12 A: Do you need the car tonight?
  B: No, you can take it. .... (I / not / use) it.

→ 補足練習問題 10–13 (pp. 302–304)

Unit 19

I'm going to (do)

A

I am going to do（動詞の原形）は、「私は…するつもり」のように、これからすることをすでに決めている場合に用います。

- "**Are** you **going to eat** anything?" "No, I'm not hungry."
- A: I hear Sarah won the lottery. What **is** she **going to do** with the money?
  B: She**'s going to buy** a new car.
- I**'m** just **going to make** a quick phone call. Can you wait for me?
- This cheese smells horrible. I**'m not going to eat** it.

B

I am doing と **I am going to do**

I am doing（現在進行形）は、「私は…することになっている」という意味を持っています。誰かと待ち合わせしたり、どこかに出かけたりする時など、すでに準備したり計画を立てている場合に用います。

- I**'m leaving** next week. I've booked my flight.
- What time **are** you **meeting** Hannah this evening?

I am going to do は、すでに決めているものの、具体的な準備はまだしていない場合に用います。

- "Your shoes are dirty." "Yes, I know. I**'m going to polish** them."
  （⇒ 洗おうと思っているが、まだ準備ができていない）
- I don't want to stay here. Tomorrow I**'m going to look** for another place to stay.

次の例文はどのように異なりますか。

- I don't know what **I'm doing** tomorrow.（⇒ 予定や計画は不明）
- I don't know what **I'm going to do** about the problem.（⇒ どうするかまだ決めていない）

実際にはこの両者の間にはほとんど違いがないため、多くの場合は両者は同じように用いられます。

C

☆ **イラストを見て考えましょう。(be) going to do はどのような出来事を表しますか。**

イラストの男性は前を見ていません。このままでは壁にぶつかってしまいます。

He **is going to walk** into the wall.

➤ **He is going to walk into the wall. は「まもなく壁にぶつかってしまうでしょう」を意味します。(be) going to do は、現在の状況から確実に予想できる未来の出来事を表します。**

going to

現在の状況 予想される未来

以下の例文においても、現在の状況から確実に予測できる未来が表されています。

- Look at those black clouds! It**'s going to rain**.（⇒ 今、黒い雲が見える）
- I feel terrible. I think I**'m going to be** sick.（⇒ 今、ひどく気分が悪い）
- The economic situation is bad now, and things **are going to get** worse.

D

I was going to do … は「…するつもりだった」のように、過去に計画していたが実現しなかった動作を表します。

- We **were going to take** the train, but then we decided to drive instead.
- I **was** just **going to cross** the street when somebody shouted, "Stop!"

～ **was going to happen** は「…しそうだった」のように、実際には起こらなかった過去の出来事を表します。

- I thought it **was going to rain**, but it didn't.

I am doing（未来を意味を表す現在進行形）➜ Unit 18A **I will** と **I'm going to** ➜ Unit 22

練習問題

19.1 (be) going to + 動詞の原形を用いた疑問文を作りなさい。

1 Your friend has won some money. You ask:
(what / do?) *What are you going to do with it?*
2 Your friend is going to a wedding next week.
You ask: (what / wear?) ....
3 Your friend has just bought a new table.
You ask: (where / put?) ....
4 Your friend has decided to have a party.
You ask: (who / invite?) ....
5 Your friend has bought some fish for dinner. You ask:
(how / cook?) ....

19.2 以下の語句を用いて、**I'm going to** または **I'm not going to** の文を完成させなさい。

complain learn run say try wash not/accept ~~not/eat~~ not/tell

1 This cheese smells horrible. *I'm not going to eat* it.
2 I haven't been trying hard enough. From now on .... harder.
3 I have to make a speech tomorrow, but I don't know what ....
4 "The car is very dirty." "I know. .... it."
5 I've had a job offer, but .... it. The pay is too low.
6 .... a language, but I haven't decided on the language yet.
7 One day .... a marathon. It's my ambition.
8 The food in this restaurant is awful. ....
9 Ben doesn't need to know what happened, so .... him.

19.3 ( ) 内の語句を用いて、予測できることを記述した文を完成させなさい。

1 There are a lot of dark clouds in the sky.
(rain) *It's going to rain.*
2 It is 8:30. Tom is leaving home. He has to be at work at 8:45, but the trip takes 30 minutes.
(late) He ....
3 There is a hole in the bottom of the boat. A lot of water is coming in through the hole.
(sink) The boat ....
4 Amy and Ben are driving. The gas tank is nearly empty. It's a long way to the nearest gas station.
(run out) They ....
5 Sarah's car was badly damaged in an accident. Now it has to be repaired.
(cost a lot) It .... to repair the car.

19.4 **was/were going to** に以下の動詞を続けて、文を完成させなさい。

be buy call play quit say ~~take~~

1 We *were going to take* the train, but then we decided to go by car instead.
2 I .... some new clothes yesterday, but I didn't have time to go shopping.
3 Tom and I .... tennis last week, but he hurt his knee and had to cancel.
4 I .... Jane, but I sent her an email instead.
5 I thought the exam .... hard, but it was easier than I expected.
6 Kevin .... his job, but in the end he decided to stay where he was.
7 I'm sorry I interrupted you. What .... you .... ?

Unit 20

will 1

A

I'll (= **I will**) は、話している時点で「私は…する／…しよう」と決めた事柄に用います。

- Oh, I left the door open. **I'll go** and shut it.
- I don't have time to talk to you now. **I'll talk** to you later.
- A: What would you like to drink?
  B: **I'll have** orange juice, please."
- A: Did you call Mike?
  B: Oh no, I forgot. **I'll call** him now."

I'll (= I will) がこの意味で用いられる場合は、**I do** / **I go** などの単純現在形にすることはできません。

- **I'll call** him now. (× I call him now)

will は、**I think I'll** … や **I don't think I'll** … のような形でよく用いられます。相手に配慮した丁寧な主張を表します。I think I won't … のような形はありません。

- I'm a little hungry. **I think I'll have** something to eat.
- **I don't think I'll go** out tonight. I'm too tired. (× I think I won't go out …)

話し言葉では、will の否定形は **will not** ではなく **won't** [wóunt] と発音されます。

- I can see you're busy, so **I won't stay** long. (= I will not stay long)

B

☆ **どのような状況で will をよく用いますか。**

➤ **「…します」提案したり申し出たりする。**

- That bag looks heavy. I'**ll help** you with it. (× I help)

➤ **「はい，…します」相手からの要請を承諾する。**

- A: Can you give Tom this book?
  B: Sure, I'**ll give** it to him when I see him this afternoon.

➤ **「必ず…します」約束する。**

- Thanks for lending me the money. I'**ll pay** you back on Friday.
- I **won't tell** anyone what happened. I promise.

I'll help you.

➤ **いくら手を施しても「どうしても…しない」状況は won't で表します。**

- I've tried to give her advice, but she **won't listen**.
- The car **won't start**. (⇒ どうしても車のエンジンがかからない)

➤ **「…していただけますか」と相手に依頼する場合にも用いられます。**

- **Will you** please turn the music down? It's too loud.

The car won't start.

C

話す前にすでに決心していたり、計画を立てたりしていることには **will** は用いません。

- I'**m going** on vacation next Saturday. (× I'll go)

次の例文はどのように異なりますか。

- I'**m meeting** Kate tomorrow morning. (すでに計画している)
- A: **I'll meet** you at 10:30, OK? (今決めた)
  B: Fine. See you then.

未来の意味を表す I am doing ➜ Unit 18　will 2 ➜ Unit 21　I will と I'm going to ➜ Unit 22　イギリス英語 ➜ 付録 7

練習問題

20.1 **I'll** に適切な動詞を付け加えて文を完成させなさい。

1 A: How are you going to get home?
B: I think I'll take a taxi.
2 A: It's a little cold in this room.
B: It is? .... on the heat then.
3 A: Are you free next Friday?
B: Let me see. .... my calendar.
4 A: Should I do the dishes?
B: No, it's all right. .... them later.
5 A: I don't know how to use this phone.
B: OK, ... you.
6 A: Would you like coffee or tea?
B: .... coffee, please.
7 A: Are you coming with us?
B: No, I think .... here.
8 A: Can you finish this report today?
B: Well, ..., but I can't promise.

20.2 **I think I'll ...** または **I don't think I'll ...** で始まる文を完成させなさい。

1 It's a little cold. The window is open, and you decide to close it. You say:
It's cold with the window open. I think I'll close it.
2 You're tired, and it's getting late. You decide to go to bed. You say:
I'm tired, so .... Good night!
3 The weather is nice and you need some exercise. You decide to go for a walk. You say:
It's beautiful morning. .... Do you want to come too?
4 You were going to have lunch. Now you decide that you don't want to eat anything. You say:
I don't feel hungry anymore. .... lunch.
5 You planned to go swimming today. Now you decide not to go. You say:
I've got a lot to do, so .... today.

20.3 下線部の正しい方を選びなさい。

1 A: Can we meet tomorrow morning?
B: I'm sorry, I can't. I'm playing / ~~I'll play~~ tennis. (I'm playing が正しい)
2 A: I meet / I'll meet you outside the hotel at 10:30, OK?
B: Yes, that's fine.
3 A: Please don't go yet.
B: OK, I'm staying / I'll stay a little longer, but I have to go soon.
4 A: I'm having / I'll have a party next Saturday. I hope you can come.
B: Of course. I'd love to.
5 A: Don't forget to lock the door when you go out.
B: OK. I don't forget / I won't forget.
6 A: Do you have any plans for the weekend?
B: Yes, we're going / we'll go to a wedding.
7 A: Are you doing / Will you do anything tomorrow evening?
B: No, I'm free. Why?
8 A: Do you do / Will you do something for me?
B: That depends. What do you want me to do?
9 A: Do you drive / Will you drive to work?
B: Not usually. I prefer to walk.
10 A: Did Sue tell you what happened?
B: No, I've asked her, but she doesn't tell / won't tell me.
11 A: How do you think you'll do on the exam tomorrow?
B: I don't know, but I'm doing / I'll do my best.

→ 補足練習問題 10–13 (pp. 302–304)

Unit 21

will 2

A

あらかじめ計画したり決心している事柄は、現在進行形や (be) going to + 動詞の原形で表します。この場合、**will** は使えません。**Units 18–19** を参照

- Emily **is working** next week. (× Emily will work)
- **Are** you **going to watch** TV this evening? (× Will you watch)

will を使って、未来に起きると思っている／信じていることについて表すことができます。

☆ **イラストはどのような未来の状況を表していますか。**

Kate は来週運転免許の試験を受けます。そのことについて Chris と Joe が会話をしています。

Do you think Kate **will pass**?

Yes, she's a good driver. She'**ll pass** easily.

CHRIS *JOE*

Joe は、Kate が試験に合格すると確信しています。つまり、Joe はある出来事が起きることを「予測」しています。

➤ **「…するだろう/…しないだろう」のように、未来の出来事や状況をその場で予測する時、will/won't を用います。**

以下の例文も同じように、未来の出来事を予測しています。

- They've been away a long time. When they return, they**'ll see** a lot of changes here.
- "Where **will** you **be** this time next year?" "I**'ll be** in Japan."
- That plate is hot. If you touch it, you**'ll burn** yourself.
- Anna looks completely different now. You **won't recognize** her.
- When **will** you **find out** how you did on the exam?

B

以下の語句は、**will** (**'ll**) とともによく使われます。**will** だけの場合と比べて丁寧な表現になります。

probably	I**'ll probably** be home late tonight.
I expect	I **expect** the test **will** take two hours.
I'm sure	Don't worry about the exam. **I'm sure** you**'ll** pass.
I think	Do you **think** Sarah **will** like the present we bought her?
I don't think	I **don't think** the exam **will** be very difficult.
I guess	I **guess** your parents **will** be tired after their trip.
I suppose	When do you **suppose** Jen and Mike **will** get married?
I doubt	I **doubt** you**'ll** need a heavy coat in Las Vegas. It's usually hot there.
I wonder	I **wonder** what **will** happen.

I hope ... (…してほしい) の後は、通常は現在形を用います。

- **I hope** Kate **passes** the driving test.
- **I hope** it **doesn't rain** tomorrow.

C

通常、**will** は未来のことを表しますが、現在について表す場合もあります。

- Don't call Amy now. She**'ll be** busy. (彼女は今忙しい)

will 1 ➜ Unit 20 **I will** と **I'm going to** ➜ Unit 22 **will be -ing** と **will have** + 過去分詞 ➜ Unit 23
will have to ➜ Unit 30A 未来 ➜ 付録 3 イギリス英語 ➜ 付録 7

練習問題

21.1 **will ('ll)** または **won't** を空所に入れ、文を完成させなさい。

1 Can you wait for me? I ......won't...... be long.
2 There's no point in asking Amanda for advice. She .... know what to do.
3 I'm glad I'm seeing Emma tomorrow. It .... be good to talk with her.
4 I'm sorry about what happened yesterday. It .... happen again.
5 You don't need to take an umbrella with you. I don't think it .... rain.
6 I've got some incredible news! You .... believe it.

21.2 **will ('ll)** の後に以下の動詞を選んで入れ、文を完成させなさい。

it/be	**she/come**	**you/get**	**you/like**	**you/enjoy**
people/live	**it/look**	**we/see**	~~**you/pass**~~	**she/mind**

1 Don't worry about the exam. I'm sure ......you'll pass...... .
2 Why don't you try on this jacket? .... nice on you.
3 You must meet Max sometime. I think .... him.
4 It's a very nice hotel. .... your stay there.
5 It's raining. Don't go out. .... very wet.
6 Do you think .... longer in the future?
7 Goodbye! I'm sure .... each other again before long.
8 I've invited Anna to the party, but I don't think ....
9 You can borrow Amy's umbrella. I don't think ....
10 It takes me an hour to get to work now. When the new road is finished, ... much quicker.

21.3 **do you think ... will ... ?** の後に以下の動詞を入れ、文を完成させなさい。

be back **cost** **end** **get married** **happen** ~~**like**~~ **rain**

1 I bought this picture for Karen. ......Do you think she'll like it...... ?
2 The weather doesn't look very good. .... ?
3 The meeting is still going on. When .... ?
4 My car needs to be repaired. How much .... ?
5 Nicole and David are in love. .... ?
6 "I'm going out now." "OK. What time .... ?"
7 The future situation is uncertain. What .... ?

21.4 設問で指定された時間に自分がどこにいるか、以下の表現を用いて文を作りなさい。
I'll be ... *or* **I'll probably be ...** *or* **I don't know where ...**

1 (next Monday evening at 7:45) ......I'll probably be at home......
2 (at 3:00 a.m. tomorrow) ....
3 (at 10:30 tomorrow morning) ....
4 (next Friday afternoon at 4:15) ....
5 (this time next year) ....

21.5 下線部から文法的に正しい方を選びなさい。

1 Lisa isn't free on Saturday. ~~She'll work~~ / She's working (She's working が正しい)
2 It was an amazing experience. I never forget it. / I'll never forget it.
3 Something very funny happened. You're laughing / You'll laugh when I tell you about it.
4 I'll go / I'm going to a party tomorrow night. Would you like to come too?
5 Who do you think will win / is winning the game tomorrow?
6 I can't meet you this evening. A friend of mine will come / is coming to see me.
7 Don't be afraid of the dog. It won't hurt / It isn't hurting you.
8 What's happening / What will happen if I press this button?
9 A: Have you decided where to go for your vacation?
  B: Yes, we'll go / we're going to Italy.

→ 補足練習問題 10–13 (pp. 302–304)

Unit 22

I will と I'm going to

A

☆ イラストはどのような状況を表していますか。**will ('ll)** と **(be) going to** の使われている状況と、上下のイラストが示す時間の流れに注目します。

1) Sarah が Kate に提案しています。

➤ **will ('ll) は「…しよう」のように、話している時点で決めたことに用います。**

Kate はパーティーについて Sarah から初めて聞きました。前もってパーティーに大勢の人を招待することを決めていたわけではありません。

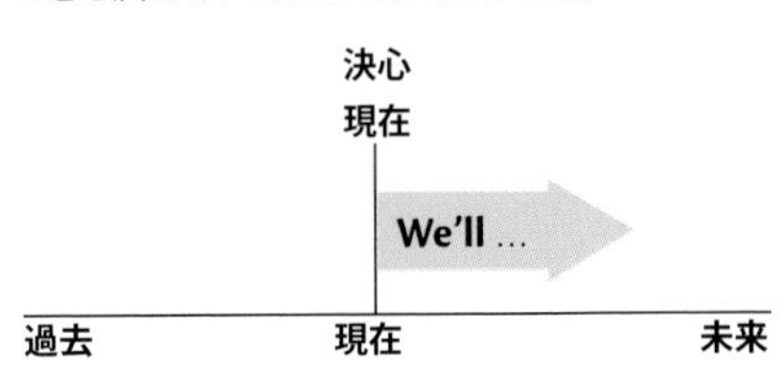

2) その後、Kate は Rob に会います。

➤ **(be) going to は「…するつもり」のように、話す前に話し手が決心していたことに用います。**

Kate は Rob に会う前、Sarah と話をしてパーティーに大勢の人を招待することを決めていました。

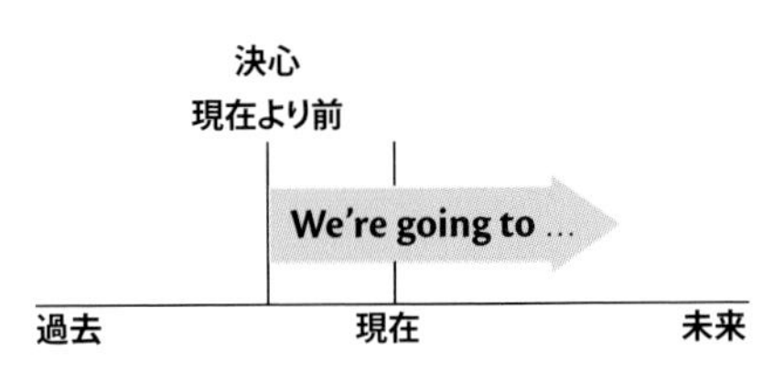

以下の例文も、**will ('ll)** と **(be) going to** の違いを示しています。

- "Kevin has been trying to contact you." "Has he? OK, I'**ll call** him."
- "Kevin has been trying to contact you." "Yes, I know. I'**m going to call** him."
- "Anna is in the hospital." "Really? I didn't know. I'**ll go** and visit her."
- "Anna is in the hospital." "Yes, I know. I'**m going to visit** her tonight."

B

未来の出来事や状況の予測に関しては、**will ('ll)** と **(be) going to** との間に大きな違いはありません。以下の例文では「…だろう」のように、ほぼ同じ意味になります。

- I think the weather **will be** nice later. *or* I think the weather **is going to be** nicer later.
- Those shoes are well made. They'**ll** last a long time. *or* Those shoes are well made. They'**re going to** last a long time.

現在の状況から未来の出来事が確実に予測できる場合は、will ではなく **(be) going to** を用います。

- Look at those black clouds. It'**s going to rain**. (× It will rain)
  (⇒ 今、空に見える雲から雨が降ることは明らか)

☆ **例文で考えます。(be) going to とwill は、どのように異なりますか。**

- We'**re going to be** late. The meeting starts in five minutes, and it takes 15 minutes to get there.
  (⇒ 時間に間に合わないことが明らか)
- Jane **will be** late for the meeting. She's always late.
  (⇒ また遅刻することは明らか)

I'm going to ➜ Unit 19 **will** ➜ Units 20–21 未来 ➜ 付録 3

練習問題

22.1 will ('ll) または (be) going to と ( ) 内の語句を組み合わせて対話を完成させなさい。

1 A: Why are you turning on the TV?
B: I'm going to watch the news. (I/watch)
2 A: I forgot my wallet. I don't have any money.
B: Not to worry. .... you some. (I/lend)
3 A: Why are you filling that bucket with water?
B: .... the car. (I/wash)
4 A: I don't know how to use the washing machine.
B: It's easy. .... you. (I/show)
5 A: I've decided to paint this room.
B: That's nice. What color .... it? (you/paint)
6 A: Where are you going? Are you going shopping?
B: Yes, ... some things for dinner tonight. (I/buy)
7 A: What would you like to eat?
B: .... a pizza, please. (I/have)
8 A: This food doesn't taste very good, does it?
B: No, it's horrible. .... it. (I/not/finish)
9 A: Tom is starting a night class next month.
B: He is? What .... ? (he/study)
10 A: Did you call Emma?
B: Oh, no. I completely forgot. .... her now. (I/call)
11 A: Has Dan decided what to do when he leaves school?
B: Yes. Everything is planned.
First .... a vacation for a few weeks. (he/take)
Then .... a management training course. (he/do)

22.2 will ('ll) または (be) going to と ( ) 内の語句を組み合わせて対話を完成させなさい。

1 You want some coffee. You go to the kitchen to make some.
You say (友人に): I'm going to make some coffee. Would you like some?
2 You're speaking to a friend and arranging to meet. You suggest a time and place.
You say: .... you at 10:30 in the hotel lobby, OK? (I/see)
3 You have decided to sell your car. You tell a friend of yours.
You say: I don't need my car anymore. .... it. (I/sell)
4 Your friend is worried because she has lost her driver's license.
You say: Don't worry. I'm sure .... it. (you/find)
5a You have an old camera that is broken. You have decided to throw it away. You tell your friend.
You say: This camera is broken. .... it away. (I/throw)
5b Your friend loves and collects old cameras. He doesn't want you to throw it away.
He says: Don't throw it away! .... it. (I/take)
6a Joe has to go to the airport tomorrow. He doesn't know how to get there. Amy offers to take him.
Amy says: Don't worry about getting to the airport, Joe .... you. (I/take)
6b Later that day, Eric offers to take Joe to the airport. Joe tells him that it's not necessary.
Joe says: Thanks, Eric, but .... me. (Amy/take)

22.3 左枠の文に続くものを右枠から選び、記号で答えなさい。

1	Why don't you come to the party with us?	a	He'll get what he wants.	1	f
2	That ceiling looks dangerous.	b	He probably won't remember me.	2	......
3	He looks very tired.	c	It's going to be a nice day.	3	......
4	This table is too big.	d	It looks as if it's going to fall down.	4	......
5	The weather forecast is good.	e	It's going to be 600 feet high.	5	......
6	Jack is very determined.	f	~~You'll enjoy it.~~	6	......
7	They are building a new skyscraper here.	g	I don't think it will fit in the room.	7	......
8	I haven't seen Ben for ages.	h	I think he's going to fall asleep.	8	......

→ 補足練習問題 10–13 (pp. 302–304)

Unit 23

will be doing と will have done

A

☆ 例文で考えます。現在進行形、未来進行形、未来完了形はどのように異なりますか。

These people are waiting in line to get into the movie theater.
（⇒ 今…している）

現在

Half an hour from now, the theater will be full.
Everyone **will be watching** the movie.
（⇒ …しているところだろう）

現在から 30 分後

Three hours from now, the movie theater will be empty.
The movie **will have finished**.
Everyone **will have gone** home.
（⇒ …し終えているだろう）

現在から 3 時間後

B

「…しているところだろう」のように、状況から予測できる出来事は **will be doing ...** の未来進行形で表します。

- This time next week I'll be on vacation. **I'll be lying** on the beach or **swimming** in the ocean.
- You have no chance of getting the job. You**'ll be wasting** your time if you apply.

☆ **例文で考えます。will be** (do)**ing ... と will** (do) **は、どのように異なりますか。**

- Don't phone between 7 and 8. We**'ll be eating**.
- Let's wait for Liz to arrive, and then we**'ll eat**.

☆ **例文で考えます。未来進行形 (will be -ing) と過去進行形、現在進行形はどのように異なりますか。**

- At 10:00 yesterday, Tina **was** in her office. She **was working**. （過去進行形）
  It's 10:00 now. She **is** in her office. She **is working**. （現在進行形）
  At 10:00 tomorrow, she **will be** in her office. She **will be working**. （未来進行形）

C

「…するだろう」のように、**will be -ing** は、未来において始まって完結すると予想できる動作も表すことができます。ここでは進行中の動作は表していません。

- The government **will be making** a statement about the crisis later today.
- Later in the program, I**'ll be talking** to the Minister of Education.
- The team's star player is injured and **won't be playing** in the game on Saturday.

上の例における I'll be doing は、I'll do と I'm going to do とほぼ同じ意味で用いられています。

D

「…し終えているだろう」のように、ある未来の時点よりも前に終わっていることが予測できる事柄は、**will have done** の未来完了形で表します。

- Emily always leaves for work at 8:30 in the morning. She won't be home at 9:00 – she**'ll have gone** to work.
- We're late. The movie **will** already **have started** by the time we get to the theater.

☆ **例文で考えます。未来完了形（will have ＋ 過去分詞）、現在完了形、過去完了形はどのように異なりますか。**

- Michael and Amy **have been** married for 24 years. （現在完了形）
  Next year they **will have been** married for 25 years. （未来完了形）
  When their son was born, they **had been** married for three years. （過去完了形）

will ➜ Units 20–21　**by then** / **by the time** ➜ Unit 117　未来 ➜ 付録 3

練習問題

23.1 Andy の状況と適合する文に ✓ を付けなさい。a-d の中に少なくとも 1 つは正しい記述が含まれています。

Andy goes to work every day. He leaves home at 8:00 and arrives at work at about 8:45. He starts work immediately and continues until 12:30 when he has lunch (which takes about half an hour). He starts work again at 1:15 and goes home at exactly 4:30. Every day he follows the same routine, and tomorrow will be no exception.

1 **At 7:45**
a he'll be leaving the house
b he'll have left the house
c he'll be at home ✓
d he'll be having breakfast ✓

2 **At 8:15**
a he'll be leaving the house
b he'll have left the house
c he'll have arrived at work
d he'll be arriving at work

3 **At 9:15**
a he'll be working
b he'll start work
c he'll have started work
d he'll be arriving at work

4 **At 12:45**
a he'll have lunch
b he'll be having lunch
c he'll have finished his lunch
d he'll have started his lunch

5 **At 4:00**
a he'll have finished work
b he'll finish work
c he'll be working
d he won't have finished work

6 **At 4:45**
a he'll leave work
b he'll be leaving work
c he'll have left work
d he'll have arrived home

23.2 枠の中から適切な語句を選び、空所に入れなさい。

be watching
will be landing
won't be playing
will be starting
~~**will you be voting**~~
won't be going
be going
will you be doing

1 There's an election next week. Who *will you be voting* for?
2 I'll .... shopping later. Can I get you anything?
3 Emily is not well, so she .... volleyball tomorrow.
4 Little Emma .... school soon. She's growing up fast.
5 The game is on TV tonight. Will you .... it?
6 What .... in your new job? The same as before?
7 I .... to the wedding. I'll be away on vacation.
8 Please fasten your seat belts. The plane .... in ten minutes.

23.3 ( )内の語句を、**will be -ing** または **will have** ＋ 過去分詞の形に変えて文を完成させなさい。

1 Don't call between 7 and 8. *We'll be eating* then. (we/eat)
2 Tomorrow afternoon we're going to play tennis from 3:00 until 4:30. So at 4:00, ... tennis. (we/play)
3 Sarah will meet you at the airport. .... for you when you arrive. (she/wait).
4 The meeting starts at 9:30 and won't last longer than an hour. You can be sure that .... by 11:00. (it/finish)
5 Do you think .... in the same place in ten years? (you/still/live)
6 Jessica is traveling in Europe and so far she has traveled about 1,000 miles. By the end of the trip, ... more than 3,000 miles. (she/travel)
7 If you need to contact me, ... at the Lion Hotel until Friday. (I/stay)
8 Ben is on vacation and is spending his money very quickly. If he continues like this, ... all his money before the end of his vacation. (he/spend)
9 I'm fed up with my job. I hope .... it much longer. (I/not/do)

➜ 補足練習問題 12–13 (pp. 303–304)

Unit 24

when I do / when I've done if と when (従属節内の時制)

A

☆イラストを見て考えます。**when** 節内ではどのような形が用いられていますか。

Amy は電車に乗っていて、友人に電話をしています。

I'll call you again when I arrive.

I'll call you again when I arrive. の文は、2つの節に分割できます。

主節： I'll call you again
when 節(従属節)： when I arrive

➤ **文全体は tomorrow で示されているように未来の出来事ですが、when 節内では現在時制を用います。when 節内で will は用いません。**

when I do something (× will do)
when something **happens** (× will happen)

☆ **when** 節内では、どのような形が用いられていますか。

- We'll go out **when** it **stops** raining. (× when it will stop)
- **When** you **are** here again, you have to come and see us. (× When you will be)
- Don't forget to lock the door **when** you **go** out. (× will go)

while / **before** / **after** / **as soon as** / **until** で始まる節内にも同様のことが生じます。

- What are you going to do **while** I'**m** away? (× while I will be)
- **Before** you **go**, there's something I want to ask you.
- Wait here **until I come** back. *or* … **till I come** back.

B

when / **after** / **until** / **as soon as** で始まる節内では、現在完了形 **have done** を用いることがあります。

- Can I read your magazine **when** you**'ve finished** with it?
- Don't say anything while Chris is here. Wait **until** he **has gone**.

従属節内の現在完了形は、主節の出来事よりも前に出来事が起こったことを表します。2 つの出来事は同時 に起きていません。

- **When** I**'ve called** Kate, we can go out.
  (⇒ 電話をしてから、夕食を食べよう)

2 つの出来事が同時に起きている場合、従属節内で現在完了形は使えません。

- **When** I **call** Kate, I'll ask her about the party. (× When I've called)
  (⇒ 電話して聞いてみよう)

接続詞により出来事の順番が明らかになっている場合、単純現在形と現在完了形の両方が使えます。

- I'll come **as soon as I finish**. *or* I'll come **as soon as I've finished**.
- You'll feel better **after** you **have** something to eat *or* You'll feel better **after** you**'ve had** something to eat.

C

if と when

if で始まる従属節内では、未来の出来事でも **if** I **do** / **if** I **see** などのような単純現在形で表します。

- I'll be angry **if** it **happens** again. (× if it will happen)
- Hurry up! **If** we **don't** hurry, we'll be late.

☆例文で考えます。**when と if では、従属節内の出来事はどのように異なりますか。**

➤ **if 節内では, 起きるかもしれないと思われる出来事を述べます。この場合 when は用いません。**

- **If** it is raining this evening, I won't go out. (× When it is raining)
- Don't worry **if** I'm late tonight. (× when I'm late)
- **If** they don't come soon, I'm not going to wait for them. (× When they don't come)

➤ **when 節内では、確実に起きる出来事を述べます。**

- I might go out later. (起きるかもしれない出来事) **If** I go out, I'll get some bread.
- I'm going out later. (確実に起きる出来事) **When** I go out, I'll get some bread.

if ➜ Units 36–38 **even if** / **even when** ➜ Unit 109D **unless** ➜ Unit 112

練習問題

24.1 下線部の正しい方を選びなさい。

1 Don't forget to lock the door when you go out / ~~you'll go out.~~ (you go out が正しい)
2 As soon as we get any more information, we let / we'll let you know.
3 I want to get to the theater before the movie starts / will start.
4 Don't drive through a red light. Wait until it changes / it will change to green.
5 Sarah will be here soon. I make / I'll make some coffee when she comes.
6 I'm 20 now. I wonder where I'll be when I'm 40 / I'll be 40.
7 I wait / I'll wait for you until you're ready, but don't take too long.
8 Josh is five years old. He wants to be a TV presenter when he grows up / he'll grow up.
9 We could meet for coffee tomorrow morning if you're / you will be free.
10 If the weather is / will be nice tomorrow, we're going to the beach.
11 Vicky is / will be very disappointed if she doesn't get into college.
12 You'll feel better after you've had / you'll have something to eat.

24.2 ( ) 内の動詞を使って文を完成させなさい。**will/won't** または現在形 (**see/plays/are** など) にしなさい。

1 When ......you are...... (you/be) here again, you have to come and see us.
2 I want to see Hannah before .... (she/go) away next week.
3 Call me when .... (you/know) what time you're going to get here.
4 There's no need to hurry. .... (I/wait) for you until .... (you/be) ready.
5 I'm going out for about an hour. .... (you/still/be) here when .... (I/get) back?
6 I think everything will be fine, but if .... (there/be) any problems, ... (I/let) you know, OK?
7 Katherine looks completely different now. .... (you/not/recognize) her when .... (you/see) her again.
8 I'm going to be away for a few days. If .... (you/need) to contact me while .... (I/be) away, you can call me.

24.3 空所に適切な語句を入れて文を完成させなさい。

1 You and a friend want to go out, but it's raining hard. You don't want to get wet.
You say: Let's wait until ......it stops raining...... .
2 You're visiting a friend. It's going to get dark soon, and you want to leave before that.
You say: I'd better go now before ....
3 You want to sell your car. Dan is interested in buying it, but he hasn't decided yet.
You ask: Let me know as soon as ....
4 Your friends are going to Hong Kong soon. You want to know where they're going to stay.
You ask: Where are you going to stay when .... ?
5 The traffic is bad in your town, but they are going to build a new road.
You say: I think things will be better when they ....
6 Someone you know has been very rude to you. You want her to apologize.
You say (第三者に): I won't speak to her until ....

24.4 空所に **when** または **if** を入れて文を完成させなさい。

1 Don't worry ......if...... I'm late tonight.
2 Be careful. You'll hurt yourself .... you fall.
3 I'm going shopping. .... you want anything, I can get it for you.
4 I'm going away for a few days. I'll call you .... I get back.
5 .... I don't see you tomorrow, when well I see you again?
6 I'm watching a program on TV right now. .... it finishes, I'm going to bed.
7 We can eat at home or, ... you prefer, we can go to a restaurant.
8 I hope Sarah can come to the party. It will be a shame .... she can't come.

→ 補足練習問題 10–15 (pp. 302–305), 33 (p. 316)

Unit 25

can, could と (be) able to

A

can + 動詞の原形 (**can do** / **can see** など) は、「…になりうる／…してもよい」のような物事の可能性／許可や、「…できる」のような人の能力を表します。

- We **can see** the lake from our hotel.
- "I don't have a pen." "You **can use** mine."
- **Can** you **speak** any foreign languages?
- I **can come** and see you tomorrow if you want.
- The word "dream" **can be** a noun or a verb.

否定形は **can't** (または **cannot**) を用います。

- I'm afraid I **can't come** to the party on Friday.

B

can の代わりに (**be**) **able** to do …を用いることもできますが、**can** の方がより一般的です。

- We **are able to see** the lake from our hotel.

can には現在形 (**can**) と過去形 (**could**) の 2 つの形しかないため、**can** に代わって (**be**) **able to** を用いなくてはならない場合があります。

I **can't** sleep.	I **haven't been able to** sleep lately.
Tom **can** come tomorrow.	Tom **might be able to** come tomorrow.
Maria **can** speak French, Spanish, and English.	Applicants for the job **must be able to** speak two foreign languages.

C

could は、以下のような知覚や思考に関わる動詞とよく結び付きます。この場合には **can** の過去形として「(実際に) …できた」の意味で用います。

see **hear** **smell** **taste** **feel** **remember** **understand**

- We had a lovely room in the hotel. We **could see** the lake.
- As soon as I walked into the room, I **could smell** gas.
- I was sitting at the back of the theater and **couldn't hear** very well.

could は「…できた」のような、人が過去に持っていた一般的な能力や「…してよかった／…することが許されていた」のように過去に許されていたことを表します。

- My grandfather **could speak** five languages.
- We were totally free. We **could do** what we wanted. (= we were allowed to do)

D

could と was able to

➤ **could は、人が過去に持っていた一般的な能力を表す場合や see, hear などの動詞と共に用いられる場合があります。**

- My grandfather **could speak** five languages.
- I **could see** them, but not very clearly.

➤ **ある特定の状況で、人が具体的に何かをした成し遂げた場合には、was/were able to または managed to を用います。以下の状況では could は使えません。**

- The fire spread quickly, but everybody **was able to escape**. (× could escape)
- I didn't know where John was, but I finally **managed to find** him. (× could find)

☆ **以下の例文が表す状況を比較しなさい。**

- Jack was an excellent tennis player when he was younger. He **could beat** anybody.
  (⇒ 誰にも負けないくらい強かった)

⇔ Jack and Andy played tennis yesterday. Andy played well, but Jack **managed to beat** him. (⇒ 今回はなんとか勝つことができた)

否定形 **couldn't** (= **could not**) は、すべてのシチュエーションで使えます。

- My grandfather **couldn't swim**.
- I looked for John everywhere, but I **couldn't find** him.
- Andy played well, but he **couldn't beat** Jack.

could (**do**) と **could have** (**done**) ➜ Unit 26 **must** ➜ Unit 27 **Can/Could you** … **?** ➜ Unit 35

練習問題

25.1 空所に **can** または **(be) able to** を入れて文を完成させなさい。**can** が使えない場合は **(be) able to** を用いなさい。

1 Gary has traveled a lot. He ....can.... speak five languages.
2 I haven't ....been able to.... sleep very well recently.
3 Nicole .... drive, but she doesn't have a car.
4 I used to .... stand on my head, but I can't do it anymore.
5 I can't understand Ryan. I've never .... understand him.
6 I can't see you on Friday, but I .... meet you on Saturday morning.
7 Ask Katherine about your problem. She might .... help you.
8 You have to be careful in this part of the city. It .... be dangerous.
9 Michael has lived in Italy for a long time, so he should .... speak Italian.

25.2 ( ) 内の語句を使って、自分自身のことを記述しなさい。

1 (something you used to be able to do)
I used to be able to sing well.
2 (something you used to be able to do)
I used ....
3 (something you would like to be able to do)
I'd ....
4 (something you have never been able to do)
I've ....

25.3 以下から適切な動詞を選び、**can/can't/could/couldn't** の後に続けて文を完成させなさい。

believe ~~**come**~~ **hear** **run** **sleep** **wait**

1 I'm afraid I ....can't come.... to your party next week.
2 When Dan was 16, he .... 100 meters in 11 seconds.
3 "Are you in a hurry?" "No, I've got plenty of time. I ...."
4 I don't feel well this morning. I .... last night.
5 Can you speak a little louder? I .... you very well.
6 I was amazed when I heard the news. I .... it.

25.4 **was/were able to** を用いて文を完成させなさい。

1 A: Did everybody escape from the fire?
B: Yes. The fire spread quickly, but everybody ....was able to escape.... .
2 A: Did you finish your work this afternoon?
B: Yes, there was nobody to disturb me, so I ....
3 A: Did you solve the problem?
B: Yes, we did. It wasn't easy, but we ....
4 A: Did the thief get away?
B: Yes. No one realized what was happening, and the thief ....

25.5 **could / couldn't / managed to** のいずれかを空所に入れ、文を完成させなさい。

1 My grandfather traveled a lot. He ....could.... speak five languages.
2 I looked everywhere for the book, but I ....couldn't.... find it.
3 They didn't want to come with us at first, but we ....managed to.... persuade them.
4 Jessica hurt her foot and .... walk very well.
5 There was a small fire in the kitchen, but fortunately I .... put it out.
6 The walls were thin, and I .... hear people talking in the next room.
7 I ran my first marathon recently. It was very hard, but I .... finish.
8 My grandmother loved music. She .... play the piano very well.
9 We wanted to go to the concert, but we .... get tickets.
10 A girl fell into the river, but some people .... pull her out. She's all right now.

Unit 26

could (do) と could have (done)

A

could にはいくつかの用法があります。**can** の過去形としても使えます。(**Unit 25** を参照)

- Listen. I **can hear** something.(現在)
- I listened. I **could hear** something.(過去)

☆イラストはどのような状況を表していますか。

➤could は can の過去形以外に、現在や未来の動作を表します。「…しましょう/…してはどうですか」のような提案を行う場合、could は未来の動作を表します。

以下の例文についても同様です。

- A: What should we do tonight?
  B: We **could go** to the movies.
- A: When you go to New York next month, you **could stay** with Sarah.
  B: Yes, I suppose I **could**.

上の例文中では、いずれも We can go to the movies. などのように **can** も使えますが、**could** を用いるとより丁寧な提案になります。

B

could は「…だろう」のように非現実的な動作を表します。この場合 **can** は用いません。

- I'm so tired, I **could sleep** for a week. (×I can sleep for a week)

☆以下の例文で考えなさい。can と could は、実現性に関してどのように異なりますか。

- I **can stay** with Sarah when I go to New York.(現実的。実現性が高い)
- Maybe I **could stay** with Sarah when I go to New York.(不可能ではないが不確実)
- This is a wonderful place. I **could stay** here forever.(非現実的)

C

could は「…だろう/…かもしれない」のように、現在や未来において起こりうる出来事を表します。この場合、might や may と同じような意味になります。(この場合 **can** では置き換えられません)

- The story **could be** true, but I don't think it is. (×can be true)
- I don't know what time Olivia is coming. She **could get** here at any time.

can と **could** の比較

- The weather **can** change very quickly in the mountains.(一般的な天候)
- The weather is nice now, but it **could** change later.(今の天候)

D

could have (done) の形で「…しただろう」を表します。

- I'm so tired, I **could sleep** for a week.(現在)
- I was so tired, I **could have slept** for a week.(過去)
- The situation is bad, but it **could be** worse.(現在)
- The situation was bad, but it **could have been** wose.(過去)

something **could have** happened は、可能性はあったものの実際には起こらなかった出来事を表します

- Why did you stay at a hotel? You **could have stayed** with me.(⇒友人宅には泊まらなかった)
- David was lucky. He **could have hurt** himself when he fell, but he's all right.

E

couldn't do ... は「…しないだろう」と、現在において起こりそうにない出来事を表します。

- I **couldn't live** in a big city. I'd hate it.(⇒自分にはとてもできそうにもない)
- Everything is fine right now. Things **couldn't be** better.(⇒これ以上良い状況はないだろう)

couldn't の過去形は、**couldn't have ...** で「…したはずはない」を表します。

- We had a really good vacation. It **couldn't have been** better.

I **couldn't do ...** には、以下の2通りの意味があります。

1. 実現できない(現在)
   - I **couldn't run** ten kilometers now. I'm not fit enough. (=実現できない)
2. 実現できなかった(過去)
   - I **couldn't run** yesterday because I'd hurt my leg.(実現不可能だった)

can と could ➜ Unit 25　could と might ➜ Unit 28C　Could I/you ... ? ➜ Unit 35
could とともに使う if ➜ Unit 36C, 37E, 38D　法助動詞 (can/will など) ➜ 付録 4

練習問題

26.1 左枠の文に続くものを右枠から選び、記号で答えなさい。

1 What should we eat tonight?
2 I need to phone Vicky sometime.
3 What should I get Anna for her birthday?
4 Where should we put this picture?
5 What would you like to do on the weekend?
6 I don't know what to wear to the wedding.

a We could go away somewhere.
b You could give her a book.
~~c We could have fish.~~
d You could wear your brown suit.
e You could do it now.
f We could hang it in the kitchen.

1 ......c......
2 ....
3 ....
4 ....
5 ....
6 ....

26.2 空所に **can** または **could** を入れなさい。

1 This is a wonderful place. I ......could...... stay here forever.
2 I'm so angry with him. I .... kill him!
3 I .... hear a strange noise. What is it?
4 It's so nice here. I .... sit here all day, but unfortunately I have to go.
5 I .... understand your point of view, but I don't agree with you.
6 Peter is an excellent musician. He plays the flute, and he .... also play the piano.
7 The company Amy works for isn't doing well. She .... lose her job.
8 Some people are unlucky. Life .... be very unfair.
9 I've been really stupid. I .... kick myself.
10 Be careful climbing that tree. You .... fall.

26.3 以下から適切な動詞を選び、空所に入れて文を完成させなさい。

gone	**could be**	**could come**	~~**could sleep**~~
have moved	**could have**	**could have gone**	**could have been**

1 A: Are you tired?
B: Yes, very tired. I feel as if I ......could sleep...... for a week.
2 A: I spent a very boring evening at home yesterday.
B: Why did you stay at home? You .... out with us.
3 A: Should I open this letter?
B: Yes. It .... important.
4 A: How was your exam? Was it difficult?
B: It wasn't so bad. It .... worse.
5 A: I got really wet walking home in the rain.
B: Why did you walk? You .... taken a taxi.
6 A: Where should we meet tomorrow?
B: Well, I .... to your office if you like.
7 A: Does Tom still live in the same place?
B: I'm not sure. He could ....
8 A: Did you go to college?
B: No. I could have .... , but I didn't want to.

26.4 **couldn't** または **couldn't have** に続くように、以下から動詞を選び適切な形に変えて文を完成させなさい。

afford ~~**be**~~ **be** **do** ~~**live**~~ **stand** **study** **wear**

1 I ......couldn't live...... in a big city. I'd hate it.
2 We had a really good vacation. It ......couldn't have been...... better.
3 I .... that hat. People would laugh at me.
4 You helped me a lot. I .... it without you.
5 The staff at the hotel were really good. They .... more helpful.
6 There's no way we could buy a car now. We .... it.
7 Jack prepared for the exam as well as he could. He .... harder.
8 I wouldn't like to live near the highway. I .... the noise of the traffic.

→ 補足練習問題 16–18 (pp. 306–307)

Unit 27

must と can't

A must (not)

☆ **イラストの状況について考えましょう。must (not) はどのような状況で使われていますか。**

My house is very close to the highway.

It **must be** very noisy.

➤ **「…であるに違いない」のように、ある事柄に十分確信が持てる場合には must を用います。**

- You've been traveling all day. You **must be** tired.
  (⇒ 1日中移動していたのだから疲れているに違いない)
- "Joe is a hard worker." "Joe? You **must be** kidding. He doesn't do anything."
- Louise **must get** very bored in her job. She does the same thing every day.

➤ **「…ではないに違いない」のように、ある事柄に否定的な確信が持てる場合は must not を用います。**

- Their car isn't outside their house. They **must not be** home. (= They **must be** out)
- Tony said he would be here by 9:30. It's10:00 now, and he's never late. He **must not be coming**.
- They haven't lived here for very long. They **must not know** many people.

must (**not**) は、次のような形で用います。

I/you/he (など)	**must** (**not**)	**be** (tired / hungry / at work など) **be -ing** (doing / going / joking など) **get**/**know**/**have** など

B must (not) have done

must の過去形は must (not) have **done** で「…だった(ではなかった)に違いない」を表します。

- I lost one of my gloves. I **must have dropped** it somewhere.
  (⇒ それ以外考えられない)
- There's nobody home. They **must have gone** out.
- "We used to live very close to the highway." "You did? It **must have been** noisy."
- Sarah hasn't contacted me. She **must not have gotten** my message.
- Justin walked into a wall. He **must not have been looking** where he was going.

must (**not**) **have done** は、次のような形で用います。

I/you/he (など)	**must** (**not**)	**have**	**been** (tired / hungry / noisy など) **been** (**doing** / **going** / **joking** など) **gone** / **dropped** / **seen** など

C can't と must (not)

can't で「…ではありえない/はずがない」のように、可能性がまったくないことを表すことができます。

- How can you say that? You **can't be** serious. (⇒ 正気とは思えない)

☆ **can't と must (not) が用いられる状況は、どのように異なりますか。**

- A: Joe wants something to eat.
- B: But he just had lunch. He **can't be** hungry already.
  (⇒ お昼を食べたばかりなので空腹であるはずがない/可能性がない)
- A: I offered Olivia something to eat, but she doesn't want anything.
  B: She **must not be** hungry.
  (⇒ 空腹ではないと思う。空腹なら何か食べるはず…)

can't (I can't swim, など) の用法 ➜ Unit 25A, B　**must** (I must go, など) の用法 ➜ Unit 30
法助動詞 (**can**/**will** など) ➜ 付録 4　イギリス英語 ➜ 付録 7

練習問題

27.1 空所に **must** または **must not** を入れて、文を完成させなさい。

1 You've been traveling all day. You ..must.. be tired.
2 That restaurant .... be very good. It's always full of people.
3 That restaurant .... be very good. It's always empty.
4 I'm sure Kate gave me her address. I .... have it somewhere.
5 I often see that man on this street. He .... live nearby.
6 It rained every day during their vacation. It .... have been very pleasant for them.
7 You got here very quickly. You .... have driven very fast.
8 Bill and Sue always stay at five-star hotels. They .... have a problem with money.

27.2 空所に 1 語または 2 語の動詞を入れて、文を完成させなさい。

1 I've lost one of my gloves. I must ..have dropped.. it somewhere.
2 Their house is very near the motorway. It must ..be.. very noisy.
3 You've lived in this village a long time. You must .... everybody who lives here.
4 I don't seem to have my wallet with me. I must .... it at home.
5 "How old is Sam?" "He's older than me. He must .... at least 40."
6 I didn't hear my phone. I must .... asleep.
7 "You're taking a vacation soon. You must .... forward to it." "Yes, I am."
8 I'm sure you know this song. You must .... it before.
9 The road is closed, so we have to go another way. There must .... an accident.
10 "Do you have a car?" "You must ....! How could I afford to have a car?"

27.3 (　)内の語句と、**must have** または **must not have** を組み合わせて文を完成させなさい。

1 We went to our friends' house and rang the doorbell, but nobody answered. (they / go out)
They must have gone out
2 Sarah hasn't contacted me. (she / get / my message)
She must not have gotten my message.
3 The jacket you bought is very good quality. (it / be / very expensive)
....
4 I haven't seen our neighbors for the last few days. (they / go away)
....
5 Amy was in a very difficult situation when she lost her job. (it / be / easy for her)
....
6 There was a man standing outside the coffee shop. He was there a long time. (he / wait / for somebody)
....
7 Rachel did the opposite of what I asked her to do. (she / understand / what I said)
....
8 When I got back to my car, it was unlocked. (I / forget / to lock it)
....
9 The light was red, but the car didn't stop. (the driver / see / the red light)
....
10 Paul has had these shoes for years, but they still look new. (he / wear / them much)
....

27.4 空所に **must not** または **can't** を入れて、文を完成させなさい。

1 How can you say such a thing? You ..can't.. be serious!
2 Their car isn't outside their house. They .... be home.
3 I just bought that box of chocolates yesterday. It .... be empty already.
4 The Smiths always go on vacation this time of year, but they are still home.
They .... be taking a vacation this year.
5 You just started filling out your tax forms 10 minutes ago.
You .... be finished with them already!
6 Eric is a good friend of Anna's, but he hasn't visited her in the hospital.
He .... know she's in the hospital.

→ **補足練習問題 16–18** (pp. 306–307)

Unit 28 may と might 1

A

☆ **例文の状況について考えましょう。may や might は、どのような状況で使われていますか。**

あなたは Ben を探しています。彼の居場所を知っている人はいませんでしたが、ヒントはもらえました。

Where's Ben?

He **may be** in his office. (⇒ オフィスにいるかもしれない)

He **might be having** lunch. (⇒ お昼を食べているかもしれない)

Ask Kate. She **might know**. (⇒ 彼女なら知っているかもしれない)

➤ **事柄について「…かもしれない／…もありうる」のように可能性を示す場合、may や might を用います。**

may と **might** の間に大きな違いはありません。

- It **may** be true. *or* It **might** be true. (⇒ 真実かもしれない)
- She **might** know. *or* She **may** know.

「…ではないかもしれない」のように、事柄について可能性が少ない場合は **may not** や **might not** で表します。

- It **may not** be true. (⇒ 真実ではないかもしれない)
- She **might not** know. (⇒ 知らないかもしれない)

may (**not**), **might** (**not**) は、次のような形で用います。

I/you/he (など)	**may** **might**	(**not**)	**be** (true / in his office など) **be -ing** (doing / working / having など) **know** / **work** / **want** など

may be (2 語) と **maybe** (1 語) は、以下のように異なります。

- It **may be** true. (**may** + 動詞)
- "Is it true?" "**Maybe**. I'm not sure." (**maybe** = そうかもしれない)

B

may have done や **might have done** は「…だったかもしれない」という過去の可能性を表します。

- A: I wonder why Kate didn't answer her phone.
  B: She **may have been** asleep. (⇒ 寝ていたのかもしれない)
- A: I can't find my phone anywhere.
  B: You **might have left** it at work. (⇒ 職場に置いてきたかもしれない)
- A: Why wasn't Amy at the meeting yesterday?
  B: She **might not have known** about it. (⇒ 知らなかったかもしれない)
- A: I wonder why David was in such a bad mood yesterday.
  B: He **may not have been feeling** well. (⇒ 気分が良くなかったかもしれない)

may (**not**) **have** + 過去分詞、**might** (**not**) **have** + 過去分詞は、次のような形で用います。

I/you/he (など)	**may** **might**	(**not**) **have**	**been** (asleep / at home など) **been -ing** (doing / working / feeling など) **known** / **had** / **wanted** / **left** など

C

could は、**may** や **might** と同様に「…かもしれない／…もありうる」のような可能性を表します。

- It's a strange story, but it **could be** true. (⇒ 本当かもしれない)
- You **could have left** your phone at work. (⇒ 置いてきたかもしれない)

否定形 **couldn't** は、**may not** や **might not** とは異なり「…ではありえない／…のはずがない」のように可能性がまったくないことを表します。

- Sarah **couldn't have received** my message. Otherwise she would have replied.
  (⇒ メッセージを受け取ったはずがない)
- Why hasn't Sarah replied to my message? I suppose she **might not have received** it.
  (⇒ メッセージを受け取らなかったかもしれない)

could の用法 ➜ Unit 26　**might/may** 2 ➜ Unit 29　**May I … ?** の用法 ➜ Unit 35
if 節内の **might** の用法 ➜ Units 29B, 36C, 38D　法助動詞 (**can/will** など) ➜ 付録 4

練習問題

28.1 枠内の語句を適切な空所に入れなさい。

may be Tom's
may not be feeling well
may not be possible
~~**might be in her room**~~
might be Brazilian
might be driving
might have one
might know

1 A: Do you know where Helen is?
B: I'm not sure. She ...might be in her room... .
2 A: Is there a bookstore near here?
B: I'm not sure, but ask Anna. She ....
3 A: Where are those people from?
B: I don't know. They ....
4 A: I hope you can help me.
B: I'll try, but it ....
5 A: Whose phone is this?
B: It's not mine. It ....
6 A: Why doesn't Kevin answer his phone?
B: He ....
7 A: Do you know anyone who has a key to this cupboard?
B: Rachel ...., but I'm not sure.
8 A: Tom is in a strange mood today.
B: Yes, he is. He ....

28.2 ( ) 内の動詞を適切な形にして空所に入れ、文を完成させなさい。

1 A: Where's Ben?
B: I'm not sure. He might ...be having... lunch.
2 A: Who was the guy we saw with Anna yesterday?
B: I'm not sure. It may .... her brother. (be)
3 A: Is Jen here?
B: I don't see her. She may not .... yet. (arrive)
4 A: Aaron said he would meet us in the coffee shop, but he isn't here.
B: He might .... outside. I'll go and look. (wait)
5 A: How did John know that I'd lost my job?
B: I don't know. I suppose Sam may .... him. (tell)
6 A: Do you know where Nate is? Is he still in the office?
B: He was here earlier, but he might .... home. (go)
7 A: Where's Emma? What's she doing?
B: I'm not sure. She might .... TV. (watch)
8 A: Does Eric have any brothers or sisters?
B: I'm not sure. I think he may .... a younger sister. (have)
9 A: I can't find my umbrella. Have you seen it?
B: You may .... it in the restaurant last night. (leave)
10 A: I rang Dan's doorbell, but he didn't answer. I'm sure he was there.
B: He might not .... the doorbell. (hear)
11 A: Hannah is supposed to meet us here, and she's already 20 minutes late.
B: She may .... She's always forgetting things. (forget)

28.3 **might not have** ＋ 過去分詞または **couldn't have** ＋ 過去分詞を用いて、文を完成させなさい。

1 A: I was surprised Amy wasn't at the meeting. It's possible she didn't know about it.
B: Maybe. ...She might not have known... about it.
2 A: I wonder why Tom didn't come to the party. It's possible he didn't want to come.
B: It's possible. He .... to come.
3 A: I wonder how the fire started. Was it an accident?
B: No, the police say it .... an accident. It was deliberate.
4 A: Mike says he needs to see you. He tried to find you yesterday.
B: Well, he .... very hard. I was in my office all day.
5 A: The man you spoke to—are you sure he was American?
B: No, I'm not sure. He ....

→ **補足練習問題 16–18** (pp. 306–307)

Unit 29

may と might 2

A

may や **might** は「…だろう／…かもしれない」のように、未来に起こりうる動作や出来事を表します。

- I haven't decided where to go on vacation. I **may go** to Hawaii. (⇒ ハワイに行くかもしれない)
- Take an umbrella with you. It **might rain** later. (⇒ おそらく降るだろう)
- The bus isn't always on time. We **might have** to wait a few minutes.
(⇒ おそらく待たなければならない)

may not または **might not** は「…ではないだろう」のように否定を表します。

- Amy **may not go** out tonight. She isn't feeling well. (⇒ おそらく出かけないだろう)
- There **might not be** enough time to discuss everything at the meeting.
(⇒ おそらく十分な時間がないだろう)

☆ **be -ing と may/might は、どのように異なりますか。**

- I'**m going** to buy a car. (⇒ きっと買うだろう)
- I **may buy** a car. *or* I **might buy** a car. (⇒ おそらく買うだろう)

B

may と **might** の間には、大きな意味上の違いはありません。

- I **may go** to Hawaii. *or* I **might go** to Hawaii.
- Julia **might be** able to help you. *or* Julia **may be** able to help you.

現実に起こりえないことに関しては **might** を使います。この場合、**may** は使えません。

- If they paid me better, **I might** work harder. (× I may work)

実際には、昇給はないため、より勤勉に働くこともありません。この文は現実には起こりえないことを表しています。この文中で may を用いることはできません。

C

☆ **may/might be -ing は、will be -ing とどのように異なりますか。**

- Don't phone at 8:30. I'**ll be watching** football on TV. (⇒ きっと見ているでしょう)
- Don't phone at 8:30. I **might be watching** football on TV. (⇒ おそらく見ているでしょう)

☆ **may/might be -ing は、実現しそうな計画を表します。現在進行形とどのように異なりますか。**

- I'**m going** to Hawaii soon. (⇒ きっと行くことになるでしょう)
- I **might be going** (= I **may be going**) to Hawaii soon (⇒ おそらく行くことになるでしょう)

I may/might be going ... の代わりに **I may/might go ...** を用いても、意味はほとんど変わりません。

D

might as well

☆ **イラストの状況について考えなさい。might as well と may as well は、どのような状況で用いられていますか。**

Helen と Clare は、1 時間に 1 本しかないバスに乗りそこねました。
この状況は次のように表せます。

➤ **We might as well (walk). は「歩くしかない」のように、歩く以外の選択肢が他になく、そうしない理由もない状況を表します。**

might as well の代わりに **may as well** を用いても意味的な違いはありません。

What should we do? Should we walk?

We **might as well**. It's a nice day, and I don't want to wait here for an hour.

BUS STOP

☆ **以下の例文はどのような状況を表しますか。**

- A: What time are you going out?
B: Well, I'm ready, so I **might as well go** now. *or* ... I **may as well go** now.
- Buses are so expensive these days, you **might as well take** a taxi.
(⇒ バス代は値上がりしたので、タクシーに乗るのも悪くない)

will be -ing ➜ Unit 23 **might/may** 1 ➜ Unit 28 **May I ...?** の用法 ➜ Unit 35 **if** 節内の **might** の用法 ➜ Units 36C, 38D

練習問題

29.1 下線部の正しい方を選びなさい。

1 A: Where are you going for your vacation?
B: I haven't decided yet. I might go / ~~I'm going~~ to Hawaii. (I might go が正しい)
2 A: Have you decided what kind of car you want to buy?
B: Yes, I might get / I'm going to get a sports car.
3 A: When is Tom coming to see us?
B: He hasn't said yet. He might come / He's coming on Sunday.
4 A: Where are you going to put that picture?
B: I don't know yet. I might hang / I'm going to hang it in the bedroom.
5 A: What's Natalie going to do when she leaves school? Does she know yet?
B: Yes, she's decided. She might go / She's going to college.
6 A: Do you have plans for the weekend?
B: Nothing definite. I might go away / I'm going away.

29.2 **might** と以下のいずれかの動詞を組み合わせて文を完成させなさい。

hear **need** ~~**rain**~~ **slip** **spill** **wake**

1 Take an umbrella with you when you go out. It might rain later.
2 Don't make too much noise. You .... the baby.
3 Be careful with your coffee. You .... it.
4 Don't forget your phone. You .... it.
5 It's better if we don't talk so loud. Somebody .... us.
6 Be careful. This sidewalk is icy. You ....

29.3 **might be able to** または **might have to** と以下のいずれかの動詞を組み合わせて文を完成させなさい。

fix ~~**help**~~ **leave** **pay** **see** **wait**

1 Tell me about your problem. I might be able to help you.
2 I can come to the meeting, but I .... before the end.
3 I'm not free this evening, but I .... you tomorrow evening.
4 I'm not sure whether this parking lot is free or not. We ....
5 There's a long line. We .... a long time.
6 "I have a problem with my bike." "Let me take a look. I .... it."

29.4 **might not** を用いて文を完成させなさい。

1 Lisa's not feeling very well. I'm not sure that she will go to the party.
Lisa might not go to the party.
2 I haven't seen him for a long time. I don't know if I will recognize him or not.
I .... him.
3 We want to go to the game, but I don't know whether we'll be able to get tickets.
We .... for the game.
4 I said I'd do the shopping, but it's possible I won't have time.
I .... to do the shopping.
5 I've been invited to the wedding, but I'm not sure that I'll be able to go.
I ....

29.5 **might as well** を用いて文を完成させなさい。

1 You and a friend have just missed the bus. The buses run every hour.
You say: We'll have to wait an hour for the next bus. We might as well walk.
2 Your computer doesn't work anymore. It will cost a lot to repair.
You say: It's not worth repairing. I .... a new one.
3 You've painted the kitchen. You still have a lot of paint, so why not paint the bathroom too?
You say: I .... too. There's plenty of paint left.
4 You and a friend are at home. You're bored. There's a movie on TV starting in a few minutes.
You say: We .... it. There's nothing else to do.

→ 補足練習問題 16–18 (pp. 306–307)

Unit 30

have to と must

A

I **have to** do ... は「…する必要がある／…しなければならない」を表します。

- You can't turn right here. You **have to turn** left.
- I **have to wear** glasses for reading.
- Robert can't come out with us this evening.
  He **has to work** late.
- Last week Emily broke her arm and **had to go** to the hospital.
- I haven't **had to go** to the doctor for ages.

You **have to turn** left here.

do/**does**/**did** を用いて、疑問文／否定文を作ります。
(単純現在形および単純過去形)

- What **do** I **have to do** to get a new driver's license? (× What have I to do?)
- Karen **doesn't have to work** Saturdays (× Karen hasn't to)
- "**Did** you **have to wait** a long time for a bus?" "No, only ten minutes."

未来の出来事には、次のような形を用います。
I'**ll have to** / I **won't have to** ...
I'**m going to have to** ...
I **might**/**may have to** ...

- They can't repair my computer, so I'**ll have to buy** a new one. *or*
  I'**m going to have to buy** a new one.
- We **might have to change** our plans. *or* We **may have to change** . . .
  (⇒ 計画を変更する必要があるかもしれない)

B

must も **have to** と同様に「…する必要がある／…しなければならない」を表します。

- The economic situation is bad. The government **must do** something about it. *or*
  The government **has to do ...**
- We **must reduce** pollution to help future generations. *or*
  We **have to reduce ...**
- You **must stop** working all the time. Get out and have some fun! *or*
  You **have to stop ...**

must より、**have to** の方が多く用いられます。

must は、規則や手順を示す文中で主に使われます。

- Applications for the job **must be received** by May 18.
- Seat belts **must be worn.**

Seat belts must be worn

had to は、**have to** の過去形です。must では過去形を表すことはできません。

- I went to the meeting yesterday, but I had to leave early. (× I must)

C

You **must not** do ... は「…してはいけない／…は許されない」のように禁止を表します。

- You **must keep** this a secret. You **must not tell** anyone. (⇒ 誰にも教えてはいけない)
- The exam is really important. I **must not fail** it. (⇒ どうしても受からねばならない)

don't have to と **must not** は、意味がまったく異なります。

- You **don't have to come** with me. I can go alone.
  (⇒ 一緒に来てもいいが、来なくても問題ない)
- I **don't have to be** at the meeting, but I'm going anyway.
  (⇒ 会議に参加してもいいが、しなくても問題ない)

D

have to の代わりに **have got to** が使われることがよくあります。どちらも同じように用います。

- I'**ve got to** work tomorrow. *or* I **have to** work tomorrow.
- He'**s got to visit** his aunt tonight. *or* He **has to visit** his aunt tonight.

must の用法 ("You must be tired") ➜ Unit 27

練習問題

30.1 (　)内の語と **have/has/had to** を用いて文を完成させなさい。

1 Robert can't come out with us this evening. ......He has to work...... . (he / work)
2 "The bus was late this morning." "How long ......did you have to wait......?" (you / wait)
3 I don't have much time .... in ten minutes. (I / go)
4 "I'm afraid I can't stay long." "What time ....?" (you / go)
5 Joe starts work at 5:00 a.m. every day, which means .... at four. (he / get up)
6 We almost missed the bus this morning. .... to catch it. (we / run)
7 Is Liz usually free on Saturdays, or ....? (she / work)
8 There was nobody to help me. .... everything by myself. (I / do)
9 How old .... to get a driver's license? (you / be)
10 There was a lot of noise from the street. .... the window. (we / close)
11 Was the exhibition free, or .... to go in? (you / pay)

30.2 **have/has/had to** と以下のいずれかの動詞を組み合わせて文を完成させなさい。文は否定形 **(I don't have to** …など)になる場合もあります。

ask **decide** **drive** ~~**get up**~~ **go** **make** **make** **pay** ~~**show**~~ **stand**

1 I'm not working tomorrow, so ......I don't have to get up...... early.
2 Steve didn't know how to change the settings on his phone. I ......had to show...... him.
3 Excuse me a moment—I .... a phone call. I won't be long.
4 You can let me know later what you want to do. You .... now.
5 I couldn't find the street I wanted. I .... somebody for directions.
6 This parking lot is free. You ....
7 A man was slightly injured in the accident, but he .... to the hospital.
8 Anna has a senior position in the company. She .... important decisions.
9 The train was very full, and there were no seats available. We .... all the way.
10 When Patrick starts his new job next month, he .... 50 miles to work every day.

30.3 **might have to, will have to ('ll have to), won't have to** のいずれかを空所に入れ、文を完成させなさい。

1 They can't fix my computer, so I ......'ll have to buy...... a new one.
2 I ......might have to...... leave the party early. My son is going to call me if he needs a ride home.
3 We .... take the train downtown instead of driving. It depends on the traffic.
4 Emily's car broke down this afternoon. She .... take the bus tomorrow.
5 Unfortunately, my father .... stay in the hospital another week. The doctor is going to decide tomorrow.
6 If it snows all night, we .... go to class tomorrow. It will be canceled.

30.4 **must not** または **don't have to, doesn't have to** のいずれかを空所に入れ、文を完成させなさい。

1 I don't want anyone to know about our plan. You ......must not...... tell anyone.
2 He ......doesn't have to...... wear a suit to work, but he usually does.
3 There's an elevator in the building, so we .... climb the stairs.
4 Whatever you do, you .... touch that switch. It's very dangerous.
5 I'm not very busy. I have a few things to do, but I .... do them now.
6 Liz likes weekends because she .... get up early.
7 You .... be a good player to enjoy a game of tennis.
8 You .... forget what I told you. It's very important.
9 We have plenty of time before our flight. We .... check in yet.

➜ 補足練習問題 16 (pp. 306)

Unit 31 should

A

You **should do** ... は「…すべき／…するのが正しい」のように、アドバイスや意見を述べる場合に用います。

- You look tired. You **should go** to bed.
- The government **should do** more to improve schools.
- A: "**Should** we **invite** Stephanie to the party?"
  B: "Yes, I think we **should**."
- The man on the motorcycle **should be wearing** a helmet.

You **shouldn't** do ... は「…すべきではない／…するのは正しくない」を表します。

- You **shouldn't believe** everything you read in newspapers.

should は **I think** / **I don't think** / **Do you think ... ?** などの節の中でよく用いられ、より丁寧な主張を表します。

- **I think** the government **should do** more to improve schools.
- **I don't think** you **should work** so hard.
- "**Do you think** I **should apply** for this job?" "Yes, **I think** you **should**."

should は **must** や **have to** ほど強く主張する表現ではありません。

- You **should** apologize. (⇒ 謝ったほうがいい)
- You **must** apologize. / You **have to** apologize. (⇒ 謝るしかない)

B

should I ... ? / **should we ... ?** は、許可や意見を求める時に使います。

- Are you cold? **Should I** close the window? (⇒ 窓を閉めましょうか)
- I don't have any money. What **should I** do? (⇒ どうしたら良いでしょう?)
- A: **Should we** go?
  B: Just a minute. I'm not ready yet.
- A: Where **should we** have lunch?
  B: Let's go to Marino's.

C

should は「…のはずなのに」のように、正しくなかったり予測に反している事柄を表します。

- Where's Hannah? She **should be** here by now.
  (⇒ もう、ここにいなくてはならないのに、まだ来ていない)
- The price on this packet is wrong. It **should be** $2.50, not $3.50.

should は「…するはずだ」のように、出来事を予測する時に用います。

- Helen has been studying hard for the exam, so she **should pass**. (⇒ 合格するはずだ)
- There are plenty of hotels in the town. It **shouldn't be** hard to find a place to stay. (⇒ 難しいはずがない)

D

You **should have done ...** の形で「本当は…すべきだった」を表します。

- You missed a great party last night. You **should have come**. Why didn't you?
  (⇒ 来るべきだった。来ればよかったのに)
- I wonder why they're so late. They **should have been** here long ago.

You **shouldn't have done ...** の形で「本当は…するべきではなかった」を表します。

- I'm feeling sick. I **shouldn't have eaten** so much. (⇒ 食べ過ぎるべきではなかった)
- She **shouldn't have been listening** to our conversation. It was private.
  (⇒ 彼女は聞くべきではなかった)

should (do) と **should have** (done) は、話題としている時が異なります。

- You look tired. You **should go** to bed now. (現在)
- You went to bed very late last night. You **should have gone** to bed earlier. (過去)

should と **had better** ➜ Unit 33B　法助動詞 (**can**/**could**/**will**/**would** など) ➜ 付録 4

練習問題

31.1 **should** または **shouldn't** と以下の語句を組み合わせて文を完成させなさい。

~~go away for a few days~~	stay up so late	look for another job
put some pictures on the walls	take a picture	worry so much

1 Anna needs a change. She should go away for a few days.
2 Your salary is too low. You ……
3 Jack always finds it hard to get up. He ……
4 What a beautiful view! You ……
5 Laura is always anxious. She ……
6 Dan's room isn't very nice. ……

31.2 以下から適切な語句を選んで空所に入れ、文を完成させなさい。

should solve	should be working OK	shouldn't cost more	shouldn't take long
should receive	~~should pass the exam~~	should be much warmer	should be here soon

1 Hannah has been studying hard, so she should pass the exam .
2 Joe hasn't arrived yet, but he …… .
3 The TV has been repaired. It …… now.
4 It …… to get to the hotel. About 20 minutes.
5 I sent the documents to you today, so you …… them tomorrow.
6 The weather is unusually cold. It …… at this time of year.
7 The best way to get to the airport is by taxi. It …… than $25.
8 If you have a problem with the computer, try restarting it. That …… the problem.

31.3 **should ...** または **should have ...** と（ ）内の動詞を組み合わせて、文を完成させなさい。

1 You look tired. You should go to bed. (go)
2 You missed a great party last night. You should have come. (come)
3 I'm in a difficult position. What do you think I …… now? (do)
4 I'm sorry that I didn't take your advice. I …… what you said. (do)
5 We lost the game, but we were the better team. We …… . (win)
6 We don't see you enough. You …… and see us more often. (come)
7 We went the wrong way and got lost. We …… right, not left. (turn)
8 My exam results weren't good. I …… better. (do)

31.4 **should / should have / shouldn't / shouldn't have** のいずれかを用いて文を完成させなさい。

1 I'm feeling sick. I ate too much.
I shouldn't have eaten so much.
2 When we got to the restaurant, there were no free tables. We hadn't made a reservation.
We ……
3 Lauren told me her address, but I didn't write it down. Now I can't remember the house number.
I ……
4 The store is usually open every day from 8:30. It is 9:00 now, but the store isn't open yet.
……
5 I was looking at my phone. I wasn't looking where I was going. I walked into a wall.
……
6 Kate is driving. The speed limit is 30 miles an hour, but Kate is doing 50.
……
7 I wasn't feeling well yesterday, but I went to work. That was a mistake. Now I feel worse.
……
8 Tomorrow there is a football game between Team A and Team B. Team A is much better.
……
9 I was driving. The car in front of me stopped suddenly, and I drove into it. It wasn't my fault.
The driver in front of me ……

→ 補足練習問題 16–19 (pp. 306–308)

Unit 32

仮定法 (I suggest you do)

A

☆ イラストの状況について考えましょう。この状況はどのような形で表せますか。

この状況は以下のように、said to の他に suggested を用いて間接的に表すことができます。

Liz said to Mary, "Why don't you buy some nice clothes?"

Liz suggested (that) Mary **buy** some nice clothes.
(⇒ **that** を使わないこともある)

suggest that ... の例文中の **buy** のように、動詞の原形を用いることを仮定法 (subjunctive) と呼びます。動詞が仮定法になると、I **buy** / he **buy** / she **buy** などのように主語や主節の時制に関係なく、常に動詞は原形を使います。

I/we/you/they he/she/it	**do**/**buy**/**be**/**have** など

➤ **名称は「仮定法」ですが,「仮に/もし…ならば」というような仮定の意味はありません。**

B

次のような動詞の後で仮定法を用います。

demand　insist　propose　recommend　suggest

- I **insisted** he **have** dinner with us.
- The doctor **recommended** that I **rest** for a few days.
- John **demanded** that Hannah **apologize** to him.
- What do you **suggest** I **do**?

It's essential/imperative/important/necessary/vital (that) something **happen** のように、仮定法を用いることがあります。

- **It's essential** that everyone **be** here on time.
- **It's imperative** that the government **do** something about health care.

C

☆ **仮定法では次のことに注意します。**

➤ **I not be, you not have, she not go などのように、not + 動詞の原形で否定形を作ります。**

- The doctor strongly **recommended** that I **not go** to work for two days.
- It's very **important** that you **not miss** this appointment with your eye doctor.

➤ **現在,過去,未来といった主節の動詞の時制の影響を受けず,動詞は常に原形となります。**

- I **insist** you **come** with us.
- They **insisted** I **go** with them.

☆ **仮定法の be について以下の例文で確認しましょう。受動態の構文中でよく使われています。**

- I **insisted** that something **be done** about the problem.
- **It's essential** that this medicine not **be taken** on an empty stomach.
- The airline **recommended** we **be** at the airport two hours before our flight.

D

insist と **suggest** の仮定法の構文は、-ing (動名詞)を用いて次のように書き換えられます。

- They **insisted on paying** for dinner. (**Unit 60A** を参照)
- It is a beautiful evening, so I **suggest going** for a walk. (**Unit 51** を参照)

insist と **suggest** の仮定法の構文では、不定詞 (**to** + 動詞の原形)を用いることはできません。

- Liz **suggested that** Mary **buy** some new clothes. (× suggested her to buy)
- He **insists on going** with us. (× he insists to go)

動詞 + **-ing** ➜ Unit 51　動詞 + 前置詞 + **-ing** ➜ Unit 60A　イギリス英語 ➜ 付録 7

練習問題

32.1 下の文を上の文と同じ意味になるように、文を完成させなさい。

1 "Why don't you buy some new clothes?" said Liz to Mary.
Liz suggested that ...Mary buy some new clothes.
2 "I don't think you should go to work for two days," the doctor said to me.
The doctor recommended that ...I not go to work for two days.
3 "You really must stay a little longer," she said to me.
She insisted that ...
4 "Why don't you visit the museum after lunch?" I said to her.
I suggested that ...
5 "I think it would be a good idea to see a specialist," the doctor said to me.
The doctor recommended that ...
6 "I think it would be a good idea for you not to lift anything heavy," the specialist said to me.
The specialist recommended that ...
7 "You have to pay the rent by Friday at the latest," the landlord said to us.
The landlord demanded that ...
8 "Why don't you go away for a few days?" Josh said to me.
Josh suggested that ...
9 "I don't think you should give your children snacks right before dinner," the doctor told me.
The doctor suggested that ...
10 "Let's have dinner early," Sarah said to us.
Sarah proposed that ...

32.2 空所に適切な形の動詞を入れて、文を完成させなさい。

1 It's imperative that the government ...do... something about health care.
2 I insisted that something ...be... done about the problem.
3 Our friends recommended that we ... our vacation in the mountains.
4 Since Dave hurt Megan's feelings, I strongly recommended that he ... to her.
5 The workers at the factory are demanding that their wages ... raised.
6 Rachel wanted to walk home alone, but we insisted that she ... for us.
7 The city council has proposed that a new convention center ... built.
8 What do you suggest I ... to the party? Something casual?
9 It is essential that every child ... the opportunity to get a good education.
10 Nick forgot his wife's birthday last year, so it's really important he ... it this year.
11 It is vital that every runner ... water during the marathon.

32.3 健康的になりたい Tom に、友人がさまざまな提案をしています。

それぞれの提案を記述しなさい。

1 Lauren suggested that he ...try running.
2 Sandra suggested that he ...
3 Chris suggested ...
4 Jen ...

Unit 33

I'd better ... It's time ...

A

had better は **I'd better** / **you'd better** などのように短縮されます。

I'd better do ... は「…するほうがよい／望ましい」という意味で、助言に従わないと困ったり危なくなったりする場合に用います。

- I have to meet Amy in ten minutes. I**'d better go** now or I'll be late.
- "Should I take an umbrella?" "Yes, you**'d better**. It might rain."
- We**'d better stop** for gas soon. The tank is almost empty.

否定形の「…しないほうがよい」は **I'd better not** (= I **had** better not) となります。

- A: That jacket looks good on you. Are you going to buy it?
  B: **I'd better not**. It's very expensive.
- You don't look very well. You**'d better not go** out tonight.

☆ **had better の形式について注意すべきことは何ですか。**

➤ **話し言葉では通常、I'd better / you'd better などのように短縮されますが、had better が本来の形です。**

- I**'d better** phone Chris, **hadn't** I?
- We **had better** go now.

➤ **had そのものは過去時制ですが、had better が意味するのは現在または未来で、過去ではありません。**

- I'd better go **now**/**tomorrow.**

➤ **I'd better do ... のように better の後にくるのは動詞の原形で、不定詞 (to do) ではありません。**

- It might rain. We'd better **take** an umbrella. (× We'd better to take)

B

had better と **should**

➤ **had better と should とはやや意味が異なります。had better は，現実に生じている具体的な状況においてのみ用いられます。「誰でも，いつでも…すべき」のように一般的に意見を述べたり助言をする場合には should を用います。**

- It's late. You**'d better go.** *or* You **should go.** (⇒ 具体的な状況)
- You're always at home. You **should go** out more often. (⇒ 一般的な状況。× had better go)

➤ **had better には「…するほうがよい。さもないと～」のように，助言に従わない場合の危険性がいつも示唆されます。一方，should は単純に「…すべき」と提案します。**

- It's a great movie. You **should** go and see it. (⇒ 見に行くべきだが、行かなくても問題はない)
- The movie starts at 8:30. You**'d better** go now, or you'll miss the beginning.

C

It's time ...

It's time (for ～) **to do ...** は「そろそろ(～が)…すべき時間だ」を表します。

- It's time **to go** home. / It's time for us **to go** home. (⇒ 家に帰る時間だ)

不定詞(to ＋ 動詞の原形)の代わりに、**it's time** ＋ 主語＋ 動詞(過去形)の構文も用いられます。以下の例文では、従属節中に動詞の過去形 (**went**) が用いられていますが、意味は現在であって過去ではありません。

- It's late. It's time we **went** home.

この構文では従属節中に動詞の現在形を用いることはできません。

- **It's time** they **were** here. Why are they so late? (× It's time they are here)

It's time somebody **did ...** は「もっと前に…してしまうべきだった／今すぐ…すべきだ」を表します。誰かを批判したり苦情を述べたりする際によく用います。

- This situation can't continue. **It's time** you **did** something about it.
  (⇒ もっと前にこの状況を改善するべきだった。今すぐ改善しなければならない。)
- He's very selfish. **It's time he realized** that he isn't the most important person in the world.

It's about time ... では、批判や苦情の気持ちがさらに強まった表現になります。

- Jack is a great talker, but **it's about time** he **did** something instead of just talking.
  (⇒ 話しているだけでなく、いいかげん実行すべきだ)

should ➜ Unit 31

練習問題

33.1 以下から適切な動詞を選び、**'d better / 'd better not** の文を完成させなさい。

check　disturb　go　make　put　~~take~~

1. You're going out for a walk with a friend. It looks as if it might rain.
You say: We'd better take an umbrella.
2. You and Kate plan to go to a restaurant tonight. It will be busy.
You say to Kate: We .... a reservation.
3. James has just cut himself. It's bleeding, and he'll need a bandage on it.
You say to him: You .... on it.
4. Rebecca doesn't look well this morning—not well enough to go to work.
You say to her: .... this morning.
5. You're going to the movies, but you're not sure what time the movie starts.
You say: .... the movie starts.
6. You need to talk to your boss, but she's very busy right now.
You say to a colleague: .... right now.

33.2 下線部の **had better** は文法的に合っていますか。そうでない場合は **should** を空所に入れなさい。

1. I have an appointment in ten minutes. <u>I'd better go now</u> or I'll be late. OK
2. <u>You'd better set your alarm</u>. You have to get up early tomorrow. ....
3. I'm glad you came to see us. <u>You'd better come more often</u>. ....
4. She'll be sad if we don't invite her to the party, so <u>we'd better invite her</u>. ....
5. It's almost time to go. <u>I'd better get ready</u>. ....
6. I think <u>everybody had better learn</u> a foreign language. ....
7. We just missed the last bus. <u>We'd better get a taxi</u>. ....

33.3 適切な語句を枠内から選んで空所に入れ、文を完成させなさい。

better　do　did　had　hadn't　I'd　not　to　~~take~~　should　was　were

1. It might rain. We'd better take an umbrella.
2. Ben needs to know what happened. Somebody .... better tell him.
3. We'd better .... park the car here. The road is too narrow.
4. You .... brush your teeth at least twice a day.
5. What are we going to do? It's time .... decide.
6. .... better not be late. It's an important meeting.
7. It's time they .... here. They promised they wouldn't be late.
8. The window is open. You'd .... close it before you go out.
9. We'd better leave as soon as possible, ... we?
10. The government should .... something about the problem.
11. It's time the government .... something about the problem.
12. It's time something .... done about the problem.

33.4 (　) 内の語を用いて、**It's time ... (~ did ...)** で始まる文を完成させなさい。

1. You're at a friend's house. You planned to go home at 11:00. It's already 11:00 now.
(I/go) It's time I went home.
2. You haven't taken a vacation for a long time. You need one now.
(I/vacation) It's time ....
3. It's 10:00. It's after the children's bedtime. You think they should be in bed.
(children/bed) ....
4. You didn't realize it was so late. You need to start cooking dinner.
(start/cook) .... dinner.
5. Kate is always complaining about everything. You think she complains too much.
(stop/complaining) .... about everything.
6. The company you work for has been badly managed for a long time. You think some changes should be made.
(changes/make) .... in the way the company is run.

→ 補足練習問題 16 (pp. 306)

Unit 34 would

A

would (**'d**) / **wouldn't** は「今はそうなっていない」と知りつつも「…するだろう／…しないだろう」のように想像する際に用います。

- It **would be** nice to buy a new car, but we can't afford it
- I**'d love** to live by the ocean.
- A: Should I tell Chris what happened?
  B: No, I **wouldn't say** anything.
  (⇒ 私だったら言わない)

would have (**done**) は「そうではなかった」と知りつつも「…しただろう／…しなかっただろう」のように過去のことを想像する際に用います。

- They helped us a lot. I don't know what we**'d have done** without their help.
  (we**'d** have done = we **would** have done)
- It's a shame you didn't see the movie. You **would have liked** it.
- I didn't tell Sam what happened. He **wouldn't have been** pleased. (⇒ 喜ばなかっただろう)

☆ **would (do) と would have (done) とは、どのように異なりますか。**

- I **would call** Nicole, but I don't have her number. (⇒ 電話したいのに…／現在)
  I **would have called** Nicole, but I didn't have her number. (⇒ 電話したかったのに…／過去)
- I'm not going to invite them to the party. They **wouldn't come** anyway.
  I didn't invite them to the party. They **wouldn't have come** anyway.

would は **if** 節を持つ文の主節中でよく使われます。(**Units 36–38** を参照)

- I **would call** Nicole **if** I had her number.
- I **would have called** Nicole **if** I'd had her number.

B

☆ **will ('ll) と would ('d) とは、どのように異なりますか。**

- I**'ll stay** a little longer. I've got plenty of time. (⇒ もう少しここにいる)
  I**'d stay** a little longer, but I really have to go now. (⇒ もう行かないといけない)
- I**'ll call** Nicole. I have her number. (⇒ 電話しよう)
  I**'d call** Nicole, but I don't have her number. (⇒ 電話したいのにできない)

従属節中で **would/wouldn't** は **will/won't** (**will not**) の過去形として用いられます。

現在 (主節)			**過去** (従属節)
TOM:	I**'ll call** you on Sunday.	→	Tom said he**'d call** me on Sunday.
AMY:	I promise I **won't be** late.	→	Amy promised that she **wouldn't be** late.
ANNA:	Oh no! The car **won't start**.	→	Anna was annoyed because her car **wouldn't start**.

～ **wouldn't do …** は「(～が) どうしても…しようとしなかった」を意味することがあります。

- I tried to warn him, but he **wouldn't listen** to me. (⇒ どうしても聞こうとしなかった)
- The car **wouldn't start**. (⇒ どうしても動こうとしなかった)

C

would は「よく…したものだ」のように、過去に規則的に行われていた事柄を意味することがあります。

- When we were children, we lived by the ocean. In the summer, if the weather was nice, we **would** all get up early and go for a swim. (⇒ よく早起きして泳ぎに行った)
- Whenever Tony was angry, he **would** walk out of the room.

この意味の **would** は **used to** に置き換えられます。(**Unit 17** を参照)

- Whenever Tony was angry, he **used to walk** out of the room.

will ➜ Units 20–21 **would** … **if** ➜ Units 36–38 **wish** … **would** ➜ Unit 39 **would like** ➜ Units 35D, 56
would prefer / **would rather** ➜ Unit 57 法助動詞 ➜ 付録 4

練習問題

34.1 例にならって、自分がしたいこと／したくないことを表す文を完成させなさい。

1 (a place you'd love to live) I'd love to live by the ocean.
2 (a job you wouldn't like to do) ....
3 (something you would love to do) ....
4 (something that would be nice to have) ....
5 (a place you'd like to go to) ....

34.2 **would** に続く動詞を以下から選び正しい形にして文を完成させなさい。

be be ~~do~~ do enjoy enjoy have stop

1 They helped us a lot. I don't know what we would have done without their help.
2 You should go and see the movie. You .... it.
3 It's too bad you couldn't come to the party last night. You .... it.
4 Should I apply for the job or not? What .... you .... in my position?
5 I was in a hurry when I saw you. Otherwise, I .... to talk.
6 We took a taxi home last night but got stuck in the traffic. It .... quicker to walk.
7 Why don't you go and see Olivia? She .... very pleased to see you.
8 In an ideal world, everybody .... enough to eat.

34.3 左枠の文に続く文を右枠から選び、記号で答えなさい。

1 I'd like to go to Australia one day.
2 I wouldn't like to live on a busy road.
3 I'm sorry your trip was canceled.
4 I'm looking forward to going out tonight.
5 I'm glad we didn't go out in the rain.
6 I'm not looking forward to the trip.

a It wouldn't have been very pleasant.
b It would have been fun.
c ~~It would be nice.~~
d It won't be much fun.
e It wouldn't be very pleasant.
f It will be fun.

1 c
2 ....
3 ....
4 ....
5 ....
6 ....

34.4 **promised** の後に、**would** または **wouldn't** を続けて文を完成させなさい。

1 I wonder why Emma is late. She promised she wouldn't be late.
2 I wonder why Eric hasn't called me. He promised ....
3 Why did you tell Amy what I said? You ....
4 I'm surprised they didn't wait for us. They ....

34.5 **wouldn't** の後に適切な動詞を続けて文を完成させなさい。

1 I tried to warn him, but he wouldn't listen to me.
2 I asked Amanda what had happened, but she .... me.
3 Brian was very angry about what I'd said and he .... to me for two weeks.
4 Julia insisted on carrying all her luggage. She .... me help her.

34.6 以下の設問はいずれも過去において繰り返し行われた出来事を表します。**would** の後に続く動詞を以下から選んで文を完成させなさい。

forget shake share smile stay ~~walk~~

1 Whenever Tony was angry, he would walk out of the room.
2 We used to live next to railroad tracks. Every time a train went past, the house ....
3 Katherine was always very generous. She didn't have much, but she .... what she had with everyone else.
4 You could never rely on Joe. It didn't matter how many times you reminded him to do something, he .... always ....
5 When we were children, we used to go to the beach a lot. We .... there all day playing in the sand and swimming in the ocean.
6 Allison was always friendly. Whenever I saw her, she .... always .... and say hello.

→ 補足練習問題 16–18 (pp. 306–307)

Unit 35 Can/Could/Would you ... ? など (要求・申し出・許可・勧誘)

A

☆ イラストのように,「…してくれますか／…してください」のような依頼を表す構文にはどのようなものがありますか。

➤ **you を主語にした疑問文や if 節中に、can や could を用いた構文**

- **Can you** wait a minute, please? (⇒ 少し待ってください)
  or **Could you** wait a minute, please?
- Helen, **can you** do me a favor?
- Excuse me, **could you** tell me how to get to the bus station?

Could you open the door, please?

➤ **Do you think you could ... ? の構文(この場合は、通常 can は 用いません)**

- **Do you think you could** take me to the airport?

B

☆「…をいただけますか／…をください」のように、物を要求する構文にはどのようなものがありますか。

➤ **Can** (I) **have** ... ? / **Could** (I) **have** ... ? or **Can** (I) **get** ... ? で始まる疑問文

- 〔ギフトショップで〕**Can** I **have** these postcards, please? *or* **Can** I **get** these postcards, please?
- 〔食事中に〕**Could** we **have** the menu, please? *or* **Can** we **have** the menu, please?

➤ **May I have ... ? の構文**

- **May** I **have** these postcards, please?

C

☆「…してよいですか／…させてください」のように、許可を求める構文にはどのようなものがありますか。

➤ **can I / could I のように、I を主語にした構文**

- 〔電話で〕Hello, **can I** speak to Steve, please?
- "**Could I** use your phone charger?" "Sure."
- **Do you think I could** borrow your bike?

Could I use your phone charger?

can の代わりに may を用いることもできます。

- **May** I **ask you a question**?

may は改まった場面で用いられ、**can** や **could** ほどは使われません。

➤ **Do you mind if I ... ?, Is it all right if I ... ?, Is it OK if I ... ? の構文**

- "**Do you mind if I** use your phone charger?"
  (⇒ …していいですか。—いいですよ。答えが否定形となることに注意)
- "**Is it all right if I** sit here?" "Yes, of course."

D

☆「…しましょうか／…します」のように、自ら申し出る構文にはどのようなものがありますか。

➤ **Can I ... ? の構文**

- "**Can I** help you?" "No, that's OK. I can handle it, thanks."
- "**Can I** get you some coffee?" "That would be nice."

☆「…しませんか／…しましょう」のように、何かを提案して勧誘する構文にはどのようなものがありますか。

➤ **Would you like ... ? の構文(Do you like ... ? の構文は用いられません)**

- "**Would you like** some coffee?" "No, thanks." (⇒ コーヒーはいかがですか)
- "**Would you like** to eat with us tonight?" "That would be great."

I'd like ... (= I **would** like) は「…をください／…したい」のように、自分の希望を丁寧に伝えます。

- 〔観光案内所で〕**I'd like** some information about hotels, please.
  (⇒ ホテルについて教えてください)
- 〔お店で〕**I'd like** to try on this jacket, please.

can と could ➜ Units 25–26 **mind -ing?** ➜ Unit 51 **would like** ➜ Units 53A, 56B
法助動詞 (**can**/**could**/**will**/**would** など) ➜ 付録 4

練習問題

35.1 左枠の文に続くものを右枠から選び、記号で答えなさい。

1 Could you pass the sugar?	a It depends what you want me to do.
2 Would you like to go to the movies?	b No, that's fine.
3 Can I use your bathroom?	c Me too. Let's go for a walk.
4 Do you mind if I leave work early?	d Sure. It's the door on the left.
5 Can you do me a favor?	e ~~Yes, here you are.~~
6 Would you like something to eat?	f No, that's all right. I can handle it.
7 Can I give you a hand?	g Maybe. What's playing?
8 I'd like some fresh air.	h No, thanks. I'm not hungry.

1 ......e......
2 ....
3 ....
4 ....
5 ....
6 ....
7 ....
8 ....

35.2 以下から適切な語句を選び、疑問文を完成させなさい。

I'd like **Would you like to try** **Do you mind** **Can I tell**
~~Can I give~~ **Would you like to go** **Would you like** **I'd like to**

1 You're driving and you see a friend walking along the road. You stop and say:
Hi Joe. ....*Can I give*.... you a ride?
2 You're making a cold drink for your friend. Maybe he wants ice. You ask:
.... ice in your drink?
3 You're ordering something to eat in a cafe. You say:
.... a chicken salad, please.
4 You have an extra ticket for a concert. Maybe your friend will go. You ask:
.... to a concert tomorrow night?
5 Your friend Liz has a big problem. She tells you about it. You say:
That sounds really hard. .... you what I would do?
6 You need to see a dentist. You call for an appointment. You say:
Hello. .... make an appointment, please.
7 You work in a shoe store. A customer asks you about some shoes. You ask:
.... them on?
8 You go into a coffee shop and see some people you know. You ask:
.... if I join you?

35.3 状況に合うように文を完成させなさい。

1 You're carrying a lot of things. You can't open the door yourself. There's a man standing near the door.
You say to him: ....*Could you open the door, please?*....
2 You've finished your dinner in a restaurant, and now you want the check.
You ask the waiter: ....
3 You've filled in some forms in English. You want your friend to check them for you.
You ask your friend: ....
4 The woman in the next room is playing music. It's very loud. You want her to turn it down.
You say to her: ....
5 You're on a train. The window is open, and you're cold. You'd like to close it.
You ask the man next to you: ....
6 You're on a bus. You have a seat, but an elderly man is standing. You offer him your seat.
You say to him: ....
7 You're a tourist. You want to go to the train station, but you don't know how to get there.
You ask at your hotel: ....
8 You are in a clothing store. You see some pants you like, and you want to try them on.
You say to the salesclerk: ....
9 You meet a very famous person. You want to get his/her autograph.
You ask: ....

Unit 36

if I do … と if I did …

A

☆ **1) と 2) を比較します。話し手の気持ちの違いは、どのように現れていますか。**

1) Lisa と Jess に次のように会話をしています。
LISA: Should we take the bus or the train?
JESS: **If we take** the bus, it **will** be cheaper.

If we take the bus, it **will** be cheaper.

➤ **Jess はバスのほうが安いので、バスに乗る可能性が高いと考えています。この場合、次の If 構文となります。**
If we **take** the bus, it **will** be …

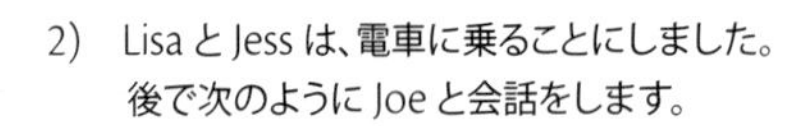

2) Lisa と Jess は、電車に乗ることにしました。
後で次のように Joe と会話をします。

JOE: How are you going to get there?
JESS: We're going to take the train. **If we took** the bus, it **would** be cheaper, but the train is faster.

➤ **Jess は、バスで目的地に行くことはないと考えています。つまり、彼女は現実には起こりえない状況を想像しています。この場合、次の If 構文となります。**
If we **took** the bus, it **would** be … (× if we take … , it will …)

B

イラストのように現実には起こりえない状況を想像する場合、**if** 節の中は **if** + 過去時制 (**if** we **went** / **if** there **was/were** など) の形になります。形は過去形でも過去の意味はありません。

☆ **太字の部分について、現実にはどう考えていますか。**

- What would you do **if** you **won** a lot of money? (現実に起こるとは思っていない)
- I'd be surprised **if** they **didn't come** to the party. (必ずパーティーに来ると思っている)
- **If** there **were** (*or* **was**) an election tomorrow, who would you vote for? (明日選挙は予定されていない)

If I **won** a lot of money …

if … **was/were** については、Unit 37C を参照

If I find と **if I found** の違い

- I think I left my watch at your house. **If you find** it, can you call me?
- **If you found** a wallet on the sidewalk, what would you do with it?

C

通常、**if** 節中に **would** は生じません。

- I'd be very scared **if** somebody **pointed** a gun at me. (× if somebody would point)
- **If** we **took** the bus, it would be cheaper. (× If we would take)

if 節以外の部分 (主節中) には、**would** (**'d**) / **wouldn't** が生じます。

- I**'d be** (= I **would** be) scared if somebody pointed a gun at me.
- I'm not going to bed yet. I'm not tired. If I went to bed now, I **wouldn't sleep.**
- What **would** you **do** if you were bitten by a snake?

would の代わりに **could** や **might** を使うこともあります。

- If I won a lot of money, I **might** buy a house. (⇒ 家を購入するでしょう)
- If it stopped raining, we **could go** out. (⇒ 出かけられるでしょう)

will ➜ Units 20–21 **if** と **when** ➜ Unit 24C **would** ➜ Units 34 **if I knew** ➜ Unit 37 **if** … **was/were** ➜ Unit 37C **if I had known** ➜ Unit 38

練習問題

36.1 適切な動詞を以下から選んで空所に入れ、文を完成させなさい。

did　dropped　~~found~~　happened　lost　went　were

1 If you ....found.... a wallet on the sidewalk, what would you do with it?
2 Be careful with that vase. If you .... it, it would break into small pieces.
3 This notebook is very important to me. I'd be very upset if I .... it.
4 I don't expect to lose my job but if that .... , I'd have to find another one.
5 We're thinking about our vacation for next year. If we .... to Italy, would you come with us?
6 I don't think he'll fail the exam. I'd be very surprised if he ....
7 If there .... a fire in the building, would you know how to put the fire out?

36.2 それぞれの質問に対する適切な解答を選びなさい。

1 Of course you don't expect to win the lottery. Which do you say?
  a If I win the lottery, I'll buy a big house. ☐
  b If I won the lottery, I'd buy a big house. ☑ (b が正しい)
2 You're not going to sell your car because it's old and not worth much. Which do you say?
  a If I sell my car, I won't get much money for it. ☐
  b If I sold my car, I wouldn't get much money for it. ☐
3 You often see Sarah. A friend of yours wants to contact her. Which do you say?
  a If I see Sarah, I'll tell her to call you. ☐
  b If I saw Sarah, I'd tell her to call you. ☐
4 You don't expect that there will be a fire in the building. Which do you say?
  a What will you do if there is a fire in the building? ☐
  b What would you do if there were a fire in the building? ☐
5 You've never lost your passport. You can only imagine it.
  a I don't know what I'll do if I lose my passport. ☐
  b I don't know what I'd do if I lost my passport. ☐
6 Somebody stops you and asks the way to a bank. Which do you say?
  a If you turn right at the end of this street, you'll see a bank on your left. ☐
  b If you turned right at the end of this street, you'd see a bank on your left. ☐
7 You're in an elevator. There is an emergency button. Nobody is going to push it. Which do you say?
  a What will happen if somebody pushes that button? ☐
  b What would happen if somebody pushed that button? ☐

36.3 (　)内の語を適切な形にして空所に入れ、文を完成させなさい。

1 I'd be very scared if ....somebody pointed.... (somebody/point) a gun at me.
2 I can't afford to buy a car. If .... (I/buy) a car, I'd have to borrow the money.
3 If you had a party, who .... (you/invite)?
4 Don't lend James your car. If .... (he/ask) me, I wouldn't lend him mine.
5 I don't think Gary and Emma will get married. .... (I/be) amazed if they did.
6 If .... (somebody/give) me $20,000, ... (I/take) a very long vacation.
7 .... (you/be) nervous if .... (you/meet) a famous person?
8 What .... (you/do) if .... (you/be) in an elevator and .... (it/stop) between floors?

36.3 (　)内の語句を使い、**If ...** で始まる文を完成させなさい。

1 We're not going to take the 10:30 train. (we / arrive too early)
  If we took the 10:30 train, we'd arrive too early.
2 We're not going to stay at a hotel. (it / cost too much)
  If we ...., it ....
3 There's no point in telling you what happened. (you / not / believe)
  If I ....
4 Jessica has no plans to leave her job. (it / hard to find another one)
  If she ....
5 Matt is not going to apply for the job. (he / not / get it).
  ....

if I knew ...　I wish I knew ...

A

☆ **イラストの状況について考えます。Sarah は、if I knew の構文でどのようなことを想像していますか。**

Sarah は Mike に電話をかけたいのですが、電話番号を知らないため、かけられません。Sarah は自分のこの状況を次のように記述します。

I'd call him **if** I **knew** his number.
(I'd call = I **would** call)

➤ **Sarah は if I knew his number のように、knew という過去形を用いています。Sarah は、実際には電話番号は知らないものの「知っていればよいのに…」と想像しています。**

イラストのように現実には起こりえない状況を想像する場合、if 節の中は、**if** I **knew** / **if** you **were** / **if** we **didn't** などのように過去時制となります。形は過去形でも過去の意味はありません。

☆ **太字の部分について、現実にはどうであると考えていますか。**

- There are many things I'd like to do **if** I **had** more time.（⇒ 実際にはあまり時間がない）
- **If** I **didn't** want to go to the party, I wouldn't go.（⇒ パーティーに行きたい）
- **If** you **were** in my position, what would you do?
- It's too bad he can't drive. It would be useful **if** he **could**.

B

イラストを見て考えます。I **wish** I **knew** / I **wish** you **were** などのように、**wish** の従属節中では動詞の過去時制を用います。ここでは、希望する状況にないことに対して「…すればよいのに」と後悔する意味を表します。

I **wish** I **had** an umbrella.

- **I wish** I **knew** Paul's phone number.
  （⇒ 番号がわかればよいのに）
- Do you ever **wish** you **could** fly?
  （⇒「空を飛べればよいのに」と思いませんか）
- It's very crowded here. I **wish** there **weren't** so many people.
  （⇒ 実際には多くの人がいる）
- I **wish** I **didn't** have to work tomorrow, but unfortunately, I do.

Compare

- **I'm glad** I **live** here. (I live here and that's good)
- **I wish** I **lived** here. (I don't live here unfortunately)

C

If I was / If I were

if や **wish** の節内で主語が単数の場合、be 動詞は **was** または **were** となります。**was** の方が、よりくだけた言い方となります。

- **If I were** you, I wouldn't buy that coat. *or* **If I was** you, ...
- I'd go for a walk **if it weren't** so cold. *or* ... **if it wasn't** so cold.
- **I wish Anna were** here. *or* **I wish Anna was** here.

D

通常、if 節の中や wish の従属節中では、would は用いません。

- **If** I **were** rich, I **would** travel a lot.（× If I would be rich）
- Who **would** you ask **if** you **needed** help?（× If you would need）

次の例文についても同様です。

- I **wish** I **had** something to read.（× I wish I would have）
- I **wish** she **were** here now.（× I wish she would be）

I **wish** you **would** listen.（…するとよいのに）のように、行動や変化を願う場合には **wish** ... **would** を使うことができます。**Unit 39** を参照

E

could は、would be able to や was/were able to と同じ意味を持つことがあります。

- She **could get** a better job if she **could** speak another language.　(She **could get** = she **would be able** to get) (if she **could speak** = if she **were able** to speak)
- I wish I **could** help you.　(I wish I **could** = I wish I **was able**)

could ➜ Units 25–26　**If I do** ... / **If I did** ... ➜ Unit 36　**If I had known** ... / **I wish I had known** ... ➜ Unit 38
wish ➜ Unit 39

練習問題

37.1 ( ) 内の動詞を正しい形にして、文を完成させなさい。

1 If I knew (I/know) his number, I would phone him.
2 I wouldn't buy (I/not/buy) that coat if I were you.
3 .... (I/help) you if I could, but I'm afraid I can't.
4 This soup isn't very good. .... (it/taste) better if it weren't so salty.
5 We live in a city and don't need a car, but we would need one if .... (we/live) in the country.
6 If we had the choice, ... (we/live) in the country.
7 I'd make a lot of changes if .... (I/be) the manager of the company.
8 I wouldn't call someone in the middle of the night if .... (it/not/be) important.
9 If I were you, ... (I/not/wait). .... (I/go) now.
10 You're always tired because you go to bed so late. If .... (you/not/go) to bed so late every night, ... (you/not/be) tired all the time.
11 I think there are too many cars. If .... (there/not/be) so many cars, ... (there/not/be) so much pollution.
12 We all need jobs and money, but what .... (you/do) if .... (you/not/have) to work?

37.2 それぞれの文を **if** 節を含む文に書き換えなさい。

1 We don't see you very often because you live so far away.
If you didn't live so far away, we'd see you more often.
2 I like these shoes but they're too expensive, so I'm not going to buy them.
I .... them if .... so ....
3 We'd like to take a trip, but we can't afford it.
We .... if ....
4 It would be nice to have lunch outside, but it's raining, so we can't.
We ....
5 I don't want his advice, and that's why I'm not going to ask for it.
If ....

37.3 **I wish ...** で始まる文に書き換えなさい。

1 I don't know many people (and I'm lonely). I wish I knew more people.
2 I don't have much free time (and I need more). I wish ....
3 Emily isn't here (and I need to see her). ....
4 It's cold (and I hate cold weather). ....
5 I live in a big city (and I don't like it). ....
6 I can't find my phone (which is a problem). ....
7 I'm not feeling well (which isn't good). ....
8 I have to get up early tomorrow (but I'd prefer to sleep late).
....
9 I don't know much about science (and I should know more).
....

37.4 **I wish ...** で始めて、自由に文を作りなさい。

1 (somewhere you'd like to be now—on the beach, in New York, in bed, etc.)
I wish ....
2 (something you'd like to have—a motorcycle, more friends, lots of money, etc.)
....
3 (something you'd like to be able to do—sing, travel more, cook, etc.)
....
4 (something you'd like to be—famous, smarter, good at sports, etc.)
....

→ 補足練習問題 20–22 (pp. 308–309)

Unit 38

if I had known ... I wish I had known ...

A

☆**枠内の例文の状況について考えます。Rachel は、If I had known ... の構文を用いてどのようなことを述べていますか。**

先月、Matt は数日間入院していました。Rachel はこのことを知らなかったために、お見舞いに行けませんでした。数日前 Rachel が Matt に会った時、Rachel は次のように言いました。

If I'd known you were in the hospital, **I would have gone** to visit you.
(⇒知らなかったのでお見舞いに行かなかった **If I'd known** = If I **had** known)

➤ **Rachel は Matt が入院していたことを知らなかったので「もし知っていたら…」と考えています。**

事実とは異なる過去の状況を想像する場合、**if** 節の中は **if I'd known** / **if you'd done** などのように had + 過去分詞で過去完了形となります。

- ◯ I didn't see you when you passed me on the street. **If** I'**d seen you**, I would have said hello. (⇒君に気付いていたら…)
- ◯ They didn't go out last night. They would have gone out **if** they **hadn't been** so tired. (⇒疲れていなかったら…)
- ◯ **If** you'**d been looking** where you were going, you wouldn't have walked into the wall. (⇒進行方向を見ていたら…)
- ◯ The view was wonderful. I would have taken some pictures **if** I'**d had** (= if I **had had**) a camera with me. (⇒カメラを持っていたら…)

☆**以下の例文ではどのようなことを仮定し、想像していますか。**

- ◯ I'm not hungry. **If** I **were** hungry, I would eat something. (⇒お腹が空いていれば…)〔現在〕
- ◯ I wasn't hungry. **If** I **had been** hungry, I would have eaten something. (⇒お腹が空いていたなら…)〔過去〕

B

if 節中では **would** を用いません。if 節以外の部分(主節中)で用います。

- ◯ **If** I **had seen** you, I **would have said** hello. (× If I would have seen you)

'd は **would** と **had** の両方の短縮形です。would の後には動詞の原形、had の後には過去分詞が入ります。

- ◯ If I'**d seen** you, (I'**d** seen = I **had** seen)
  I'**d have said** hello. (I'**d** have said = I **would** have said)

C

「…していたらよかったのに」と過去の事実と異なる状況を願う場合、**I wish ... had done/known/been** のように過去完了形を用います。

I **wish** something **had happened** (⇒その出来事が起きていたらよかった)
I **wish** something **hadn't happened** (⇒その出来事が起こらなければよかった)

- ◯ I **wish** I'**d known** that Matt was sick. I would have gone to see him. (⇒実際は知らなかった)
- ◯ I feel sick. I **wish** I **hadn't eaten** so much. (⇒食べ過ぎなければよかった)
- ◯ Do you **wish** you'**d studied** science instead of languages? (⇒科学を勉強していたら…?)

☆**以下の例文ではどのように異なりますか。**

- ◯ I'**m glad I saw** him. (⇒彼に会った)
- ◯ I **wish I'd seen** him (⇒彼に会わなかった)

wish の後の従属節中では would have は用いません。

- ◯ The weather was cold. I wish it **had been** warmer. (× I wish it would have been)

D

☆**would (do) と would have (done) は、想像する事柄についてどのように異なりますか。**

- ◯ If I'd gone to the party last night, I **would be** tired now. (⇒今頃は疲れているだろう一 現在〕
- ◯ If I'd gone to the party last night, I **would have met** lots of people. (⇒多くの人に会えただろう一過去)

would have / **could have** / **might have** では、might have の方が可能性は低くなります。

- ◯ If the weather hadn't been so bad,
  - we **would have gone** out.
  - we **could have gone** out. (⇒出かけられただろう)
  - we **might have gone** out. (⇒出かけたかもしれない)

had done ➜ Unit 14 **if I do** ... と **if I did** ... ➜ Unit 36 **if I knew** ... / **I wish I knew** ➜ Unit 37 **wish** ➜ Unit 39

練習問題

38.1 ( )内の動詞を正しい形にして、文を完成させなさい。

1 I didn't see you. If I'd seen (I/see) you, I would have said (I/say) hello.
2 Sarah got to the station just in time to catch her train. If .... (she/miss) the train, ... (she/miss) her flight too.
3 Thanks for reminding me about Liz's birthday. .... (I/forget) if .... (you/not/remind) me.
4 I didn't have your email address, so I couldn't contact you. If .... (I/have) your email address, ... (I/send) you an email.
5 Their trip was OK, but .... (they/enjoy) it more if the weather .... (be) better.
6 Sorry we're late. Our taxi got stuck in traffic. .... (it/be) faster if .... (we/walk).
7 Why didn't you tell me about your problem? If .... (you/tell) me, ... (I/try) to help you.
8 I'm not tired. If .... (I/be) tired, I'd go home now.
9 I wasn't tired last night. If .... (I/be) tired, I would have gone home earlier.

38.2 **If ...** で始まる文を完成させなさい。

1 I wasn't hungry, so I didn't eat anything.
If I'd been hungry, I would have eaten something.
2 The accident happened because the road was icy.
If the road ....
3 I didn't know that you had to get up early, so I didn't wake you up.
If I ....
4 Unfortunately, I lost my phone, so I couldn't call you.
....
5 Emma wasn't injured in the crash because, fortunately, she was wearing a seat belt.
....
6 You didn't have any breakfast – that's why you're hungry now.
....
7 I didn't take a taxi because I didn't have enough money.
....
8 Dan didn't do well in high school, so he couldn't go to college.
....

38.3 状況を想像して、**I wish ...** で始まる文を作りなさい。

1 You've eaten too much and now you feel sick.
You say: I wish I hadn't eaten so much.
2 When you were younger, you didn't learn to play a musical instrument. Now you regret this.
You say: ....
3 You've painted the gate red. Now you think it doesn't look good. Red was the wrong color.
You say: ....
4 You decided to drive, but the trip was long and tiring. Taking the train would have been better.
You say: I wish we ....
5 Last year you went to New York with a friend. You didn't have time to do all the things you wanted to do.
You say: ....
6 You moved to a new apartment a few months ago. Now you don't like your new apartment. You think that moving was a bad idea.
You say: ....

➜ **補足練習問題 20–22** (pp. 308–309)

Unit 39

wish

A

I **wish** you **luck** / **all the best** / **success** などの形で、誰かの幸運を祈る表現になります。

- **I wish you all the best** in the future. (⇒ あなたに幸せが訪れますように)
- I saw Mark before the exam, and **he wished me luck**. (⇒ 彼は私に「頑張れ」と言った)

「…しますように」は、**hope** (that) 主語 + 動詞(現在形) または wish (that) 主語 + 動詞(過去形) で表します。wish の従属節中には動詞の現在形は置けません。

- I'm sorry you're not well. I **hope** you **feel** better soon. (× I **wish** you **feel**)

☆ I wish も I hope も、お祝いしたり幸運を祈る時に用います。両者は構文上どのように異なりますか。

- **I wish** you **a pleasant stay** at this hotel. (× I hope you a pleasant stay)
- **I hope** you **enjoy** your stay at this hotel. (× I wish you enjoy)

B

wish は、現在の状況を好ましくないと考え「…すればよいのに」と後悔する場合にも用います。この場合、従属節内の動詞は **knew**/**lived** などのように過去時制となります。形は過去でも意味は現在を表します。

- I **wish** I **knew** what to do about the problem. (⇒ どうすべきかわかれば良いのに)
- I **wish** you **didn't** have to go so soon. (⇒ そんなに早く行かなくても良いのに)
- Do you **wish** you **lived** near the ocean? (⇒ 海辺で暮らせたら良いのに)
- Jack's going on a trip to Mexico soon. I **wish** I **were** going too. (⇒ 一緒に行けたら良いのに)

wish の後の従属節に **had** known / **had** said などの過去完了を置いた構文は「…していたら良かったのに」と、過去の出来事を後悔する場合などに用います。

- I **wish I'd known** about the party. I'd have gone if I'd known. (⇒ 知っていたら良かったのに)
- It was a stupid thing to say. I **wish** I **hadn't said** it. (⇒ 言うんじゃなかった)

Units 37, 38 も参照

C

I wish I could (**do** ...). は「…できればよいのに(…できなくて残念)」を表します。

- I'm sorry you have to go. I **wish** you **could stay** longer. (⇒ もっとここにいてほしいのに)
- I've met that man before. I **wish** I **could remember** his name. (⇒ 思い出せれば良いのに)

I wish I could have (**done** ...). は「…できればよかったのに(…できなかったことが残念)」を表します。

- I hear the party was great. I **wish** I **could have gone**. (⇒ 行ければ良かったのに)

D

I wish it **would stop** raining.

☆ イラストの状況について考えます。Hannah は、I wish ～ would happen の構文でどのようなことを考えていますか。

今日は一日雨が降り続いています。Hannah は雨が嫌いです。この気持ちは次のように表せます。

I wish it **would stop** raining.

すぐにでも雨が止んでほしいのですが、おそらくそうはならないでしょう。Hannah もそのことはよくわかっています。

➤ I wish ～ would happen の構文は、これから何か活動が起こり変わってほしいと願う際に用います。普通、話し手はそのようなことは実現しないと考えています。

I wish ～ **would happen** の構文は「…すればよいのに」のように、現在の状況を好ましくないと考えている際に用います。

- The phone has been ringing for five minutes. **I wish** somebody **would answer** it.
- **I wish** you**'d do** (= you **would** do) something instead of just sitting and doing nothing.

I wish ～ **wouldn't ...** の構文は「…してばかりいて困る」のように、繰り返し行われる行動を批判する際に用います。

- **I wish** you **wouldn't keep** interrupting me. (⇒ 私の邪魔ばかりしている。もう邪魔しないで)

E

I wish ～ **would ...** の構文で「…すればよいのに」と、願うのは活動や変化であり状態ではありません。

- I **wish** Sarah **would** come. (⇒ 彼女に来てもらいたい／活動)

⇔ I **wish** Sarah **was** (= **were**) here now. (⇒ ここにいてもらいたい／状態) × I wish Sarah would be)

- I **wish** somebody **would buy** me a car. (⇒ 買ってくれれば良いのに／活動)

⇔ I **wish** I **had** a car. (⇒ 持っていれば良いのに／状態) × I wish I would have)

would ➜ Unit 34　I wish I knew ➜ Unit 37　I wish I was / I wish I were ➜ Unit 37C　I wish I had known ➜ Unit 38

練習問題

39.1 空所に **wish(ed)** または **hope(d)** を入れて文を完成させなさい。

1 I ......wish...... you a pleasant stay at this hotel.
2 Enjoy your vacation. I .... you have a great time.
3 Goodbye. I .... you all the best for the future.
4 We said goodbye to each other and .... each other luck.
5 We're going to have a picnic tomorrow, so I .... the weather is nice.
6 Congratulations on your new job. I .... you every success.
7 Good luck in your new job. I .... it works out well for you.

39.2 空所に適切な語句を入れて文を完成させなさい。

1 Jack is going on a trip to Mexico soon. I wish I ......were going...... too.
2 I'm very tired, and I have so much to do. I wish I .... so tired.
3 You didn't tell me you were sick. Why not? I wish you .... me.
4 I don't have enough free time. I wish I .... more free time.
5 I can't make up my mind what to do. I wish I .... decide.
6 I bought these shoes, but now I don't like them. I wish I .... them.
7 We have to go out now, and I don't want to go. I wish we .... to go out now.
8 Unfortunately, I couldn't go to the wedding last month. I wish I could ....

39.3 状況に合うように、**I wish ～ would ...** の構文を用いて文を完成させなさい。

1 It's raining. You want to go out, but not in the rain.
You say: ......I wish it would stop raining......
2 You're waiting for Megan. She's late, and you're getting impatient.
You say to yourself: I wish she ....
3 You're looking for a job—so far without success. Nobody will give you a job.
You say: I wish somebody ....
4 You can hear a dog barking. It's been barking a long time, and you're trying to study.
You say: ....

これ以降は、**I wish ～ wouldn't ...** の構文を用いて文を完成させなさい。

5 Your friend is driving very fast. She always drives fast and you don't like this.
You say to her: I wish you ....
6 Joe leaves the door open all the time. This annoys you.
You say to Joe: ....
7 A lot of people drop litter on the sidewalk. You don't like this.
You say: I wish people ....

39.4 （　）内の動詞を適切な形に変えて、文を完成させなさい。

1 It was a stupid thing to say. I wish ......I hadn't said...... it. (I / not / say)
2 I'm fed up with this rain. I wish ......it would stop...... . (it / stop)
3 It's a difficult question. I wish .... the answer. (I / know)
4 I really didn't enjoy the party. I wish .... (we / not / go)
5 I wish .... We've been waiting for 20 minutes. (the bus / come)
6 You're lucky to be going away. I wish .... with you. (I / can / come)
7 Our apartment is pretty small. I wish .... a little bigger. (it / be)
8 I should have listened to you. I wish .... your advice. (I / take)
9 You keep interrupting me! I wish .... (you / listen)
10 You're always complaining. I wish .... all the time.
(you / not / complain)
11 It's freezing today. I wish .... so cold. I hate cold weather. (it / not / be)
12 I wish .... It's horrible! (the weather / change)
13 I wish .... a piano. I'd love to have one. (I / have)
14 When we were in Miami last year, we didn't have time to see all the things we wanted to see.
I wish .... there longer. (we / can / stay)

Unit 40

受動態 1 (is done / was done)

A

☆ イラストを見て考えます。どのような構文でイラストの家は説明されていますか。

This house **was built** in 1981.

➤ **(...) was built の部分は「(…は)建てられた」の意味を持ち、受動態 (passive voice) の動詞と呼ばれます。**
「(〜は…を)建てた」という動詞の形は能動態 (active voice) と呼ばれます。両者は以下のように関係付けられます。

Somebody **built** this house in 1981. **(能動態)**
主語 **目的語**

This house **was built** in 1981. **(受動態)**
主語

能動態の動詞を持つ文では「〜(主語)は—(目的語)を…した」のように、主語は「何をしたか」を記述します。

- My grandfather was a builder. **He built** this house in 1981. (⇒ 1981 年に彼はこの家を建てた)
- It's a big company. **It employs** two hundred people.

受動態の動詞を持つ文では「〜(主語)は…された」のように、主語に「何が起こったか」を記述します。

- "How old is this house?" "**It was built** in 1981." (⇒ この家は 1981 年に建てられた)
- **Two hundred people are employed** by the company.

B

受動態の文では、動作を引き起こした人や物がわからなかったり、述べる必要がないことがよくあります。

- A lot of money **was stolen** in the robbery. (⇒ 大金が盗まれた。誰が盗んだかはわからない)
- **Is** this room **cleaned** every day? (⇒ 誰でもよいが、掃除している人はいますか)

動作を引き起こした人や物を記述する必要がある場合は、**by** 〜(〜 によって)を用いて示します。

- This house was built **by my grandfather**.
- Two hundred people are employed **by the company**.

C

受動態は **be** 動詞(**is**/**was** など) + 過去分詞(**done**/**cleaned**/**seen** など)で作ります。

(**be**) **done**　(**be**) **cleaned**　(**be**) **damaged**　(**be**) **built**　(**be**) **seen** など

過去分詞は、clean**ed**/damag**ed** などのように、その多くは動詞の語尾に **-ed** を付加して作りますが、多くの重要な過去分詞は、**done**/**seen**/**known** などの不規則変化をします。**付録 1** を参照してください。

☆ **能動態から受動態はどのように作りますか。現在時制と過去時制で考えます。**

現在時制 (⇒ be 動詞は現在形)
能動態: **clean**(**s**) / **see**(**s**) など
受動態: **am**/**is**/**are** + **cleaned**/**seen** など

Somebody **cleans** this room every day.
This room **is cleaned** every day.

- Many accidents **are caused** by careless driving.
- I**'m not invited** to parties very often.
- How **is** this word **pronounced**?

過去時制 (⇒ be 動詞は過去形)
能動態: **cleaned**/**saw** など
能動態: **was**/**were** + **cleaned**/**seen** など

Somebody **cleaned** this room yesterday.
This room **was cleaned** yesterday.

- We **were woken** up by a loud noise during the night.
- "Did you go to the party?" "No, I **wasn't invited**."
- How much money **was stolen** in the robbery?

➤ **1) 動詞を be 動詞 + 過去分詞に変える。be 動詞は現在時制では is/am/are、過去時制では was/were.**
2) 能動態の目的語を受動態の主語の位置に置く。
3) 能動態の主語が重要ではない場合、受動態では省略する。

受動態 2–3 ➜ **Units 41–42**　**by** ➜ **Unit 125**

練習問題

40.1 以下の動詞を現在形または過去形の適切な形にして、文を完成させなさい。

~~cause~~	damage	find	hold	injure	invite
make	own	pass	send	show	surround

1 Many accidents *are caused* by careless driving.
2 Cheese .... from milk.
3 The roof of the building .... in a storm a few days ago.
4 A movie theater is a place where movies ....
5 You .... to the party. Why didn't you go?
6 This plant is very rare. It .... in very few places.
7 Although we were driving fast, we .... by a lot of other cars.
8 In the U.S., elections for president .... every four years.
9 There was an accident last night, but fortunately nobody ....
10 You can't see the house from the road. It .... by trees.
11 I never received the letter. It .... to the wrong address.
12 The company I work for .... by a much larger company.

40.2 時制を現在または過去に変えて、受動態の疑問文を完成させなさい。

1 Ask about glass. (how / make?) *How is glass made?*
2 Ask about TV. (when / invent?) ....
3 Ask about mountains. (how / form?) ....
4 Ask about DNA. (when / discover?) ....
5 Ask about silver. (what / use for?) ....

40.3 ( ) 内の動詞を適切な形に変えて文を完成させなさい。(単純現在形 / 単純過去形、能動態 / 受動態)

1 a Two hundred people *are employed* (employ) by the company.
  b The company *employs* (employ) 200 people.
2 a Water .... (cover) most of the earth's surface.
  b How much of the earth's surface .... (cover) by water?
3 a While I was on vacation, my camera .... (steal) from my hotel room.
  b While I was on vacation, my camera .... (disappear) from my hotel room.
4 a Robert's parents .... (die) when he was very young.
  b Robert and his sister .... (bring up) by their grandparents.
5 a The boat hit a rock and .... (sink) quickly.
  b Fortunately, everybody .... (rescue).
6 a Mike .... (fire) from his job. He wasn't very good at it.
  b Sue .... (resign) from her job because she didn't enjoy it anymore.
7 a It can be noisy living here, but it .... (not/bother) me.
  b It can be noisy living here, but I .... (not/bother) by it.
8 a Maria had an accident. She .... (knock) off her bike.
  b Maria had an accident. She .... (fall) off her bike.
9 a I haven't seen these flowers before. What .... (they/call)?
  b I haven't seen these flowers before. What .... (you/call) them?

40.4 **somebody/they/people** などの語句は使わずに、受動態の文を完成させなさい。

1 Somebody cleans the room every day. *The room is cleaned every day.*
2 They canceled all flights because of fog. All ....
3 Somebody accused me of stealing money. .... money.
4 How do you use this word? How .... used?
5 The price includes all taxes. All .... in the price.
6 People warned us not to go out alone. We ....
7 We don't use this office anymore. This ....
8 They invited five hundred people to the wedding. Five hundred ....

Unit 41

受動態 2 (be done / been done / being done)

A

☆ **受動態では、will / can / must / going to / want to などの後に生じる動詞の原形を、どのように変えますか。**

能動態： (to) **do**/**clean**/**see** など (⇒ 動詞の原形)

受動態： (to) **be + done**/**cleaned**/**seen** など (⇒ be + 過去分詞)

Somebody **will clean** this room later.

This room **will be cleaned** later.

➤ **do/clean/see などの動詞の原形を、be + 過去分詞に変えます。**

- ▢ The situation is serious. Something must **be done** before it's too late.
- ▢ A mystery is something that can't **be explained**.
- ▢ The music was very loud and could **be heard** from a long way away.
- ▢ A new supermarket is going **to be built** next year.
- ▢ Please go away. I want **to be left** alone.

B

☆ **受動態では should have / might have / would have / seem to have などの後に生じる過去分詞をどのように変えますか。**

能動態： **have done**/**cleaned**/**seen** など (⇒ 過去分詞)

受動態： **have been + done**/**cleaned**/**seen** など (⇒ been + 過去分詞)

Somebody **should have cleaned** the room.

The room **should have been cleaned**.

done/cleaned/seen などの過去分詞を、been + 過去分詞に変えます。

- ▢ I haven't received the letter yet. It might **have been sent** to the wrong address.
- ▢ If you had locked the car, it wouldn't **have been stolen**.
- ▢ There were some problems at first, but they seem **to have been solved**.

C

☆ **受動態では現在完了形の動詞をどのように変えますか。**

能動態： **have**/**has** + **done** など (⇒ 過去分詞)

能動態： **have**/**has been** + **done** など (⇒ been + 過去分詞)

The room looks nice. Somebody **has cleaned** it.

The room looks nice. It **has been cleaned**.

➤ **have/has + 過去分詞の現在完了形を、have/has been + 過去分詞に変えます。**

- ▢ Have you heard? The trip **has been canceled**.
- ▢ **Have** you ever **been bitten** by a dog?
- ▢ "Are you going to the party?" "No, I **haven't been invited**."

☆ **受動態では過去完了形の動詞をどのように変えますか。**

能動態： **had** + **done** など (⇒ 過去分詞)

受動態： **had been** + **done** など (⇒ been + 過去分詞)

The room looked nice. Somebody **had cleaned** it.

The room looked nice. It **had been cleaned**.

➤ **had + 過去分詞の過去完了形は、had been + 過去分詞に変えます。**

- ▢ The vegetables didn't taste good. They **had been cooked** too long.
- ▢ The car was three years old but **hadn't been used** very much.

D

☆ **受動態では現在進行形の動詞をどのように変えますか。**

能動態： **am**/**is**/**are** + (**do**)**ing** など (⇒ 現在分詞)

受動態： **am**/**is**/**are** + **being** (**done**) など (⇒ being + 過去分詞)

Somebody **is cleaning** this room at the moment.

The room **is being cleaned** at the moment.

➤ **am/is/are + 現在分詞の現在進行形を、am/is/are + being + 過去分詞に変えます。**

- ▢ There's somebody walking behind us. I think we **are being followed**.
- ▢ A new bridge **is being built** across the river. It will be finished next year.

☆ **受動態では過去進行形の動詞をどのように変えますか。**

能動態： **was**/**were** + (**do**)**ing** (⇒ 現在分詞)

能動態： **was**/**were** + **being** (**done**) (⇒ being + 過去分詞)

Somebody **was cleaning** the room when I arrived.

The room **was being cleaned** when I arrived.

➤ **was/were + 現在分詞の過去進行形を、was/were + being + 過去分詞に変えます。**

- ▢ There was somebody walking behind us. I think we **were being followed**.

受動態 1, 3 ➜ **Units 40, 42**

練習問題

41.1 以下から動詞を選び、適切な形に変えて文を完成させなさい。

arrest carry cause delay ~~do~~ forget keep know make repair ~~send~~ tear

必要に応じて、**have (might have, would have** など) の形にします。

1 The situation is serious. Something must ......be done...... before it's too late.
2 I haven't received the letter yet. It might ......have been sent...... to the wrong address.
3 A decision will not .... until the next meeting.
4 These documents are important. They should always .... in a safe place.
5 This road is in bad condition. It should .... a long time ago.
6 The injured man couldn't walk and had to ....
7 If you hadn't shouted at the police officer, you wouldn't ....
8 I'm not sure what time I'll arrive tomorrow. I may ....
9 It's not certain how the fire started. It might .... by an electrical fault.
10 A new school is being built. The old one is going to .... down.
11 The election is next Sunday. The full results will .... on Tuesday.
12 Last week they weren't speaking to one another. Now they're happy again. The problem seems to ....

41.2 ( ) 内の語句を用いて、能動態または受動態の文を完成させなさい。

1 There's somebody behind us. (We / follow) ......We're being followed......
2 This door is a different color, isn't it? (you / paint?) ......Have you painted it?......
3 My bike has disappeared. (It / steal!) It ....
4 My umbrella has disappeared. (Somebody / take) Somebody ....
5 A neighbor of mine disappeared six months ago.
(He / not / see / since then) He ....
6 I wonder how Jessica is these days.
(I / not / see / for ages) I ....
7 A friend of mine was stung by a bee recently.
(you / ever / sting / bee?) .... you ....
8 The bridge was damaged recently.
(It / repair / right now) It ....
9 Tom's car was stolen recently.
(It / not / find / yet) ....
10 I went into the room and saw that the table and chairs were not in the same place.
(The furniture / move) The ....
11 I had a problem with my phone, but it's OK now.
(It / work) It .... now. (It / fix) ....

41.3 **somebody** や **they** などの語句は使わずに、受動態の文を完成させなさい。

1 Somebody has cleaned the room. ......The room has been cleaned......
2 They are building a new road around the city.
A .... around the city.
3 They have built two new hotels near the airport.
Two .... near the airport.
4 When I last visited, they were building some new houses here.
When I last visited, some ....
5 The meeting is now on April 15. They have changed the date.
The date of ....
6 I didn't know that somebody was recording our conversation.
I didn't know that our ....
7 Is anyone doing anything about the problem?
.... anything .... the problem?
8 The windows were very dirty. Nobody had cleaned them for ages.
The windows were very dirty. They ....

➔ **補足練習問題 23–25** (pp. 309–310)

Unit 42

受動態 3

A

I was offered ... / we were given ... など：2つの目的語をとる動詞の受動態 **give** のような動詞は、次のように二重目的語をとります。

- My grandfather **gave** **me** **this watch**.
  目的語 1 目的語 2
  （間接目的語）（直接目的語）

この場合、次のように 2 つの目的語をそれぞれ主語にして、2 通りの受動態を作ることができます。

- **I was given** this watch (by my grandfather). *or*
  This watch was given to me (by my grandfather).

give の他に、以下のような動詞が二重目的語をとります。

ask offer pay show tell

2 通りの受動態のうち、I was offered ... / we were given ... などのように、人を主語とする形の方が多く用いられます。

- **I've been offered** the job, but I don't think I want it. (= somebody has offered me the job)
- **You will be given** plenty of time to decide. (= we will give you plenty of time)
- I didn't see the original document, but **I was shown** a copy. (= somebody showed me a copy)
- Tim has an easy job—**he's paid a lot of money** to do very little. (= somebody pays him a lot)

B

I don't like being ... : -ing 句（動名詞）の受動態

doing/**seeing** などの -ing 句は、**being done** / **being seen** のように being + 過去分詞で受動態を作ります。

能動態： I don't like **people telling me** what to do.
受動態： I don't like **being told** what to do.

- I remember **being taken** to the zoo when I was a child.
  (= I remember **somebody taking me** to the zoo)
- Steve hates **being kept** waiting. (= he hates **people keeping** him waiting)
- We climbed over the wall without **being seen**. (= without **anybody seeing** us)

C

I was born ... : 過去時制で用いる受動態

I was born ... のように過去時制で使い、I am born ... のような現在時制は使いません。

- I **was born** in Chicago.
- Where **were** you **born**? (× Where are you born?)

（以上 2 文：過去）

しかし、以下のように繰り返し行われる出来事を表す場合には、現在時制で表します。

- How many babies **are born** every day? (⇒ 毎日、何名の赤ちゃんが生まれていますか)〔現在〕

D

get : 受動態において、be の代わりに用いられることがあります。

- There was a fight, but nobody **got hurt**. (= nobody **was** hurt)
- I don't **get invited** to many parties. (= I**'m** not invited)
- I'm surprised Liz **didn't get offered** the job. (= Liz **wasn't offered** the job)

今まで起きていなかった出来事が生じたり、何か変化が起きたりする場合にのみ、**get** が用いられます。以下の例においては、be は **get** に代えられません。

- Jessica **is liked** by everybody. (× gets liked)〔出来事ではない〕
- Nick was a mystery man. Very little **was known** about him. (× got known)

くだけた口語英語において主に **get** を用います。**be** は状況に関係なく用いられます。

以下のような表現中では、get ＋過去分詞がよく使われます。「〜される」のような受け身の意味はありません。

get married, **get divorced**
get lost (= not know where you are)
get dressed (= put on your clothes)
get changed (= change your clothes)

受動態 1, 2 ➜ Units 40–41

練習問題

42.1 (　) 内の動詞を適切な形に変えて文を完成させなさい。

1 I tried to contact Tom.
I called his office but I ......was told...... (tell) that he was in a meeting.
2 Amy retired from her job recently.
She .... (give) a present by her colleagues.
3 I didn't know there was a meeting yesterday.
I .... (not/tell) about it.
4 Sarah's salary is very low.
I don't understand why she .... (pay) so little.
5 You will need to use this machine.
Have you .... (show) how it works?
6 I had an interview for a job recently. It wasn't easy.
I .... (ask) some questions that were very hard for me to answer.
7 They didn't tell us much about the project.
We .... (not/give) enough information.
8 I was surprised to get the job I applied for.
I didn't expect .... (offer) the job.

42.2 以下から動詞を選び、**being** に続くように適切な形に変えて文を完成させなさい。

bite　give　hit　invite　~~keep~~　stick　treat

1 Steve hates ......being kept...... waiting.
2 We went to the wedding without ....
3 I like giving presents, and I also like .... them.
4 It's a busy road, and I don't like crossing it. I'm afraid of .... by a car.
5 How do you avoid .... by mosquitoes?
6 I'm an adult. I don't like .... like a child.
7 You can't do anything about .... in a traffic jam.

42.3 以下から動詞を選び、**get/got** に続くように適切な形に変えて文を完成させなさい。

ask　break　~~hurt~~　pay　steal　sting　stop　use

1 There was a fight, but nobody ......got hurt...... .
2 Alex .... by a bee while he was sitting in the yard.
3 These tennis courts don't .... very often. Not many people want to play here.
4 I used to have a bike, but it .... a few months ago.
5 Rachel works hard, but she doesn't .... very much.
6 Please pack these things very carefully. I don't want anything to ....
7 People often want to know what my job is. I .... that question a lot.
8 Last night I .... by the police as I was driving home. One of the lights on my car wasn't working.

42.4 空所に適切な語句を入れ、文を完成させなさい。

1 I've been ......offered...... the job, but I don't think I'll accept it.
2 I ......don't...... get invited to many parties.
3 Which year .... you born in?
4 I haven't been .... any information yet.
5 I didn't know the way, so I got ....
6 He doesn't like .... interrupted when he's speaking.
7 How did the window .... broken? What happened?
8 She's a volunteer worker. She .... get paid.
9 I .... born in a small town in the north of the country.
10 We had to do what we did. We .... given any choice.

→ **補足練習問題 23–25** (pp. 309–310)

Unit 43

It is said that ...　He is said to ...　He is supposed to ...

A

☆ **例文の状況について考えましょう。どちらも受動態の文ですが、それぞれの文はどのように結び付きますか。**

George はかなり高齢です。誰も彼の年齢を知りません。このような場合、彼が高齢であることを以下の 2 通りで表せます。

It is said that he is 108 years old.

or He **is said to be** 108 years old.

➤ **he が that 節中から外に出ると、動詞が to be に変わります。2 つの文は形は異なるものの、どちらも People say that he is 108 years old. のように「(はっきりとはしないが) …と言われている」を意味します。**

この構文で用いられる動詞には、以下のようなものがあります。:

alleged　believed　considered　expected　known　reported　thought　understood

- ◯ Cathy loves running.
  It is said that she runs 10 miles a day. *or* **She is said to** run 10 miles a day.
- ◯ The police are looking for a missing boy.
  It is believed that the boy is wearing a white sweater and blue jeans. *or* **The boy is believed to** be wearing a white sweater and blue jeans.
- ◯ The strike started three weeks ago.
  It is expected that it will end soon. *or* **The strike is expected to** end soon.
- ◯ A friend of mine has been arrested.
  It is alleged that he stole a car. *or* **He is alleged to** have stolen a car.
- ◯ The two houses belong to the same family.
  It is said that there is a secret tunnel between them. *or* **There is said to** be a secret tunnel between them.

この構文はニュース報道においてよく用いられます。以下は事故に関する報道です。

- ◯ **It is reported that** two people were injured in the explosion. *or* **Two people are reported to** have been injured in the explosion.

B

(be) **supposed to ...** : (be) **said to ...** と同じ意味で「…と言われている」を表します。

- ◯ I want to see that movie. **It's supposed to be** good. (⇒ いい映画らしい)
- ◯ There are many stories about Joe. **He's supposed to have robbed** a bank many years ago.
- ◯ Fireworks **are supposed to have been invented** in China. Is it true?

(be) **supposed to ...** は、その他に「…することになっている／…するはずだ」のように、意図していたことを表します。

- ◯ The plan **is supposed to be** a secret, but everybody seems to know about it.
  (⇒ 計画は秘密だったはずなのに)
- ◯ What are you doing at work? You**'re supposed to be** on vacation.
  (⇒ 休暇をとっているはずなのに)
- ◯ Our guests **were supposed to come** at 7:30, but they were late.
- ◯ Jen **was supposed to call** me last night, but she didn't.
- ◯ I'd better hurry. I**'m supposed to be meeting** Chris in ten minutes.

You're not supposed to do ... は「…してはいけない／…すべきではない」を表します。

- ◯ **You're not supposed to park** your car here. It's private parking only.
- ◯ Joe is much better after his illness, but he**'s not supposed to exercise** too hard.
  (⇒ 激しい運動はしてはいけない)

練習問題

43.1 下線部の語を用いて別の表現で文を書き換えなさい。

1 It is expected that the strike will end soon.
The strike ......is expected to end soon.......
2 It is reported that many people are homeless after the floods.
Many people ....
3 It is thought that the thieves got in through a window.
The thieves ....
4 It is alleged that the driver of the car was driving 110 miles an hour.
The driver ....
5 It is reported that the building was badly damaged by the fire.
The building ....
6 It is said that the company is losing a lot of money.
The company ....
7 It is believed that the company lost a lot of money last year.
The company ....
8 It is expected that the company will take a loss this year.
The company ....

43.2 ( )内の語句を使って文を完成させなさい。必要であれば他の語句も補いなさい。

1 A: What's the City Hotel like? Can you recommend it?
B: I've never stayed there, but ......it's supposed to be...... (it / supposed) very nice.
2 A: How much are these paintings worth?
B: I'm not sure, but .... (they / supposed) very valuable.
3 A: This looks like an interesting building.
B: Yes, ... (it / supposed) a prison a long time ago.
4 A: Is it true that your neighbors were lucky in the lottery?
B: Yes, ... (they / supposed) won a lot of money.
5 A: Is it possible to climb to the top of the tower?
B: Yes, ... (the view / supposed) very nice.
6 A: I heard that Julia has gone away.
B: Yes, ... (she / supposed) living in New York now.

43.3 **supposed to be** に続く語句を以下から選び、文を完成させなさい。

on a diet **a flower** **my friend** **a joke** **open every day** ~~**a secret**~~ **working**

1 How is it that everybody knows about the plan? ......It's supposed to be a secret.......
2 You shouldn't criticize me all the time. You ....
3 I shouldn't be eating this cake really. I ....
4 I'm sorry for what I said. I was trying to be funny. It ....
5 What's this drawing? Is it a tree? Or maybe it ....
6 You shouldn't be playing a game now. ....
7 That's strange. The museum seems to be closed. ....

43.4 **supposed to** または **not supposed to** に続く動詞を以下から選び、文を完成させなさい。

call **depart** **lift** ~~**park**~~ **put** **start**

1 You ......'re not supposed to park...... here. It's private parking only.
2 We .... work at 8:15, but we rarely do anything before 8:30.
3 I .... Lauren, but I completely forgot.
4 This door is a fire exit. We .... anything in front of it.
5 My flight .... at 10:15, but it didn't leave until 11:30.
6 Jonathan has a problem with his back. He .... anything heavy.

→ 補足練習問題 23–25 (pp. 309–310)

Unit 44

have/get ~ done

A

☆ **イラストを見て考えます。Megan は自分の家の屋根について何をしましたか。**

MEGAN

Megan の家の屋根が壊れてしまいました。昨日、大工が来て屋根を修理しました。この状況は次のような構文で記述できます。

Megan **had** the roof **repaired** yesterday.

➤ **Megan は屋根を修理してもらいました。この構文は、Megan が人に屋根の修理を依頼したことを意味し、Megan 自身は屋根を修理していません。had の目的語である the roof と過去分詞である repaired の間には、the roof was repaired（屋根は修理された）のように受動態を作る関係があります。**

have ~ done（過去分詞）は「～を…してもらう」のように、自分に代わって誰かに何かを依頼する際に用います。

☆ **自分で何かをする場合と誰かに依頼する場合とでは、構文はどのように異なりますか。**

- Megan **repaired** the roof.（⇒ 自分で修理した）
  Megan **had** the roof **repaired**.（⇒ 誰かに修理してもらった）
- "Did you **make** those curtains yourself?"　"Yes, I like making things."
  "Did you **have** those curtains **made**?"　"No, I made them myself."

B

この構文では **have** + 目的語 + 過去分詞のような語順となります。

have	目的語	過去分詞
Megan **had**	the roof	**repaired**.
Where did you **have**	your hair	**cut**?
We are **having**	the house	**painted**.
I think you should **have**	that coat	**cleaned**.
I don't like **having**	my picture	**taken**.

- How often do you **have your car serviced**? (× have serviced your car)
- Our neighbor is **having a garage built.** (× having built a garage)
- Your hair looks nice. Did you **have it cut**?

C

get ~ done（過去分詞）

くだけた話し言葉では、**have** ~ done の代わりに **get** ~ done が使われることがあります。

- When are you going to **get the roof repaired**?（= have the roof repaired)
- I think you should **get your hair cut** really short.

D

以下の例文には、**have ~ done**（過去分詞）は「～を…してもらう」のような動作の依頼の意味はありません。

- Josh and Rachel **had their bags stolen** while they were traveling.

この例文においては、Josh と Rachel は誰かにバッグを盗むよう依頼してはいません。「何者かによって、バッグを盗まれた」を意味します。**have ~ done** は「困ったことに～を…される」のように、人や物に対して何らかの好ましくない出来事が起こった場合に用いることがあります。

- Nick **had** his nose **broken** in a fight.（⇒ 鼻を折られた）
- Have you ever **had** your bike **stolen**?（⇒ 自転車を盗まれたことはありますか）

練習問題

44.1 イラストを見て、どちらの文が正しいか答えなさい。

1

SARAH
(a) Sarah is cutting her hair.
(b) Sarah is having her hair cut.

2

ANDY
(a) Andy is cutting his hair.
(b) Andy is having his hair cut.

3

KATE
(a) Kate is painting the gate.
(b) Kate is having the gate painted.

4

SUE
(a) Sue is taking a picture.
(b) Sue is having her picture taken.

44.2 (　) 内の語句を正しい順序に並べて、文を完成させなさい。

1 (painted / had / a few weeks ago / the house)
We *had the house painted a few weeks ago.*
2 (serviced / car / once a year / her / has)
Sarah ……
3 (had / your / recently / tested / eyes / you?)
Have ……
4 (like / cut / my / getting / don't / hair)
I ……
5 (fifteen dollars / have / cleaned / my suit / cost / to)
It ……
6 (as soon as possible / need / translated / to get / this document)
You ……

44.3 例を参考にして、それぞれの文を書き換えなさい。

1 Lauren didn't repair the roof herself. She *had it repaired.*
2 I didn't cut my hair myself. I ……
3 We didn't clean the carpets ourselves. We ……
4 Ben didn't build that wall himself. He ……
5 I didn't deliver the flowers myself. I ……
6 Sarah didn't repair her shoes herself. She ……

44.4 左枠の文に続くものを右枠から選び、記号で答えなさい。

1 My hair is getting long.	a I need to get it fixed	1	*d*
2 I really like this picture.	b I have to get a new one made.	2	
3 The washing machine is broken.	c I need to get my teeth checked.	3	
4 I want to wear earrings.	d ~~I should get it cut.~~	4	
5 Can you recommend a dentist?	e I'm going to get my ears pierced.	5	
6 I lost my key.	f I'm going to get it framed.	6	

44.5 (　) 内の語句を使って文を完成させなさい。

1 Did I tell you about Josh and Rachel?
(They / their bags / steal) *They had their bags stolen.*
2 Security at the airport was strict.
(We / our bags / search) ……
3 I have some good news!
(I / my salary / increase) I ……
4 Joe can't get a visa.
(He / his application / reject) ……

Unit 45

間接話法 1 (**He said that ...**)

A

☆ **イラストを見て考えます。Dan が言った言葉をどのように人に伝えますか。**

➤ **あなたは昨日 Dan に会いました。その時に Dan が言った言葉を人に伝えるには、2 通りの方法があります。**

1) Dan の言葉をそのまま繰り返します (直接話法)。
Dan said, "**I'm feeling sick**."

2) Dan の言葉を自分の視点から言い換えて伝えます (間接話法)。
Dan said **that he was feeling sick**.

直接話法: Dan said, "I am feeling sick."

間接話法: Dan said that **he was** feeling sick.

書き言葉では " " (引用符) で実際に述べた言葉をはさみます。

B

間接話法では、Dan **said** that ... や I **told** her that ... などの太字の部分は文の主動詞と呼ばれます。主動詞は通常、過去形になります。また主動詞と連動して文の残りの部分 (that 節) も過去形になります。

- Dan **said** that he **was feeling** sick.
- I **told** Jen that I **didn't have** any money.

以下のように **that** を省略する場合もあります。

- Dan **said that** he was feeling sick. *or* Dan **said** he was feeling sick.

通常、直接話法で使われる現在形は、間接話法では過去形に変わります。

am/is → **was** do/does → **did** will → **would**
are → **were** have/has → **had** can → **could**
want/like/know/go など → **wanted**/**liked**/**knew**/**went** など

☆ **例文の状況について考えます。直接話法から間接話法に変わると、どのように形が変化しますか。**

直接話法: Anna はあなたとの会話で実際に次のように発言しました。

I **have** a new job.
I **want** to buy a car.
I **can't** come to the party on Friday.
I **don't** have much free time.
My parents **are** fine.
I'm going away for a few days.
I'**ll** call you when I **get** back.

間接話法: あなたは Anna との対話の後、Anna の言葉を別の人に次のように伝えます。

- Anna said that she **had** a new job.
- She said that she **wanted** to buy a car.
- She said that she **couldn't** come to the party on Friday.
- She said that she **didn't** have much free time.
- She said that her parents **were** fine.
- She said that she **was** going away for a few days and **would** call me when she **got** back.

C

直接話法中の単純過去形の動詞 (**did**/**saw**/**knew** など) は、間接話法中ではそのまま形を変えずに用いるか、過去完了形 (**had done** / **had seen** / **had known** など) に変えます。

- **直接話法:** Dan said, "I **woke** up feeling sick, so I **didn't go** to work."
  間接話法: Dan said (that) he **woke** up feeling sick, so he **didn't go** to work. *or*
  Dan said (that) he **had woken** up feeling sick, so he **hadn't gone** to work.

間接話法 2 ➜ **Unit 46** 疑問文の間接話法 ➜ **Unit 48B**

練習問題

45.1 あなたは複数の友人 (Dan, Tom, Anna など) と会話しました。左側は彼らが実際に話した言葉 (直接話法) です。右側はあなたがその内容を別の人に伝えた言葉 (間接話法) です。
空所に適切な語句を入れて文を完成させなさい。

		直接話法	間接話法
1	You: Dan:	Are you going to work today, Dan? No, I'm feeling sick.	Dan didn't go to work today. He said *he was feeling* ………… sick.
2	You: Tom:	Should we walk to the station? No, it's too far. Let's get a taxi.	I wanted to walk to the station, but Tom said ………… far.
3	You: Anna:	Have you been invited to the party? Yes, but I don't want to go.	Anna has been invited to the party but she told me ………… to go.
4	You: Dan:	When are you going away, Dan? I'll let you know next week.	I asked Dan about his travel plans. He said ………… next week.
5	You: Ben:	Do you ever see Rachel these days? I haven't seen her for a while.	I asked Ben about Rachel, but he told me ………… for a while.
6	You: Kate:	Where can I borrow a guitar? You can borrow mine.	I needed to borrow a guitar, and Kate said ………… .
7	You: Sue:	How's your job, Sue? I'm not enjoying it very much.	I asked Sue about her job. She said ………… very much.
8	You: James:	Do you still have your car? No, I sold it a few months ago.	I asked James about his car. He told me ………… a few months ago.
9	You: Sarah:	What's the name of the cafe we went to? I don't know.	I asked Sarah the name of the cafe we went to, but she said ………… .
10	You: Amy:	How many students are there in your class, Amy? Twenty.	I asked Amy about her school and she told me ………… ………… class.

45.2 自分が知っていた情報と、友人から聞いた情報が異なっていました。例を参考にして自由に文を完成させなさい。

1. A: It's quite a long way from the hotel to downtown.
   B: It is? The man at the reception desk said *it was only a five-minute walk.*
2. A: Sue is coming to the party tonight.
   B: She is? I saw her a few days ago and she said she ………… .
3. A: Sarah gets along fine with Dan.
   B: She does? Last week you said ………… each other.
4. A: Joe knows lots of people.
   B: That's not what he told me. He said ………… anyone.
5. A: Nicole will be here next week.
   B: Oh, really? When I spoke to her, she said ………… away.
6. A: I'm going out tonight.
   B: You are? I thought you said ………… at home.
7. A: I speak French quite well.
   B: You do? But earlier you said ………… any other languages.
8. A: I haven't seen Ben recently.
   B: That's strange. He told me ………… last weekend.

→ 補足練習問題 26 (pp. 311–312)

Unit 46

間接話法 2

A

間接話法では、必ず動詞の時制を変えなければならないというわけではありません。人の言葉を伝える際、その状況が今も変わっていない場合には、動詞を過去形に変える必要はありません。

- **直接話法：** John said, "**My** new job **is** boring."
  間接話法： John said that **his** new job **is** boring.
  (⇒ **His job is** still boring.〔状況は変わっていない〕)
- **直接話法：** Olivia said, "**I want** to go to South America next year."
  間接話法： Olivia told me that **she wants** to go to South America next year.
  (⇒ Olivia still wants to go to South America next year.〔状況は変わっていない〕)

以下のように動詞を過去形に変えて、同じ状況を表現することもできます。

- John said that his new job **was** boring.
- Olivia told me that she **wanted** to go to South America next year.

ただし、現在より前に完結し、現在とは異なる状況を伝える場合には、動詞を過去形に変えなければなりません。

- John left the room suddenly. He said, "**I have to go**." (直接話法)
  John left the room suddenly. He said (that) **he had to go**. (間接話法)

B

☆ **イラストの表す状況について考えましょう。過去時制を持つ間接話法の文は、どのような意味を持ちますか。**

数日前にあなたが Lauren と会った時、彼女は Joe について次のように言っていました。

- Have you heard? Joe **is** in the hospital. (直接話法)

ところがその後、ばったり Joe と道で会いました。あなたは Joe に次のように言います。

- Joe, this is a surprise. Lauren said you **were** in the hospital.

➤ **聞いていたことと現実とが異なる場合には、動詞を過去形に変えなければなりません。以下のような現在形は用いません。**
(× Lauren said you are in the hospital)

C

say と **tell**

「～は…に言った」のように、誰に言ったかを明らかにする場合には **tell** を用います。

- Emma **told me** that you were in the hospital.
  (× Emma said me) (⇒ 目的語(人)を必ず置く)
- What did you **tell the police**? (× say the police)

「～は言った」のように、誰に言ったかを述べる必要がない場合には **say** を用います。

- Emma **said** that you were in the hospital.
  (× Emma told that ...) (⇒ 目的語(人)は置かない)
- What did you **say**?

say ― **to** ... の形で「～は…に―と言った」を表します。

- Anna **said** goodbye **to** me and left. (× Anna said me goodbye)
- What did you **say to** the police?

D

tell/ask ～ to do ...: 「～に…するように言う／…してくれるように頼む」を表します。

間接話法中で不定詞(to ＋ 動詞の原形)を用いることがあります。不定詞は、主に動詞 tell や ask とともに用いられます。

- **直接話法：** "**Drink** plenty of water," the doctor said to me.
  間接話法： The doctor **told me to drink** plenty of water.
- **直接話法：** "**Don't work** too hard," I said to Joe.
  間接話法： I **told Joe not to work** too hard.
- **直接話法：** "Can you help me please?" Jackie said to me.
  間接話法： Jackie **asked me to help** her.

say を用いて、～ **said** (**not**) **to** do ... (…するように／…しないように言った)のように述べることもできます。

- Eric **said not to worry** about him. (× Eric said me)

間接話法 1 ➜ Unit 45　疑問文の間接話法 ➜ Unit 48B

練習問題

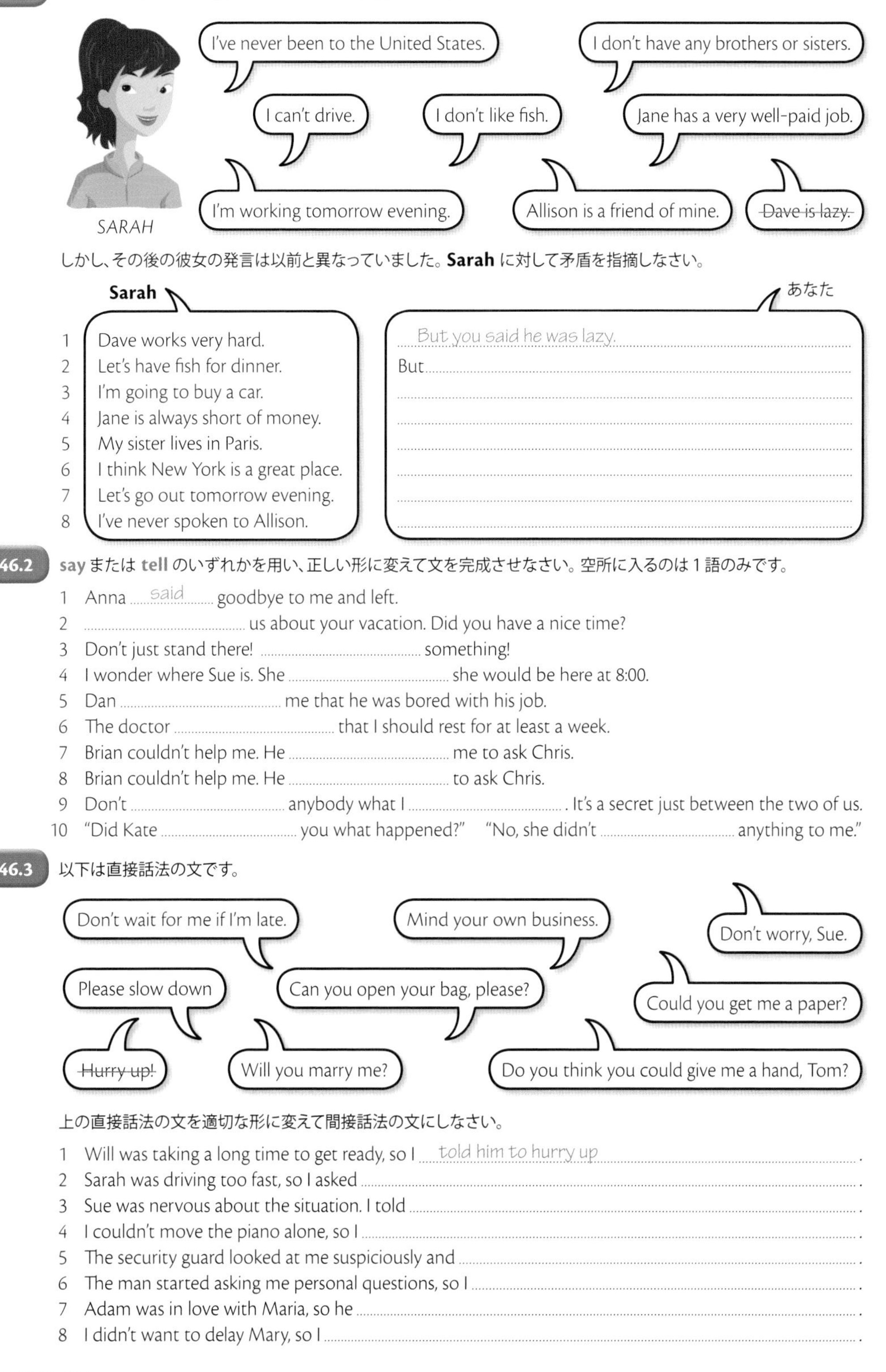

46.1 Sarah はあなたとの会話の中で、次のように発言しました。

I've never been to the United States.
I don't have any brothers or sisters.
I can't drive.
I don't like fish.
Jane has a very well-paid job.
I'm working tomorrow evening.
Allison is a friend of mine.
~~Dave is lazy.~~

SARAH

しかし、その後の彼女の発言は以前と異なっていました。**Sarah** に対して矛盾を指摘しなさい。

	Sarah	あなた
1	Dave works very hard.	But you said he was lazy.
2	Let's have fish for dinner.	But ....
3	I'm going to buy a car.	....
4	Jane is always short of money.	....
5	My sister lives in Paris.	....
6	I think New York is a great place.	....
7	Let's go out tomorrow evening.	....
8	I've never spoken to Allison.	....

46.2 **say** または **tell** のいずれかを用い、正しい形に変えて文を完成させなさい。空所に入るのは 1 語のみです。

1 Anna ...said... goodbye to me and left.
2 .... us about your vacation. Did you have a nice time?
3 Don't just stand there! .... something!
4 I wonder where Sue is. She .... she would be here at 8:00.
5 Dan .... me that he was bored with his job.
6 The doctor .... that I should rest for at least a week.
7 Brian couldn't help me. He .... me to ask Chris.
8 Brian couldn't help me. He .... to ask Chris.
9 Don't .... anybody what I .... It's a secret just between the two of us.
10 "Did Kate .... you what happened?" "No, she didn't .... anything to me."

46.3 以下は直接話法の文です。

Don't wait for me if I'm late.
Mind your own business.
Don't worry, Sue.
Please slow down
Can you open your bag, please?
Could you get me a paper?
~~Hurry up!~~
Will you marry me?
Do you think you could give me a hand, Tom?

上の直接話法の文を適切な形に変えて間接話法の文にしなさい。

1 Will was taking a long time to get ready, so I ...told him to hurry up... .
2 Sarah was driving too fast, so I asked ....
3 Sue was nervous about the situation. I told ....
4 I couldn't move the piano alone, so I ....
5 The security guard looked at me suspiciously and ....
6 The man started asking me personal questions, so I ....
7 Adam was in love with Maria, so he ....
8 I didn't want to delay Mary, so I ....

→ 補足練習問題 26 (pp. 311–312)

Unit 47 疑問文 1

A

複数の動詞要素を持つ疑問文では、第 1 動詞の後に主語を置きます。

主語	+ 第 1 動詞		第 1 動詞	+ 主語
Tom	will	→	will	Tom?
you	have	→	have	you?
the house	was	→	was	the house?

☆ どのような動詞要素がありますか。

- **Will Tom** be here tomorrow?
- **Have you** been working hard?
- When **was the house** built?

主語は第 1 動詞の後に置きます。

- **Is Katherine** working today? (× Is working Katherine)

B

I do の形を持つ単純現在形は、**do/does** を用いて疑問文を作ります。

you	live	→	**do**	you **live**?
the movie	starts	→	**does**	the movie **start**?

- **Do** you **live** nearby?
- What time **does** the movie **start**?

I did の形を持つ単純過去形は、**did** を用いて疑問文を作ります。

you	sold	→	**did**	you **sell**?
the train	stopped	→	**did**	the train **stop**?

- **Did** you **sell** your car?
- Why **did** the train **stop**?

☆ **以下の例文で考えます。who が目的語の場合と主語の場合では、疑問文の作り方はどのように異なりますか。**

who 目的語

Emma called somebody.

目的語

Who **did** Emma **call**?

who 主語

Somebody called Emma.

主語

Who **called** Emma?

➤ **who/what などの疑問詞が文の主語となる場合には、do/does/did を用いずに疑問文を作ります。語順に変化はありません。**

- **Who wants** something to eat? (× Who does want)
- **What happened** to you last night? (× What did happen)
- **How many people came** to the party? (× did come)
- **Which bus goes** downtown? (× does go)

C

who/what/which/where などの疑問詞で始まる疑問文中では、通常、前置詞 (**in**, **for** など) が文末に入ります。

- **Where** are you **from**?
- **Who** do you want to speak **to**?
- **What** was the weather **like**?
- **Which** job has Lauren applied **for**?

あらたまった文では、前置詞 + **whom** の形を用いることがあります。

- **To whom** do you wish to speak?

D

否定疑問文: Isn't it ...? / Didn't you ...? などの形で、「…ではない／なかったのですか」を表します。

「信じられない」のような驚きの気持ちを表します。

- **Didn't you** hear the doorbell? I rang it three times.

聞き手から肯定の返事を期待します。

- "**Haven't we** met before?" "Yes, I think we have."

否定疑問文に対しては以下のように回答します。

- "**Don't you** want to go?"
  - "**Yes.**" (= はい、行きたいです)
  - "**No.**" (= いいえ、行きたくありません)

Why ... ? の否定疑問文では、don't/wasn't などの要素を主語の後には置きません。

- **Why don't we** eat out tonight? (× Why we don't eat)
- **Why wasn't Emma** at work yesterday? (× Why Emma wasn't)

疑問文 2 ➜ Unit 48　付加疑問文 (..., **do you?** / ..., **isn't it?** など) ➜ Unit 50

練習問題

47.1 Joe に対する疑問文を作りなさい。

JOE

1	(where / live) Where do you live?	In Vancouver.
2	(born there?)	No, I was born in Toronto.
3	(married?)	Yes.
4	(how long?)	17 years.
5	(what / do?)	I'm a journalist.
6	(what wife / do?)	She's a doctor.
7	(children?)	Yes, two boys.
8	(how old?)	12 and 15.

47.2 **who** または **what** で始まる疑問文を作りなさい。

1	Somebody hit me.	Who hit you?
2	I hit somebody.	Who did you hit?
3	Somebody paid the bill.	Who
4	I'm worried about something.	What
5	Something happened.	
6	Rachel said something.	
7	This book belongs to somebody.	
8	Somebody lives in that house.	
9	I fell over something.	
10	Something fell off the shelf.	
11	This word means something.	
12	Sarah was with somebody.	
13	I'm looking for something.	
14	Emma reminds me of somebody.	

47.3 (　)内の語句を正しい順序に並べて、疑問文を作りなさい。

1 (when / was / built / this house?) When was this house built?
2 (how / cheese / is / made?)
3 (why / Sue / working / isn't / today?)
4 (what time / arriving / your friends / are?)
5 (why / was / canceled / the meeting?)
6 (when / invented / paper / was?)
7 (where / your parents / were / born?)
8 (why / you / to the party / didn't / come?)
9 (how / the accident / did / happen?)
10 (why / happy / you / aren't?)
11 (how many / speak / can / languages / you?)

47.4 (　)内 の語句を正しい順序に並べて、否定疑問文を作りなさい。いずれの文も驚いた気持ちを表しています。

1 A: We won't see Lauren tonight.
B: Why not? (she / not / come / out with us?) Isn't she coming out with us?
2 A: I hope we don't meet Sam tonight.
B: Why? (you / not / like / him?)
3 A: Don't go and see that movie.
B: Why not? (it / not / good?)
4 A: I'll have to borrow some money.
B: Why? (you / not / have / any?)

Unit 48

疑問文 2 (間接疑問文)
Do you know where ... ? / He asked me where ...

A

☆ **Do you know where ...? / I don't know why ...? / Could you tell me what ...?** などの形がよく用いられます。このように、**where/why/what** などの疑問詞が生じる文を間接疑問文と呼びます。間接疑問文では、語順はどのように変わりますか。

直接疑問文： Where **has Tom** gone?

間接疑問文： **Do you know** where **Tom has** gone? (× Do you know where has Tom gone?)

➤ **間接疑問文中では、主語 + 動詞要素の語順となります。**

直接疑問文：		間接疑問文：
What time **is it**?	⇔	**Do you know** what time **it is**?
Who **are those people**?		**I don't know** who **those people are**.
Where **can I** find Julia?		**Can you tell me** where **I can** find Julia?
How much **will it** cost?		**Do you have any idea** how much **it will** cost?

➤ **主動詞しか動詞要素を持たない文を間接疑問文にする場合は、do/does/did のような語は入りません。**

直接疑問文：		間接疑問文：
What **time does the movie start**?	⇔	**Do you know** what time **the movie** starts? (× does the movie start)
What **do you mean**?		**Please explain** what **you mean**.
Why **did she leave** early?		**I wonder** why **she left** early.

➤ **疑問詞で始まらない疑問文を間接疑問文にする場合は、if や whether を疑問詞の位置に置きます。**

直接疑問文：		間接疑問文：
Did anybody see you?	⇔	I don't know **if** anybody saw me. *or* ... **whether** anybody saw me.

B

☆ **He asked me where ...** のように、人が述べた言葉を伝える間接話法の疑問文では、直接話法と比べてどのように異なりますか。

直接話法： The police officer said to us, "Where **are you going**?"
間接話法： The police officer asked us where **we were going**.

直接話法： Olivia asked, "What time **does the store close**?
間接話法： Olivia wanted to know what time **the store closed**.

➤ **間接疑問文では、動詞の時制は過去時制（were, closed など）となります。** **Unit 45 を参照**

☆ **イラストを見て考えます。あなたは就職の面接試験で次のように質問されました。これらの質問を友人に間接話法で伝えると、どのようになりますか。**

Are you willing to travel?
What **do you do** in your spare time?
How long **have you** been working in your present job?
Why **did you apply** for the job?
Can you speak any other languages?
Do you have a driver's license?

➤ **間接話法中では、主語 + 動詞要素の語順とし、代名詞や動詞を適切な形に変えます。**

- She asked if (*or* whether) **I was** willing to travel.
- She wanted to know what **I did** in my spare time.
- She asked how long **I had** been working in my present job.
- She asked why **I had** applied for the job. (*or* ... why **I applied**)
- She wanted to know if (*or* whether) **I could** speak any other languages.
- She asked if (*or* whether) **I had** a driver's license.

間接話法 ➜ **Units 45–46**

練習問題

48.1 文法的に正しいものを a–c の中から選び、(✔)を入れなさい。

1 a Do you know what time the movie starts? ✔
  b Do you know what time does the movie start?
  c Do you know what time starts the movie?

2 a Why Amy does get up so early every day?
  b Why Amy gets up so early every day?
  c Why does Amy get up so early every day?

3 a I want to know what this word means.
  b I want to know what does this word mean.
  c I want to know what means this word.

4 a I can't remember where did I park the car.
  b I can't remember where I parked the car.
  c I can't remember where I did park the car.

5 a Why you didn't call me yesterday?
  b Why didn't you call me yesterday?
  c Why you not called me yesterday?

6 a Do you know where does Anna work?
  b Do you know where Anna does work?
  c Do you know where Anna works?

7 a How much it costs to park here?
  b How much does it cost to park here?
  c How much it does cost to park here?

8 a Tell me what you want.
  b Tell me what you do want.
  c Tell me what do you want.

48.2 (　) 内の語句を正しい順序に並べて、文を完成させなさい。

1 (it / you / what time / know / is) Do *you know what time it is* ?
2 (is / to the airport / far / it) How .... ?
3 (wonder / is / how / old / Tom) I ....
4 (they / married / been / have) How long .... ?
5 (they / married / how long / been / have / know)
  Do you .... ?
6 (tell / the train station / you / me / is / where)
  Could .... ?
7 (in the accident / injured / anyone / don't / whether / know / was)
  I ....
8 (what / tomorrow / know / time / will / arrive / you / you)
  Do .... ?

48.3 あなたは Chicago を訪れました。出会った人たちはあなたに多くの質問をしました。

どのような質問をされたかを、間接話法を用いて友人に伝えなさい。

1 *He asked me where I was from.*
2 She asked me ....
3 They ....
4 ....
5 ....
6 ....
7 ....
8 ....

→ 補足練習問題 26 (pp. 311–312)

Unit 49 助動詞 (have/do/can など) I think so / I hope so などを用いて繰り返しを避ける表現

A

以下の例文ではいずれも2つの動詞要素があります。

	第 1 動詞	第 2 動詞	
I	**have**	**lost**	my keys.
She	**can't**	**come**	to the party.
The hotel	**was**	**built**	ten years ago.
Why	**do** you	**want**	to go home?

上のように動詞要素を2つ持つ文では、**have**/**can't**/**was**/**do** のような第 1 動詞を助動詞 (auxiliary verb) と呼びます。この例では、第 2 動詞は主動詞になります。

助動詞は、主動詞以降の文の繰り返しを避けたい場合に用います。

- "Have you locked the door?" "Yes, I **have**." (= I have *locked the door*)
- Mike wasn't working, but Emily **was**. (= Emily was *working*)
- Jessica could lend me the money, but she **won't**. (= she won't *lend me the money*)

I do / I did などの単純現在形や単純過去形では、**do**/**does**/**did** を助動詞として用いて繰返しを避けます。

- "Do you like onions?" "Yes, I **do**." (= I *like onions*)
- "Does Matt live in Miami?" "He **did**, but he **doesn't** anymore."

相手の発言を否定する場合は、以下のように助動詞で答えます。

- "You're sitting in my place." "No, **I'm not**." (= I'm not *sitting in your place*)
- "You didn't lock the door before you left." "Yes, I **did**." (= I *locked the door*)

B

He has? / **She isn't?** / **You are?** などのように助動詞で文を終え、上昇調で発音することで他人の発言に興味があることを示します。

- "Josh has changed a lot" "**He has**? I haven't seen him lately."
- "Liz isn't very well today." "**She isn't**? What's wrong with her?"
- "It rained every day during our vacation." "**It did**? That's too bad!"
- "I'm getting married." "**You are**? Really?"

C

so や **neither** を助動詞とともに用いて「〜も…だ」や「〜も…ではない」を表します。

- "I'm tired." "**So am I**." (= I'm tired too)
- "I never read newspapers." "**Neither do I**." (= I never read newspapers either)
- Sarah can't drive, and **neither can Nick**.

so/**neither** + 助動詞 + 主語の語順となることに注意します。

- I passed the exam, and **so did Paul**. (× so Paul did)

neither の代わりに、**not ... neither** も用いられます。語順の違いに注意します。

- "I don't know." "**Neither** do I." *or* "I do**n't either**."

D

I think so / **I guess so** などの形で「そう思う」を表します。
so を目的語の位置に置いて、繰返しを避けて相手に同意する気持ちを表します。

- "Are those people Korean?" "**I think so**." (= I think *they are Korean*)
- "Will you be home tomorrow morning?" "**I guess so**." (= I guess *I'll be home*)
- "Is Kate working tomorrow?" "**I suppose so**." (= I suppose *she is working tomorrow*)

他に **I hope so** (そうなってほしい)や、**I'm afraid so** (残念だがそうだろう)といった表現も用いられます。

so を用いた否定形は次のようになります。not の位置が動詞に応じて異なることに注意します。

I think so → I **don't think so**
I hope so / I'm afraid so → I **hope not** / I**'m afraid not**
I guess so / I suppose so → I **guess not** / I **suppose not**

- "Is that woman American?" "**I think so**. / **I don't think so**."
- "Do you think it will rain?" "**I hope so**. / **I hope not**." (× I don't hope so)

イギリス英語 ➜ 付録 7

練習問題

49.1 適切な助動詞 (**do/was/could/might** など) を空所に入れて文を完成させなさい。必要に応じて否定形 (**don't/wasn't** など) に変えなさい。

1 I wasn't tired, but my friends ......were........
2 I like hot weather, but Anna ....
3 "Is Andy here?" "He .... five minutes ago, but I think he's gone home now."
4 I haven't traveled much, but Dan ....
5 Hannah said she might come and see us tomorrow, but I don't think she ....
6 I don't know whether to apply for the job or not. Do you think I ....?
7 "Please don't tell anybody what I said." "Don't worry. I ...."
8 "You never listen to me." "Yes, I ....!"
9 I usually work on Saturdays, but last Saturday I ....
10 "Do you think it's going to rain?" "It .... Take an umbrella just in case."
11 Are you and Chris going to the party?" "I ...., but Chris ...."
12 "Please help me." "I'm sorry. I .... if I ...., but I ...."

49.2 あなたはどうしても Amy の言うことに共感できません。例にならって、Amy の発言を否定する文を完成させなさい。

	AMY	
1	I'm hungry.	You are? I'm not.
2	I don't like driving.	You don't? I do.
3	I like football.	....
4	I didn't enjoy the movie.	....
5	I'm not tired.	....
6	I thought the exam was easy.	....

49.3 あなたが Liz の発言に共感できる場合は、1 の例のように **So ...** または **Neither ...** で答えなさい。共感できない場合には、2の例のように疑問文を作りなさい。

	LIZ	
1	I'm not tired.	Neither am I.
2	I work hard.	You do? What do you do?
3	I watched TV last night.	....
4	I won't be home tomorrow morning.	....
5	I like reading.	....
6	I'd like to live somewhere else.	....
7	I can't go out tonight.	....
8	I'm looking forward to the weekend.	....

49.4 (　) 内の動詞と、**I think so / I hope not** などを用いて対話を完成させなさい。

1 (You don't like rain.)
SAM: Is it going to rain?
YOU: ......I hope not.................. (hope)

2 (You need more money.)
SAM: Do you think you'll get a pay raise?
YOU: .... (hope)

3 (You're going to a party. You can't stand John.)
SAM: Will John be at the party?
YOU: .... (hope)

4 (You're not sure whether Amy is married, but she probably isn't.)
SAM: Is Amy married?
YOU: .... (think)

5 (Sarah has lived in Italy for many years.)
SAM: Does Sarah speak Italian?
YOU: .... (suppose)

6 (You have to leave Sam's party early.)
SAM: Do you have to leave already?
YOU: .... (afraid)

7 (You're not sure what time the movie starts, but it probably starts at 7:30)
SAM: What time is the movie? 7:30?
YOU: .... (think)

8 (You are the receptionist at a hotel. The hotel is full)
SAM: Do you have a room for tonight?
YOU: .... (afraid)

Unit 50

付加疑問 (... , do you? / ... , isn't it? など)

A

☆ **イラストの状況について考えましょう。どのような形の疑問文が使われていますか。**

➤ **それぞれの対話は、have you? や wasn't it? のように付加疑問と呼ばれる短い疑問文を文末に置いています。付加疑問中には、その肯定文や否定文中の助動詞 (have/was/will など) が使われます。**

I do や I did などの単純現在形や単純過去形では、**do**/**does**/**did** を用いて付加疑問を作ります。**Unit 49** を参照

- ◯ "Emily plays the piano, **does**n't she?" "Well, yes, but not very well."
- ◯ "You didn't lock the door, **did** you?" "No, I forgot."

B

肯定文には否定形の付加疑問が付きます。

肯定文	+ 否定形の付加疑問
Kate **will** be here soon,	**won't she?**
There **was** a lot of traffic,	**wasn't there?**
Joe **should** pass the exam,	**shouldn't he?**

否定文には肯定形の付加疑問が付きます。

否定文	+ 肯定形の付加疑問
Kate **won't** be late,	**will she?**
They **don't** like us,	**do they?**
You **haven't** eaten yet,	**have you?**

否定文に付加疑問が付いた文では、Yes は相手の発言に不同意を、No は同意を表します。

- ◯ "You're **not** going out this morning, **are you?**" { "**Yes.**" (= Yes, I am going out) / "**No.**" (= No, I am not going out)

C

付加疑問が実際に表す意味は文末のイントネーションによって変化します。付加疑問を下降調で発音すると、話し手に対して特に質問をしているわけではなく、同調してほしい気持ちが強く表われます。

- ◯ "It's a nice day, **isn't it**?" "Yes, beautiful."
- ◯ "David doesn't look well today, **does he**?" "No, he looks very tired."
- ◯ "She's very funny. She has a wonderful sense of humor, **doesn't she**?" "Yes, she does."

付加疑問を上昇調で発音すると「…ですか／…ではないですか」のように通常の疑問文や否定疑問文と同じ意味になります。

- ◯ "You haven't seen Kate today, **have you**?" "No, I haven't."
  (= Have you seen Kate today?)

「…はありませんか／…を知りませんか」のように物事を尋ねたり、「…していただけませんか」のように人に何かを依頼したい時にも、否定文 + 肯定の付加疑問の組み合わせを上昇調で発音します。

- ◯ "You couldn't do me a favor, **could you**?" "It depends what it is."
- ◯ "You don't know where Lauren is, **do you**?" "Sorry, I have no idea."

D

Do / **Listen** / **Give ...** などで始まる文の場合、付加疑問は **will you**? となります。

- ◯ **Listen** to me, **will you**? (上昇調)

I'm ... で始まる文の場合、付加疑問は aren't I? となります。

- ◯ "**I'm** right, **aren't I**?" "Yes, you are."

助動詞 (**have**/**do**/**can** など) ➜ **Unit 49**

練習問題

50.1 適切な付加疑問をつけて文を完成させなさい。

1	Kate won't be late, will she?	No, she's never late.
2	You're tired, aren't you?	Yes, a little.
3	You travel a lot, ...?	Yes, I love traveling.
4	You weren't listening, ...?	Yes, I was!
5	Sarah doesn't know Anna, ...?	No, they've never met.
6	Jack's on vacation, ...?	Yes, he's in Australia.
7	It didn't take long to get here, ...?	No, just ten minutes.
8	You can speak German, ...?	Yes, but not fluently.
9	They won't mind if I take a picture, ...?	No, of course he won't.
10	There are a lot of people here, ...?	Yes, more than I expected.
11	Pay attention to me, ...?	Yes, OK.
12	This isn't very interesting, ...?	No, not really.
13	I'm too impatient, ...?	Yes, you are sometimes.
14	You wouldn't tell anyone, ...?	No, of course not.
15	Jen has lived here a long time, ...?	Yes, 20 years.
16	I shouldn't have lost my temper, ...?	No, but that's all right.
17	He'd never met her before, ...?	No, that was the first time.

50.2 (　) 内の語句を用いて、聞き手から同意を求める付加疑問文を完成させなさい。

1. You look out of the window. The sky is blue and the sun is shining. You say to your friend:
   (beautiful day) It's a beautiful day, isn't it?
2. You're with a friend outside a restaurant. You're looking at the prices, which are very high.
   You say: (expensive) It ....
3. You and a colleague have just finished a training course. You really enjoyed it. You say to your colleague:
   (great) The course ....
4. Your friend's hair is much shorter than when you last met. You say to her/him:
   (get / your hair / cut) You ....
5. You're listening to a woman singing. You like her voice very much. You say to your friend:
6. (a good voice) She ....
7. You're trying on a jacket in a store. You look in the mirror and you don't like what you see. You say to your friend:
   (not / look / right) It ....
8. You and a friend are walking over a small wooden bridge. The bridge is very old, and some parts are broken. You say:
   (not / very safe) This bridge ....

50.3 人に何かを依頼したり尋ねたりする付加疑問文を完成させなさい。

1. You need a pen. Maybe Olivia has one. Ask her.
   Olivia, you don't have a pen I could borrow, do you?
2. You have to move a heavy table. You want Joe to help you with it. Ask him.
   Joe, you ....
3. You're looking for Sarah. Perhaps Rachel knows where she is. Ask her.
   Rachel, you ....
4. You want to borrow a tennis racket. Maybe Nicole has one. Ask her.
   Nicole, ...
5. Anna has a car and you need a ride to the station. Maybe she'll take you. Ask her.
   Anna, ...
6. You're looking for your keys. Maybe Robert has seen them. Ask him.
   Robert, ...

Unit 51

動詞 + -ing (enjoy doing / stop doing など)

A

☆ 例文の状況について考えます。動詞の後にどのような形が現れていますか。

- I **enjoy reading**. (× I enjoy to read)
- Would you **mind closing** the door? (× mind to close)
- Chris **suggested going** to the movies. (× suggested to go)

Would you **mind closing** the door?

➤ **enjoy/mind/suggest などの後には -ing が入ります。to + 動詞の原形(不定詞)は入りません。**

同様に **-ing** の形しかとらない動詞には、次のようなものがあります。

stop	recommend	deny	risk	miss
finish	consider	avoid	imagine	

- Suddenly everybody **stopped talking**. There was silence.
- I'll do the shopping when I've **finished cleaning** the apartment.
- He tried to **avoid answering** my question.
- Have you ever **considered going** to live in another country?
- They said they were innocent. They **denied doing** anything wrong.
- After they moved, they **missed spending** time with their family.

-ing の否定形は **not -ing** となります。

- When I'm on vacation, I enjoy **not having** to get up early.

B

以下の ような句動詞も後に **-ing** の形をとります。

give up (= stop, stop trying)
put off (= delay until later)
go on (= continue)
keep *or* **keep on** (= do something continuously or repeatedly)

- I **gave up talking** to them; they don't listen.
- You shouldn't **put off telling** him what happened. You need to tell him now.
- Katherine doesn't want to retire. She wants to **go on working**.
- You **keep interrupting** me when I'm talking. *or* You **keep on interrupting** me …

C

以下の動詞は、動詞 + 人 + **-ing** の形で「(人)が~しているのを …する」を表します。

- I can't **imagine George riding** a motorbike.
- Did she really say that? I don't **remember her saying** that.
- Sorry to **keep you waiting** so long.

D

「~したことを…」のように完了した過去の出来事は、動詞 + **having** + **done**/**stolen**/**said** など(過去分詞)の形で表します。

- They denied **having stolen** the money.

過去の出来事については必ずしも **having** (done) を使う必要はなく、動詞 + -ing の形で表すこともできます。

- They denied **stealing** the money.
- I now regret **saying** that. *or* I now regret **having said** that.

E

deny/**suggest**/**recommend** の後ろには、以下のように that 節が入ることがあります。

- They **denied** (that) **they had done** anything wrong. (= They **denied doing** …)
- Chris **suggested** (that) **we go** to the movies. (= Chris **suggested going** …)
- I **recommend** (that) **you take** the train. (= I **recommend taking** …)

suggest ➜ Unit 32 **being done** (受動態) ➜ Unit 42B 動詞 + **to** + 動詞の原形 ➜ Unit 52
動詞 + **to** … と **-ing** ➜ Units 54–56 **remember** / **regret** / **go on** ➜ Unit 54B **go on** / **keep on** ➜ Unit 138A

練習問題

51.1 -ing を用いて、対話の内容をまとめる文を完成させなさい。

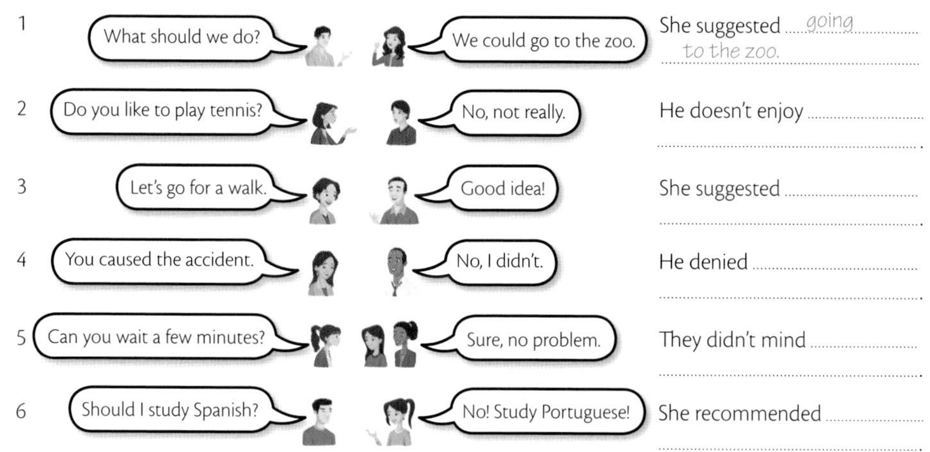

1 She suggested *going to the zoo.*
2 He doesn't enjoy ....
3 She suggested ....
4 He denied ....
5 They didn't mind ....
6 She recommended ....

51.2 以下から動詞を選び、適切な形にして文を完成させなさい。

~~answer~~	apply	drive	forget	interrupt	listen
live	lose	make	pay	read	study

1 He tried to avoid *answering* my question.
2 I'm trying to concentrate. Please stop .... so much noise!
3 I enjoy .... to music.
4 I considered .... for the job, but in the end I decided against it.
5 Have you finished .... that magazine yet?
6 We need to change our routine. We can't go on .... like this.
7 It's better to avoid .... during rush hour.
8 My memory is getting worse. I keep .... things.
9 I've put off .... this bill so many times. I absolutely have to do it today.
10 I've given up .... Japanese. I was making no progress.
11 If you gamble, you risk .... your money.
12 Would you mind not .... me all the time? Let me speak!

51.3 [ ] 内の語句を正しい順序に並べ、文を完成させなさい。

1 Did she really say that? I [that / remember / her / saying / don't].
I *don't remember her saying that.*
2 It's OK if you want to drive my car. I [driving / don't / it / you / mind].
I ....
3 What a stupid thing to do! Can [imagine / so stupid / being / you / anybody]?
Can ....
4 Ben said he used to play chess, which is strange. I [remember / chess / him / don't / playing].
I ....
5 I'll be as fast as I can. I [waiting / want / keep / you / don't / to].
I ....

51.4 -ing を用いて、自由に文を完成させなさい。

1 She's a very interesting person. I always enjoy *talking to her*.
2 I'm afraid there aren't any chairs. I hope you don't mind ....
3 It was a beautiful day, so I suggested ....
4 The movie was very funny. I couldn't stop ....
5 My car is unreliable. It keeps ....

Unit 52

動詞 + to (decide to + 動詞の原形 / forget to + 動詞の原形など)

A

以下のような動詞は、後ろに **to** + 動詞の原形 (不定詞) をとります。

offer	**plan**	**manage**	**deserve**
agree	**arrange**	**fail**	**afford**
refuse	**hope**	**promise**	**learn**
decide	**forget**	**threaten**	**tend**

- It was a long way to walk, so we **decided to take** a taxi home.
- Kevin was in a difficult situation, so I **agreed to help** him.
- I waved to Emily, but **failed to attract** her attention.
- I like Dan, but he **tends to talk** too much.
- How old were you when you **learned to drive**? *or* … learned **how** to drive?

Dan **tends to talk** too much.

to + 動詞の原形の否定形は **not to** + 動詞の原形となります。

- We **decided not to go** out because of the weather.
- I **promised not to be** late.

enjoy/**think**/**suggest** などの動詞は後に **-ing** をとり、**to** 不定詞はとりません。

- I **enjoy reading**. (× enjoy to read)
- Andy **suggested meeting** for a coffee. (× suggested to meet)
- Are you **thinking of buying** a car? (× thinking to buy)

後に **-ing** をとる動詞については、**Unit 51** と **Unit 60** を参照

B

seem/**appear**/**tend**/**pretend**/**claim** の動詞も後に **to** + 動詞の原形をとります。

- They **seem to have** plenty of money.
- Anna **pretended not to see** me when she passed me in the street.

上の動詞の場合、to + 動詞の原形が to be doing のように進行不定詞や、**to have** (**done**) のように完了不定詞となることがあります。

- I **pretended to be reading** a book. (= I pretended that I **was reading**)
- Have you seen my keys? I **seem to have** lost them. (= it seems that you **have lost** them)
- She **claimed not to have seen** me. (= she claimed that she **hadn't seen** me)

C

動詞 dare は **dare** + 動詞の原形のように、**to** なしで動詞の原形を直後にとることがあります。

- I didn't **dare to tell** him. *or* I didn't **dare tell** him.

dare は疑問文や否定文で用い「平気で…するのか」や「あえて…しない」を表します。

D

以下のような動詞では、動詞 + 疑問詞 (**what**/**how** など) + **to** + 動詞の原形の形が用いられます。

ask **know** **decide** **remember** **forget** **learn** **explain** **understand** **wonder**

We **asked**	**how**	**to get**	to the train station.
Have you **decided**	**where**	**to go**	for your vacation?
I don't **know**	**whether**	**to apply**	for the job or not.
Do you **understand**	**what**	**to do?**	

また、**show**/**tell**/**ask**/**advise**/**teach** ＋人＋ **what**/**how**/**where** など) + to … の形も用いられます。

- Can somebody **show me how to use** this camera?
- Ask Jack. He'll **tell you what to do**.

動詞 + **-ing** ➜ Unit 51　動詞 + 目的語 + **to** + 動詞の原形 (**want** など) ➜ Unit 53　動詞 + **to** … と + **-ing** ➜ **Units** 53C, 54–56

練習問題

52.1 対話の内容をまとめる文を完成させなさい。

1 Should we get married? — Yes.
They decided to get married.

2 Please help me. — OK.
She agreed ....

3 Can I carry your bag for you? — No, thanks. I can do it.
He offered ....

4 Let's meet at 8:00. — OK, fine.
They arranged ....

5 What's your name? — I'm not going to tell you.
She refused ....

6 Please don't tell anyone. — I won't. I promise.
She promised ....

52.2 空所に適切な動詞を入れ、文を完成させなさい。

1 Don't forget to lock the door when you go out.
2 There was a lot of traffic, but we managed .... to the airport on time.
3 We couldn't afford .... in New York. It's too expensive.
4 I can't play a musical instrument, but I'd like to learn .... the guitar.
5 I don't want Mike to know what happened. I decided not .... him.
6 We were all afraid to speak. Nobody dared .... anything.

52.3 ( )内の動詞を、**to ...** または **-ing** の形にして文を完成させなさい。(**-ing** をとる動詞については **Unit 51** を参照)

1 When I'm tired, I enjoy watching TV. It's relaxing. (watch)
2 I've decided .... for another job. I need a change. (look)
3 I'm not going anywhere! I refuse .... (move)
4 I'm not in a hurry. I don't mind .... (wait)
5 Jessica ran in a marathon last week, but she failed .... (finish)
6 I wish that dog would stop .... It's driving me crazy. (bark)
7 They didn't know I was listening to them. I pretended .... asleep. (be)
8 We were hungry, so I suggested .... dinner early. (have)
9 Hurry up! I don't want to risk .... the train. (miss)
10 David is very quiet. He tends not .... much. (say)

52.4 ( )内の動詞を用いて、それぞれの文を書き換えなさい。

1 I've lost my keys. (seem) I seem to have lost my keys.
2 Tom is worried about something. (appear) Tom appears ....
3 You know a lot of people. (seem) You ....
4 My English is getting better. (seem) ....
5 That car has broken down. (appear) ....
6 Rachel is enjoying her job. (seem) ....
7 They have solved the problem. (claim) ....

52.5 以下から適切な動詞を選び、**what/how/where/whether** と組み合わせて文を完成させなさい。

do ~~**get**~~ **go** **put** **ride** **use**

1 Do you know how to get to the airport from here?
2 Would you know .... if there was a fire in the building?
3 You'll never forget .... a bike once you've learned.
4 I've been invited to the party, but I haven't decided .... or not.
5 My room is very messy. I've got so many things and I don't know .... them.
6 I have some clothes to wash. Can you show me .... the washing machine?

➜ 補足練習問題 27–29 (pp. 312–314)

Unit 53 動詞 (+ 目的語) + to ... (I want you to + 動詞の原形など)

A

以下の動詞には、2つの形があります。

動詞 + to ...

動詞	to ...
want expect ask help would like would prefer	to go to be to work など

と

動詞 + 目的語 + to ...

動詞	目的語	to ...
want expect ask help would like would prefer	somebody something	to go to be to work など

- We **expected to be** late.
- **Would** you **like to go** now?
- He doesn't **want to know**.
- We expected **Dan to be** late.
- Would you like **me to go** now?
- He doesn't want **anybody to know**.

want の後に **to** + **動詞の原形**は入りますが、that 節は入りません。

- Do you **want me to come** with you? (× want that I come)

help は、**help** (+ 目的語) + 動詞の原形のように、**to** を置かない形もとります。

- Can you help me **to move** this table? *or* Can you help me **move** this table?

B

以下のような動詞は、動詞 + 目的語 + **to** + 動詞の原形の形で用います。

動詞 + 目的語 + to ...

動詞	目的語	to ...
tell advise remind warn invite encourage persuade get force teach allow enable	somebody	to do to be to work など

- It's not a nice hotel. I wouldn't **advise you to stay** there.
- Can you **remind me to call** Sam tomorrow?
- Joe said the switch was dangerous and **warned me not to touch** it.
- I didn't move the piano by myself. I **got somebody to help** me.
- Who **taught you to drive**?
- They don't **allow people to park** in front of the building.

動詞を受動態 (**I was warned** / **we were told** など) にすると、全体の文は以下のようになります。

- **I was warned not to touch** the switch.
- **Are we allowed to park** here?

動詞 **suggest** の後ろは、**to** + 動詞の原形の形はとりません。

- Jane **suggested that I ask** for your advice. (× Jane suggested me to ask)

C

make/**let** somebody **do** something では、**to** なしで動詞の原形を直接用います。いずれも「(人) に…させる」のような使役の意味になります。

- I **made him promise** that he wouldn't tell anybody what happened. (× made him to promise)
- Hot weather **makes me feel** tired. (⇒ 自分の意思に関係なく、私を疲れさせる)
- Her parents wouldn't **let her go** out alone. (⇒ 一人で外出することを許可しない)
- **Let me carry** your bag for you.

make somebody **do** のように、to なしで動詞の原形を用いますが、受動態になると (be) **made to** do のように **to** が現れます。

- We **were made to wait** for two hours. (⇔ They **made us wait** ...)

  受動態 **能動態**

suggest ➜ Units 32, 51 **tell**/**ask** + 目的語 + **to** 〜 ➜ Unit 46D 動詞 + **-ing** ➜ Unit 51
動詞 + **to** + 動詞の原形 ➜ Unit 52 動詞 + **to** ... と **-ing** ➜ Units 54–56 **help** ➜ Unit 55C

練習問題

53.1 以下から適切な動詞を選び、**do you want me to ... ?** または **would you like me to ... ?** の構文と組み合わせて疑問文を完成させなさい。

~~come~~ **lend** **repeat** **show** **shut** **wait**

1 Do you want to go alone, or *do you want me to come with you* ?
2 Do you have enough money, or do you want .... ?
3 Should I leave the window open, or would you .... ?
4 Do you know how to use the printer, or would .... ?
5 Did you hear what I said, or do .... ?
6 Can I go now, or do .... ?

53.2 対話の内容をまとめる文を完成させなさい。

1 Meet me at the train station. / OK.
She told *him to meet her at the train station* .

2 Why don't you come and stay with us? / That would be nice.
They invited him ....

3 Don't forget to call Joe. / No, I won't forget.
He reminded her ....

4 Be careful. / Don't worry. I will.
She warned ....

5 Can you give me a hand? / Sure.
He asked ....

53.3 左の文とほぼ同じ意味になるように、右の文を完成させなさい。

1 My father said I could use his car. — My father allowed *me to use his car.*
2 I was surprised that it rained. — I didn't expect ....
3 Don't stop him from doing what he wants. — Let ....
4 Tom looks older when he wears glasses. — Tom's glasses make ....
5 I think you should know the truth. — I want ....
6 At first I didn't want to apply for the job, but Sarah persuaded me. — Sarah persuaded ....
7 My lawyer said I shouldn't say anything to the police. — My lawyer advised ....
8 I was told that I shouldn't believe everything he says. — I was warned ....
9 If you have a car, you are able to get around more easily. — Having a car enables ....

53.4 下線部から文法的に正しい方を選びなさい。

1 You aren't allowed ~~take~~ / <u>to take</u> pictures here. (<u>to take</u> が正しい)
2 I'm in a difficult position. What do you advise me <u>do / to do</u>?
3 The movie was very sad. It made me <u>cry / to cry</u>.
4 Megan's parents always encouraged her <u>study / to study</u> hard in school.
5 Please don't interrupt me. Let me <u>finish / to finish</u>.
6 You can't make people <u>do / to do</u> things they don't want to do.
7 You can't force people <u>do / to do</u> things they don't want to do.
8 Sarah won't let me <u>drive / to drive</u> her car. She doesn't trust me.
9 Why did you change your decision? What made you <u>change / to change</u> your mind?
10 If you enter a country with a tourist visa, you are not allowed <u>work / to work</u> there.

→ 補足練習問題 27–29 (pp. 312–314)

Unit 54 動詞 + -ing と 動詞 + to + 動詞の原形 1 (remember/regret など)

A

動詞の中には、後に **-ing** を置くものと、**to** + 動詞の原形を置くものがあります。

後に **-ing** がくる動詞：

avoid	**imagine**	**stop**
consider	**keep (on)**	**suggest**
deny	**mind**	
enjoy	**postpone**	
finish	**risk**	

Unit 51 を参照

後に **to + 動詞の原形**がくる動詞：

afford	**fail**	**offer**
agree	**forget**	**plan**
arrange	**hope**	**promise**
decide	**learn**	**refuse**
deserve	**manage**	**tend**

Unit 52 を参照

B

動詞の中には、後に **-ing** と **to** + 動詞の原形の両方を置けるものの、意味が変わるものがあります。

remember

I remember doing ... （実際に…したことをその後も覚えている／…したことを後から思い出す）

- I know I locked the door. I clearly **remember locking** it.
（⇒ 鍵をかけたことを覚えている）
- He could **remember driving** along the road just before the accident, but he couldn't remember the accident itself.

I remembered to do ... （…すべきことを思い出したので実際にした／忘れずに…した）

- I **remembered to lock** the door, but I forgot to shut the windows.
（⇒ 忘れずに鍵はかけた）
- **Remember to buy** some bananas.
（⇒ 忘れずにバナナを買って）

regret

I regret doing ... （実際に…したことを後から申し訳なく思う）

- I now **regret saying** what I said. I shouldn't have said it.
- Do you **regret not** going to college?

I regret to say / **to tell** you / **to inform** you.
（申し訳ありませんが…です）

- 〔正式な手紙で〕I **regret to say** that we are unable to accept your offer.

go on

go on doing ... （これまで通り…し続ける）

- The president paused for a moment and then **went on talking**.
- We need to change. We can't **go on living** like this.

go on to do ... （新しく…し始める / 次に…する）

- After discussing the economy, the president **went on to talk** about foreign policy.

C

以下の動詞は、**-ing** または **to ...** とともに使われ、どちらとも同じ意味を持ちます。

begin **start** **continue** **bother**

- It **started raining**. *or* It **started to rain**.
- Don't **bother locking** the door. *or* Don't **bother to lock** ...

通常 **-ing** は連続して用いません。連続させる場合には、2つ目の **-ing** を **to** + **動詞の原形**にします。

- It's **starting to rain**. （× It's starting raining）

動詞 + -ing ➜ Unit 51　動詞 + to ... ➜ Units 52-53　その他の動詞 + -ing または to ... ➜ Units 55-56

練習問題

54.1 ( ) 内の語を **-ing** または **to ...** に変えて文を完成させなさい。

1 They denied ...stealing... the money. (steal)
2 I don't enjoy .... very much. (drive)
3 I can't afford .... away. I don't have enough money. (go)
4 Have you ever considered .... to live in another country? (go)
5 We were unlucky to lose the game. We played well and deserved .... (win)
6 Why do you keep .... me questions? Leave me alone! (ask)
7 Please stop .... me questions! (ask)
8 I refuse .... any more questions. (answer)
9 The driver of one of the cars denied .... the accident. (cause)
10 Chris needed our help, and we promised .... what we could. (do)
11 I don't mind .... alone, but I'd rather be with other people. (be)
12 The wall was quite high, but I managed .... over it. (climb)
13 Sarah doesn't know about the meeting. I forgot .... her. (tell)
14 I've enjoyed .... to you. I hope .... you again soon. (talk, see)

54.2 Tom は幼い頃のことを覚えていますが、中には忘れてしまった出来事もあります。**He remembers ...** または **He doesn't remember ...** を用いて文を完成させなさい。

1 He was in the hospital when he was a small child. He can still remember this.
...He remembers being in the hospital... when he was a small child.
2 He cried on his first day at school. He doesn't remember this.
He doesn't .... on his first day at school.
3 Once he fell into a river. He remembers this.
He ....
4 He said he wanted to be a doctor. He doesn't remember this.
.... to be a doctor.
5 Once he was bitten by a dog. He doesn't remember this.
.... a dog.
6 His sister was born when he was four. He remembers this.
....

54.3 適切な動詞を **-ing** または **to ...** の形にして空所に入れ、文を完成させなさい。

1 a Please remember ...to lock... the door when you go out.
b He says we've met before, but I don't remember .... him.
c Someone must have taken my bag. I clearly remember .... it by the window, and now it isn't there.
d When you see Steve, remember .... hello to him for me.
e A: You lent me some money a few months ago.
B: Did I? Are you sure? I don't remember .... you any money.
f A: Did you remember .... your sister?
B: No, I forgot. I'll call her tomorrow.
2 a The course I took wasn't very good, but I don't regret .... it.
b I knew they were in trouble, but I regret .... I did nothing to help them.
c It started to get cold, and he regretted not .... his coat.
d I now regret .... my job. It was a big mistake.
3 a Ben joined the company nine years ago. He became assistant manager after two years, and a few years later he went on .... manager of the company.
b I can't go on .... here anymore. I want a different job.
c When I came into the room, Liz was reading a book. She looked up and said hello, and then went on .... her book.
d Food prices have gone up again. How are we going to manage if prices go on ....

→ 補足練習問題 27–29 (pp. 312–314)

Unit 55

動詞 + -ing と 動詞 + to + 動詞の原形 2 (try/need/help)

A try to do と try -ing

try to do は「(努力して)…しようとする」を意味します。

- I was very tired. I **tried to keep** my eyes open, but I couldn't. (⇒ 実際にはできなかった)
- Please **try to be** quiet when you come home. Everyone will be asleep.

try ... と **try doing ...** には、以下のように「(試しに)…してみる」の意味もあります。

- These cookies are delicious. You should **try one**. (⇒ 試しに1つ食べてみて)
- We couldn't find anywhere to stay. We **tried every hotel** in the town, but they were all full.
  (⇒ 試しにすべてのホテルに確認した)
- A: The photocopier doesn't seem to be working.
  B: **Try pressing** the green button. (⇒ 緑のボタンを押してみてください)

☆ **「テーブルを動かす」という動作について、どのように異なりますか。**

- I **tried to move** the table, but it was too heavy. (⇒ 実際には動かせなかった)
- I didn't like the way the furniture was arranged, so I **tried moving** the table to the other side of the room. But it didn't look right, so I moved it back again.
  (⇒ 実際に動かして家具の配置を見た)

B need to と need -ing

I need to do ... は「私が…する必要がある」のように、動作を行う人を強調します。

- He **needs to work** harder if he wants to make progress.
- I don't **need to come** to the meeting, do I?

My phone **needs charging**.

something **needs to be done** は「(物)は…されなくてはならない」のように、動作を受けるものを強調します。

- My phone **needs to be charged**.
- Does your suit **need to be cleaned**?

need to be done の代わりに **need doing** を用いることもあります。

- My phone **needs charging**. (= it **needs to be charged**)
- Does your suit **need cleaning**? (= ... **need to be cleaned**)

以下の文で違いを確認します。

- **I** need **to charge** my phone.

⇔ **My phone** needs **charging**. / **My phone** needs **to be charged**.

C help と can't help

help to do または **help do** は「…するのを助ける／協力して…する」を意味します。
(**to** がない場合もあります)

- Everybody **helped to clean up** after the party. *or*
  Everybody **helped clean up** ...
- Can you **help** me **move** this table? *or*
  Can you **help** me to move ...

I can't help doing ... は「…しないではいられない／…せざるをえない」を意味します。

- I don't like him, but he has a lot of problems.
  I **can't help feeling** sorry for him.
- She tried to be serious, but she **couldn't help laughing**.
  (⇒ 笑わずにはいられなかった)
- I'm sorry I'm so nervous. I **can't help it**.
  (⇒ どうしても緊張してしまう)

She **couldn't help laughing**.

動詞 + -ing ➜ Unit 51　動詞 + to + 動詞の原形 ➜ Units 52–53
その他の動詞 + -ing / to + 動詞の原形 ➜ Units 54, 56

練習問題

55.1 (　) 内の動詞を適切な形に変えて文を完成させなさい。

1 I was very tired. I tried ...to keep... my eyes open, but I couldn't. (keep)
2 I tried .... the shelf, but I wasn't tall enough. (reach)
3 I rang the doorbell, but there was no answer. Then I tried .... on the door, but there was still no answer. (knock)
4 We tried .... the fire out, but without success. We had to call the fire department. (put)
5 Please leave me alone. I'm trying .... (concentrate)
6 Sue needed to borrow some money. She tried .... Carl, but he didn't have any. (ask)
7 Mr. Bennett isn't here right now. Please try .... later. (call)
8 The woman's face was familiar. I tried .... where I'd seen her before. (remember)
9 If you have a problem with the computer, try .... it. (restart)

55.2 それぞれのイラストに合うように、**need(s)** の後に続く動詞を以下から選び、適切な形に変えて文を作りなさい。

clean　**cut**　**empty**　~~**paint**~~　**tighten**

1 This room isn't very nice. ...It needs painting....
2 The grass is very long. It ....
3 The windows are dirty. They ....
4 The screws are loose. ....
5 The trash can is full. ....

55.3 下線部から文法的に正しい方を選びなさい。

1 We spend too much time sitting down. We need ~~getting~~ / to get more exercise.
(to get *is* が正しい)
2 These clothes are dirty. They all need washing / to wash.
3 My grandmother isn't able to look after herself anymore. She needs looking / to look after.
4 I can't make a decision right now. I need thinking / to think about it.
5 Your hair is getting very long. It will need cutting / to cut soon.
6 I need a change. I need going / to go away for a while.
7 That shirt looks fine. You don't need ironing / to iron it.
8 That shirt looks fine. It doesn't need ironing / to iron.

55.4 (　) 内の動詞を適切な形に変えて文を完成させなさい。

1 I don't like him, but I can't help ...feeling... sorry for him. (feel)
2 I've lost my phone. Can you help me .... for it? (look)
3 They were talking very loudly. We couldn't help .... what they said. (overhear)
4 He looks so funny. Whenever I see him, I can't help .... (smile)
5 The nice weather helped .... it a really nice vacation. (make)
6 Did you help .... the meeting? (organize)
7 I think about what happened all the time. I can't help .... about it. (think)
8 I can't help you .... a job. You have to find one yourself. (get)

Unit 56 動詞 + -ing と 動詞 + to + 動詞の原形 3 (like / would like など)

A

like / **love** / **hate**

like/**love**/**hate** + **-ing** / **to** + 動詞の原形は「…(繰り返される習慣的な動作や一般的な動作)が好き/大 好き/嫌い」を表します。**-ing** と **to** + 動詞の原形の間に意味的な違いはありません。

- Do you **like getting** up early? *or* Do you **like to get** up early?
- Stephanie **hates flying**. *or* Stephanie **hates to fly**.
- I **love meeting** people. *or* I **love to meet** people.
- I don't **like being** kept waiting. *or* ... **like to be** kept waiting.
- I don't **like** friends **calling** me at work. *or* ... friends **to call** me at work.

しかし、以下のような例外があります。

1) 話している時点ですでに存在していたり、過去に存在していた具体的な状況を記述する場合には動詞の後に **-ing** は置けますが、**to** + 動詞の原形は置けません。

- Dan lives in Vancouver now. He **likes living** there. (⇒ 今バンクーバーに住んでいて、その状況を気に入っている)
- Do you **like being** a student? (⇒ 学生でいる状況が好きですか)
- The office I worked in was horrible. I **hated working** there. (⇒ 以前働いていた職場のことが嫌い)

2) **I like to** + 動詞の原形と **I like -ing** の間に、違いが認められる場合があります。

I like -ing ... は「…を実際によく行い、楽しんでいる」を表します。

- I **like cleaning** the kitchen. (⇒ キッチン掃除が好き)

I like to + 動詞の原形は「楽しくない時もあるが…するという考えは良いことだ」を表します。

- It's not my favorite job, but I **like to clean** the kitchen as often as possible. (⇒ キッチン掃除をするのは良いことだ)

enjoy (…を楽しむ) と **mind** (…を嫌だと思う) の後には **-ing** のみ入ります (**to** + 動詞の原形は入りません)。

- I **enjoy cleaning** the kitchen. (× I enjoy to clean)
- I **don't mind cleaning** the kitchen. (× I don't mind to clean)

B

would like / **would love** / **would hate** / **would prefer**

would like / **would love** などは、限定された状況において「…したい/とても…したい/…したくない/…するほうがよい」を表します。後には **to** + 動詞の原形がきます。

- I**'d like** (= **would** like) to go away for a few days.
- What **would** you **like to do** this evening?
- I **wouldn't like to go** on vacation alone.
- I**'d love to meet** your family.
- **Would** you **prefer to eat** now or later?

☆ **I like と I would like (= I'd** like**) は、どのように異なりますか。**

- I **like playing** tennis. / I **like to play** tennis. (⇒ 一般的にテニスが好き)
- I**'d like to play** tennis today. (⇒ 今日テニスをしたい)

Would you mind -ing? は「…してもかまいませんか」を表し、**mind** の後には常に **-ing** が入ります (to + 動詞の原形は入りません)。

- **Would** you **mind** clos**ing** the door, please?

C

I would like to have done ... は「…したかったのに」のように、何かをしなかったりできなかったことを後悔していることを意味します。

- It's too bad we didn't see Anna. I **would like to have seen** her again.
- We**'d like to have gone** away, but we were too busy at home.

would love / **would hate** / **would prefer** の後にも同じように **to have done** ... の表現が入り、「とても…したかった/…したくなかった(だろう)/…したほうがよかった(だろう)」を表します。

- Poor David! I **would hate to have been** in his position.
- I**'d love to have gone** to the party, but it was impossible.

enjoy/mind ➜ Unit 51 **would like** ➜ Units 35D, 53A **prefer** ➜ Unit 57

練習問題

56.1 ( )内の行動が好きか嫌いか、以下の動詞の中から選んで自分のことについて答えなさい。

like / don't like　love　hate　enjoy　don't mind

1 (flying) I don't like flying. *or* I don't like to fly.
2 (playing cards) ....
3 (being alone) ....
4 (going to museums) ....
5 (cooking) ....
6 (getting up early) ....

56.2 ( )内の語句を用いて、**-ing** または **to ...** の文を完成させなさい。両方の形が可能な場合もあります。

1 Dan lives in Vancouver now. It's nice. He likes it.
(He / like / live / there) He likes living there.
2 Emily is a biology teacher. She likes her job
(She / like / teach / biology) She ....
3 Joe always has his camera with him and takes a lot of pictures.
(He / like / take / pictures) ....
4 I used to work in a supermarket. I didn't like it much.
(I / not / like / work / there) ....
5 Rachel is studying medicine. She likes it.
(She / like / study / medicine) ....
6 Dan is famous, but he doesn't like it.
(He / not / like / be / famous) ....
7 Jennifer is a very careful person. She doesn't take many risks.
(She / not / like / take / risks) ....
8 I don't like surprises.
(I / like / know / things / in advance) ....

56.3 適切な動詞を **-ing** または **to ...** にして空所に入れ、文を完成させなさい。2つの文で両方の形が可能です。

1 It's fun to go to new places—I enjoy traveling.
2 "Would you like .... down?" "No, thanks, I'll stand."
3 The music is very loud. Would you mind .... it down?
4 How do you relax? What do you like .... in your spare time?
5 When I have to take a train, I'm always worried that I'll miss it. So I like .... to the station in plenty of time.
6 I enjoy .... busy. I don't like it when there's nothing to do.
7 I would love .... to your wedding, but I'm afraid I'll be away.
8 I don't like .... in this part of town. I want to move somewhere else.
9 Do you have a minute? I'd like .... to you about something.
10 If there's bad news and good news, I like .... the bad news first.
11 Should we leave now, or would you prefer .... a little?
12 Nick wants to win every time. He hates ....

56.4 ( )内の動詞を用いて、**would ... to have (done)** の文を完成させなさい。

1 It's too bad I couldn't go to the party. (like) I would like to have gone to the party.
2 It's too bad I didn't see the program. (like) ....
3 I'm glad I didn't lose my watch. (hate) ....
4 It's too bad I didn't meet your parents. (love) ....
5 I'm glad I wasn't alone. (not / like) ....
6 We should have taken the train. (prefer) ....

➜ **補足練習問題 27-29** (pp. 312-314)

Unit 57

prefer と would rather

A prefer to + 動詞の原形と prefer -ing

prefer の後には **to** + 動詞の原形も **-ing** も置くことができます。いずれも「…するほうがよい」のように、一般的により好きなものを述べる場合に用います。

- I don't like cities. I **prefer to live** in the country. *or* I **prefer living** in the country.

☆「B よりも A がよい／ B するよりも A するほうがよい」には、以下の構文を用います。A と B の形の違いに注意します。

	A	B
I **prefer**	something	**to** something else
I **prefer**	**doing** something	**to doing** something else **rather than** (**doing**) something else
I **prefer**	**to do** something	**rather than** (**do**) something else

- I **prefer** this coat **to** the other one.
- I **prefer driving to taking** the train. *or*
  I **prefer driving rather than taking** the train. *or*
  I **prefer to drive rather than take** the train.
- Sarah **prefers to live** in the country **rather than** in a city.

B would prefer (I'd prefer ...)

would prefer ... は、一般的ではなく具体的な状況下で「…のほうがよい／…したい」を表します。

- "**Would** you **prefer** coffee or tea?" "Coffee, please."

「…するほうがよい」は、would prefer **to do** のように **to** + 動詞の原形を用い、-ing は用いません。

- A: "Should we take the train?"
  B: "I'**d prefer to drive**." (= I **would** prefer...)
- I'**d prefer to stay** at home tonight **rather than go** to the movies.

C would rather (I'd rather ...)

I'd rather は I **would rather** の短縮形で具体的な状況において「…するほうがよい／…したい」を表します。**would prefer** (**to do**) と意味上の違いはありません。(**do**) の部分は、do/have/stay などのように to を置かずに動詞の原形が入ります。

- "Should we take the train?" { "I'd **rather drive**." (× to drive) / "I'd **prefer to drive**."
- Which **would** you **rather do**, / Which **would** you **prefer to do**, } go to the movies or go shopping?

否定形は **I'd rather not** ... で、(…しないほうがよい／…したくない)となります。

- I'm tired. I'**d rather not go** out tonight, if you don't mind.
- A: Do you want to go out tonight?
  B: I'**d rather not**.

「B するよりも A するほうがよい」の構文は、**would rather** A (**do**) **than** B (**do**) の形で表します。

- I'**d rather stay** at home tonight **than go** to the movies.

D I'd rather + 人 + do ...

I'd rather + 人 + **do** ... は「〜が…するほうがよい／〜に…してもらいたい」を表します。

- A: Who's going to drive, you or me?
  B: I'**d rather** you **drive**. (⇒ あなたに運転してもらいたい)
- A: Jack says he'll repair your bike tomorrow, OK?
  B: I'**d rather** he **do** it today.
- Are you going to tell Anna what happened, or **would** you **rather** I **tell** her?

これらの構文内にある **you drive** / **he do** / **I tell** などは仮定法と呼ばれ、動詞の原形と同じ用法になります。
Unit 32 を参照

仮定法 ➜ Unit 32 　**would prefer** ➜ Unit 56B 　**prefer 〜 to** ... ➜ Unit 133D 　イギリス英語 ➜ 付録 7

練習問題

57.1 **I prefer ～ to ...** の構文を用いて（　）内の 2 つの事柄についてどちらが好きか、自分の好みを記述する文を完成させなさい。

1 (driving / taking the train)
I prefer driving to taking the train.
2 (basketball / football)
I prefer ....
3 (going to a movie theater / watching movies at home)
I .... to ....
4 (being very busy / having nothing to do)
I ....

上の 3 と 4 で作成した文を、**rather than ...** の構文で書き換えなさい。

5 (1) I prefer to drive rather than take the train.
or I prefer driving rather than taking the train.
6 (3) I prefer ....
7 (4) ....

57.2 **I'd prefer ...** または **I'd rather ...** の後に続けて対話を完成させなさい。2語以上補う必要がある場合もあります。

1	Should we walk home?	I'd rather take a taxi.
2	Do you want to eat now?	I'd prefer to wait till later.
3	Would you like to watch TV?	I'd .... to listen to some music.
4	Do you want to go to a restaurant?	I'd rather .... at home.
5	Let's go now.	.... wait a few minutes.
6	How about a game of tennis?	I'd prefer .... for a swim.
7	I think we should decide now.	I'd .... think about it for a while.
8	Would you like to sit down?	.... to stand.
9	Do you want me to go with you?	I'd rather .... alone.

上記と同じように、**than** または **rather than** を用いて文を完成させなさい。

10 (1) I'd rather take a taxi than walk home.
11 (3) I'd rather .... some music ....
12 (4) I'd prefer .... at home ....
13 (6) I'd rather .... for a swim ....
14 (7) I'd prefer .... about it for a while ....

57.3 **would you rather I ...** を用いて文を完成させなさい。

1 Are you going to make dinner, or would you rather I make it?
2 Are you going to pay the check, or would you rather ....?
3 Are you going to do the grocery shopping, or ....?
4 Are you going to call Liz, or ....?

57.4 空所に適切な語句（1 語または 2 語）を入れて文を完成させなさい。

1 I'm tired. I'd rather not go out tonight, if you don't mind.
2 I don't like this show. I'd rather not .... it.
3 I don't want to go to the game. I'd prefer .... it on TV.
4 I'd rather you .... me the truth than lie about what happened.
5 Should we leave now or later? What .... prefer to do?
6 I'd rather work outdoors .... work in an office.
7 I'd prefer to pay by credit card .... use cash.
8 I prefer cold weather .... very hot weather.
9 Lauren goes out every night. Her mother would rather she .... home more.

➜ 補足練習問題 28–29 (pp.313–314)

Unit 58 前置詞 (in/for/about など) + -ing

A

前置詞 (**in**/**for**/**about** など) の後に動詞を置く場合、その動詞は **-ing** 形になります。

	前置詞	動詞 (-ing)	
Are you interested	**in**	**working**	for us?
I'm not good	**at**	**learning**	languages.
Kate must be fed up	**with**	**studying**.	
What are the advantages	**of**	**having**	a car?
Thanks very much	**for**	**inviting**	me to your party.
How	**about**	**meeting**	for lunch tomorrow?
Why don't you go out	**instead of**	**sitting**	at home all the time?
Amy went to work	**in spite of**	**feeling**	sick.

instead of + **人** + doing ...(誰かが…する代わりに) や 、fed up with + **人** + doing ...(誰かが…することにはうんざりする) などのように、-ing の前に人を表す名詞句を置く形もよく用いられます。

- I'm fed up with **people** telling me what to do.

B

次のような**前置詞** + **-ing** もよく用いられます。

before -ing と **after -ing:**「～する前に／～した後で」

- **Before going** out, I called Sarah. (× Before to go out)
- What did you do **after leaving** school?

-ing の代わりに、**Before I went out** ... や ... **after you left** school の形も用いられます。

by -ing:「～することによって」

- You can improve your English **by reading** more.
- She made herself sick **by** not **eating** well.
- Many accidents are caused **by** people **driving** too fast.
- The burglars got into the house **by breaking** a window and **climbing** in.

without -ing:「～することなしに」

- We ran ten miles **without stopping**.
- It was a stupid thing to say. I said it **without thinking**.
- She needs to work **without** people **disturbing** her. *or* ... **without being** disturbed.
- I have enough problems of my own **without having** to worry about yours.

C

to + **-ing** (look forward **to doing** ... など)

to do / **to see** などのように、**to** は通常後ろに動詞の原形をとります。

- We decided **to travel** by train.
- Would you like **to meet** for lunch tomorrow?

一方で、**in**/**for**/**about**/**with** などと同様に **to** は前置詞にもなります。

- We drove from Houston **to Chicago**.
- I prefer tea **to coffee**.
- Are you looking forward **to the weekend**?

前置詞の後に動詞を置く場合、その動詞は **-ing** 形になります。

- I'm fed up **with traveling** by train.
- How **about going** away this weekend?

したがって、**to** が前置詞で後に動詞を置く場合は **to -ing** 形にしなければなりません。

- I prefer driving **to taking** the train. (× to take)
- Are you looking forward **to going** on vacation? (× looking forward to go)
- They admitted **to stealing** the money. (× to steal)

be/get used to -ing ➜ Unit 59 動詞 + 前置詞 + **-ing** ➜ Unit 60 **while/when -ing** ➜ Unit 66A
in spite of ➜ Unit 110 前置詞 ➜ Units 118–133

練習問題

58.1 最初の文と同じ意味になるように、2 番目の文を完成させなさい。

1 Why is it useful to have a car?
What are the advantages of having a car ?
2 I don't intend to apply for the job.
I have no intention of ....
3 Hannah has a good memory for names.
Hannah is good at ....
4 You probably won't win the lottery. You have little chance.
You have little chance of ....
5 Did you get in trouble because you were late?
Did you get in trouble for .... ?
6 We didn't eat at home. We went to a restaurant instead.
We went to a restaurant instead of ....
7 We got into the exhibition. We didn't have to wait in line.
We got into the exhibition without ....
8 Amy is 90 years old, but she's fit and healthy.
Amy is fit and healthy despite ....

58.2 以下から動詞を選び、**by -ing** の形に変えて文を完成させなさい。

borrow ~~**break**~~ **drive** **push** **put** **stand**

1 The burglars got into the house by breaking a window
2 I was able to reach the top shelf .... on a chair.
3 You turn on the computer .... the button on the back.
4 Kevin got himself into financial trouble .... too much money.
5 You can put people's lives in danger .... too fast.
6 We made the room look nicer .... some pictures on the walls.

58.3 空所に適切な 1 語を入れて文を完成させなさい。

1 We ran ten miles without stopping .
2 Dan left the hotel without .... his bill.
3 It's a nice morning. How about .... for a walk?
4 You need to think carefully before .... an important decision.
5 It was a long trip. I was tired after .... on a train for 36 hours.
6 I'm not looking forward to .... away. I'd prefer to stay here.
7 I was annoyed because the decision was made without anybody .... me.
8 After .... the same job for ten years, Liz felt she needed a change.
9 We got lost because we went straight instead of .... left.
10 I like these pictures you took. You're good at .... pictures.
11 Can you touch your toes without .... your knees?
12 We decided to sell our car. Are you interested in .... it?

58.4 **I'm (not) looking forward to** で始めて、質問の答えとなる文を完成させなさい。

1 You are going on vacation next week. How do you feel?
I'm looking forward to going on vacation.
2 A good friend of yours is coming to visit you soon. It will be good to see her again. How do you feel?
I'm ....
3 You're going to the dentist tomorrow. You don't enjoy visits to the dentist. How do you feel?
I'm not ....
4 Rachel doesn't like school, but she's graduating next summer. How does she feel?
....
5 Joe and Megan are moving to a new apartment soon. It's much nicer than where they live now.
How do they feel? ....

→ **補足練習問題 27–29** (pp. 312–314)

Unit 59 be/get used to do ... (I'm used to ...)

A

☆ イラストの状況について考えましょう。get/used to ... は、どのような状況で用いられていますか。

➤ **be used to ... は「…に慣れている」という状態、get used to ... は「…に慣れる」という変化を表します。**

Rachel は東京で暮らしているアメリカ人です。日本はアメリカと異なり左側通行なので、最初はとても困りました。

She **wasn't used to it**.
She **wasn't used to driving** on the left.
(⇒ 彼女は左側通行に慣れていなかった)

その後練習を積み、左側通行にも困らなくなりました。
She **got used to driving** on the left.
(⇒ 彼女は左側通行に慣れた)

今は何も問題なくなりました。
She **is used to driving** on the left.
(⇒ 彼女は左側通行に慣れている)

B

I'm used to ... は used to の後に名詞句や動名詞 (-ing) 句を置き、「…に慣れている」を表します。

be get	used to	something *or* **doing** something

- ◯ John lives alone. He has lived alone for a long time, so it is not strange for him. He**'s used to it**.
  He **is used to living** alone.
- ◯ I bought some new shoes. They felt a little strange at first because I **wasn't used to them**.
- ◯ Our new apartment is on a busy street. I expect we'll **get used to the noise**, but right now it's very disturbing.
- ◯ Lauren has a new job. She has to get up much earlier now than before – at 6:30. She finds this difficult because she **isn't used to getting** up so early.
- ◯ Katherine's husband is often away from home. She doesn't mind this. **She's used to him being** away.

C

be/get used の後には、**-ing** が入ります。(× I'm used to do)
- ◯ Rachel is used **to driving** on the left. (× is used to drive)
- ◯ I'm used **to living** alone. (× I'm used to live)

I am used to ... の構文中の to は前置詞で、不定詞の一部ではありません。したがって、**to** の後に動詞を置く場合には、動名詞 (**-ing**) にします。(動詞の原形を置くことはできません)

- ◯ We're not used **to** { **the noise**. / **it**. / **living here**. (× live here) }

to + 動詞の原形 (**to do, to live** など) との比較
- ◯ We don't want **to live** here.

D

I am used to doing (…することに慣れている) と **I used to do** (以前は…よくした)

I am used to (doing) ... :「…に慣れている」
- ◯ I**'m** used **to the weather** here.
- ◯ I**'m** used **to driving** on the left because I've lived in Japan for a long time.

I used to do ... :「以前はよく…していたが、今はしていない」この構文は過去の出来事についてのみ用います。現在の出来事は表さないため、I am used to do のような現在形はありません。**Unit 17** を参照してください。
- ◯ I **used to drive** to work every day, but these days I usually ride my bike.
- ◯ We **used to live** just outside the city, but now we live near downtown.

used to (do) ➜ Unit 17 **to + -ing** ➜ Unit 58C

練習問題

59.1 **used to** に続けて適切な動詞を入れ、文を完成させなさい。

1 I'm not lonely. I don't need other people. I'm ....used to being.... on my own.
2 I don't feel well. I stayed up until 3:00 a.m. I'm not .... to bed so late.
3 Tomorrow I start a new job. I'll have to get .... with new people.
4 My feet hurt. I can't go any further. I'm not .... so far.
5 I like this part of town. I've been here a long time, so I'm .... here.

59.2 Sarah と Jack についての文を読み、**used to** を用いて文を完成させなさい。

1 Sarah is a nurse. A year ago she started working nights. At first it was hard for her.
Sarah ....wasn't used to working.... nights. It took her a few months to .... it.
Now, after a year, it's normal for her. She .... nights.
2 Jack has to drive two hours to work every morning. Many years ago, when he first had to do this, it was hard for him and he didn't like it.
When Jack started working in this job, he .... driving two hours to work every morning, but after some time he .... it. Now it's no problem for him. He .... two hours every morning.

59.3 状況に合うように、**I'm (not) used to ...** を用いて文を完成させなさい。

1 You live alone. You don't mind this. You have always lived alone.
FRIEND: Do you get lonely sometimes?
YOU: No, ...I'm used to living alone.....
2 You sleep on the floor. It's OK for you. You have always slept on the floor.
FRIEND: Wouldn't you prefer to sleep in a bed?
YOU: No, I ....
3 You have to work long hours in your job. This is not a problem. You have always done this.
FRIEND: You have to work long hours in your job, don't you?
YOU: Yes, but I don't mind that. I ....
4 You've just moved from a small village to a big city. It's busy and you don't like the crowds of people.
FRIEND: How do you like living here now?
YOU: It's different from living in a village. I ....

59.4 状況に合うように、**get/got used to** を用いて文を完成させなさい。

1 Some friends of yours have just moved into an apartment on a busy street. It's very noisy. They'll have to ....get used to the noise.... .
2 The children got a new teacher. She was different from the teacher before her, but this wasn't a problem for the children. They soon ....
3 Kate moved from a big house to a much smaller one. She found it strange at first.
She had to .... in a much smaller house.
4 Anna has lived in Boston for ten years. She didn't like the weather when she moved there, and she still doesn't like it. She can't ....
5 Tony got a new job, but his new salary was much less. So he had less money.
He had to ....

59.5 空所に適切な 1 語を入れて文を完成させなさい。

1 Rachel had to get used to ....driving.... on the left.
2 Daniel used to .... a lot of coffee. Now he prefers tea.
3 I feel very full after that meal. I'm not used to .... so much.
4 I wouldn't like to share a room. I'm used to .... my own room.
5 I used to .... a car, but I sold it a few months ago.
6 When we were children, we used to .... swimming very often.
7 There used to .... a school here, but it was torn down a few years ago.
8 I'm the boss here! I'm not used to .... told what to do.

→ 補足練習問題 27–29 (pp. 312–314)

Unit 60 動詞 + 前置詞 + -ing (succeed in -ing / insist on -ing など)

A

多くの動詞が、動詞 + 前置詞 (in/for/about など)+ 目的語の構文を作ります。

動詞 +	前置詞	+ 目的語
We **talked**	**about**	the problem.
I **apologized**	**for**	what I said.

目的語の位置に動詞が入ると **-ing** になります。

動詞 +	前置詞	+ **-ing** (目的語)
We **talked**	**about**	**going** to South America.
You should **apologize**	**for**	not **telling** the truth.

同様の構文を作る動詞には、次のようなものがあります。

approve of	He doesn't **approve**	**of**	**swearing**.
decide against	We have **decided**	**against**	**moving** to Chicago.
dream of	I wouldn't **dream**	**of**	**asking** them for money.
feel like	I don't **feel**	**like**	**going** out tonight.
insist on	They **insisted**	**on**	**paying** for the meal.
look forward to	Are you **looking forward**	**to**	**going** away?
succeed in	Has Rob **succeeded**	**in**	**finding** a job yet?
think of/about	I'm **thinking**	**of/about**	**buying** a house.

この構文は approve of **somebody** doing …や look forward to **somebody** doing …のように、-ing の前に人を置いた形も可能で「人が…するのを—」を表します。

- I don't approve **of people killing** animals as a sport
- We are all looking forward **to** Andy **coming** home next week.

B

以下の動詞は動詞 + 目的語 + 前置詞 + **-ing** の構文を作ります。

	動詞 +	目的語	+ 前置詞	+ **-ing** (目的語)
accuse … **of**	He **accused**	me	**of**	**telling** lies.
congratulate … **for/on**	We **congratulated**	Lauren	**for/on**	**winning** the prize.
prevent … **from**	What **prevented**	you	**from**	**coming** to see us?
stop … **from**	The rain didn't **stop**	us	**from**	**enjoying** our trip.
suspect … **of**	Nobody **suspected**	him	**of**	**being** a spy.
thank … **for**	I **thanked**	everyone	**for**	**helping** me.

以下のように、**not -ing** の形も用いられます。

- He accused me of **not telling** the truth.

以下のように受動態で用いられる動詞もあります。

- We **were accused of telling** lies. (*or* … accused of lying.)
- The general **was suspected of being** a spy.

apologize は apologize **to somebody** for …のように構文を作ります。apologize の後の to は省略できません。

- I apologized **to them** for keeping them waiting. (× I apologized them)

decide to … ➜ Unit 52A　前置詞 + **-ing** ➜ Unit 58　動詞 + 前置詞 ➜ Units 129–133

練習問題

60.1 空所に適切な 1 語を入れて文を完成させなさい。

1 Our neighbors apologized for ...making... so much noise.
2 I feel lazy. I don't feel like .... any work.
3 I wanted to go out alone, but Joe insisted on .... with me.
4 I'm fed up with my job. I'm thinking of .... something else.
5 We can't afford a car right now, so we've decided against .... one.
6 It took us a long time, but we finally succeeded in .... the problem.
7 I've always dreamed of .... a small house by the ocean.
8 It's great that Amy and Sam are coming to visit us. I'm looking forward to .... them again.

60.2 動詞を以下から選び、適切な前置詞と組み合わせて文を完成させなさい。

be	eat	try	~~go out~~	take off	
get	use	tell	steal	invite	walk

1 I don't feel ...like going out... this evening. I'm too tired.
2 The police stopped the car because they suspected the driver .... it.
3 Our flight was delayed. Bad weather prevented the plane ....
4 My phone is very old. I'm thinking .... a new one.
5 I didn't want to hear the story but Dan insisted .... me anyway.
6 I'm getting hungry. I'm really looking forward .... something.
7 I think you should apologize to Sarah .... so rude.
8 There's a fence around the lawn to stop people .... on the grass.
9 I'm sorry I can't come to your party, but thank you very much .... me.
10 The man who has been arrested is suspected .... a false passport.
11 I did my best. Nobody can accuse me .... not ....

60.3 イラストの人物の発言を記述しなさい。

1 Kevin thanked ...me for helping him... .
2 Tom insisted .... Ann ....
3 Dan congratulated me ....
4 Jen thanked ....
5 Kate apologized ....
6 Anna accused ....

→ 補足練習問題 28–29 (pp. 313–314)

Unit 61

There is no point in -ing, it's worth -ing など

A

「…する意義がある／ない」を表す文で、後に動詞が入る場合は -ing の形になります。

there's no point in **it's no use** **it's no good**	**doing** something

There's no point in doing ... / There's no use / It's no use doing ... : 「…する意義がない／…するのは無駄だ」

- **There's no point in having** a car if you never use it.
- **There was no point in waiting** any longer, so we left.
- **It's no use worrying** about what happened. There's nothing you can do about it.
- **It's no good trying** to persuade me. You won't succeed.

no point in ... と **the point of ...** の使い方

- There's **no point in** having a car.
- What's **the point of** having a car if you never use it?

B

it's worth **it's not worth**	**doing** something

It's worth / It's not worth doing ... : 「…する意義や価値がある／ない」

- It's a nice town. **It's worth spending** a few days there.
- Our flight was very early in the morning, so **it wasn't worth going** to bed.

worth it / not worth it : 「意義や価値がある／ない」

- You should spend a couple of days here. **It's worth it**.
- We didn't go to bed. **It wasn't worth it**.

something is **worth doing** や a movie is **worth seeing** などのような形もよく用います。

- It's a great movie. It's **worth seeing**.
- Thieves broke into the house, but didn't take anything. There was nothing **worth stealing**.
- It's an interesting idea. It's **worth thinking** about.

C

have	**trouble** **difficulty** **a problem**	**doing** something

have trouble -ing / have difficulty -ing / have a problem -ing : 「…するのが難しい／…するのに苦労する」

- I **had** no **trouble finding** a place to stay. (× trouble to find)
- **Did** you **have a problem getting** a visa?
- People sometimes **have difficulty reading** my writing.

D

spend **waste**	(time)	**doing** something

spend/waste ～(時間) **doing ... :** 「…して無駄に(～時間を)過ごす」

- He **spent** hours **trying** to repair the clock.
- I **waste** a lot of time **doing** nothing.

(be) **busy doing ...** 「…するのに／…して忙しい」

- She said she couldn't meet me. She was too **busy doing** other things.

E

スポーツや様々な活動については、**go -ing** (…しに行く)の形を使います。

go sailing **go swimming** **go fishing** **go hiking** **go horseback riding**
go surfing **go scuba diving** **go skiing** **go running** **go camping**

- How often do you **go swimming**?
- We **went skiing** last year.
- Tom isn't here. He **went shopping**.
- I've never **been sailing**.

練習問題

61.1 左枠の文に続くものを右枠から選び、記号で答えなさい。

1 It's a nice town.	a I don't believe you're sorry.
2 It's an interesting idea.	b We'll never find him.
3 It's no use standing here talking.	c It's not worth getting a taxi.
4 It's not important.	d We have to do something.
5 There's no point in looking for him.	e He won't change his opinion.
6 It's no good apologizing to me.	f ~~It's worth spending a few days here.~~
7 It's not worth arguing with him.	g It's not worth worrying about.
8 The hotel is a short walk from here.	h It's worth considering.

1 ...f...
2 ....
3 ....
4 ....
5 ....
6 ....
7 ....
8 ....

61.2 **There's no point ...** で始めて文を完成させなさい。

1 Why have a car if you never use it?
There's no point in having a car if you never use it.
2 Why work if you don't need money?
....
3 Don't try to study if you feel tired.
....
4 Why hurry if you have plenty of time?
....

61.3 空所に適切な語句を入れて文を完成させなさい。

1 I managed to get a visa, but it was difficult.
I had a problem ...getting a visa... .
2 I find it hard to remember people's names.
I have a problem ....
3 Nicole found a job easily. It wasn't a problem.
She had no trouble ....
4 It will be easy to get a ticket for the game.
You won't have a problem ....
5 It was easy for us to understand each other.
We had no difficulty ....

61.4 空所に適切な 1 語のみを入れて文を完成させなさい。

1 I waste a lot of time ...doing... nothing.
2 How much time do you spend .... to and from work every day?
3 Olivia is going on vacation tomorrow, so she's busy .... her things ready.
4 I waste too much time .... TV.
5 There was a beautiful view from the hill. It was worth .... to the top.
6 We need to stay calm. There's no point in .... angry.
7 Amy is learning to play the guitar. She spends a lot of time ....
8 James is enjoying his new job. He's busy .... on a new project.
9 I decided it wasn't worth .... for the job. I had no chance of getting it.
10 It's no good .... to escape. You won't be able to get out of here.

61.5 以下から語句を選んで適切な形に変え、文を完成させなさい。

go horseback riding ~~**go sailing**~~ **go shopping** **go skiing** **go swimming**

1 Ben lives by the ocean and he's got a boat, so he often ...goes sailing... .
2 It was a very hot day, so we .... in the lake.
3 There's plenty of snow in the mountains, so we'll be able to ....
4 Helen has two horses. She .... regularly.
5 Dan isn't here. He .... There were a few things he needed to buy.

→ 補足練習問題 28–29 (pp. 313–314)

Unit 62

to + 動詞の原形, for ... と so that ... (目的を表す表現)

A

to + 動詞の原形は「…するために(～する)」のように人が動作をする目的や理由を表します。

- I called the restaurant **to make** a reservation.
- What do you need **to change** a flat tire?
- We shouted **to warn** everybody of the danger.
- This letter is **to confirm** the decisions we made at our meeting last week.
- The president has a team of bodyguards **to protect** him.

またこの **to** + 動詞の原形 (**to make ... / to change ...**)の構文は「…するために(存在する)」のように、何かが存在する目的や理由も表します。

B

a place **to park**/something **to eat**/work **to do** などの ～(物) + to + 動詞の原形で「…できる /…するべき～」を表します。

- It's hard to find **a place to park** downtown. (⇒ 車を駐車できる場所)
- Would you like **something to eat**? (⇒ 何か食べるもの)
- Do you have **much work to do**? (⇒ やらなければならない仕事)

以下のように、動詞の後ろに **on**, **with** などの前置詞が入る場合があります。

- Is there **a chair to sit on**? (⇒ 座っても良い椅子)
- I get lonely if there's **nobody to talk to**.
- I need **something to write with**.

money/time/chance/opportunity/energy/courage など + **to** + 動詞の原形で「…するための ―」を 表します。

- They gave us **money to buy** food. (⇒ 食料を買うためのお金)
- Do you have **many opportunities to practice** your English?
- I need **a few days to think** about your proposal.

C

for ... と to ...

どちらも「…するために」を表しますが、**for** の後には名詞句、**to** の後には動詞の原形がきます。

for + 名詞句	**to + 動詞の原形**
We stopped **for gas**.	We stopped **to get** gas.
I had to run **for the bus**.	I had to run **to catch the bus**.

― **for** somebody **to do** …で「(人)が…するための ―」を表します。

- There weren't any chairs **for us to sit on**, so we sat on the floor.

物が使われる一般的な目的を表す「…するための」の場合には、**for** + **-ing** を用います。

- This brush is **for washing** the dishes. (⇒ 皿を洗うためのブラシ)

「…するために～する」という行動を表す場合は、for + -ing は使えません。

- I went into the kitchen **to wash** the dishes. (× for washing) (⇒ 皿を洗うためにキッチンに行った)

What ... for? の形で「…は何のためですか」のように目的を尋ねます。

- **What** is this switch **for**? (⇒ 何のためのスイッチ)
- **What** did you do that **for**? (⇒ 何のために?)

D

so that ...

so that ... は「…するために」のように目的を表します。
特に **can/could**, **will/would** がある場合には、**to** + 動詞の原形ではなく **so that** ... を用います。

- She's learning English **so that** she **can** study in Canada.
- We moved to the city **so that** we **could** see our friends more often.
- I hurried **so that** I **wouldn't** be late. (⇒ 遅刻したくなかったので)

so that の **that** は省略できます。

- I hurried **so that** I wouldn't be late. *or* I hurried **so** I wouldn't be late.

練習問題

62.1 A と B から文を 1つずつ選び、**to** を用いて適切な文を完成させなさい。

A

1 ~~I shouted~~
2 I opened the box
3 I moved to a new apartment
4 I couldn't find a knife
5 I called the police
6 I called the hotel
7 I hired an assistant

B

I wanted to be closer to my friends
I wanted someone to help me with my work
I wanted to report the accident
~~I wanted to warn people of the danger~~
I wanted to see what was in it.
I wanted to chop the onions
I wanted to find out if they had any rooms available

1 I shouted to warn people of the danger.
2 I opened the box ……
3 I ……
4 ……
5 ……
6 ……
7 ……

62.2 適当な動詞を **to** + 原形の形にして、文を完成させなさい。

1 The president has a team of bodyguards to protect him.
2 I don't have enough time …… all the things I have to do.
3 I took a taxi home. I didn't have the energy …… .
4 Would you like something ……? Coffee? Tea?
5 Can you give me a bag …… these things in?
6 There will be a meeting next week …… the problem.
7 Do you need a visa …… to the United States?
8 I saw Jen at the party, but I didn't have a chance …… to her.
9 I need some new clothes. I don't have anything nice …… .
10 They passed their exams. They're going to have a party …… .
11 I can't do all this work alone. I need somebody …… me.
12 Why are you so scared? There's nothing …… afraid of.

62.3 **to** または **for** を空所に入れて文を完成させなさい。

1 We stopped for gas.
2 We'll need time …… make a decision.
3 I went to the dentist …… a checkup.
4 He's very old. He needs somebody …… take care of him.
5 Can you lend me money …… a taxi?
6 Do you wear glasses …… reading?
7 I put on my glasses …… read the letter.
8 I wish we had a yard …… the children …… play in.

62.4 **so that** を用いて、2 つの文を 1 つにまとめなさい。

1 I hurried. I didn't want to be late.
I hurried so that I wouldn't be late.
2 I wore warm clothes. I didn't want to get cold.
I wore warm clothes ……
3 I gave Mark my phone number. I wanted him to be able to contact me.
I gave Mark my phone number ……
4 We spoke very quietly. We didn't want anybody else to hear us.
We spoke very quietly …… nobody else ……
5 Please arrive early. We want to be able to start the meeting on time.
Please arrive early ……
6 We made a list of things to do. We didn't want to forget anything.
We made a list of things to do ……
7 I slowed down. I wanted the car behind me to be able to pass.
I slowed down ……

Unit 63

形容詞 + to + 動詞の原形

A

hard to understand / interesting to talk to など

☆ **例文について考えます。1) と 2) はどのように異なりますか。**

James doesn't speak clearly.
- 1) **It** is hard to **understand** **him**.
- 2) **He** is hard to **understand**.

➤ **1) と 2) とは同じ意味を表します。しかし、2) では understand の後に him を残すことはできません。**

He is hard **to understand**. (× He is hard to understand him)

次のような形容詞も上と同様に 1) と 2) の構文が可能です。

easy	**nice**	**safe**	**cheap**	**exciting**	**impossible**
difficult	**good**	**dangerous**	**expensive**	**interesting**	

- Do you think it is **safe to drink this water**? (⇒ この水を飲んでも安全か)
  Do you think this water is **safe to drink**? (× to drink it)
- The exam questions were very hard. It was **impossible to answer them**.
  The exam questions were very hard. They were **impossible to answer**. (× to answer them)
- Nicole has lots of interesting ideas. It's **interesting to talk** to her.
  Nicole is **interesting to talk to**. (× to talk to her)

形容詞 + 名詞のように、形容詞の後に名詞を置く形もあります。

- This is a **difficult question to answer**. (⇒ 答えるのが難しい質問) (× to answer it)

B

nice of (you) to ...「(～が)…するのは良いことだ/親切にも…してくれる」

nice は、It's **nice of** ～ **to** do ... のように構文を作ります。

- It was **nice of** you **to take** me to the airport. Thank you very much.
  (⇒ 親切にも…まで送ってくれた)

次のような形容詞も形容詞 + (**of** ～) + **to** + 動詞の原形の構文を作ります。

kind **generous** **careless** **stupid** **inconsiderate** **unfair** **typical**

- It's **generous of Abby to let** us stay in her apartment while we're in the city.
- I think it was **unfair of him to criticize** me. (⇒ 彼が私の悪口を言うなんてあんまりだ)

C

sorry to ... / surprised to ... :「…して残念に思う/…して驚いた」

形容詞 + **to** + 動詞の原形は「…することに対し～」を意味し、to + 動詞の原形の動作にどのような感情を持って反応したかを表します。

- I'm **sorry to hear** that your mother isn't well. (⇒ …と聞いて残念です)

この構文を作る形容詞には、さらに次のようなものがあります。

happy **glad** **pleased** **relieved** **surprised** **amazed** **sad** **disappointed**

- Was Julia **surprised to see** you?
- It was a long and tiring trip. We were **glad to get** home.

D

the next / the last / the only / the first / the second

- **The next** plane **to arrive** at Gate 4 will be Flight 268 from Bogotá.
- Everybody was late except me. I was **the only** one **to arrive** on time.
- If I have any more news, you will be **the first to know**. (⇒ 1番に知ることになる)

E

sure/likely/bound to happen:「きっと/おそらく…する」出来事が起こる確実さを表します。

- Carla is a very good student. She's **bound to pass** the exam. (⇒ きっと合格する)
- It's possible I'll win the lottery one day, but it's not **likely to happen**. (⇒ 起こりそうにない)

afraid/interested/sorry ➜ Unit 64 **it** (形式主語) ➜ Unit 82C **enough/too** + 形容詞 ➜ Unit 101

練習問題

63.1 例にならって、文を書き換えなさい。

1 It's hard to understand some things. Some things ......are hard to understand.......
2 It was difficult to open the window. The window ....
3 It's impossible to translate some words. Some words ....
4 It's expensive to maintain a car. A ....
5 It's not safe to eat this meat. This ....
6 It's easy to get to my house from here. My ....

63.2 (　) 内の語句を用いて文を完成させなさい。

1 I couldn't answer the question.
(difficult question / answer) ......It was a difficult question to answer.......
2 It's a very common mistake.
(easy mistake / make) It's ....
3 I like living in this town.
(great place / live) ....
4 I wonder why she said that.
(strange thing / say) ....

63.3 状況に合うように以下から形容詞を選び, **it** で始まる文を完成しなさい

1 It's nice of Dan and Kate ......to invite...... me to their party.
2 I've been traveling a long time. Now I'm .... to be back home.
3 I heard about Tom's accident. I was relieved .... that he's OK.
4 It was nice .... to remember my birthday.
5 Let me know if you need any assistance. I'd be very pleased .... you.
6 I thought James was about 25. I was .... to discover he was 40.
7 It was inconsiderate of our neighbors .... so much noise.
8 My interview went well. I was disappointed .... to be offered the job.
9 It's .... of John to leave his wallet at home. He's so disorganized.

to hear
to help
~~**to invite**~~
to make
not
of you
typical
amazed
glad

63.4 **the first / the second / the last / the only** のいずれか用いて、文を完成させなさい。

1 Nobody spoke before me. I was ......the first person to speak.......
2 Everybody else arrived before David.
David was ....
3 Emily passed the exam. All the other students failed.
Emily ....
4 I complained to the manager. Another customer had already complained.
I ....
5 Neil Armstrong walked on the moon in 1969. Nobody had done this before him.
Neil Armstrong ....

63.5 (　) 内の語句と、適切な動詞を用いて文を完成させなさい。

1 Carla is a very good student.
(she / bound / pass) ......She's bound to pass...... the exam.
2 I'm not surprised you're tired after traveling so far.
(you / bound / tired) .... after such a long trip.
3 Andy has a very bad memory.
(he / sure / forget) .... anything you tell him.
4 I don't think you'll need an umbrella.
(it / not / likely / rain) ....
5 The holidays begin this weekend.
(there / sure / be) .... a lot of traffic on the roads.

Unit 64

to + 動詞の原形 (afraid **to do**) と前置詞 + **-ing** (afraid **of -ing**)

A

☆ **afraid to (do) と afraid of -ing とは、どのように異なりますか。**

➤ **I am afraid to do ... は「危険であったり良くない結果になりそうなので…したくない／不安で…できない」を表します。動作は自分の意志で行い、実際にするかしないかは選択できます。**

- This part of town is dangerous. People are **afraid to walk** here at night.
  (⇒ この地域は危険なので歩きたくない。実際歩いている人はいない)
- James was **afraid to tell** his parents what had happened.
  (⇒ James は自分の親に言いたくない。怒られると思うから)

➤ **I am afraid of something happening は「(良くない出来事や事故が) 起こるかもしれない」を表します。自分の意志で行う動作には用いません。**

- The sidewalk was icy, so we walked very carefully. We were **afraid of falling**.
  (⇒ 転ばないか心配) (× afraid to fall)
- I don't like dogs. I'm always **afraid of being** bitten. (⇒ 噛まれないか心配) (× afraid to be bitten)

➤ **両者の関係は以下のように「結果として〜が起きてしまうかもしれないので (be afraid of 〜 doing)」、「心配で…できない」(be afraid to do) 」のようにまとめられます。**

- I was **afraid to go** near the dog because I **was afraid of being** bitten.

B

☆ **interested in (do)ing と interested to (do) とは、どのように異なりますか。**

➤ **I am interested in (do)ing ... は「…することに興味がある／…したい」を表します。**

- Let me know if you're **interested in joining** the club. (× to join)
- I tried to sell my car, but nobody was **interested in buying** it. (× to buy)

➤ **I'm interested to + hear/see/know something は「…して興味を持った」のように、何かを見聞きして感じたことを表します。例えば、I was interested to hear it は「そのことを聞いて興味を持った」を表します。**

- I was **interested to hear** that Tanya left her job. (⇒ 辞めたと聞いて気になった)
- I'll ask Mike for his opinion. I would be **interested to know** what he thinks.
  (⇒ 彼がどう考えているか知りたい)

この構文は **surprised to do** や、**glad to do** などと同じです。(**Unit 63C** を参照)

- I was **surprised to hear** that Tanya left her job.

C

☆ **sorry for doing と sorry to (do) とは、どのように異なりますか。**

➤ **sorry for (do)ing は「…してすみません」を表します。**

- I'm **sorry for shouting** at you yesterday. (× sorry to shout)

同じことを、以下のように sorry の後に文を置いた形でも表せます。

- I'm **sorry I shouted** at you yesterday.

➤ **sorry to (do) で「起きてしまったことに対して残念に思う／後悔する」を表します。**

- I'm **sorry to hear** that Nicky lost her job. (× sorry for)
- I've enjoyed my stay here. I'll be **sorry to leave.**

➤ **I'm sorry to (do) は、自分の行動について「…してすみません」のように謝罪を表します。**

- I'm **sorry to bother** you, but I need to ask you a question.

D

構文が異なることに注意します。

	⇔	
I **want to** (do), I**'d like to** (do)	⇔	I'm **thinking of** (do)**ing**
I **hope to** (do)		I **dream of** (do)**ing**
I **failed to** (do)		I **succeeded in** (do)**ing**
I **allowed** them **to** (do)		I **stopped/prevented** them **from** (do)**ing**
I **plan to** (do)		I'm **looking forward to** (do)**ing**
I **promised to** (do)		I **insisted on** (do)**ing**

動詞 + **to** ➜ Units 52–53　動詞 + 前置詞 + **-ing** ➜ Unit 60　**sorry to** ... ➜ Unit 63C　形容詞 + 前置詞 ➜ Units 127–128
sorry about/for ➜ Unit 127D

練習問題

64.1 (　) 内の語句を用いて、**afraid to ...** または **afraid of -ing** の文を完成させなさい。

1. The streets here are not safe at night.
   (a lot of people / afraid / go / out) A lot of people are afraid to go out.
2. We walked very carefully along the icy sidewalk.
   (we / afraid / fall) We were afraid of falling.
3. I don't usually carry my passport with me.
   (I / afraid / lose / it) ....
4. I thought she would be angry if I told her what had happened.
   (I / afraid / tell / her) ....
5. We ran to the train station.
   (we / afraid / miss / our train) ....
6. In the middle of the film there was a horrifying scene.
   (we / afraid / look) ....
7. The vase was very valuable, so I held it carefully.
   (I / afraid / drop / it) ....
8. I was worried because we didn't have much gas.
   (I / afraid / run out of gas) ....
9. If there's anything you want to know, you can ask me.
   (don't / afraid / ask) ....

64.2 以下から適切な動詞を選び、**interested in -ing** または **interested to (do)** の文を完成させなさい。

~~buy~~　**know**　**hear**　**look**　**start**　**study**

1. I'm trying to sell my car, but nobody is interested in buying it.
2. Nicole is .... her own business.
3. I saw Joe recently. You'll be .... that he's getting married soon.
4. I didn't enjoy school. I wasn't ....
5. I went to a public meeting to discuss the plans for a new road. I was .... how people felt about the project.
6. Eric doesn't enjoy sightseeing. He's not .... at old buildings.

64.3 (　) 内の動詞を用いて、**sorry for -ing** または **sorry to ...** の文を完成させなさい。

1. I'm sorry to bother you, but I need to ask you something. (bother)
2. We were .... that you can't come to the wedding. (hear)
3. I'm .... bad things about you. I didn't mean what I said. (say)
4. It's a shame Alex is leaving the company. I'll be .... him go. (see)
5. I'm .... so much noise last night. (make)

64.4 (　) 内の動詞を用いて文を完成させなさい。

1. a We wanted to leave the building. (leave)
   b We weren't allowed .... the building. (leave)
   c We were prevented .... the building. (leave)
2. a Sam and Chris hoped .... the problem. (solve)
   b Sam failed .... the problem. (solve)
   c Chris succeeded .... the problem. (solve)
3. a I'm thinking .... away next week. (go)
   b I'm planning .... away next week. (go)
   c I'd like .... away next week. (go)
   d I'm looking forward .... away next week. (go)
4. a Emma wanted .... me lunch. (buy)
   b Emma insisted .... me lunch. (buy)
   c Emma promised .... me lunch. (buy)
   d Emma wouldn't dream .... me lunch. (buy)

➜ 補足練習問題 27 (pp. 312–313)

Unit 65

see ～ do と see ～ doing

A

☆ イラストの状況について考えましょう。この状況はどのような構文で表せますか。

➤ **この状況は、I saw ～ do（動詞の原形）：（私は～が…するのを見た）の構文で表します。**

☐ I saw Tom **get** into his car and **drive** away.
あなたは Tom が車に近づき、乗り込み、去っていく一部始終を見ていました。

I saw him **do** something の構文は he did it と I saw this の単純過去形の2つの構文を合わせたものです。
次の動詞も同様の使い方ができます。

hear **listen to** **watch** **feel**	somebody **do** something something **happen**

☐ I didn't **hear** you **come** in.（⇒ 入ってきた音が聞こえなかった）
☐ Julia suddenly **felt** somebody **touch** her on the shoulder.

B

☆ イラストの状況について考えましょう。この状況はどのような構文で表せますか。

➤ **この状況は、I saw ～ doing（私は～が…しているのを見た）の構文で表します。**

☐ I saw Kate **waiting** for a bus.
昨日あなたはバス停でバスを待っている Kate を見かけました。

I saw her **doing** something の構文は she was doing it（過去進行形）and I saw this（単純過去形）を合わせたものです。次の動詞も同様の使い方ができます。

hear **listen to** **watch** **feel** **smell** **find**	somebody **doing** something something **happening**

☐ I could **hear** it **raining**.（⇒ 雨が降っている音が聞こえる）
☐ **Listen to** the birds **singing**!
☐ Can you **smell** something **burning**?
☐ We looked for Brian, and finally we **found** him **sitting** under a tree **eating** an apple.

C

☆ **例文で考えます。see ～ do と see ～ -ing の構文は、どのように異なりますか。**

➤ **I saw him do something = he did something and I saw this.**
「私」は彼の行動の、始めから終わりまですべて見ていました。

☐ He **jumped** over the wall **and ran** away. I saw this.
→ I **saw** him **jump** over the wall and **run** away.（⇒ 彼が壁を飛び越えて走り去るのを見た）
☐ They **went** out. I heard this. → I **heard** them **go** out.

➤ **I saw him doing something = he was doing something and I saw this.**
「私」は彼が何かをしているのを見ましたが、彼の行動の一部しか見ていません。

☐ I saw Tom as I drove by in my car. He **was walking** along the street.
→ I **saw** Tom **walking** along the street.
☐ I heard them. They **were talking**. → I **heard** them **talking**.

両者の違いが重要ではなく、どちらを用いても良い場合もあります。

☐ I've never seen her **dance**. *or* I've never seen her **dancing**.

単純過去形（**I did**）➜ Unit 5　過去進行形（**I was doing**）➜ Unit 6

練習問題

65.1 (　) 内の動詞を適切な形にして空所に入れ、文を完成させなさい。

1 a Tom doesn't have the keys. He *gave* them to Liz. (give)
  b Tom doesn't have the keys. I saw him .... them to Liz. (give)
2 a A car .... outside our house, and then it drove away again. (stop)
  b We heard a car .... outside our house, and then it drove away again. (stop)
3 a Ben gave me the envelope and watched me .... it. (open)
  b Ben gave me the envelope and I .... it. (open)
4 a Sarah is Canadian. I heard her .... she's from Toronto. (say)
  b Sarah is Canadian. She .... she's from Toronto. (say)
5 a A man .... down in the street, so we went to help him. (fall)
  b We saw a man .... down in the street, so we went to help him. (fall)

65.2 あなたと友人は、イラストが表しているように何かに気付きました。それぞれの状況を表す文を完成させなさい。

1 *We saw Kate waiting for a bus* .
2 We saw Allison .... in a restaurant.
3 We saw David and Mary ....
4 We could smell something ....
5 We could hear ....
6 ....

65.3 以下から動詞を選び、適切な形に変えて文を完成させなさい。

crawl cry explode ~~get~~ happen lie put ride say slam ~~stand~~ tell

1 The bus stopped at the bus stop but I didn't see anybody *get* off.
2 I saw two people *standing* outside your house. I don't know who they were.
3 I thought I heard somebody .... "Hi," so I turned around.
4 There was an accident outside my house, but I didn't see it ....
5 Listen. Can you hear a baby .... ?
6 I know you took the key. I saw you .... it in your pocket.
7 We listened to the old man .... his story from beginning to end.
8 Everybody heard the bomb .... It made a huge noise.
9 Oh! I can feel something .... up my leg. It must be an insect.
10 I looked out the window and saw Dan .... his bike along the road.
11 I heard somebody .... a door in the middle of the night. It woke me up.
12 When I got home, I found a cat .... on the kitchen table.

Unit 66

-ing 句 (分詞構文 : He hurt his knee **playing football.**)

A

Kate はキッチンにいます。コーヒーをいれているところです。

- Kate is in the kitchen **making coffee**.
  -ing句
  (⇒ キッチンでコーヒーをいれている)

2つの事柄が同時に生じる時に **-ing** 句を用いることができます。

- A man ran out of the house **shouting**.
  (⇒ 家から飛び出しながら叫んでいた)
- Do something! Don't just stand there **doing nothing**!
- Be careful **crossing the road**. (⇒ 道を渡っている時は)

別の動作を行っている最中に、ある動作が生じる場合、時間的により長い方の動作を **-ing** 句で表します。

- Joe hurt his knee **playing football**. (⇒ サッカーをしている最中に)
- Did you cut yourself **shaving**? (⇒ ひげを剃っている最中に)

同様に **while** や **when** の後に **-ing** 句を置いて表すこともあります。

- Joe hurt his knee **while playing** football.
- Be careful **when crossing** the street. (⇒ 道を渡っている時は)

B

ある動作が別の動作より前に生じた時、最初に起こった動作を having (**done**) の -ing 句で表します。

- **Having found** a hotel, we looked for somewhere to eat.
- **Having finished** her work, she went home.

同じように **after -ing** 句で表すこともできます。after が入ることにより時間的な関係が明確になるので、having (**done**) の -ing 句にする必要はありません。

- **After finishing** her work, she went home.

このような構文は書き言葉で多く使われています。**Having** (done something) や **After** (doing something) を文頭に置く場合、この文末にカンマ (,) を必ず入れます。

- **Having finished her work,** she went home.
  ↑ *comma*

C

-ing 句は「…なので」のように、何かをする理由を表します。この場合 **-ing** 句は文頭に置きます。

- **Feeling tired**, I went to bed early. (⇒ 疲れていたので…)
  -ing句
- **Being** unemployed, he doesn't have much money. (⇒ 失業中なので…)
- **Not having** a car, she finds it difficult to get around. (⇒ 車を持っていないので…)

ある動作が別の動作より前に生じた時、最初に起こった動作を having (**done**) で表します。

- **Having seen** the movie twice, I didn't want to see it again.
  (⇒ すでに 2回見たので…)

このような構文は書き言葉で多く使われています。**-ing** 句 (**Feeling tired** … / **Not knowing** … / **Having seen** … など) を文頭に置く場合、この文末にカンマ(,) を必ず入れます。

- **Not knowing what to do,** I called my friend to ask her advice.

-ing 句と **-ed** 句 ➜ Unit 95

練習問題

66.1 A と B から文を 1つずつ選び、**-ing** 句を用いて適切な文を完成させなさい。

A

1 ~~Kate was in the kitchen.~~
2 Amy was sitting in an armchair.
3 Nicole opened the door carefully.
4 Sarah went out.
5 Kim worked in Rome for two years.
6 Anna walked around the town.

B

She was trying not to make any noise.
She looked at the sights and took pictures.
She said she would be back in an hour.
She was reading a book.
~~She was making coffee.~~
She was teaching English.

1 Kate was in the kitchen making coffee.
2 Amy was sitting in an armchair ……
3 Nicole ……
4 ……
5 ……
6 ……

66.2 (　) 内の語句を正しい順序に並べて、文を完成させなさい。

1 Joe (knee / football / his / hurt / playing) Joe hurt his knee playing football.
2 I (in the rain / wet / got / very / walking)
I ……
3 Lauren (to work / had / driving / an accident)
Lauren ……
4 My friend (off / slipped / a bus / getting / and fell)
My friend ……
5 Emily (trying / her back / a heavy box / to lift / hurt)
Emily ……
6 Two people were (to put out / by smoke / the fire / overcome / trying)
Two people were ……

66.3 **Having ...** + 適切な過去分詞で始まる文を完成させなさい。

1 Having finished her work, Katherine left the office and went home.
2 …… our tickets, we went into the theater and took our seats.
3 …… the problem, I think we'll be able to find a solution.
4 …… he was hungry, Joe now says he doesn't want to eat anything.
5 …… his job recently, James is now unemployed.
6 …… most of his life in New York, Sam has now gone to live in a small town in the country.

66.4 **-ing** または **Not -ing** で始めて 1 文にまとめなさい。「**Having** + 過去分詞」の形にする必要がある場合は、カンマ (,) を忘れずに入れなさい。

1 I felt tired. So I went to bed early.
Feeling tired, I went to bed early.
2 I thought they might be hungry. So I offered them something to eat.
…… I offered them something to eat.
3 Robert is a vegetarian. So he doesn't eat any kind of meat.
…… Robert doesn't eat any kind of meat.
4 I didn't have a phone. So I had no way of contacting anyone.
…… I had no way of contacting anyone.
5 Sarah has traveled a lot. So she knows a lot about other countries.
…… Sarah knows a lot about other countries.
6 I wasn't able to speak the local language. So I had trouble communicating.
…… I had trouble communicating.
7 We had spent almost all our money. So we couldn't afford to stay at a hotel.
…… we couldn't afford to stay at a hotel.

Unit 67

可算名詞と不可算名詞 1

A

☆ 名詞には数えられる可算名詞と、数えられない不可算名詞があります。それぞれはどのように異なりますか。

可算名詞

- I eat **a banana** every day.
- I like **bananas**.

➤ **banana のように「1本、2本」と数えられる形を持つ名詞は可算名詞です。**

可算名詞には単数形 (**banana**) と複数形 (**bananas**) の 2 つの形があります。

可算名詞は **one banana**, **two bananas** などのように数を表す語句とともに用いられることがあります。

不可算名詞

- I eat **rice** every day.
- I like **rice**.

➤ **rice のように一定の形を持たず、袋や茶碗などの容器に入れられている名詞は不可算名詞です。**

不可算名詞には 1 つの形 (**rice**) しかありません。

不可算名詞は数を表す語句とともには用いられません。one rice, two rices などの形はありません。

☆ **例文にはどのような可算名詞と不可算名詞が入っていますか。左右の例文で比較します。**

- Kate was singing **a song**.
- There's **a** nice **beach** near here.
- Do you have **a** $10 **bill**?
- It wasn't your fault. It was **an accident**.
- There are no **batteries** in the radio.
- We don't have enough **cups**.

- Kate was listening to **music**.
- There's **sand** in my shoes.
- Do you have any **money**?
- It wasn't your fault. It was bad **luck**.
- There is no **electricity** in this house.
- We don't have enough **water**.

B

可算名詞

可算名詞の単数形の前には不定冠詞 (**a**/**an**) を置きます。

a beach / **a student** / **an umbrella**

単数可算名詞は、**a**/**an**/**the**/**my** などの語句を前に置き、単独では用いることはありません。

- Do you want **a banana**?
  (× want banana)
- There's been **an accident**.
  (× There's been accident)

複数可算名詞は単独で用いることができます。

- I like **bananas**. (⇒ バナナ全般が好き)
- **Accidents** can be prevented.

不可算名詞

不可算名詞の前には不定冠詞 (**a**/**an**) を置くことはできません。a sand や a rice のような形はありません。
ただし、**a** … **of** を前に置くことがあります。

a bowl / **a packet** / **a grain** of rice

不可算名詞は **the**/**my**/**some** などの語句を置かずに、単独で用いることができます。

- I eat **rice** every day.
- There's **blood** on your shirt.
- Can you hear **music**?

C

可算名詞

複数可算名詞の前に **some** や **any** を置いて「いくつかの～」を表します。

- We sang **some songs**.
- Did you buy **any apples**?

many や (a) **few** は複数可算名詞の前に置いて「多くの～」や「少しの～」などを表します。

- We didn't take **many pictures**.
- I have a **few things** to do.

不可算名詞

不可算名詞の前に **some** や **any** を置いて「いくらかの～」を表します。

- We listened to **some music**.
- Did you buy **any** apple **juice**?

much や (a) **little** は不可算名詞の前に置いて多くの～」や「少しの～／ほとんど～はない」を表します。

- We didn't do **much shopping**.
- I have a **little work** to do.

可算名詞と不可算名詞 2 ➜ Unit 68　**children** / **the children** ➜ Unit 73　**some** と **any** ➜ Unit 83
many/**much**/**few**/**little** ➜ Unit 85

練習問題

67.1 **a/an** が必要であれば、適切な場所に入れなさい。

1 Joe goes everywhere by bike. He doesn't have car. He doesn't have a car.
2 Emily was listening to music when I arrived. OK
3 We went to very nice restaurant last weekend.
4 I brush my teeth with toothpaste.
5 I use toothbrush to brush my teeth.
6 Can you tell me if there's bank near here?
7 My brother works for insurance company.
8 I don't like violence.
9 When we were in Rome, we stayed in big hotel.
10 If you have problem, I'll try and help you.
11 I like your suggestion. It's interesting idea.
12 Can you smell paint?
13 I like volleyball. It's good game.
14 Jessica doesn't usually wear jewelry.
15 Sarah was wearing beautiful necklace.
16 Does this city have airport?

67.2 以下から適切な語を選び、必要に応じて **a/an** を付けて文を完成させなさい。

~~accident~~	**blood**	**coat**	**cookie**	**decision**	**electricity**
ice	**interview**	**key**	**minute**	**~~music~~**	**question**

1 The road is closed. There's been an accident .
2 Listen! Can you hear music ?
3 I couldn't get into the house. I didn't have ....
4 It's very warm today. Why are you wearing .... ?
5 Would you like .... in your drink?
6 Are you hungry? Have .... !
7 Our lives would be very difficult without ....
8 Excuse me, can I ask you .... ?
9 I'm not ready yet. Can you wait ...., please?
10 The heart pumps .... through the body.
11 We can't wait much longer. We have to make .... soon.
12 I had .... for a job yesterday. It went quite well.

67.3 以下から適切な語を選んで空所に入れ、文を完成させなさい。

air	**day**	**friend**	**joke**	**language**	**line**
meat	**patience**	**people**	**~~picture~~**	**space**	**umbrella**

複数形を表す **-s** や、**a/an** が必要になる場合があります。

1 I had a camera with me, but I didn't take any pictures .
2 There are seven .... in a week.
3 A vegetarian is a person who doesn't eat ....
4 Outside the theater there was .... of people waiting to see the movie.
5 I'm not good at telling ....
6 Last night I went out with some .... of mine.
7 There were very few .... in town today. The streets were almost empty.
8 I'm going out for a walk. I need some fresh ....
9 Mike always wants things quickly. He doesn't have much ....
10 I think it's going to rain. Do you have .... I could borrow?
11 How many .... can you speak?
12 Our apartment is very small. We don't have much ....

Unit 68

可算名詞と不可算名詞 2

A

☆ **可算名詞と不可算名詞の両方に当てはまる名詞があります。この場合は、通常、意味が異なります。以下の例文中の可算名詞と不可算名詞は、どのように意味が異なりますか。**

可算名詞

- Did you hear **a noise** just now?
(⇒ 特定の騒音)
- I bought **a paper** to read.
(⇒ 新聞)
- There's **a hair** in my soup!
(⇒ 一本の髪の毛)
- This is **a** nice **room**.
(⇒ 家の中の一部屋)
- I had some interesting **experiences** while I was traveling.
(⇒ 私に起きた様々な出来事)
- Enjoy your trip. Have **a** great **time**!

不可算名詞

- I can't work here. There's too much **noise**. (⇒ 騒音全般)
- I need **some paper** to write on.
(⇒ 字を書くための紙)
- You've got very long **hair**.
(⇒ 頭髪全体, × hairs)
- You can't sit here. There isn't **room**.
(⇒ 空間)
- I was offered the job because I had a lot of **experience**.
(⇒ 経験全般, × experiences)
- I can't wait. I don't have **time**.

coffee/**tea**/**juice**/**beer** などの「飲み物」は通常、不可算名詞です。

- I don't like **coffee** very much.

a coffee (a cup of coffee), **two coffees** (two cups) の形を用いることがあります。

- **Two coffees** and **an orange juice**, please.

B

以下の名詞は通常、不可算名詞として用います。

advice	**bread**	**furniture**	**luggage**	**progress**	**weather**
baggage	**chaos**	**information**	**news**	**scenery**	**work**
behavior	**damage**	**luck**	**permission**	**traffic**	

不可算名詞には、**a/an** を前に置くことはできません。

- I'm going to buy **some bread**. *or* ... **a loaf of bread**. (× a bread)
- Enjoy your vacation! I hope you have good **weather**. (× a good weather)

また、複数形にすることもできません。

- Where are you going to put all your **furniture**? (× furnitures)
- Let me know if you need more **information**. (× informations)

news は -s で終わっていますが不可算名詞です。複数形ではありません。

- The **news was** unexpected. (× The news were)

travel は一般的な「旅行」、**trip** は具体的な体験としての「旅」を意味します。意味は似ていますが、**trip** は可算名詞、**travel** は不可算名詞です。

- They spend a lot of money on **travel**.
- We had a very good **trip**. (× a good travel)

似たような意味を持ちながら、可算名詞と不可算名詞で形が異なる名詞には、次のようなものがあります。

可算名詞

- I'm looking for **a job**.
- What **a** beautiful **view**!
- It's **a** nice **day** today.
- We had a lot of **bags**.
- **These chairs** are mine.
- That's **a** good **suggestion**.
- There were a lot of **cars**.

不可算名詞

- I'm looking for **work**. (× a work)
- What beautiful **scenery**!
- It's nice **weather** today.
- We had a lot of **baggage**/**luggage**.
- **This furniture** is mine.
- That's good **advice**.
- There **was** a lot of **traffic**.

可算名詞と不可算名 1 ➜ Unit 67　イギリス英語 ➜ 付録 7

練習問題

68.1 下線部の正しい方を選び、文を完成させなさい。

1 a The engine is making ~~strange noise~~ / a strange noise. What is it? (a strange noise が正しい)
  b We live near a busy road, so there's a lot of noise / there are a lot of noises.
2 a Light / A light comes from the sun.
  b I thought there was somebody in the house because there was light / a light on inside.
3 a I was in a hurry this morning. I didn't have time / a time for breakfast.
  b We really enjoyed our vacation. We had great time / a great time.
4 a Can I have glass of water / a glass of water, please?
  b Be careful. The window was broken, and there's broken glass / a broken glass on the floor.
5 a We stayed at a hotel. We had very nice room / a very nice room.
  b We have a big garage. There's room / a room for two cars.

68.2 下線部の正しい方を選び、文を完成させなさい。

1 Did you have nice weather / ~~a nice weather~~ when you were away? (nice weather が正しい)
2 We were very unfortunate. We had bad luck / a bad luck.
3 Our travel / trip from Paris to Moscow by train was very tiring.
4 When the fire alarm rang, there was complete chaos / a complete chaos.
5 Bad news don't / doesn't make people happy.
6 There's some lovely scenery / a lovely scenery in this part of the country.
7 I like my job, but it's very hard work / a very hard work.
8 I want to print some documents, but the printer is out of paper / papers.
9 The trip took a long time. There was heavy traffic / a heavy traffic.
10 Your hair is / Your hairs are too long. You should get it / them cut.
11 "What time is / are the news on Channel 2?" "9:00."

68.3 以下から適切な語を選び、必要に応じて複数形にして文を完成させなさい。

advice	damage	experience	furniture	hair
chair	~~luggage~~	experiences	permission	progress

1 We didn't have much ......luggage...... —just two small bags.
2 We have no ...., not even a bed or a table.
3 There is room for everybody to sit down. There are plenty of ....
4 Who is that woman with short ....? Do you know her?
5 Carla's English is better than it was. She's made good ....
6 If you want to take pictures here, you need to ask for ....
7 I didn't know what I should do, so I asked Chris for ....
8 I don't think Dan should get the job. He doesn't have enough ....
9 Kate has done many interesting things. She could write a book about her ....
10 The .... caused by the storm will cost a lot to repair.

68.4 ( ) 内の語を用いて、それぞれの状況に合った文を完成させなさい。

1 Your friends have just arrived at the station. You can't see any cases or bags. You ask:
(luggage) Do ......you have any luggage...... ?
2 You go to a tourist office. You want to know about places to visit in the town. You say:
(information) I'd like ....
3 You are a student. You want your teacher to advise you about which courses to take. You say:
(advice) Can you give .... ?
4 You applied for a job, and you just heard that you were successful. You call Tom and say:
(good news) Hi, Tom. I .... I got the job!
5 You are at the top of a mountain. You can see a very long way. It's beautiful. You say:
(view) It ...., isn't it?
6 You look out the window. The weather is horrible: cold, wet and windy. You say:
(weather) What .... !

Unit 69

可算名詞の前に置く a/an や some の用法

A

☆ **単数可算名詞と複数可算名詞では、直前に置く語が異なります。どのような語が置かれますか。**

単数	a **dog**	a **child**	the **evening**	this **party**	an **umbrella**
複数	**dogs**	some **children**	the **evenings**	these **parties**	two **umbrellas**

➤ **単数可算名詞の前には a/an を置くことができます。**

- Bye! Have **a** nice **evening**.
- Do you need **an umbrella**?

➤ **a/an/the/my/this などの語句を前に置かず、単独で単数可算名詞を用いることはできません。**

- She never wears **a** hat. (× She never wears hat)
- Be careful of **the dog**. (× Be careful of dog)
- What **a** beautiful **day**!
- Did you hurt **your leg**?

B

物や人の種類や一般的な性質を表す場合は、**a/an** + 単数可算名詞を用います。

- That's a **nice table**. (あれは素敵なテーブルです)

種類や一般的な性質は、some や the などを前に置かず、複数可算名詞を単独で用いて表せます。

- Those are **nice chairs**. (× some nice chairs)

以下はいずれも種類や一般的な性質を表しています。

a/an + 単数可算名詞

- A dog is **an animal**.
- I'm **an optimist**.
- My father is **a doctor**.
- Jen is **a really nice person**.
- What **a beautiful dress**!

複数可算名詞

- Dogs are **animals**.
- We're **optimists**.
- My parents are both **doctors**.
- Jen and Ben are really **nice people**.
- What awful **shoes**!

Somebody has **a long nose** / **a nice face** / **blue eyes** / **long fingers** などで、人の外見上の特徴を表します。

- Jack has **a long nose**.
  (× the long nose)
- Jack has **blue eyes**.
  (× the blue eyes)

人の職業も同様に **a/an** + 単数可算名詞で表します。

- Jessica is **a nurse**. (× Jessica is nurse)
- Would you like to be **an English teacher**?

C

複数可算名詞は **some** とともによく用いられます。**some** + 複数可算名詞には以下の 2 つの用法があります。

1)「いくつかの…」のように多くない複数を表します。(= a number of / a few of / a pair of)

- I've seen **some** good **movies** recently. (× I've seen good movies)
- **Some friends** of mine are coming to stay this weekend.
- I need **some** new **sunglasses**. (= a new pair of sunglasses, 1本のサングラス)

上のような some は省略することもできます。

- I need (**some**) new **clothes**.
- The room was empty except for a table and (**some**) **chairs**.

物について限定せずに全般的に記述する際には複数可算名詞を単独で用います。**some** + 複数可算名詞の形は用いません。

- I love **bananas**. (× some bananas)
- My aunt is a writer. She writes **books**. (× some books)

2)「… もある」のように、すべてではないことを表します。

- **Some children** learn very quickly. (⇒ 素早く学ぶ子供もいる)
- Tomorrow there will be rain in **some places**, but most of the country will be dry.

可算名詞と不可算名詞 ➜ Units 67–68　**a/an** と **the** ➜ Unit 70　**some** と **any** ➜ Unit 83

練習問題

69.1 それぞれの名詞が属する種類を枠内から選んで文を完成させなさい。

~~bird(s)~~ flower(s) game(s) insect(s) language(s) planet(s) river(s) tool(s) vegetable(s)

1 an eagle ......It's a bird.......
2 a pigeon, a duck, and a penguin ......They're birds.......
3 carrots and onions ....
4 a tulip ....
5 Earth, Mars, and Jupiter ....
6 chess ....
7 a hammer, a saw, and a screwdriver ....
8 the Nile, the Rhine, and the Mekong ....
9 a mosquito ....
10 Hindi, Arabic, and Swahili ....

69.2 それぞれの人物の職業を以下から選び文を完成させなさい。

chef **interpreter** **journalist** ~~**nurse**~~ **plumber** **surgeon** **tour guide** **waiter**

1 Sarah looks after patients in a hospital. ......She's a nurse.......
2 Tom works in a restaurant. He brings the food to the tables. He ....
3 Emma writes articles for a newspaper. ....
4 Kevin works in a hospital. He operates on people. ....
5 Jonathan cooks in a restaurant. ....
6 Dave installs and repairs water pipes. ....
7 Anna shows visitors around her city and tells them about it. ....
8 Julia translates what people are saying from one language into another so that they can understand each other. ....

69.3 下線部から文法的に正しい方を選びなさい。

1 Most of my friends are students / ~~some students~~. (students が正しい)
2 Are you careful driver / a careful driver?
3 I went to the library and borrowed books / some books.
4 Brian works in a bookstore. He sells books / some books.
5 I've been walking for hours. I have sore feet / some sore feet.
6 I don't feel very well. I have sore throat / a sore throat.
7 What lovely present / a lovely present! Thank you very much.
8 I met students / some students in a cafe yesterday. They were from China.
9 It might rain. Don't go out without umbrella / without an umbrella.
10 People / Some people learn languages more easily than others.

69.4 空所に **a/an** または **some** を入れて文を完成させなさい。何も必要ない場合には – を記入しなさい。

1 I've seen ......some...... good movies recently.
2 Are you feeling all right? Do you have ......a...... headache?
3 I know lots of people. Most of them are ......–...... students.
4 When I was .... child, I was very shy.
5 .... birds—for example, the penguin—cannot fly.
6 Would you like to be .... actor?
7 Questions, questions, questions! You're always asking .... questions!
8 I didn't expect to see you. What .... surprise!
9 Do you like staying in .... hotels?
10 Tomorrow is a holiday. .... stores will be open, but most of them will be closed.
11 Those are .... nice shoes. Where did you get them?
12 You need .... visa to visit .... countries, but not all of them.
13 Kate is .... teacher. Her parents were .... teachers too.
14 I don't believe him. He's .... liar. He's always telling .... lies.

Unit 70

a/an と the

A

☆ **イラスト見て考えましょう。a/an と the は、どのように使い分けられていますか。**

I had **a sandwich** and **an apple** for lunch.
The sandwich wasn't very good, but **the apple** was delicious.

JOE

Joe は、ここで初めてサンドイッチとリンゴについて話題にしているので、**a** sandwich や **an** apple のように言っています。

最初の文で、Joe がすでにサンドイッ チとリンゴについて話題にしているの で、**the** sandwich や **the** apple のように言っています。聞き手は、それがどのサンドイッチやリンゴを指しているか (Joe が昼に食べたサンドイッチとリンゴ) 理解しています。

初めて話題にする事物には **a** が付いていますが、2 回目以降には **the** が付いています。

- **A man** and **a woman** were sitting across from me. **The man** was American, but I think **the woman** was British.
- When we were on vacation, we stayed in **a hotel**. Sometimes we ate at **the hotel** and sometimes we went to **a restaurant**.

B

具体的な物や人を特定して表現する場合には **the** を、しない場合には **a/an** を用います。

- Tim sat down on **a chair**. (⇒ 具体的にどの椅子かは特定していない)
  Tim sat down on the chair nearest the door. (⇒ドアに一番近゜い椅子)
- Do you have **a car**? (⇒ 具体的にどの車かは特定していない)
  I cleaned **the car** yesterday. (⇒ 状況から「自分の車、例の車」のように特定できる)

人や物がどのような性質を持っているか述べる場合、**a/an** を用います。

- We stayed in **a very cheap hotel**. (⇒ どのようなホテルか)
  The hotel where we stayed was very cheap. (⇒ 特定のホテル)

C

全体の状況から、何を指しているかが話し手にも聞き手にも明らかな場合には **the** を用います。例えば、**the light** / **the floor** / **the ceiling** / **the door** / **the carpet** などは、いずれも「部屋」の中にあるものを指しています。

- Can you turn off **the light**, please? (⇒ この部屋にある「照明」)
- I took a taxi to **the station**. (⇒ その街にある「駅」)
- (店内で) I'd like to speak to **the manager**, please. (⇒ この店の「店長」)

同様に (go to) **the bank** / **the post office** のような形もよく用います。

- I have to go to **the bank**, and then I'm going to **the post office**.
  (⇒ 話し手が利用している特定の「銀行」や「郵便局」)

同様に (go to) **the doctor** / **the dentist** / **the hospital** のような形もよく用います。

- Mary isn't feeling well. She went to **the doctor**. (⇒ Mary がいつも利用する病院の「医師」)
- Two people were taken to **the hospital** after the accident.

☆ **例文で考えましょう。the と a が付いた名詞句は、どのように異なりますか。**

- I have to go to **the bank** today. (⇒ いつもの銀行に行かなくてはならない)
  Is there **a bank** near here? (⇒ 近くに銀行はありますか。どの銀行でもよい)
- I don't like going to **the dentist**.
  My sister is **a dentist**.

D

a/an は、once **a week** / three times **a day** / $1.50 **a pound** のように、単位を表す名詞の前に「…毎に」を表します。

- I go to the movies about once **a month**. (⇒ 月に 1 度)
- "How much are those potatoes?" "$3.20 **a pound**."
- Natalie works eight hours **a day**, six days **a week**.

a/an ➜ Unit 69 **the** ➜ Units 71–76

練習問題

70.1 空所に **a/an** または **the** を入れて、文を完成させなさい。

1 This morning I bought ...a... book and .... magazine. .... book is in my bag, but I can't remember where I put .... magazine.
2 I saw .... accident this morning. .... car crashed into .... tree. .... driver of .... car wasn't hurt, but .... car was badly damaged.
3 There are two cars parked outside: .... blue one and .... gray one. .... blue one belongs to my neighbors. I don't know who .... owner of .... gray one is.
4 My friends live in .... old house in .... small town. There is .... beautiful yard behind .... house. I would like to have .... yard like that.

70.2 空所に **a/an** または **the** を入れて、文を完成させなさい。

1 a This house is very nice. Does it have ...a... yard?
  b It's a beautiful day. Let's sit in .... yard.
  c I like living in this house, but it's a shame that .... yard is so small.
2 a Can you recommend .... good restaurant?
  b We had dinner in .... very nice restaurant.
  c We had dinner in .... best restaurant in town.
3 a What's .... name of that man we met yesterday?
  b We stayed at a very nice hotel—I can't remember .... name now.
  c My neighbor has .... French name, but in fact she's English, not French.
4 a Did Kim get .... job she applied for?
  b It's not easy to get .... job right now.
  c Do you enjoy your work? Is it .... interesting job?
5 a "Are you going away next week?" "No, ... week after next."
  b I'm going away for .... week in September.
  c Charlie has a part-time job. He works three mornings .... week.

70.3 必要に応じて、文中の名詞に **a/an** または **the** を付けなさい。

1 Would you like apple? ...Would you like an apple?...
2 How often do you go to dentist? ....
3 Can you close door, please? ....
4 I have problem. I need your help. ....
5 How far is it from here to bus station? ....
6 I'm going to post office. I won't be long. ....
7 Paul plays tennis. He's very good player. ....
8 There isn't airport near where I live. ....
9 Nearest airport is 70 miles away. ....
10 There were no chairs, so we sat on floor ....
11 Have you finished book I lent you? ....
12 Chris just got job in bank in Zurich. ....
13 We live in small apartment downtown. ....
14 There's store at end of street I live on. ....

70.4 **once a week / three times a day** などの表現を用いて、自分のことについて答えなさい。

1 How often do you go to the movies? ...Three or four times a year...
2 How often do you go to the movies? ....
3 How often do you go away on vacation? ....
4 How long do you usually sleep? ....
5 How often do you go out in the evening? ....
6 How many hours of TV do you watch (on average)? ....
7 What's the usual speed limit in towns in your country? ....

➜ 補足練習問題 30 (p. 314)

Unit 71

the の用法 1

A

1 つしか存在しないと考えられる物には **the** を付けます。

- Have you ever crossed **the equator**? (⇒ 赤道は1つ)
- Our apartment is on **the tenth floor.**
- Buenos Aires is **the capital of Argentina**.
- I'm going away at **the end of this month.**

THE EQUATOR →

the + **best**, **oldest** などで最上級が作られます。

- What's **the longest river in Europe?**

the と **a/an** (Units 69–70 を参照)

- **The sun** is **a star**. (⇒ 太陽は星である)
- **The hotel** where we stayed was **a very old hotel**. (⇒ 滞在したホテルはとても古かった)
- We live in **an apartment** on **the tenth floor.**
- What's **the best way** to learn **a language?**

B

same (同じ～)の前には **the** を置きます。

- Your sweater is **the same** color as mine. (⇒ 私と同じ色) (× is same color)
- "Are these keys **the same**?" "No, they're different."

C

the world	**the sun**	**the earth**	**the sea**	**the ground**
the universe	**the moon**	**the sky**	**the ocean**	**the country** (⇒ 田舎)

上のような語には通常 **the** が付きます。

- I love to look at stars in **the sky**. (× in sky)
- Do you live in a city or in **the country**?
- **The earth** goes around **the sun**, and **the moon** goes around **the earth**.

「宇宙にある惑星」として地球(**Earth**)を述べる場合は、**Mars** (火星)や **Jupiter**(木星)などと同様に **the** は付きません。

- Which other planet is closest to **Earth?**

「宇宙」を意味する **space** には **the** が付きません。

- There are millions of stars **in space**. (⇒ 宇宙には) (× in the space)
- I tried to park my car, but **the space** was too small. (⇒ 空間/スペース)

D

(go to) **the movies** / **the theater** (映画/劇場に行く)のように、the が付いてもどれであるかをはっきり示さない場合があります。

- I go to **the movies** a lot, but I haven't been to **the theater** for ages.

「映画にはよく行くが、劇場には長いこと行っていない」という意味で、実際にある具体的な映画館や劇場を特定していません。

「ラジオ(放送)」は **the radio** のように **the** が付きますが「テレビ(放送)」は **TV** や **television** のように **the** は付きません。

- I watch **TV** a lot, but I don't listen to **the radio** much. *but*
  Can you turn off **the television**, please?

「テレビ受像機」を意味する場合には、**the television** のように **the** が付きます。

The Internet

- **The Internet** has changed the way we live.

E

breakfast/**lunch**/**dinner** などの食事の名前には **the** を付けません。

- What did you have for **breakfast**?
- We had **lunch** in a very nice restaurant.

食事の名前に形容詞がある場合には、**a big** lunch, **a wonderful** dinner, **an early** breakfast などのように a が付きます。

- We had **a** very **nice lunch**. (× We had very nice lunch)

F

size 43, Platform 5 など数の形の前には **the** を付けません。

- Our train leaves from **Platform 5**. (× the platform 5)
- 〔店内で〕Do you have these shoes in **size 9**? (× the size 9)

同様に、以下の場合にも **the** は付きません。

Room 126 (ホテルの部屋), **page 29** (本のページ), **vitamin A**, **section B** など

a/an → Unit 69 **a/an** と **the** → Unit 70 **the** の用法 2–4 → Units 72–74
the の付く固有名詞/付かない固有名詞 → Units 75–76

練習問題

71.1 空所に **the** または **a** を入れて、対話を完成させなさい。何も入れる必要がない場合は – を記入しなさい。

1 A: Our apartment is on ..the.. tenth floor.
  B: Is it? I hope there's .... elevator.
2 A: Did you have .... nice vacation?
  B: Yes, it was .... best vacation I've ever had.
3 A: Where's .... nearest drugstore?
  B: There's one at .... end of this street.
4 A: It's .... beautiful day, isn't it?
  B: Yes, there isn't .... cloud in .... sky.
5 A: We spent all our money because we stayed at .... most expensive hotel in town.
  B: Why didn't you stay at .... cheaper hotel?
6 A: Would you like to travel in .... space?
  B: Yes, I'd love to go to .... moon.
7 A: What did you think of .... movie last night?
  B: It was OK, but I thought .... ending was a bit strange.
8 A: What's Jupiter? Is it .... star?
  B: No, it's .... planet. It's .... largest planet in .... solar system.

71.2 下線部から文法的に正しい方を選びなさい。

1 I haven't been to ~~movies~~ / the movies for ages. (the movies が正しい)
2 Sarah spends most of her free time watching TV / the TV.
3 Do you ever listen to radio / the radio?
4 Television / The television was on, but nobody was watching it.
5 Have you had dinner / the dinner yet?
6 It's confusing when two people have same name / the same name.
7 What do you want for breakfast / for the breakfast?
8 Fruit is an important source of vitamin C / the vitamin C.
9 This computer is not connected to Internet / the Internet.
10 I lay down on ground / the ground and looked up at sky/ the sky.
11 Next train / The next train to London leaves from Platform 3 / the Platform 3.

71.3 **a** または **the** を適切な場所に入れ、文を書き直しなさい。**a** と **the** の用法については **Units 69-70** を参照しなさい。

1 Sun is star. ..The sun is a star..
2 I'm fed up with doing same thing every day. ....
3 Room 25 is on second floor. ....
4 It was very hot day. It was hottest day of year. ....
5 We had lunch in nice restaurant by ocean. ....
6 What's playing at movies this week? ....
7 I had big breakfast this morning. ....
8 You'll find information you need at top of page 15. ....

71.4 以下から適切な語句を選び、必要に応じて **the** を付けて文を完成させなさい。

breakfast **gate** **Gate 24** ~~**lunch**~~ **movies** **ocean** **question** **question 3**

1 I'm hungry. It's time for ..lunch.. .
2 There was no wind, so .... was very calm.
3 Most of the questions on the test were OK, but I couldn't answer ....
4 "I'm going to .... tonight." "Really? What are you going to see?"
5 I'm sorry, but could you repeat ...., please?
6 I didn't have .... this morning because I was in a hurry.
7 (空港の放送で) Flight AB123 to Rome is now boarding at ....
8 I forgot to shut .... Can you shut it for me?

➜ 補足練習問題 30 (p. 314)

Unit 72

the の用法 2 (school / the school など)

A

☆ イラストを見て考えましょう。school と the school は、どのように異なりますか。

Emily is 10 years old. Every day she goes **to school**. She's **at school** now. **School** starts at 9:00 and finishes at 3:00.

➤ **Emily は学校に通う生徒です。Emily について「学校に通っている」や「(学習のため) 学校にいる」のように、学校本来の目的に関連して考える場合、She goes to school. や She is in school now. のように無冠詞にします。この場合、特定の学校を意味しません。**

Today Emily's mother wants to speak to her daughter's teacher. So she has gone to **the school** to see her. She's at **the school** now.

➤ **Emily のお母さんは生徒ではないため「(学習のため) 学校」にいるわけではありません。お母さんがEmily の先生に会うために学校に行く場合は、She goes to the school. のように the が付きます。the school は「Emily の学校」や「特定の校舎」を意味します。**

B

college, **class**, **church**, **prison/jail** についても同じように用います。場所や本来の目的を特定せず、全般的に考える場合は **the** は付けません。

- When I finish **school**, I plan to go to **college**. (⇒ 学生として)
- I went to **the college** to meet Professor Thomas. (⇒ 教授を訪問しただけで、大学に通ってはいない)
- I was **in class** for five hours today. (⇒ 授業に出ていた)
- Who is the youngest student in **the class**? (⇒ そのクラスの中で)
- Sarah's father goes **to church** every Sunday. (⇒教会に通う)
- Some workers went to **the church** to repair the roof. (⇒ 屋根を修理しただけで、教会に通ってはいない)
- Matt's brother is **in prison** for robbery. (⇒ 彼は刑務所で服役している。どの刑務所かは特定していない)
- Matt went to **the prison** to visit his brother. (⇒ Matt は刑務所を訪ねただけ。「兄のいる刑務所」のように特定できる)

上で述べた以外で場所を表す語には、**the hospital**, **the train station**, **the bank** などがあり、**the** を付けて用いられます。(**Units 70C, 71D** を参照)

C

go to bed / **be in bed** のように「寝る／寝転んで」というベッドが持つ本来の目的を表している場合は、**the** は付けません。(× go to the bed, × be in the bed)

- I'm going **to bed** now. Good night!
- Do you ever have breakfast **in bed**?
- ⇔ I sat down on **the bed**. (⇒ そのベッドに)

go to work / **be at work** / **start work** / **finish work** のように「働く／仕事をする」などに関連した意味を持つ場合は、**the** は付けません。

- Chris didn't go to **work** yesterday.
- What time do you usually finish **work**?

go home / **come home** / **arrive home** / **get home** / **be** (**at**) **home** / do something **at home** のように「帰宅する／家にいる」などを表す場合は、**the** は付けません。

- It's late. Let's go **home**.
- I don't leave the house for work. I work **at home**.

the ➜ Units 70–71, 73–76　前置詞 (**at school** / **in the hospital** など) ➜ Units 120–122
home ➜ Unit 123C　イギリス英語 ➜ 付録 7

練習問題

72.1 空所に **school** または **the school** を入れて文を完成させなさい。

1 Why aren't your children in ......school...... today? Are they sick?
2 When he was younger, Ben hated .... , but he enjoys it now.
3 There were some parents waiting outside .... to meet their children.
4 What time does .... start in the morning?
5 How do your children get to and from .... ? Do you take them?
6 What was the name of .... you attended?
7 What does Emily want to do when she leaves .... ?
8 My children walk to .... isn't very far.

72.2 下線部から文法的に正しい方を選びなさい。

1 a Where is ~~college~~ / the college? Is it near here? (the college が正しい)
b Josh left school and got a job. He didn't want to go to college / the college.
c In your country, what proportion of the population go to college / the college?
d This is a small town, but college / the college is the biggest in the country.

2 a The professor isn't in his office right now. He's in class / the class.
b The teacher asked the students to turn off their cell phones in class / the class.
c I'll buy the textbook on my way to class / the class this afternoon.
d Not even the best student in class / the class could answer the question.

3 a Why is she in prison / the prison? What crime did she commit?
b There was a fire at prison / the prison. Firefighters were called to put it out.
c Do you think too many people are sent to prison / the prison?

4 a John's mother is a regular churchgoer. She goes to church / the church every Sunday.
b John himself doesn't go to church / the church.
c The village is very nice. You should visit church / the church. It's interesting.

72.3 右の枠内から適切な語句を選んで空所に入れ、文を完成させなさい。。

bed
the bed
in bed
~~**home**~~
home
at home
like home
work
to work
after work

1 How did you get ......home...... after the party?
2 How do you usually go .... in the morning? By bus?
3 Sam likes to go to .... early and get up early.
4 I don't have my phone. I left it ....
5 "Have you seen my keys?" "Yes, they're on ...."
6 Should we meet .... tomorrow evening?
7 I like to read .... before going to sleep.
8 It was a long, tiring trip. We arrived .... very late.
9 Tom usually finishes .... at 5:00.
10 It's nice to travel around, but there's no place ....

72.4 **at/in/to** の後に **class, school** などの以下の語を用いて文を完成させなさい。

~~**bed**~~	**bed**	**class**	**college**	**home**	**prison**	**school**	**work**

1 Jen is ......in bed...... . She's not feeling well.
2 In your country, at what age do children have to start going .... ?
3 Nick didn't go out last night. He stayed ....
4 There is a lot of traffic in the morning when people are going ....
5 When Jessica finishes high school, she wants to go ....
6 Ben never gets up before 9:00. It's 8:30 now, so he is still ....
7 Kate is a good student. She goes .... every day.
8 If people commit crimes, they may end up ....

→ 補足練習問題 30 (p. 314)

Unit 73

the の用法 3 (children / the children など)

A

物や人を全般的に話題にする場合、複数可算名詞や不可算名詞に **the** を付けずに単独で用います。

- I'm afraid of **dogs**. (× the dogs)
  (⇒ 全般的に犬が怖い。一部の犬に限ったことではない)
- **Doctors** are usually paid more than **teachers**.
- Do you know anybody who collects **stamps**?
- **Life** has changed a lot in the last thirty years. (× The life)
- Do you like **classical music**/**Chinese food**/**fast cars**?
- My favorite sport is **football**/**skiing**/**athletics**.
- My favorite subject in high school was **history**/**physics**/**English**.

most people / **most** stores / **most** big cities などのように、特定せずに「たいていの…」を表す場合は **the** は 付けません。

- **Most stores** accept credit cards. (× The most stores)

B

物や人について具体的に特定する場合には the を付けます。

☆ **例文で考えましょう。the のない形とある形は，どのように異なりますか。**

➤ the を付けない：物や人を全般的に話題にする

- **Children** learn from playing.
  (⇒ 単独の複数可算名詞。子供というものは…子供全般)
- I couldn't live without **music**.
- All **cars** have wheels.
- **Sugar** isn't very good for you.
  (⇒ 単独の不可算名詞。砂糖というものは…)
- Do **Americans** drink a lot of tea?
  (⇒ アメリカ人全般)

➤ the を付ける：物や人について具体的に特定する

- We took **the children** to the zoo.
  (⇒ どの子供か特定できる。おそらく「話し手の子供」)
- The movie wasn't very good, but I liked **the music**. (⇒ その映画の音楽)
- All **the cars in this parking lot** belong to people who work here.
- Can you pass **the sugar**, please?
  (⇒ そのテーブルの上の砂糖)
- Do **the Americans you know** drink a lot of tea?
  (⇒ あなたの知っているアメリカ人。アメリカ人全般を指していない)

C

示しているのが「物や人全般」なのか「特定された物や人」なのか明確ではない場合があります。特定していない場合には **the** は付きません。

the を付けずに物や人全般を指し示す

- I like working with **people**.
  (⇒人全般)
- I like working with **people who say what they think**. (⇒ 自分の意見を言う人たち。すべての人を意味しないが、具体的にどの人々かは特定していない)
- Do you like **coffee**?
  (⇒ コーヒー全般)
- Do you like **strong black coffee**?
  (⇒ 濃いブラックコーヒー。具体的にどのコーヒーかは特定していない)

the を付けて複数の物や人について具体的に特定する

- I like **the people I work with**.
  (⇒ 私が一緒に仕事をしている人たち。どの人か具体的に特定している)
- **The coffee we had after dinner** wasn't very good.
  (⇒ 夕食後に飲んだコーヒー)

the 1–2 ➜ Units 71–72　**the** + 形容詞 (**the old** / **the Japanese** など) ➜ Unit 74

練習問題

73.1 まず、以下から自由に語を 4 つ選びなさい。

bananas	**boxing**	**cats**	**crowds**	**fast food**	**horror movies**
~~**hot weather**~~	**math**	**opera**	**snow**	**supermarkets**	**zoos**

次に、以下の表現と上の語を組み合わせて、自分のことを記述する文を作りなさい。

I like ... / I don't like ... **I think ... is/are ...** **I don't mind ...**
I love ... / I hate ... **I'm (not) interested in ...**

1 I don't like hot weather very much.
2 ......
3 ......
4 ......
5 ......

73.2 下線部から文法的に正しい方を選びなさい。

1 a Apples / ~~The apples~~ are good for you. (Apples が正しい)
b Look at apples / the apples on that tree. They're very big.
2 a Who are people / the people in this picture?
b It annoys me when people / the people throw trash on the ground.
3 a My memory isn't good. I'm not good at remembering names / the names.
b What were names / the names of those people we met last night?
4 a First World War / The First World War began in 1914 and ended in 1918.
b A pacifist is somebody who is against war / the war.
5 a He's lazy. He doesn't like hard work / the hard work.
b Did you finish work / the work you were doing yesterday?

73.3 以下から適切な語を選んで文を完成させなさい。必要に応じて **the** を付けなさい。

~~(the) **basketball**~~	(the) **grass**	(the) **patience**	(the) **people**
(the) **questions**	(the) **meat**	~~(the) **information**~~	(the) **hotels**
(the) **biology**	(the) **water**	(the) **spiders**	(the) **lies**

1 My favorite sport is basketball .
2 The information we were given wasn't correct.
3 Some people are afraid of ....
4 A vegetarian is somebody who doesn't eat ....
5 The test wasn't hard. I answered ...... without any problem.
6 Do you know ...... who live in the apartment next to yours?
7 ...... is the study of the plants and animals.
8 It's better to tell the truth. Telling ...... often causes problems.
9 We couldn't find anywhere to stay in the town. ...... were all full.
10 Don't swim in this pool. ...... doesn't look very clean
11 Don't sit on .... It's wet after the rain.
12 You need ...... to teach young children.

73.4 下線部から文法的に正しい方を選びなさい。

1 Dan is very good at telling stories / the stories.
2 I can't sing this song. I don't know words / the words.
3 Don't stay in that hotel. It's noisy and rooms / the rooms are very small.
4 I don't have a car, so I use public transportation / the public transportation most of the time.
5 All books / All the books on the top shelf belong to me.
6 Life / The life is strange sometimes. Some very strange things happen.
7 We enjoyed our vacation. Weather / The weather was good.
8 Everybody needs water / the water to live.
9 I don't like films / the films with unhappy endings.

→ **補足練習問題 30** (p. 314)

Unit 74

the の用法 4 (the giraffe / the telephone / the old など)

A

☆ **例文で考えましょう。the + 単数可算名詞は何を表しますか。**

◯ **The giraffe** is the tallest animal.
◯ **The bicycle** is an excellent means of transportation.
◯ When was **the camera** invented?
◯ **The dollar** is the currency of the United States.

➤ ここでの the giraffe は「種族としてのキリン／キリンという動物」を表し、実在する 1 頭のキリンを指しているわけではありません。the + 単数可算名詞は、動物の種族や機械などの種類を表します。

同様に、楽器の前に **the** を置いて「…という楽器」のように全体を表します。

◯ Can you play **the** guitar?
◯ **The** piano is my favorite instrument.

☆ **a + 単数可算名詞と the + 単数可算名詞とは、どのように異なりますか。**

◯ I'd like to have **a piano**. ⇔ I can't play **the piano**.
◯ We saw **a giraffe** at the zoo. ⇔ **The giraffe** is my favorite animal.
➤ どれでもよいから「1つの…」 **➤「…という楽器 / 動物」**

B

the old, **the rich** など

the + 形容詞:「〜である人々」を表します。以下のような表現がよく用いられます。

the old	**the rich**	**the homeless**	**the sick**
the elderly	**the poor**	**the unemployed**	**the injured**

the old は old people (お年寄りたち)、**the rich** は rich people (お金持ち) などを表します。

◯ Do you think **the rich** should pay higher taxes?
◯ We need to do more to help **the homeless**.

the + 形容詞は常に複数の人々を表します。(× the poors / × the youngs)

単数形で表したい場合は以下のように a を用います。

a rich **man** (× a rich) **a** homeless **person** (× a homeless)

C

the French, **the Chinese** など

語尾が **-ch** または **-sh** で終わる国籍の前に **the** を置き「〜の人々／〜国人」のようにその国に属する国民全体を表します。

the French **the Dutch** **the British** **the English** **the Spanish**

常に複数形の意味を持ち、ある国の国民全体を指します。

◯ **The French** are famous for their food. (⇒ フランス人は料理で…)

単数形は、a French / an English などの表現は用いず、以下のように表現します。

◯ I met **a** French **woman** / **an** English **guy**.

語尾が **-ese** または **-ss** で終わる国籍についても以下の例のように、**the** を前に置きます。

the Chinese **the Portuguese** **the Swiss** この場合は、**a Chinese** / **a Swiss** のように単数形で表すことができます。

-s で終わる複数形を持つ国籍の場合、**the** は前に置きません。

an Italian → **Italians** a Mexican → **Mexicans** a Thai → **Thais**

◯ **Italians** / **Mexicans** / **Thais** are very friendly.

形容詞 + **people** の形は、すべての状況において用いることができます。

◯ **French** / **Chinese** / **Mexican** people are very friendly.

a/an と the ➜ Unit 70 the ➜ Units 71–73 the の付く固有名詞、付かない固有名詞 ➜ Units 75–76

練習問題

74.1 以下から適切な語を選び、質問に答えなさい。**the** を必ず付けなさい。

1

Animals	
tiger	elephant
rabbit	cheetah
giraffe	kangaroo

2

Birds	
eagle	penguin
swan	owl
parrot	pigeon

3

Inventions	
telephone	wheel
telescope	laser
helicopter	typewriter

4

Currencies	
dollar	peso
euro	rupee
ruble	yen

1 a Which of the animals is the tallest? ......the giraffe......
  b Which animal can run the fastest? ....
  c Which of these animals is found in Australia? ....
2 a Which of these birds has a long neck? ....
  b Which of these birds cannot fly? ....
  c Which bird flies at night? ....
3 a Which of these inventions is the oldest? ....
  b Which one is the most recent? ....
  c Which one was especially important for astronomy? ....
4 a What is the currency of India? ....
  b What is the currency of Canada? ....
  c And the currency of your country? ....

74.2 空所に **the** または **a** を入れて、文を完成させなさい。

1 When was ......the...... telephone invented?
2 Can you play .... musical instrument?
3 Jessica plays .... violin in an orchestra.
4 There was .... piano in the corner of the room.
5 I wish I could play .... piano.
6 Our society is based on .... family.
7 Tony comes from .... large family.
8 .... computer has changed the way we live.
9 When was .... bicycle invented?
10 Do you have .... car?

74.3 以下から適切な形容詞を選び、**the** の後に置いて文を完成させなさい。

elderly **injured** **rich** **sick** **unemployed** ~~**young**~~

1 ......The young...... have the future in their hands.
2 Jennifer is a nurse. She's spent her life caring for ....
3 Life is all right if you have a job, but things are hard for ....
4 Ambulances arrived at the scene of the accident and took .... to the hospital.
5 More and more people are living longer. How are we going to care for .... ?
6 It's nice to have lots of money, but .... have their problems too.

74.4 以下の国の人について、単数形と複数形で記入しなさい。

	単数形 (a/an ...)	複数形
1 Canada	a Canadian	Canadians
2 Germany	....	....
3 France	....	....
4 Russia	....	....
5 Japan	....	....
6 Brazil	....	....
7 England	....	....
8 And your country	....	....

Unit 75

the の付く固有名詞、付かない固有名詞 1

A

人名(Nicole, Nicole Taylor など)には **the** を付けません。
これと同様に、以下のように地名にも **the** は付けません。

大陸	**Africa** (× the Africa), **South America**
国/州など	**France** (× the France), **Japan**, **Texas**
島	**Sicily**, **Tasmania**
都市/町など	**Cairo**, **Bangkok**

一方、**Republic** (共和国)、**Kingdom** (王国)、**States** (州) を含む国名には **the** が付きます。

the Czech **Republic** **the** United **Kingdom** (**the** UK)
the Dominican **Republic** **the** United **States** of America (**the** USA)

☆ **the の使い方は、同じ国名でもどのように異なりますか。**

- Have you been to **Canada** or **the United States**?

B

Mr./Ms./Captain/Doctor など + 人名の形では、**the** は付けません。

Mr. Johnson / **Doctor** Johnson / **Captain** Johnson / **President** Johnson など (× the ...)
Uncle Robert / **Saint** Catherine / **Queen** Catherine など (× the ...)

☆ **the の使い方は、doctor の場合どのように異なりますか。**

- We called **the doctor**.
  We called **Doctor** Johnson. (× the Doctor Johnson)

Mount (= mountain)/**Lake** + 地名の形でも同様に、**the** は付けません。

Mount Everest **Mount** Etna **Lake** Superior **Lake** Victoria

- They live near **the lake**. (⇒ その湖の近く)
  They live near **Lake Superior**. (× the Lake Superior)

C

大洋、海、川、湾、運河の名前には **the** が付きます。

the Atlantic (Ocean) **the** Red Sea **the** Amazon
the Indian Ocean **the** Gulf of Mexico **the** Nile
the Mediterranean (Sea) **the** Suez canal

砂漠の名前にも the が付きます。

the Sahara (Desert) **the** Gobi Desert

D

「〜家の人々」を表す人名の複数形や, 複数形で終わる地名には **the** が付きます。

人	**the** Taylor**s** (Taylor家), **the** Johnson**s**
国	**the** Netherland**s**, **the** Philippine**s**, **the** United State**s**
諸島	**the** Canarie**s** (or **the** Canary Island**s**), **the** Bahama**s**,
山脈	**the** Ande**s**, **the** Alp**s**, **the** Ural**s**

- The highest mountain in **the Andes** is (**Mount**) **Aconcagua**. (⇒ アンデス山脈、アコンカグア山)

E

☆ **the の使い方はどのように異なりますか。**

the north (of Brazil) ⇔ **northern** Brazil (⇒ the は付きません)
the southeast (of Spain) ⇔ **southeastern** Spain

➤ **north (北)や southeast (南東)のような方角を表す名詞には the が付きますが、northern (北の), southeastern (南東の)のような形容詞には the は付きません。**

- Sweden is in **northern Europe**; Spain is in **the south**.

一方、地域名や国名中に生じた **north/south** などの方角を表す名詞には **the** が付きません。

North America **South Africa** **Southeast Asia**

地図上では、固有名詞に付けられた **the** は表記されていません。

the の付く固有名詞, 付かない固有名詞 2 ➜ **Unit 76**

練習問題

75.1 下線部から文法的に正しい方を選びなさい。

1 Who is Doctor Johnson / ~~the Doctor Johnson~~? (Doctor Johnson が正しい)
2 I was ill. Doctor / The doctor told me to rest for a few days.
3 Doctor Thomas / The Doctor Thomas is an expert on heart disease.
4 I'm looking for Professor Brown / the Professor Brown. Do you know where she is?
5 In the United States, president / the president is elected for four years.
6 President Kennedy / the President Kennedy was assassinated in 1963.
7 The officer I spoke to at the police station was Inspector Roberts / the Inspector Roberts.
8 Do you know Wilsons / the Wilsons? They're a very nice couple.
9 Julia spent three years as a student in United States / the United States.
10 France / the France has a population of about 66 million.

75.2 必要に応じて文中の名詞句に **the** を入れなさい。**the** を入れる必要がない場合もあります。

1 Mount Everest was first climbed in 1953. OK
2 Milan and Turin are cities in north of Italy. in the north of Italy
3 Africa is much larger than Europe. ....
4 Last year I visited Mexico and United States. ....
5 Southern England is warmer than north. ....
6 Thailand and Cambodia are in Southeast Asia. ....
7 Chicago is on Lake Michigan. ....
8 Next year we're going skiing in Swiss Alps. ....
9 UK consists of Great Britain and Northern Ireland. ....
10 Seychelles are a group of islands in Indian Ocean. ....
11 I've never been to South Africa. ....
12 Volga River flows into Caspian Sea. ....

75.3 地理に関するそれぞれの質問の答えを以下から選び、必要があれば **the** を入れた形を記入しなさい。すべての地名や国名を選択する必要はありません。

Continents	*Countries*	*Oceans and Seas*	*Mountains*	*Rivers and Canals*	
Africa	Canada	~~Atlantic~~	Alps	Amazon	Rhine
Asia	Denmark	Indian Ocean	Andes	Danube	Thames
Australia	Indonesia	Pacific	Himalayas	Mississippi	Volga
Europe	Sweden	Black Sea	Rockies	Nile	
North America	Thailand	Mediterranean	Urals	Suez Canal	
South America	United States	Red Sea		Panama Canal	

1 What do you have to cross to travel from Europe to America? the Atlantic
2 Where is Argentina? ....
3 What is the longest river in Africa? ....
4 Of what country is Stockholm the capital? ....
5 Of what country is Washington D.C. the capital? ....
6 What is the name of the mountain range in the west of North America? ....
7 What is the name of the sea between Africa and Europe? ....
8 What is the smallest continent in the world? ....
9 What is the name of the ocean between North America and Asia? ....
10 What is the name of the ocean between Africa and Australia? ....
11 What river flows through London? ....
12 What river flows through Vienna, Budapest and Belgrade? ....
13 Of what country is Bangkok the capital? ....
14 What joins the Atlantic and Pacific Oceans? ....
15 What is the longest river in South America? ....

Unit 76

the の付く固有名詞、付かない固有名詞 2

A

the の付かない固有名詞

city street (通り) / road (道路) / square (広場) / park (公園) などの固有名詞には、通常は **the** は付きません。

Union Street (× the ...) **Fifth Avenue** **Central Park**
Wilshire Boulevard **Broadway** **Times Square**

空港、駅、大学のように、重要な公共建築物や施設の名前は、以下のように 2 語から成る場合があります。

Manchester Airport **Harvard University**

上の例では、最初の語は Manchester のような地名や Harvard のような人名を表します。このような場合 には **the** は付きません。同様な構造を持ち、the を付けない固有名詞には次のようなものがあります。

Penn Station (× the ...) **Grace Cathedral** **Hearst Castle**
Iolani Palace **Stanford University** **Boston Harbor**

☆ **同じ地名でも、the はどのように異なりますか。**

Buckingham Palace (× the ...) ⇔ **the Royal Palace**
(Royal は形容詞で、Buckingham のような地名ではないことに注意)

B

上のセクション **A** 以外の建築物や施設の名前には、通常は **the** が付きます。

ホテル	**the** Sheraton **Hotel**, **the** Hilton
劇場／映画館	**the** Palace Theater, **the** Odeon (⇒ 映画館)
美術館／ギャラリー	**the** Guggenheim Museum, **the** National Gallery
その他の建築物／橋	**the** Empire State Building, **the** White House, **the** Eiffel Tower

施設の種類を表す名詞はよく省略されます。

the Sheraton (Hotel) **the Palace** (Theater) **the Guggenheim** (Museum)

the + 名詞だけで表される固有名詞もあります。

the Acropolis **the Kremlin** **the Pentagon**

C

of を含む固有名詞には、通常 **the** が付きます。

the Bank **of** New York **the** Museum **of** Modern Art
the Great Wall **of** China **the** Tower **of** London

☆ **いずれも大学名を表しますが、どのような場合に the が付きますか。**

the University **of** Michigan ⇔ **Michigan State University** (⇒ **the** は付きません)

D

店、レストラン、ホテル、銀行などは、創設者の名前を持つことがあります。創設者の名前は **-'s** や **-s** で終わり、前に **the** を置きません。

McDonald's (× the ...) **Barclays** (銀行)
Joe's Diner (レストラン) **Macy's** (デパート)

教会名は St. ～のように表され、聖人の名前を持つことがあります。この場合も **the** は付きません。

St. John's Church (× the...) **St. Patrick's Cathedral**

E

新聞や組織の名前には、**the** が付きます。

新聞 **the** Washington Post **the** Financial Times **the** Sun
組織 **the** European Union **the** United Nations **the** Red Cross

企業や航空会社の名前には、**the** が付きません。

Fiat (× the Fiat) **Sony** **Singapore Airlines**
Kodak **IBM** **Yale University Press**

the の付く固有名詞, 付かない固有名詞 1 ➜ **Unit 75**

練習問題

76.1 地図を見ながら質問に答えます。地図上に示された場所や通りの名前を記述して、答えの文を完成させなさい。必要に応じて **the** を用いなさい。地図上では、固有名詞に与えられる **the** は表記されていません。

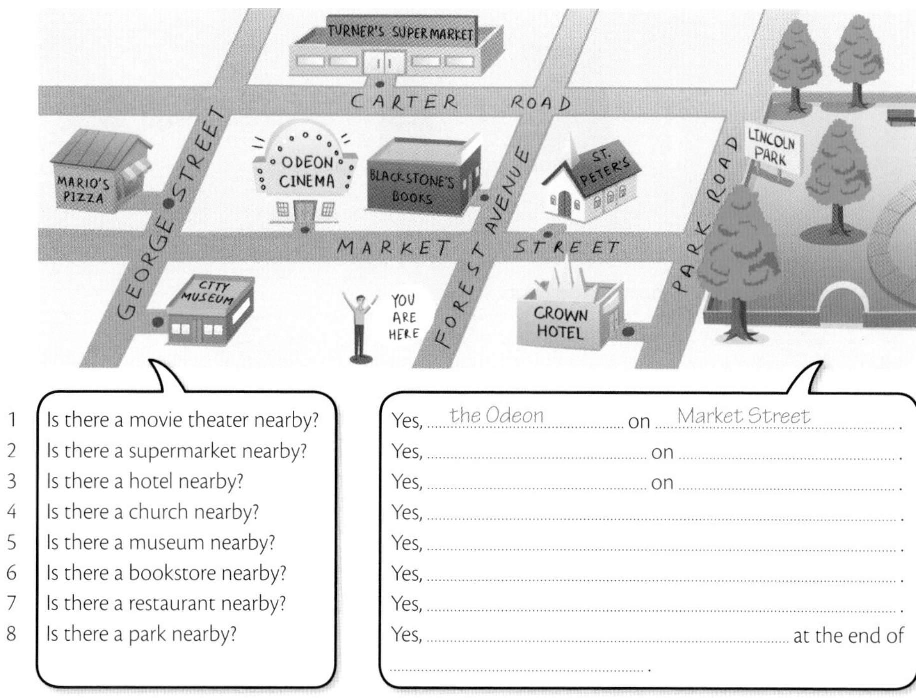

1. Is there a movie theater nearby? — Yes, the Odeon on Market Street.
2. Is there a supermarket nearby? — Yes, ... on ....
3. Is there a hotel nearby? — Yes, ... on ....
4. Is there a church nearby? — Yes, ...
5. Is there a museum nearby? — Yes, ...
6. Is there a bookstore nearby? — Yes, ...
7. Is there a restaurant nearby? — Yes, ...
8. Is there a park nearby? — Yes, ... at the end of ....

76.2 以下の固有名詞がどこにあるかを記述しなさい。必要に応じて **the** を付けなさい。

Acropolis **Broadway** **Buckingham Palace** **Eiffel Tower**
Kremlin **White House** **O'Hare Airport** ~~**Times Square**~~

1. Times Square is in New York.
2. .... is in Paris.
3. .... is in London.
4. .... is in Washington.
5. .... is in Moscow.
6. .... is in New York.
7. .... is in Athens.
8. .... is near Chicago.

76.3 下線部から文法的に正しい方を選びなさい。

1. Have you ever been to ~~Science Museum~~ / the Science Museum? (the Science Museum が正しい)
2. Many tourists in London visit St Paul's Cathedral / the St Paul's Cathedral.
3. The biggest park in Manhatten is Central Park / the Central Park.
4. I'd like to go to China and see Great Wall / the Great Wall.
5. O'Hare Airport / the O'Hare Airport is about 26 miles from downtown Chicago.
6. "What movie theater are we going to tonight?" "Classic / The Classic."
7. Jack is a student at McGill University / the McGill University.
8. You should go to National Museum / the National Museum. It's very interesting.
9. If you're looking for a department store, I would recommend Harrison's / the Harrison's.
10. Andy is a flight attendant. He works for Cathay Pacific / the Cathay Pacific.
11. "Which newspaper do you want?" "Morning News / The Morning News."
12. We went to Italy and saw Leaning Tower / the Leaning Tower of Pisa.
13. This book is published by Cambridge University Press / the Cambridge University Press.
14. The building across the street is College of Art / the College of Art.
15. Imperial Hotel / The Imperial Hotel is on Baker Street / the Baker Street.
16. Statue of Liberty / The Statue of Liberty is at the entrance to New York Harbor / the New York Harbor.

→ 補足練習問題 30 (p. 314)

Unit 77 単数か複数か注意すべき名詞

A

☆ **イラストで確認します。対になる部分を持ち、1 つの物でありながら複数形で表す名詞には何がありますか。**

pants (⇒ 足を入れる部分が 2 つ) その他 : **jeans/tights/shorts/underpants**	**pajamas** (⇒ 上下で 1 組)	**glasses**	**binoculars**	**scissors**

物としては 1 つでも複数形扱いするため、複数名詞に対応する動詞の形を用います。

- ◯ My pants **are** too long. (× my pants is)

このような名詞について、**a pair of** + 名詞複数形で表すこともあります。

- ◯ **Those are** nice **jeans**. *or* That**'s a** nice **pair of** jeans. (× a nice jeans)
- ◯ I need **some** new **glasses**. *or* I need **a** new **pair of** glasses.

B

以下のように「〜学」や「〜術」などの意味を持つ **-ics** で終わる名詞は、-s で終わっていても単数名詞に対応する動詞の形を用います。

gymnastics **economics** **politics** **physics** **electronics** **mathematics**

- ◯ **Gymnastics** is my favorite sport. (× Gymnastics are)

news も単数名詞として扱います。(**Unit 68B** を参照)

- ◯ I have **some news** for you. **It's** good news!

以下のような **-s** で終わる名詞は、単数としても複数としても扱います。

means	**a means** of transportation	**many means** of transportation
series	**a** TV **series**	**two** TV **series**
species	**a species** of fish	**200 species** of fish

C

police は形は単数形でも、複数名詞に対応する動詞の形を用います。

- ◯ The **police are** investigating the crime but **haven't** arrested anyone yet.
  (× The police is ... hasn't)

1 人の警察官は、**a police officer** / **a policeman** / **a policewoman** のように表します。(× a police)

D

person の複数形として persons はあまり用いず、代わりに **people** を用います (people は複数)。

- ◯ He's **a** nice **person**. ⇔ They are nice **people**. (× nice persons)
- ◯ **Many people don't** have enough to eat.
  (× Many people doesn't)

E

合計金額、期間、距離などは単数として扱い、単数名詞に対応する動詞の形を用います。

- ◯ **Fifty thousand dollars** (= it) **was** stolen in the robbery.
  (× were stolen)
- ◯ **Three years** (= it) **is** a long time to be without a job.
  (× Three years are)
- ◯ **Two miles isn't** very far to walk.

イギリス英語 ➜ 付録 7

練習問題

77.1 右の枠内から語を選び、空所に入れて文を完成させなさい。

a
are
them
doesn't
pair
it
~~**glasses**~~
some
don't

1 My eyesight is getting worse. I need ......glasses...... .
2 The pants you bought me .... fit.
3 The jacket you bought me .... fit.
4 I need .... scissors to cut this piece of material.
5 I can't find my binoculars. Have you seen .... ?
6 I went shopping and bought a .... of jeans.
7 Where .... my sunglasses?
8 I went shopping and bought .... pair of pajamas.
9 I don't know much about politics. I'm not interested in ....

77.2 セクション **B** にある語句 (**news, series** など) を用いて、文を完成させなさい。

1 "Have you heard the ......news......?" "No. What happened?"
2 The bicycle is a .... of transportation.
3 A lot of American TV .... are shown in other countries.
4 The tiger is an endangered ....
5 There will be a .... of meetings to discuss the problem.
6 Fortunately, the .... wasn't as bad as we expected.
7 How many .... of birds are there in the world?
8 I didn't have my phone, so I had no .... of contacting you.

77.3 単数形と複数形のうち正しい方を選びなさい。

1 Gymnastics is / ~~are~~ my favorite sport. (is が正しい)
2 My new glasses doesn't / don't fit very well.
3 The police want / wants to interview two men about the robbery.
4 Physics was / were my best subject in school.
5 It's a nice place to visit. The people is / are very friendly.
6 How much time do we need? Is / Are twenty minutes enough?
7 Does / Do the police know how the accident happened?
8 Your new jeans look / looks really nice.
9 Most people enjoy / enjoys music.
10 I don't understand economics. It's / They're too complicated.

77.4 右の枠内から適切な語句を選び、**is** または **isn't** を用いて文を完成させなさい。

a lot to carry
enough money
too hot
long enough
~~**a long time**~~

1 Three years ......is a long time...... to be without a job.
2 Thirty degrees Celsius .... for Tom. He doesn't like hot weather.
3 Ten dollars .... We need more than that.
4 Four days .... for a vacation. You need at least a week.
5 Twenty kilos .... Are you sure you can manage it?

77.5 それぞれの文について誤りがあれば、正しい形に書き直しなさい。

1 Three years are a long time to be without a job. ......Three years is a long time......
2 The police are investigating the crime. ......OK......
3 Susan was wearing a black jeans. ....
4 I like Martin and Jane. They're very nice persons. ....
5 I'm going to buy some new pajamas. ....
6 There was a police directing traffic in the street. ....
7 This scissors isn't very sharp. ....
8 This plant is very rare species. ....
9 Twelve hours are a long time to be on a plane. ....

Unit 78 名詞＋名詞で作られる名詞 (a bus driver / a headache など)

A

名詞＋名詞のように2つの名詞を並べて、1つの物や人を表します。

a **bus driver**　**income tax**　the **water temperature**　an **apple tree**

この形では最初の名詞が形容詞的な働きをし、どのような物や人であるかを具体的に表します。

☆ **＝に注目し、それぞれがどのような物や人であるかを考えましょう。**

a bus driver = the driver of a bus
income tax = tax that you pay on your income
the **water temperature** = the temperature of the water
an **apple tree** = a tree that has apples
a **Paris hotel** = a hotel in Paris
my **life story** = the story of my life

☆ **それぞれはどのような物や人ですか。**

a **television** camera　a **television** program　a **television** studio　a **television** producer

➤ **いずれも television（テレビ）に関係しますが、それぞれ異なる物や人を表します。**

language **problems**　marriage **problems**　health **problems**　work **problems**

➤ **それぞれは性質が異なるものの、すべて problem（問題）に関係しています。**

最初の名詞が **-ing** で終わる場合があります。この場合 **-ing** は「〜するための…」のように次の名詞を説明します。

a **frying** pan
a **washing** machine
a **swimming** pool

B

3つ以上の名詞がまとまって、1つの物や人を表す場合もあります。

- I waited at the **hotel reception desk**.
- We watched the **World Swimming Championships** on TV
- If you want to play table tennis (= game), you need **a table tennis table** (= table).

C

このように2つの名詞がまとまって1つの名詞になる場合、1語で表記される場合もあれば、2語で表記される場合もあります。

a **headache**　**toothpaste**　a **weekend**　a **tour bus**　a **road sign**

表記を1語で行うのか2語で行うのか、はっきりとした決まりはありません。わからない場合には2語で表記します。

D

☆ **（　）内の記述に注目し、それぞれがどのように異なるかを考えましょう。**

a **coffee cup** (⇒ コーヒーカップそのもの) と a **cup of coffee** (⇒ コーヒー1杯)
a **toolbox** (⇒ ツールボックスそのもの) と a **box of tools** (⇒ ツールが入っているボックス)

E

名詞＋名詞の形では、最初の名詞は形容詞的な働きをします。この名詞は、形の上では単数形ですが、多くの場合は複数の意味を表します。

例えば、a **bookstore**（書店）は複数の本（**books**）を売る店であり、**an apple tree** は複数のりんご（**apples**）がなる木を表しています。

☆ **名詞＋名詞では、最初の名詞の形と意味がどのようになっているかを考えましょう。最初の名詞は「数詞‐ハイフン）名詞」の形で表されています。**

a **three-hour** trip (= a trip that takes three **hours**)
a **ten-dollar** bill (= a bill with the value of ten **dollars**)
a **four-week** course
a **six-mile** walk
two **14-year**-old girls

☆ **それぞれの形と意味を確認しなさい。**

- It was **a** four-**week** course. (× a four weeks course)
  ⇔ The course lasted four **weeks**

-'s と of ... ➜ Unit 79

練習問題

78.1 それぞれの物や人について、名詞＋名詞で表しなさい。

1 Someone who drives a bus is a bus driver .
2 Problems concerning health are health problems .
3 A ticket to travel by trains is a ....
4 A machine you use to get a ticket is a ....
5 The staff at a hotel is the ....
6 The scores on your exams are your ....
7 A horse that runs in races is a ....
8 A race for horses is a ....
9 Shoes for running are ....
10 A store that sells shoes is a ....
11 The window of a store is a ....
12 A person who cleans windows is a ....
13 A scandal involving a construction company is ....
14 Workers at a car factory are ....
15 A plan for the improvement of a road is a ....
16 A department store in New York is a ....

78.2 それぞれの説明は何を表していますか。以下から２つの名詞を選んで答えなさい。

~~**accident**~~	**belt**	**birthday**	~~**car**~~	**card**	**credit**
driver	**forecast**	**machine**	**number**	**party**	**ring**
room	**seat**	**truck**	**washing**	**weather**	**wedding**

1 This could be caused by bad driving. a car accident
2 You should wear this when you're driving. a ....
3 You can often use this to pay for things. a ....
4 This will tell you if it's going to rain or not. the ....
5 This is useful if you have a lot of dirty clothes. a ....
6 This is something you might wear if you're married. a ....
7 If you're staying at a hotel, you need to remember this. your ....
8 This is a way to celebrate getting older. a ....
9 This person transports things by road. a ....

78.3 (　) 内の語を正しい順序に並べて空所に入れ、文を完成させなさい。

1 I spilled coffee on the living room carpet . (room / carpet / living)
2 Jack likes sports. He plays for his .... (team / high school / football)
3 Anna works for a .... (company / production / film)
4 Many people invest in a .... (life / policy / insurance)
5 You can get a map at the .... (information / office / tourist)

78.4 下線部から文法的に正しい方を選びなさい。

1 It's quite a long book. There are more than ~~500 page~~ / 500 pages in it. (500 pages が正しい)
2 It's only a two-hour / two hours flight from New York to Detroit.
3 It took only two hour / two hours to fly to Madrid.
4 I don't have any change. I only have a twenty-dollar / twenty dollars bill.
5 I looked down and there were two ten-dollar / ten dollars bills on the ground.
6 At work in the morning, we usually take a 15-minute / 15 minutes break for coffee.
7 There are 60-minute / 60 minutes in an hour.
8 My office is on the tenth floor of a twelve-story / twelve stories building.
9 I work five-day / five days a week. I'm off on Saturday and Sunday.
10 Five-star / Five stars hotels are the most expensive.
11 Sam's daughter is six-year-old / six years old.
12 Sam has a six-year-old / six-years-old daughter.

Unit 79 -'s (your sister's name) と of ... (the name of the book)

A

「… の ～」のような所属や所有の意味は、-**'s** (アポストロフィ **s**) または of … で表されます。
-**'s** は通常、人や動物を表す名詞に付きます。

- **Tom's** computer isn't working. (× the computer of Tom)
- How old are **Chris's** children? (× the children of Chris)
- What's (= What is) **your sister's** name?
- What's **Tom's sister's** name?
- Be careful. Don't step on **the cat's** tail.

-**'s** の後の名詞が省略される場合もあります。

- This isn't my book. It's **my sister's**. (= my sister's book)

-**'s** の後の名詞が長い場合は、-**'s** は使わずに of … を用います。

- **my friend's** mother

⇔ the mother **of the man we met yesterday**. (× the man we met yesterday's mother)

-**'s** は、次のような状況でも用います。

a woman's hat (⇒ a hat for a woman, 女性用の帽子)
a boy's name (⇒ a name for a boy, 男の子の名前)
a bird's egg (⇒ an egg laid by a bird, 鳥が産んだ卵)

B

単数名詞には -**'s** を付けます。

my **sister's** room (⇒ 妹または姉の 1 人の部屋)
Mr. Carter's house (⇒ カーター氏 1 人の家)

sister**s**, friend**s** などのように、-**s** で終わる複数名詞には、単語の終わりにアポストロフィ(**'**) のみを付けます。

my sisters' room (⇒ 2 人以上の姉妹の部屋)
the Carters' house (⇒ カーター夫妻の家 / カーター家の家)

men, **women**, **children**, **people** のように、-**s** で終わらない複数名詞には、-**'s** を付けます。

the **men's** locker room
a **children's** book (= a book for children)

以下のような場合は、2 語以上で構成される名詞でも -**'s** が付きます。

Jack and Karen's children
Mr. and Mrs. Carter's house

C

物や抽象的な考えなどには、**of** を用います。-**'s** は用いません。

the door **of the garage** (× the garage's door)
the name **of the book**　　the owner **of the restaurant**

the beginning/**end**/**middle of** …, **the top**/**bottom of** …, **the front**/**back**/**side of** … などもよく用いられます。

the beginning of the month (× the month's beginning)
the top of the hill　　**the back of** the car

D

組織や集団には、-**'s** と **of** … のいずれの形も使えます。

the government's decision *or* the decision **of the government**
the company's success *or* the success **of the company**

場所を表す名詞に -**'s** を付けることがあります。

the city's streets　　**the world's** population　　**Brazil's** largest city

E

yesterday / **next week** など、時を表す表現に -**'s** を付けることがあります。

- Do you still have **yesterday's** newspaper?
- **Next week's** meeting has been canceled.

この他にも、**today's** / **tomorrow's** / **this evening's** / **Monday's** などのような表現もよく用いられます。

「名詞 + 名詞」(**a bus driver**) ➜ Unit 78　　a **three-hour** trip, a **10-dollar** bill ➜ Unit 78E
-**'s** (= **is** or **has**) 短縮形 ➜ 付録 5.2

練習問題

79.1 それぞれの下線部について -'s や を使用したほうが適切であれば書き換えなさい。

1 Who is <u>the owner of this restaurant</u>? ......OK......
2 How old are <u>the children of Chris</u>? ......Chris's children......
3 Is this <u>the umbrella of your friend</u>? ....
4 Write your name at <u>the top of the page</u>. ....
5 I've never met <u>the daughter of James</u>. ....
6 How old is <u>the son of Helen and Andy</u>? ....
7 We don't know <u>the cause of the problem</u>. ....
8 I don't know <u>the words of this song.</u> ....
9 <u>The friends of your children</u> are here. ....
10 What is <u>the cost of a new washing machine</u>? ....
11 <u>The garden of our neighbors</u> is very small. ....
12 <u>The hair of David</u> is very long ....
13 I work on <u>the ground floor of the building</u>. ....
14 I couldn't go to <u>the party of my best friend</u>. ....
15 George is <u>the brother of somebody I knew in college</u>. ....
16 Have you seen <u>the car of the parents of Ben</u>? ....
17 What's <u>the meaning of this expression</u>? ....
18 Do you agree with <u>the policy of the government</u>? ....

79.2 ( ) 内から文法的に正しい語を選びなさい。

1 Don't step on the ......cat's...... tail. (cat / cat's / cats')
2 It's my .... birthday tomorrow. (father / father's / fathers')
3 Those .... look good. Should we buy some? (apples / apple's / apples')
4 .... clothes are expensive. (Children / Children's / Childrens')
5 Seoul is .... largest city. (South Korea / South Korea's / South Koreas')
6 Your .... parents are your grandparents. (parents / parent's / parents')
7 I took a lot of .... when I was on vacation. (photos / photo's / photos')
8 This isn't my coat. It's .... (someone else / someone else's / someone elses')
9 Have you read any of .... poems? (Shakespeare / Shakespeare's / Shakespeares')

79.3 -'s や -s' を用いて書き換えなさい。

1 a hat for a woman ......a woman's hat......
2 a toy for a child ....
3 a name of a girl ....
4 a school for boys ....
5 shoes for women ....
6 a TV program for children ....

79.4 下線部の語を文頭に置いて、文全体を書き直しなさい。

1 The meeting <u>tomorrow</u> has been canceled.
......Tomorrow's meeting has been canceled......
2 The storm <u>last week</u> caused a lot of damage.
Last ....
3 The only movie theater in <u>the town</u> has closed down.
The ....
4 The weather in <u>Kansas City</u> is very changeable.
....
5 Tourism is the main industry in <u>the region</u>.
....

Unit 80 myself/yourself/themselves などの再帰代名詞

A

☆ **イラストを見て考えましょう。自己紹介をしている Steve の動作はどのように記述できますか。**

Hi, I'm Steve.

➤ **以下のように himself を用いて記述します。**

Steve **introduced himself** to the other guests.

主語と目的語が同一の人を表す場合、**myself**/**yourself**/**himself** などの再帰代名詞を用います。

Steve introduced **himself**
主語　　　　　　目的語

再帰代名詞には、次のようなものがあります。

単数(**–self**)	my**self**	your**self** (あなた自身)	him**self**/her**self**/it**self**
複数(**–selves**)	our**selves**	your**selves** (あなたたち自身)	them**selves**

- I don't want you to pay for me. **I**'ll pay for **myself**. (× I'll pay for me)
- Amy had a great vacation. **She** really enjoyed **herself**.
- Do **you** talk to **yourself** sometimes? 〔1人の人に向かって〕
- If you want more to eat, help **yourselves**. 〔複数の人に向かって〕

☆ **以下の構文は、どのように異なりますか。**

- **Liz** introduced **me** to the other guests.
- **I** introduced **myself** to the other guests.

B

動詞 **feel**/**relax**/**concentrate**/**meet** の後には、**myself** のような再帰代名詞は入りません。

- I **feel** nervous. I can't **relax**.
- You need to **concentrate**. (× concentrate yourself)
- What time should we **meet** tomorrow?

動詞 **wash**/**shave**/**dress** の後には、通常 **myself** のような再帰代名詞は入りません。

- He got up, **washed**, **shaved**, and **dressed**. (× washed himself など)

「着替える」の意味では、dress 以外に **get dressed** のような表現もよく用います (He **got dressed**)。

C

☆ **イラストで考えます。–selves と each other は、どのように異なりますか。**

- Kate and Joe stood in front of the mirror and looked at **themselves**.
(⇒ それぞれの姿を鏡で見た)
- Kate looked at Joe; and Joe looked at Kate. They looked at **each other**. (⇒ お互いに見つめあった)

themselves

each other

each other の代わりに、**one another** を使うこともあります。

- How long have you and Ben known **each other**? *or* ... known **one another**?
- Sue and Jen don't like **each other**. *or* ... don't like **one another**.
- Do they live near **each other**? *or* ... near **one another**?

D

主語と目的語が同一ではない場合にも、**myself**/**yourself** などの再帰代名詞を用いることがあります。

- "Who repaired your bike?" "**I** repaired it **myself**."

I repaired it myself は「他ならぬ私が修理した」の意味で、**myself** は I を強調します。

☆ **それぞれの再帰代名詞は何を強調していますか。**

- I'm not going to do your work for you. **You** can do it **yourself**. (⇒ 私ではなくあなたが)
- **Let's** paint the house **ourselves**. It will be much cheaper.
- **The movie itself** wasn't very good, but I loved the music.
- I don't think Nicole will get the job she applied for. **Nicole** doesn't think **so herself**. *or* **Nicole herself** doesn't think so. (⇒ Nicole 自身も受かると思っていない)

get dressed / **get married** など **get** を用いた用法 ➜ Unit 42D　**by myself** / **by yourself** など ➜ Unit 81E

練習問題

80.1 以下から動詞を選び、**myself/yourself** などの再帰代名詞を用いて文を完成させなさい。動詞は適切な形に変えなさい。

blame **burn** **enjoy** **express** **hurt** ~~**introduce**~~ **put**

1 John introduced himself to the other guests at the party.
2 Ben fell down some steps, but fortunately he didn't ....
3 It isn't Sue's fault. She really shouldn't ....
4 Please try and understand how I feel. You have to .... in my position.
5 The children had a great time at the beach. They really ....
6 Be careful! That pan is very hot. Don't ....
7 Sometimes I can't say exactly what I mean. I wish I could .... better.

80.2 **myself/yourself/ourselves** などの再帰代名詞、または **me/you/us** などの代名詞を空所に入れて文を完成させなさい。

1 Amy had a great holiday. She enjoyed herself .
2 It's not my fault. You can't blame ....
3 What I did was really bad. I'm ashamed of ....
4 We have a problem. I hope you can help ....
5 "Can I have another cookie?" "Of course. Help ....!"
6 I want you to meet Sarah. I'll introduce .... to her.
7 Don't worry about us. We can take care of ....
8 Don't worry about the children. I'll take care of ....
9 I gave them a key to our house so that they could let .... in.

80.3 以下から動詞を選び、必要に応じて **myself/yourself** などの再帰代名詞を置いて文を完成させなさい。動詞は適切な形に変えなさい。

concentrate **defend** **dry** ~~**enjoy**~~ **feel** **meet** **relax** ~~**shave**~~

1 Tony grew a beard because he was tired of shaving .
2 Amy had a great vacation. She enjoyed herself.
3 I wasn't very well yesterday, but I .... much better today.
4 I climbed out of the swimming pool and .... with a towel.
5 I tried to study, but I couldn't ....
6 If somebody attacks you, you have the right to ....
7 I'm going out with Chris this evening. We're .... at 7:30.
8 You're always rushing. Why don't you sit down and .... ?

80.4 **ourselves/themselves** または **each other** のいずれかを空所に入れ、文を完成させなさい。

1 How long have you and Ben known each other ?
2 If people work too hard, they can make .... sick.
3 I need you, and you need me. We need ....
4 In the United States, friends often give .... presents at Christmas.
5 Some people are selfish. They only think of ....
6 Abby and I don't see .... very often these days.
7 We couldn't get back into the house. We had locked .... out.
8 They had an argument. Now they're not speaking to ....
9 We'd never met before, so we introduced .... to ....

80.5 ( ) 内の動詞と、**myself/yourself** などの再帰代名詞を用いて、質問に答えなさい。

1 "Who repaired the bike for you?" "Nobody. I repaired it myself ." (repair)
2 I didn't buy this cake from a store. I .... (make)
3 "Who told you Olivia was going away?" "Olivia ...." (tell)
4 I don't know what they're going to do. I don't think they .... (know)
5 "Who cuts Kevin's hair for him?" "Nobody. He ...." (cut)
6 "Can you call Sam for me?" "Why can't you .... ?" (do)

→ 補足練習問題 31 (p.315)

Unit 81

a friend of mine　my own house　on my own / by myself

A

a friend of mine / a friend of yours など

a friend **of mine/yours/his/hers/ours/theirs** は「…の友達」を意味します。

- I'm going to a wedding on Saturday. **A friend of mine** is getting married. (× a friend of me)
- We took a trip with **some friends of ours**. (× some friends of us)
- Eric had an argument with **a co-worker of his**.
- It was **a good idea of yours** to go to the movies.

同様に、(a friend) **of my sister's** / (a friend) **of Tom's** などのように用いることもできます。

- That woman over there is **a friend of my sister's**. (⇒ 私の姉/妹の友人)
- It was **a good idea of Tom's** to go to the movies.

B

my own ... / your own ... など

own は以下のように、直前に **my/your/his** などの所有格代名詞を置いて用います。

my own house　**your own** car　**her own** room
(× an own house, × an own car など)

my own ... / **your own** …は、「…自身の～」のように、名詞が「私／あなた／彼」などの所有物で、他人と共有したり借りたものではないことを表します。

- I don't want to share a room with anybody. I want **my own room**.
- Emma and Brian would like to have **their own house**.
- It's a shame that the apartment building doesn't have **its own parking garage**.
- It's **my own fault** that I have no money. I buy too many things I don't need.
- Why do you want to borrow my car? Why don't you use **your own**? (= your own car)

"a room **of my own**", "a house **of your own**", "problems **of his own**" などの表し方もあります。

- I'd like to have a room **of my own**.
- He won't be able to help you with your problems. He has too many problems **of his own**.

C

he cuts his own hair など

動詞 + **my/your** など + **own** + 名詞の形で「自分で自分の～を…する」のように人に頼らず自分で何かをすることを表します。

- Adam usually cuts **his own hair**.
(⇒ 美容院には行かず、自分で自分の髪の毛を切る)
- I'd like to have a garden so that I could grow **my own vegetables**.
(⇒ 店で買うのではなく、自分で栽培する)

ADAM

D

on my own / on your own など

他人に頼らず／独立して／一人で」を表します。(= independently)

- My children are living **on their own**.
(⇒ 親元を離れ、独立して生計を立てている)
- I traveled around Japan **on my own**. (⇒ ツアー旅行ではなく、一人旅で)
- Are you raising children **on your own**? (⇒ 一人で、配偶者なしで)

E

by myself / by yourself など

「一人きりで／他人を伴わずに」を表します。(= alone, without other people)

- I like living **by myself**. (⇒ 一人で暮らすのが好き)
- "Did you go to Hawaii **by yourself**?" "No, with a friend."
- Jack was sitting **by himself** in a corner of the coffee shop.
- Student drivers are not allowed to drive **by themselves**.

myself/yourself/themselves など ➜ Unit 80

練習問題

81.1 ... **of mine/yours** などの形を用いて、下線部の表現を書き換えなさい。

1 I am meeting one of my friends tonight. *I'm meeting a friend of mine tonight.*
2 We met one of your relatives. We met a ....
3 Jason borrowed one of my books. Jason borrowed ....
4 I met Maria and some of her friends. I met Maria and ....
5 We had dinner with one of our neighbors. We had dinner with ....
6 I went on vacation with two of my friends. I went on vacation with ....
7 I met one of Amy's friends at the party. I met .... at the party.
8 It's always been one of my ambitions to travel around the world. It's always been .... to travel around the world.

81.2 以下から適切な語を選び、**my own / your own** などの後に続けて文を完成させなさい。

~~bathroom~~ **business** **opinions** **private beach** **words**

1 I share a kitchen, but I have *my own bathroom*.
2 Tim doesn't think like me. He has ....
3 Julia doesn't want to work for other people. She wants to start ....
4 On the test we had to read a story, and then write it in ....
5 We stayed at a luxury hotel by the sea. The hotel had ....

81.3 **my own / your own** などの語句を用いて文を完成させなさい。

1 Why do you want to borrow my car? Why don't you *use your own car*?
2 How can you blame me? It's ....
3 She's always using my ideas. Why can't she use ....?
4 Please don't worry about my problems. I'm sure you have ....
5 I can't make his decisions for him. He has to make ....

81.4 ( ) 内の動詞と、**my own / your own** などを用いて文を完成させなさい。

1 Matt never goes to a barber. He *cuts his own hair*. (cut)
2 Emily doesn't buy clothes often. She likes to .... (make)
3 I'm not going to polish your shoes. You can .... (polish)
4 We don't buy bread very often. We usually .... (bake)
5 Chris and Joe are singers. They sing songs written by other people, but they also .... (write)

81.5 **my own / myself** などの語句を用いて文を完成させなさい。

1 I traveled around Japan on *my own*.
2 The box was too heavy for me to lift by ....
3 We had no help decorating the apartment. We did it completely on ....
4 I'm glad I live with other people. I wouldn't like to live on ....
5 "Who was Tom with when you saw him?" "Nobody. He was by ...."
6 I think my brothers are too young to make that decision on ....
7 Do you like working with other people or do you prefer working by ....?
8 I went out with Sally because she didn't want to go out by ....

81.6 それぞれの文について誤りがあれば、正しい形に書き直しなさい。

1 Katherine would like to have the own house. *... to have her own house*
2 Sam and Chris are co-workers of me. ....
3 I was scared. I didn't want to go out by my own. ....
4 In my last job I had own office. ....
5 He must be lonely. He's always with himself. ....
6 My parents have gone away with some friends of them. ....
7 Are there any countries that produce all own food? ....

Unit 82

there ... と it ...

A

there と **it**

There's a new restaurant on Hill Street.

Yes, I know. I've heard it's very good.

☆ レストランについて、どのように述べられていますか。

➤「(あなたは知らないかもしれないが) ～がある」のように、何かの存在を初めて話題にする場合に **there** を用います。

- **There's** a new restaurant on Hill Street.
- I'm sorry I'm late. **There was** a lot of traffic. (× It was a lot of traffic)
- Things are very expensive now. **There has been** a big increase in the cost of living.

➤「それ／そこ」のように、すでに話題となっている物・場所・事実・状況を具体的に指示する場合は、**it** を用います。

- We went to the new restaurant. **It's** very good. (⇒ **It** = the restaurant)
- I wasn't expecting her to call me. **It** was a complete surprise. (⇒ **It** = that she called)

there は存在 (ある／ない) を表し、**it** は前出の名詞句を指します。

- I like this town. **There**'s a lot to do here. **It**'s an interesting place.

there は「そこへ／そこで／そこに」のように、方向や場所を表すこともあります。

- The house is unoccupied. There's nobody living **there**. (= in the house)

B

there には、以下のように様々な使い方があります。

there will be **there must be** **there might be** など	**there must have been** **there should have been** **there would have been** など	**there is sure to be** **there is bound to be** **there is going to be**	**there is likely to be** **there is supposed to be** **there used to be**

- "**Is there** a flight to Miami tonight?" "**There might be**. I'll check online."
- If people drove more carefully, **there wouldn't be** so many accidents.
- I could hear music coming from the house. **There must have been** somebody at home.
- **There's bound to be** a cafe somewhere near here. (= There's **sure** to be ...)

there は「～がある／ない」のように何かを新しく話題にするのに対し、**it** は前出の名詞句を指します。

- They live on a busy street. **There must be** a lot of noise from the traffic. (⇒ 必ずあるに違いない)
- They live on a busy street. **It must be** very noisy. (⇒ **It** = living on a busy road)
- **There used to be** a movie theater here, but it closed a few years ago.
  That building is now a supermarket. **It used to be** a movie theater. (⇒ **It** = that building)
- **There's sure to be** a flight to Miami tonight.
  There's a flight to Miami tonight, but **it's sure to be** full. (⇒ **it** = the flight)

C

it は以下のように、文末にある不定詞の代わりに用いられることがあります。

- **It**'s dangerous **to walk in the road**. (× To walk in the road is dangerous)

To walk in the road is ... のように、不定詞を主語とする形はあまり使いません。通常は **it** で文を始め、不定詞を文末に置きます。**it** は不定詞のほか、that 節や動名詞の代わりに用いられることもあります。

- **It** didn't take us long **to get** here. (⇒ **It** = to get here)
- **It**'s too bad (**that**) **you can't come to the party**. (⇒ **It** = (that) you can't ...)
- **It**'s not worth **waiting any longer**. Let's go. (⇒ **It** = waiting any longer)

it は、距離・時間・天候などを話題にする場合にも用います。「それ」という意味はありません。

- **How far is it** from here to the airport?
- **It's a long time** since we last saw you.

it と **there** の違い

- **It** was windy.
- **There** was **a cold wind**.

supposed to ... ➜ Unit 43B **it's worth / it's no use / there's no point** ➜ Unit 61A **sure to / bound to** ... など ➜ Unit 63E
there is + -ing / -ed ➜ Unit 95

練習問題

82.1 **there is/was** または **it is/was** のいずれかを空所に入れ、文を完成させなさい。疑問形 (**is there? / was it?** など) や否定形 (**there isn't / it wasn't**) になる場合もあります。

1 The trip took a long time. There was a lot of traffic.
2 What's the new restaurant like? Is it good?
3 .... something wrong with the washing machine. It's not working properly.
4 I wanted to visit the museum yesterday, but .... enough time.
5 What's that new building over there? .... a hotel?
6 How can we get across the river? .... a bridge?
7 A few days ago .... a big storm which caused a lot of damage.
8 I can't find my phone. .... in my bag—I just looked.
9 .... anything interesting on TV, so I turned it off.
10 .... often very cold here, but .... much snow.
11 I couldn't see anything. .... completely dark.
12 ".................... a bookstore near here?" "Yes, ... one on Hudson Street."
13 .... difficult to get a job right now. .... a lot of unemployment.
14 When we got to the movie theater, ... a line outside. .... a very long line, so we decided not to wait.

82.2 **There** で始まる文に書き換えなさい。

1 The roads were busy yesterday. There was a lot of traffic.
2 This soup is very salty. There .... in the soup.
3 The box was empty. .... in the box.
4 About 50 people came to the meeting. .... at the meeting.
5 The movie is very violent. ....
6 I like this town—it's lively. ....

82.3 以下から適切な語を選び、**there would be / there used to be** などを用いて文を完成させなさい。

won't **may** ~~**would**~~ **wouldn't** **should** **used to** **is going to**

1 If people drove more carefully, there would be fewer accidents.
2 "Do we have any eggs?" "I'm not sure. .... some in the refrigerator."
3 I think everything will be OK. .... any problems.
4 Look at those clouds. .... a storm. I'm sure of it.
5 There isn't a school in the village. .... one, but it closed a few years ago.
6 People drive too fast on this road. I think .... a speed limit.
7 If people weren't so aggressive, ... any wars.

82.4 それぞれの文について誤りがあれば、**it** または **there** を用いて正しい形に書き直しなさい。

1 They live on a busy road. It must be a lot of noise. There must be a lot of noise.
2 It's a long way from my house to the nearest store. OK
3 After the lecture, it will be an opportunity to ask questions. ....
4 Why was she so unfriendly? It must have been a reason. ....
5 I like where I live, but it would be nicer to live by the ocean. ....
6 How long has it been since you last went to the theater? ....
7 It used to be a lot of tourists here, but not many come now. ....
8 My phone won't work here. It's no signal. ....
9 It was Ken's birthday yesterday. We had a party. ....
10 We won't have any problem parking the car. It's sure to be a parking lot somewhere. ....
11 I'm sorry about what happened. It was my fault. ....
12 I was told that it would be somebody to meet me at the airport, but it wasn't anybody. ....

Unit 83

some と any

A

通常、**some**（および **somebody/someone/something**）は肯定文で用い、**any**（および **anybody** など）は 否定文で用います。

some
- We **bought some** flowers.
- He's busy. He **has some** work to do.
- There**'s somebody** at the door.
- I **want something** to eat.

any
- We **didn't** buy **any** flowers.
- He's lazy. He **never** does **any** work.
- There **isn't anybody** at the door.
- I **don't** want **anything** to eat.

以下の例文では not, never などは含まれていませんが、否定的な意味を表しているため **any** を用います。
- She went out **without any** money. (= she **didn't** take **any** money with her.)
- He **refused** to eat **anything**. (= he **didn't** eat **anything**.)
- It's a very easy exam. **Hardly anybody** fails. (= almost **nobody** fails.)

B

疑問文中では **some** も **any** も両方用いることができます。**some/somebody/something** が疑問文中で使われる場合は、話し手が「～がいる／いるように思う」と人や物が実際に存在していると考えています。
- Are you waiting for **somebody**? (⇒ 待っている人がいるのですね)

疑問文中の **some** は「～を…しますか」のように聞き手に勧めたり、「～してくれますか」のようにお願いしたりする場合にも用います。
- Can I have **some** sugar, please? (⇒ お砂糖をいただけますか)
- Would you like **something** to eat? (⇒ 何か召し上がりますか)

しかし、通常は疑問文中では **any** を用います。この場合、物や人が存在するかどうかはわかっていません。
- "Do you have **any** luggage?" (⇒ 持っているかどうかはわからない)
- Is there **anybody** in the house? (⇒ いるかどうかはわからない)

C

if 節中では通常 **any** を用います。
- Let me know **if** you need **anything**.
- **If anyone** has **any** questions, I'll be happy to answer them.

以下の文では **if** は含まれていませんが、意味的に「もしも～」の意味を持つため **any** が生じています。
- I'm sorry for **any** trouble I've caused. (= **if** I have caused **any** trouble)
- The police want to speak to **anyone** who saw the accident. (= **if** there is **anyone**)

D

any は肯定文中で「どのような～でも問題ない」を表します。
- You can take **any** bus. They all go downtown. (⇒ どのバスに乗っても問題ない)
- Come and see me **any** time you want.

anybody/anyone/anything/anywhere についても同様に用いることができます。
- We forgot to lock the door. **Anybody** could have come in.

some- と **any-** の違い
- A: I'm hungry. I want **something** to eat. (⇒ 何か食べたい)
  B: What would you like?
  A: I don't care. **Anything**. (⇒ 食べられるものなら何でもよい)
- A: Let's go out **somewhere**.
  B: Where should we go?
  A: **Anywhere**. I just want to go out.

E

somebody/someone/anybody/anyone は、単数として扱います。
- **Someone** is here to see you.

しかし以下のように、これらの語を **they/them/their** のような複数を表す代名詞で受けることがあります。
- **Someone** has forgotten **their** umbrella. (= his or her umbrella)
- If **anybody** wants to leave early, **they** can. (= he or she can)

not ... **any** ➜ Unit 84 **some of** / **any of** ... ➜ Unit 86 **hardly any** ➜ Unit 99D

練習問題

83.1 空所に **some** または **any** を入れて、文を完成させなさい。

1 We didn't buy ......any...... flowers.
2 Tonight I'm going out with .... friends of mine.
3 Have you seen .... good movies recently?
4 I'd like .... information about what there is to see in this town.
5 I didn't have .... money. I had to borrow ....
6 You can use your card to withdraw money at .... ATM.
7 Those apples look nice. Should we get .... ?
8 With the special tourist train ticket, you can travel on .... train you like.
9 "Can I have .... more coffee, please?" "Sure. Help yourself."
10 If there are .... words you don't understand, look them up in a dictionary.
11 We wanted to buy .... grapes, but they didn't have .... at the grocery store.

83.2 **some-** または **any-** と、**-body/-thing/-where** のいずれかを組み合わせて文を完成させな さい。

1 I was too surprised to say ......anything...... .
2 There's .... at the door. Can you go and see who it is?
3 Does .... mind if I open the window?
4 I can't drive and I don't know .... about cars.
5 You must be hungry. Can I get you .... to eat?
6 Emma is very tolerant. She never complains about ....
7 There was hardly .... on the beach. It was almost deserted.
8 Let's go away. Let's go .... warm and sunny.
9 I'm going out now. If .... asks where I am, tell them you don't know.
10 Why are you looking under the bed? Have you lost .... ?
11 This is a no-parking zone. .... who parks their car here will have to pay a fine.
12 Quick, let's go! There's .... coming and I don't want .... to see us.
13 They stay home all the time. They never seem to go ....
14 Jonathan stood up and left the room without saying ....
15 "Can I ask you .... ?" "Sure. What do you want to ask?"
16 Sarah was upset about .... and refused to talk to ....
17 I need .... to translate. Is there .... here who speaks English?
18 Sue is very secretive. She never tells .... (2 語で)

83.3 **any** (+ 名詞) または **anybody/anything/anywhere** のいずれかを空所に入れ、質問に答えなさい。

1 Which bus do I have to catch? — ......Any bus...... . They all go downtown.
2 When should we meet? Monday? — It doesn't matter. .... next week will be OK for me.
3 What do you want to eat? — .... It doesn't matter. Whatever you have.
4 Who should I invite to the party? — It's your party. You can invite .... you want.
5 What sort of job are you looking for? — .... It doesn't matter what it is.
6 Where should I sit? — It's up to you. You can sit .... you like.
7 Is this machine difficult to use? — No, it's easy. .... can learn to use it very quickly.

Unit 84

no/none/any　nothing/nobody など

A

no と **none**

no + 名詞 (**no bus**, **no stores** など) において **no** は **not a** ～または **not any** ～と同じ意味で「1つも～ない／まったく～ない」を表します。

- We had to walk home. There was **no bus**. (⇒ 1台もなかった)
- Sarah will have **no trouble** finding a job. (⇒ まったく苦労しないだろう)
- There were **no stores** open. (⇒ 開いている店がまったくなかった)

no + 名詞は、以下のように文頭に置くことがあります:

- **No reason** was given for the change in plans.

none は、後に名詞を置かずに単独で用います。

- "How much money do you have?"　"**None**." (= no money)
- All the tickets have been sold. There are **none** left. (= no tickets left)

または **none of** の形で用います。

- This money is all yours. **None of it** is mine.

no, **none**, **any** の違い

- I have **no luggage**.
- "How much luggage do you have?"　"**None**." *or* "I **don't** have **any**."

none of **the students**, none of **them** などの **none of** + 複数可算名詞の後では、動詞は単数に対応する形でも複数に対応する形でもどちらでも構いません。複数名詞に対応する形がより一般的です。

- None of the students **were** happy. *or* None of the students **was** happy.

B

nothing　**nobody** / **no one**　**nowhere**

これらの否定的な語は文頭に置くことができます。また、疑問文の答えとして単独で用いることもできます。

- "What's going to happen?"　"**Nobody** knows." / "**No one** knows."
- "What happened?"　"**Nothing**."
- "Where are you going?"　"**Nowhere**. I'm staying here."

これらの語は、**be** や **have** などの動詞の後に置くこともできます。

- The house is empty. There**'s nobody** living there.
- We **had nothing** to eat.

nothing/nobody のような語は、**not** + **anything/anybody** のような形と同じ意味になります。

- I said **nothing**. = I **didn't** say **anything**.
- Jane told **nobody** about her plans. = Jane **didn't** tell **anybody** about her plans.
- They have **nowhere** to live. = They **don't** have **anywhere** to live.

nothing/nobody のような否定を含む語がある場合、同じ文中で **isn't**, **didn't** のような動詞の否定形は使えません。

- I **said** nothing. (× I didn't say nothing)

C

nobody / **no one** の後は、複数形の代名詞 **they/them/their** で受ける場合があります。(**Unit 83E** を参照)

- **Nobody** is perfect, are **they**? (= is he or she perfect?)
- **No one** did what I asked **them** to do. (= him or her)
- **Nobody** in the class did **their** homework. (= his or her homework)

D

any/anything/anybody のような語は「どちら／どれ／誰でも…ない」を表します。(**Unit 83D** を参照)

☆ **以下の例文において、no- と any- はどのように異なりますか。**

- There was **no** bus, so we walked home.
  You can take **any** bus. They all go downtown. (⇒ どのバスでも)
- "What do you want to eat?"　"**Nothing**. I'm not hungry."
  I'm so hungry. I could eat **anything**. (⇒ どんなものでも)
- It's a difficult job. **Nobody** wants to do it.
  "It's a very easy job. **Anybody** can do it. (⇒ どんな人でも)

some と any ➜ Unit 83　none of ... ➜ Unit 86　any and no + comparative など ➜ Unit 103B

練習問題

84.1 空所に **no/none/any** のいずれかを入れて、文を完成させなさい。

1 It was a public holiday, so there were ...no... stores open.
2 I don't have ...any... money. Can you lend me some?
3 We had to walk home. There were .... taxis.
4 We had to walk home. There weren't .... taxis.
5 "How many eggs do we have?" ".................. . Should I get some?"
6 There's nowhere to cross the river. There's .... bridge.
7 We took a few pictures, but .... of them were very good.
8 "Did you take lots of pictures?" "No, I didn't take ...."
9 I had to do what I did. I had .... alternative.
10 I don't like .... of this furniture. It's ugly.
11 We canceled the party because .... of the people we'd invited were able to come.
12 Everyone knows they are getting married. It's .... secret.
13 The two books are exactly the same. There isn't .... difference.
14 "Do you know where Chris is?" "I'm sorry. I have .... idea."

84.2 **none/nobody/nothing/nowhere** のいずれかを用いて、質問に答えなさい。

1 What did you do on the weekend? — ...Nothing... . It was very boring.
2 Who are you waiting for? — .... I'm just standing here.
3 How much bread did you buy? — .... We already have enough.
4 Where are you going? — .... I'm staying here.
5 How many books have you read this year? — .... I don't read books.
6 How much does it cost to get into the museum? — .... It's free.

例のように、**any/anybody/anything/anywhere** を用いて、上の 2 から 6 の同じ質問に答えなさい。

7 (1) ...I didn't do anything....
8 (2) I'm ....
9 (3) ....
10 (4) ....
11 (5) ....
12 (6) ....

84.3 **no-** または **any-** と、**-body/-thing/-where** のいずれかを組み合わせて文を完成させなさい。

1 I don't want ...anything... to drink. I'm not thirsty.
2 The bus was completely empty. There was .... on it.
3 "Where did you go for your vacation?" ".................. . I didn't go away."
4 "Do you smell gas?" "No, I don't smell ...."
5 Everybody seemed satisfied. .... complained.
6 Let's go away. We can go .... you like.
7 The town is still the same as it was years ago. .... has changed.
8 "What did you buy?" ".................. . I couldn't find .... I liked."
9 There was complete silence in the room. .... said ....

84.4 下線部から文法的に正しい方を選びなさい。

1 She didn't tell ~~nobody~~ / anybody about her plans. (anybody が正しい)
2 The accident looked bad, but fortunately nobody / anybody was seriously injured.
3 I looked out the window, but I couldn't see no one / anyone.
4 The exam is very easy. Nobody / Anybody can pass it.
5 "What's in that box?" "Nothing / Anything. It's empty."
6 The future is uncertain. Nothing / Anything is possible.
7 I don't know nothing / anything about economics.
8 I'll try and answer no / any questions you ask me.
9 "Who were you talking to just now?" "No one / Anyone. I wasn't talking to no one / anyone."

→ 補足練習問題 31 (p.315)

Unit 85

much, many, little, few, a lot, plenty

A

much と **little** は不可算名詞の前に置きます。

much luck **much time** **little energy** **little money**

many と **few** は複数可算名詞の前に置きます。

many friends **many people** **few cars** **few children**

a lot of / **lots of** / **plenty of** は、不可算名詞の前にも、複数可算名詞の前にも置くことができます。

a lot of luck **lots of time** **plenty of money**
a lot of friends **lots of people** **plenty of ideas**

plenty of の **plenty** は「有り余るほどの～」のように量が不足することなく十分である様子を意味します。

- There's no need to hurry. We've got **plenty of time**.
- There's **plenty to do** in this town.

B

a lot of は、すべての文で用いることができます。(肯定文・否定文・疑問文)

- We **spent a lot of** money. (肯定)
- There **aren't a lot of** tourists here. (否定)
- **Do** you **know a lot of** people? (疑問)

much と **many** は、主に否定文や疑問文で用います。肯定文ではあまり用いません。

☆ **否定文から肯定文へ、どのように変化していますか。**

- We **didn't** spend **much** money.
- There **aren't many** tourists here.
- **Do** you **see** David **much**?
- **Do** you **know many** people?

特に **much** は、肯定文ではほとんど使われません。

- We **spent a lot of** money. (× We spent much money.)

too much / **so much** / **too many** / **so many** は、肯定文で使われます。

- We **spent too much** money.
- There **are so many** tourists here.

C

little や **few** のように前に a の付かない形は、「ほとんど～ない」のように否定の意味を持ちます。

- Tom is very busy with his job. He has **little time** for other things.
  (⇒ … する時間がほとんどない)
- Vicky doesn't like living in Boston. She has **few friends** there.
  (⇒ 友達はほとんどいない)

very little や **very few** のように、**very** を前に置いた形もよく用いられます。

- Tom has **very little time** for other things.
- Vicky has **very few friends** in Boston.

D

a little や **a few** のように a が付くと、「多くはないが、十分～がある」のように肯定の意味を持ちます。

a little:「いくらか/少ない量」(= some, a small amount)

- Let's go and have coffee. We have **a little** time before the train leaves.
  (⇒ 何かを飲むには十分な時間)
- "Do you speak English?" "**A little**." (⇒ 簡単な話をする程度の英語)

a few:「いくつか/少ない数」(= some, a small number)

- I enjoy my life here. I have **a few friends**, and we see each other quite often.
  (⇒ 多いとは言えないが、楽しむには十分な数の友達)
- "When was the last time you saw Clare?" "**A few** days ago." (⇒ 数日前に)

E

little と **a little**, **few** と **a few** の間には、いずれも「ほとんど～ない」と「多くはないが、十分～がある」の違いがあります。

- He spoke **little English**, so it was difficult to communicate with him. (⇒ ほとんど話せなかった)
  He spoke **a little English**, so we were able to communicate with him. (⇒ 少し話せた)
- She's lucky. She has **few problems**. (⇒ ほとんど問題はない)
  Things are not going so well for her. She has **a few problems**. (⇒ 複数の問題がある)

only a little (× only little) や **only a few** (× only few) のように、**only** を前に置いた形もよく用いられます。

- Hurry! We **only** have **a little** time. (× only little time)
- The village was small. There were **only a few** houses. (× only few houses)

可算名詞と不可算名詞 ➜ Units 67–68

練習問題

85.1 以下の文中には、用法が不適切な **much** が含まれています。不適切な **much** を **many** に変えなさい。適切に用いられている文には、OK と記入しなさい。

1 We didn't eat much. OK
2 My mother drinks much tea. My mother drinks a lot of tea.
3 Be quick! We don't have much time. ……
4 It cost much to repair the car. ……
5 Did it cost much to repair the car? ……
6 You have much luggage. Let me help you. ……
7 There wasn't much traffic this morning. ……
8 I don't know much people in this town. ……
9 Do you eat much fruit? ……
10 Mike likes traveling. He travels much. ……

85.2 以下から適切な語句を選び、**plenty of ...** または **plenty to ...** の後に続けて文を完成させなさい。

hotels learn money room see ~~time~~

1 There's no need to hurry. There's plenty of time.
2 He has no financial problems. He has ……
3 Come and sit with us. There's ……
4 She knows a lot, but she still has ……
5 It's an interesting town to visit. There ……
6 I'm sure we'll find somewhere to stay. ……

85.3 **much/many/little/few** の中から適切なものを選び、空所に1語のみを入れなさい。

1 She isn't popular. She has few friends.
2 Anna is very busy these days. She has …… free time.
3 Did you take …… pictures at the wedding?
4 This is a modern city. There are …… old buildings.
5 The weather has been very dry recently. We've had …… rain.
6 I don't know London well. I haven't been there for …… years.
7 The two cars are similar. There is …… difference between them.
8 I'm not very busy today. I don't have …… to do.
9 It's a wonderful place to live. There are …… better places to be.

85.4 下線部から文法的に正しい方を選びなさい。

1 She's lucky. She has few problems / ~~a few problems.~~ (few problems が正しい)
2 Can you lend me few dollars / a few dollars?
3 It was the middle of the night, so there was little traffic / a little traffic.
4 They got married few years ago / a few years ago.
5 I can't give you a decision yet. I need little time / a little time to think.
6 I don't know much Russian—only few words / only a few words.
7 It was a surprise that he won the game. Few people / A few people expected him to win.

85.5 **little / a little / few / a few** の中から適切なものを選び、空所に入れなさい。

1 Eric is very busy with his job. He has little time for other things.
2 Listen carefully. I'm going to give you …… advice.
3 Do you mind if I ask you …… questions?
4 It's not a very interesting place to visit, so …… tourists visit.
5 I don't think Amy would be a good teacher. She has …… patience.
6 "Would you like milk in your coffee?" "Yes, ……, please."
7 I know Hong Kong pretty well. I've been there …… times.
8 This is a boring place to live. There's …… to do.
9 There were only …… people at the meeting.
10 "Did you do all this work on your own?" "No, I had …… help from my friends."

Unit 86

all / all of　most / most of　no / none of など

A

all	some	any	most	much	many	(a) little	(a) few	no

上の語は **some food** / **few books** のように名詞の前に置きます。具体的に事物を特定していません。

- **All cars** have wheels. (⇒すべての車に…)
- **Some cars** can go faster than others.
- There weren't **many cars** in the parking lot.
- I go away **most weekends**.
- I feel really tired. I've got **no energy**.

上の例では、all of cars や some of people などのように、of を後に置いた形にはできません。(セクション **B** を参照)

- **Some people** learn more easily than others. (× Some of people)

B

all	half	some	any	most	much	many	(a) little	(a) few	none

上の語は **of** を伴って用いられます。

some of **most of** **none of** など	+	**the** **this** **that**	**my** ... **these** ... **those** ... など

some of / **most of** のように **of** を伴う場合、**of** の後には the/this/that/these/those/my など、何を指しているか特定できる名詞句がきます。例えば some **of the people** / some **of those people** 、または most **of my time** / most **of the time** のような形は可能ですが、some of people や most of time のような不特定の名詞句を入れることはできません。

- **Some of the people I work with** are very strange.
- **None of this money** is mine.
- Have you read **any of these books**?
- I was sick yesterday. I spent **most of the day** in bed.

all や **half** の後には、**of** なしで特定の名詞句を置くこともできます。

- **All my friends** live near here. *or* All **of** my friends ...
- **Half this money** is mine. *or* Half **of** this money ...

☆ **名詞句が何を指しているか特定しない場合とする場合では、どのように異なりますか。**

- **All flowers** are beautiful. (⇒「花はすべて…」のように花全般を指す)
  All (**of**) **these flowers** are beautiful. (⇒「この花はすべて…」のように特定)
- **Most problems** have a solution. (⇒「ほとんどの問題には…」のように特定しない)
  We were able to solve **most of the problems we had**. (⇒「その問題の多くは…」のように特定)

C

of / **some of** / **none of** などの後に、**it**/**us**/**you**/**them** などの目的格の代名詞を置くことができます。

all of **some of** **any of** **most of** **none of** など	+	**it** **us** **you** **them**

- A: Do you like this music?
  B: **Some of it**. Not **all of it**.
- A: How many of these people do you know?
  B: **None of them**. / **A few of them**.
- Do **any of you** want to come to a party tonight?
  (複数名に向かって話している)

この形は、**all of us** / **all of you** / **half of it** / **half of them** のように使い、**it**/**us**/**you**/**them** などの代名詞の前にある of は省略できません。

- **All of us** were late. (× all us)
- I haven't finished the book yet. I've only read **half of it**. (× half it)

D

some/**most** などの語は、後に名詞を置かず単独で用いることができます。

- Some cars have four doors, and **some** have two.
- A few of the stores were open, but **most** (of them) were closed.
- Half this money is mine, and **half** (of it) is yours. (× the half)

all ➜ Units 73B, 88, 107D　**some** と **any** ➜ Unit 83　**no** と **none** ➜ Unit 84　**much**/**many**/**little**/**few** ➜ Unit 85
all of whom / **most of which** など ➜ Unit 94B

練習問題

86.1 必要に応じて空所に **of** を入れて、文を完成させなさい。不要であれば — を記入しなさい。

1 All ....—.... cars have wheels.
2 None ....of.... this money is mine.
3 There were problems at the airport, and some .... flights were canceled.
4 Some .... the movies I've seen recently have been very violent.
5 Joe never goes to museums. He says that all .... museums are boring.
6 I think some .... people watch too much TV.
7 Do you want any .... these magazines, or can I throw them away?
8 Kate has lived in Houston most .... her life.
9 Joe has lived in Chicago all .... his life.
10 Most .... days I get up before 7:00.
11 I usually have a little .... sugar in my coffee.
12 They won the lottery a few years ago, but they've spent most .... the money.

86.2 以下から適切な語句を選び、必要に応じて **of** (**some of** / **most of** など) を加えて文を完成させなさい。

birds	**the buildings**	**her friends**	**my dinner**
~~**cars**~~	**the players**	**her opinions**	**my spare time**
mistakes	**the population**	~~**these books**~~	**European countries**

1 I haven't read many ....of these books.... .
2 All ....cars.... have wheels.
3 I spend much .... gardening.
4 Ana's English is very good. She doesn't make many ....
5 It's a historic town. Most .... are very old.
6 When Emily got married, she kept it a secret. She didn't tell any ....
7 Not many people live in the north of the country. Most .... lives in the south.
8 Not all .... can fly. For example, the penguin can't fly.
9 Our team played badly and lost the game. None .... played well.
10 Emma and I have different ideas. I don't agree with many ....
11 Sarah travels a lot in Europe. She has been to most ....
12 I had no appetite. I could only eat half ....

86.3 自由に文を完成させなさい。

1 The building was damaged in the explosion. All ....the windows.... were broken.
2 We argue sometimes but get along well most of ....
3 I went to the movies by myself. None of .... wanted to come.
4 The test was hard. I could only answer half ....
5 Some of .... you took at the wedding were really good.
6 "Did you spend all .... I gave you?" "No, there's some left."

86.4 **all of** / **some of** / **none of** + **it**/**them**/**us** (**all of it** / **some of them** など) のように組み合わせて、文を完成させなさい。

1 These books are all Sarah's. ....None of them.... belong to me.
2 "How many of these books have you read?" ".................................... . Every one."
3 We all got wet in the rain because .... had an umbrella.
4 Some of this money is yours, and .... is mine.
5 Most of my friends have traveled a lot, but .... have ever been to Africa.
6 Not all the tourists in the group were Spanish. .... were French.
7 I watched most of the movie, but not ....
8 He told us his life story, but .... was true. It was all invented.

Unit 87

both / both of　neither / neither of　either / either of

A

both/neither/either

both/neither/either は、**both books**, **neither book** のように名詞とともに使い、2 つの物について説明します。

☆ **食事に出かけたい素敵なレストランが 2 軒あります。このレストランについて次のように記述します。**

- **Both restaurants** are good. (⇒レストランは両方とも…) (× the both restaurants)
- **Neither restaurant** is expensive. (⇒どちらのレストランも…ない)
- We can go to **either restaurant**. I don't care. (⇒どちらのレストランでも問題ない)
- I haven't been to **either restaurant** before. (⇒どちらのレストランにも…ない)

both/neither/either は、名詞を置かずに用いることができます。

- "Which do you prefer, basketball or tennis?"　"It's hard to say. I like **both**."
- "Is your friend British or American?"　"**Neither**. She's Australian."
- "Do you want tea or coffee?"　"**Either**. It doesn't matter."

B

both of ... / neither of ... / either of ...

both of / neither of / either of の後には、**the/these/my/Tom's** …などを置いた特定できる名詞句がきます。both of **the** restaurantsや both of **those** restaurants は可能ですが、both of restaurants のように the を持たない形にはできません。

- **Both of these** restaurants are good.
- **Neither of the** restaurants we went to was expensive.
- I haven't been to **either of those** restaurants. (⇒どちらのレストランにも行ったことがない)

both の後には、**of** なしで特定できる名詞句を置くこともできます。

- **Both of these restaurants** are good.　*or*　**Both these** restaurants are good.

both of / neither of / either of などの後に、**us/you/them** のような目的格の代名詞を置くことができます。

- 〔2 人に話しかけて〕 Can **either of you** speak Russian?
- I asked two people how to get to the train station, but **neither of them** knew.

us/you/them のような目的格の代名詞の前には、**both of** を置きます。**of** は省略できません。

- **Both of us** were tired. (× Both us were ...)

neither of ... の後に生じた動詞は、単数名詞に対応する形にも複数名詞に対応する形にもなります。

- Neither of them **is** at home.　*or*　Neither of them **are** at home.

C

both/neither/either などの語は、後に名詞を置かず単独で用いることができます。

both ... **and** ...
- **Both** Chris **and** Brian were late.
- I was **both** tired **and** hungry when I arrived home.

neither ... **nor** ...
- **Neither** Chris **nor** Brian came to the party.
- There was an accident outside our house, but we **neither** saw **nor** heard anything.

either ... **or** ...
- I'm not sure where Maria's from. She's **either** Spanish **or** Italian.
- **Either** you apologize, **or** I'll never speak to you again.

D

☆ **either/neither/both は、2 つの事物に対して使い、any/none/all は、3 つ以上の事物に対して使います。両者の違いを以下の例文で確認しましょう。**

- There are **two** good hotels here.
  You could stay at **either** of them.
- We tried **two** hotels.
  { **Neither** of them had a room.
  { **Both** of them were full.

- There are **many** good hotels here.
  You could stay at **any** of them.
- We tried **a lot of** hotels.
  { **None** of them had a room.
  { **All** of them were full.

neither do I / I don't either ➜ Unit 49C　**any** ➜ Units 83-84　**none** ➜ Units 84A, 86　**all** ➜ Unit 86
both of whom / neither of which ➜ Unit 94B　**both** ➜ Unit 107D

練習問題

87.1 **both/neither/either** のいずれかを空所に入れ、文を完成させなさい。

1 "Do you want tea or coffee?" "Either. It really doesn't matter."
2 "What day is it today—the 18th or the 19th?" "................ . It's the 20th."
3 A: Where did you go on your trip—Korea or Japan?
B: We went to .... A week in Korea and a week in Japan.
4 "Should we sit in the corner or by the window?" "................ . I don't care."
5 "Where's Liz? Is she at work or at home?" "................ . She's out of town."
6 "Is it true that Kate speaks Spanish and Arabic?" "Yes, she speaks .... fluently."

87.2 **both/neither/either** のいずれかを空所に入れ、文を完成させなさい。必要に応じて **of** を加えなさい。

1 Both my parents are from Egypt.
2 To get downtown, you can walk along the river or you can walk down the street.
You can go .... way.
3 I went to Adam's house twice, but .... times he wasn't at home.
4 .... Tom's parents is English. His father is Polish, and his mother is Italian.
5 I saw an accident this morning. One car drove into the back of another. Fortunately,
.... driver was injured, but .... cars were badly damaged.
6 I have two sisters and a brother. My brother is working, but .... my sisters
are still at school.

87.3 **both/neither/either + of us / them** の形を空所に入れ、文を完成させなさい。

1 I asked two people how to get to the train station, but neither of them knew.
2 I was invited to two parties last week, but I couldn't go to ....
3 There were two windows in the room. It was very warm, so I opened ....
4 Sam and I often play tennis, but we're not very good. .... can play well.
5 I tried two bookstores for the book I wanted to buy, but .... had it.

87.4 **both～ and ... / neither ～ nor ... / either ～ or ...** の形を使って、文を書き換えなさい。

1 Chris was late. So was Pat. Both Chris and Pat were late.
2 He didn't say hello, and he didn't smile. He neither said hello nor smiled.
3 It was a boring movie. It was long too.
The movie ....
4 Joe doesn't have a car. Sam doesn't have one either.
....
5 Emily speaks German, and she speaks Russian too.
....
6 Ben doesn't watch TV, and he doesn't read newspapers.
Ben ....
7 Is that man's name Richard? Or is it Robert? It's one of the two.
That man's name ....
8 I don't have time to go on vacation. And I don't have the money.
I have ....
9 We can leave today or we can leave tomorrow—whichever you prefer.
We ....

87.5 **neither/either/none/any** のいずれかを空所に入れ、文を完成させなさい。

1 We tried a lot of hotels, but none of them had a room.
2 Sam has two sisters, but I haven't met .... of them.
3 Emily has four brothers, but I haven't met .... of them.
4 There were a few shops on the street, but .... of them were open.
5 Spain, Italy, Greece, Turkey—have you been to .... of these countries?
6 I could meet you next Monday or Thursday. Would .... of those days work for you?
7 Mark and I couldn't get into the house because .... of us had a key.

Unit 88 all every whole

A

☆ **all と everybody/everyone は、どのように異なりますか。ともに「どの人も／すべての人」の意味を持ちますが、everybody/everyone の代わりに all を用いることはできません。**

- **Everybody** was happy. *or* **Everyone** was happy. (× all were happy)
- He thinks he knows **everything**. (× knows all)
- Our vacation was a disaster. **Everything** went wrong. (× all went wrong)

通常、**all** は単独では使いません。以下のように組み合わせて用います.

all + noun (**all cars**, **all my money** など)	**All my friends** were happy.
all of + **us**/**you**/**them**	**All of us** were happy.
we/**you**/**they** … **all** … (Unit 107D を参照)	**We** were **all** happy.
all about …	He knows **all about computers**.
all … = the only thing(s)	**All I've eaten today** is a banana. (= the only thing I've eaten today)

B

☆ **whole と all は、どのように異なりますか。**

whole は「全部の～／～全体」を意味し、後に単数可算名詞を置きます。

- Did you read **the whole book**? (⇒ その本の一部ではなく全部)
- Emily has lived in the same town **her whole life**.
- I was so hungry I ate **a whole pack** of cookies. (⇒ 1 箱全部)

whole の後には **water**, **food**, **money** などの不可算名詞は置きません。不可算名詞の前には **all** を置きます。

- Did you spend **all the money** I gave you? (× the whole money)
- I read **all the information** carefully. (× the whole information)

whole の前には **the**/**my**/**a** などが入ります。whole の後には water, food, money などの不可算名詞は置きません。**all** の前に入る語はありません。

- I read **the whole** book. ⇔ I read **all the** information.

C

every day / **all day** / the **whole day**

every day / **every ten minutes** のように **every** + 時を示す表現を用いて「～ごとに／毎～」のように、出来事が起きる割合や頻度を表します。

- When we were on vacation, we went to the beach **every day**. (× all days)
- The bus service is excellent. There's a bus **every ten minutes**.
- We don't see each other very often—about **every six months**.

all day / **the whole day** は「朝から晩までずっと」を意味します。

- We spent **all day** on the beach. *or* We spent **the whole day** …
- Dan was very quiet. He didn't say a word **all evening**. *or* … **the whole evening**.

all the day, all the week のように、the は付きません。

all the time は「常に／絶え間なく」を表し、**every time**… は「…する度ごとに」を表します。

- They never go out. They are at home **all the time**. (⇒ いつも家にいる))
- **Every time** I see you, you look different. (⇒ 会う度にあなたは…)

D

every / **everybody** / **everyone** / **everything** は単数扱いなので、動詞も単数可算名詞に対応した形を使います。

- **Every seat** in the theater **was** taken.
- **Everybody has** arrived. (× have arrived)

ただし、**everybody**/**everyone** のあとに, **they**/**them**/**their** のような複数の代名詞が入ることがあります。

- **Everybody** said **they** enjoyed **themselves**. (= everybody enjoyed himself or herself)

可算名詞と不可算名詞 ➜ Units 67–68　**all** / **all of** ➜ Unit 86　**each** と **every** ➜ Unit 89　**every one** ➜ Unit 89D
all ➜ Unit 107D

練習問題

88.1 **all, everything, everybody (everyone)** のいずれかを空所に入れ、文を完成させなさい。

1 It was a good party. ......Everybody...... had a great time.
2 ......All...... I've eaten today is a banana.
3 .... has their faults. Nobody is perfect.
4 Nothing has changed. .... is the same as it was.
5 Kate told me .... about her new job. It sounds interesting.
6 Can .... write their names on a piece of paper, please?
7 Why are you always thinking about money? Money isn't ....
8 I'm really exhausted. .... I want to do is sleep.
9 When the fire alarm rang, ... left the building immediately.
10 Amy didn't say where she was going. .... she said was that she was going away.
11 We have completely different opinions. I disagree with .... she says.
12 We all did well on the exam. .... in our class passed.
13 We all did well on the exam. .... of us passed.
14 Why are you so lazy? Why do you expect me to do .... for you?

88.2 **whole** を用いて、文を完成させなさい。

1 I read the book from beginning to end. ......I read the whole book.......................................
2 Everyone on the team played well.
The ....
3 Matt opened a box of chocolates. He started eating. When he finished, there were no chocolates left in the box. He ate ....
4 The police came to the house. They were looking for something. They searched everywhere, every room. They ....
5 Everyone in Ed and Jane's family plays tennis. Ed and Jane play, and so do all their children.
The ....
6 Sarah worked from early in the morning until late in the evening.
....
7 Jack and Anna had a week's vacation at the beach. It rained from the beginning of the week to the end of the week. It ....

whole の代わりに **all** を用いて、上の 6 および 7 の答えを書き換えなさい。

8 (6) Sarah ....
9 (7) ....

88.3 以下から語句を選び、**every** に続けて空所に入れなさい。

five minutes ~~**ten minutes**~~ **four hours** **six months** **four years**

1 The bus service is very good. There's a bus ......every ten minutes...................................... .
2 Tom is sick. He has some medicine. He has to take it ....
3 The Olympic Games take place ....
4 We live near a busy airport. A plane flies over our house ....
5 Tim goes to the dentist for a check-up ....

88.4 下線部の正しい方を選びなさい。

1 Did you spend ~~the whole money~~ / all the money I gave you? (all the money が正しい))
2 Julia works every day / all days except Sunday.
3 I'm tired. I've been working hard all the day / all day.
4 It was a terrible fire. Whole building / The whole building was destroyed.
5 It's a very sad song. Every time / All the time I hear it, it makes me cry.
6 I don't like the weather here. It rains every time / all the time.
7 When I was on vacation, all my luggage / my whole luggage was stolen.

➜ 補足練習問題 31 (p. 315)

Unit 89

each と every

A

Each と **every** は似たような意味を持ち、どちらでも同じように用いられる場合があります。

- ▢ **Each** time I see you, you look different. *or* **Every** time I see you ...

☆ **図を見て考えます。each と every は、どのように異なりますか。**

➤ each は、事物を個々に 1 つずつとらえます。

- ▢ Study **each sentence** carefully.
(⇒ 文を1つずつ…)

each = X + X + X + X

少数の事物については every より **each** を用います。

- ▢ There were four books on the table.
Each book was a different color.
- ▢ 〔トランプで〕At the beginning of the game, **each player** has three cards.

➤ every は、複数ある事物を 1 つの集合として考えます。意味的には all に似ています。

- ▢ **Every window** in the house was open.
(⇒ 全般的にとらえて、家の窓全てが)

every = XXXXXXXXXXXXXXXXXXXXXXXXXXXXXXXXXXX

多数の事物については each より **every** を用います。

- ▢ Kate loves reading. She has read **every book** in the library. (= all the books)
- ▢ I'd like to visit **every country** in the world. (= all the countries)

each は 2 つの事物に対して用いられますが、**every** は用いられません。

- ▢ In soccer, **each team** has eleven players. (× every team)

every は物事が生じる頻度を述べる場合に用いられますが、**each** は用いられません。

- ▢ "How often do you use your car?" "**Every day**." (× Each day)
- ▢ There's a bus **every ten minutes**. (× each ten minutes)

B

☆ **each と every は、どのように異なりますか。**

each の後には名詞を置きますが、単独で用いることもできます。

- ▢ None of the rooms are the same.
Each room is different. *or*
Each is different.

each one の形も用います。

- ▢ **Each one** is different.

each of + **the** / **these** / **them** のように、**of** の後に特定の名詞句や代名詞を置くこともできます。

- ▢ **Each of the** books was a different color.
(× each of books)
- ▢ **Each of them** was a different color.
- ▢ Read **each of these** sentences carefully.

every の後には、名詞を置きます。

- ▢ She's read **every book** in the library.

every は単独では使いませんが、**every one** は単独で用いることができます。

- ▢ A: Have you read all these books?
B: Yes, **every one**.

of を後に置く場合は **every one of** などの形にします。every of のような形はありません。

- ▢ I've read **every one of those** books.
(× every of those books)
- ▢ I've read **every one of them**.

C

単独で用いる **each** は、文中にも文尾にも置くことができます。

- ▢ The students were **each** given a book. (⇒ 生徒 1 人ひとりに…)

a dollar each, ten pounds each などの表現もあります。

- ▢ These oranges are 80 cents **each**. (⇒ オレンジ 1 つ…)

D

everyone と every one

everyone (1 語) は人についてのみ用います。everybody と同じように使われます。

- ▢ **Everyone** enjoyed the party. (= **Everybody**...)

every one (2 語) は人にも物にも用います。each one と同じように使われます。

- ▢ Sarah is invited to lots of parties and she goes to **every one**. (= to **every party**)

each other ➜ Unit 80C **all と every** ➜ Unit 88

練習問題

89.1 空所に **each** または **every** を入れて、イラストの状況を説明しなさい。

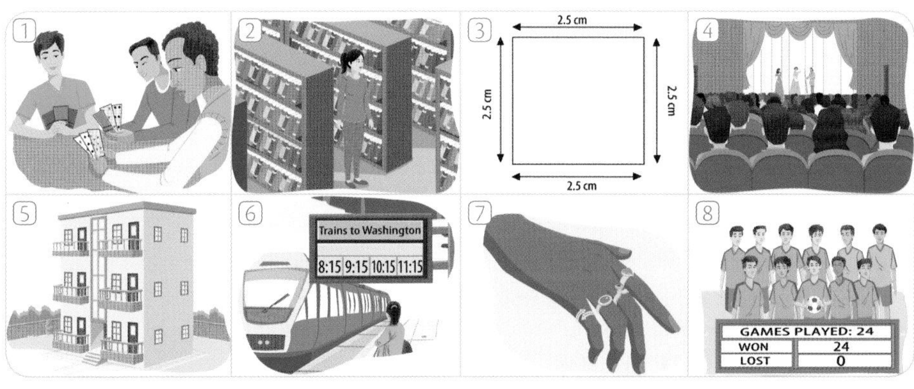

1 ....Each.... player has three cards.
2 Kate has read ....every.... book in the library.
3 .... side of a square is the same length.
4 .... seat in the theater was taken.
5 There are six apartments in the building. .... one has a balcony.
6 There's a train to Washington .... hour.
7 She was wearing four rings—one on .... finger.
8 Our soccer team is playing well. We've won .... game this season.

89.2 空所に **each, each of , every** のいずれかを入れて文を完成させなさい。

1 There were four books on the table. ....Each.... book was a different color.
2 The Olympic Games are held ....every.... four years.
3 .... parent worries about their children.
4 In a game of tennis, there are two or four player. .... player has a racket.
5 Nicole plays volleyball .... Thursday evening.
6 I understood most of what they said but not .... word.
7 The book is divided into five parts and .... these has three sections.
8 I get paid .... four weeks.
9 I called the office two or three times, but .... time it was closed.
10 Car seat belts save lives. .... driver should wear one.
11 A friend of mine has three children. I always give .... them a present at Christmas.
12 （試験問題で） Answer all five questions. Write your answer to .... question on a separate sheet of paper.

89.3 **each** を用いて文を完成させなさい。

1 The price of one of those oranges is 80 cents. ....Those oranges are 80 cents each.....
2 I had ten dollars, and so did Sonia. Sonia and I ....
3 One of those postcards costs a dollar. Those ....
4 The hotel was expensive. I paid 300 dollars, and so did you.
We ....

89.4 空所に **everyone** (1 語) または **every one** (2 語) を入れて文を完成させなさい。

1 Sarah is invited to a lot of parties and she goes to ....every one.... .
2 I remember school very clearly. I remember .... in my class.
3 I asked her lots of questions, and she answered .... correctly.
4 Amy is very popular. .... likes her.
5 I dropped a tray of glasses. Unfortunately, ... broke.

Unit 90 関係詞節 1: 主格の who/that/which を持つ関係詞節

A

☆ **例文から考えます。関係詞節はどのような働きをしますか。**

先週パーティを開き、多くの人が来ました。

Everybody **who came to the party** enjoyed it. (⇒ パーティーに来た人全員)
(関係詞節: who came to the party)

➤ **節とは文の一部であり、主語と動詞を持つまとまりのことを指します。関係詞節には、話し手がどの人や物について話しているかを明確にしたり、人や物の種類や性質を説明する役割があります。**

the woman **who lives next door to me** (⇒ 隣に住んでいる女性:どの女性を指しているか説明)
people **who complain all the time** (⇒ いつも文句ばかり言っている人々:どんな人々か説明)

人について話題にする場合、関係詞節を **who** で始めます。

- **The woman who** lives next door to me is a doctor.
- I don't like **people who** complain all the time.
- An architect is **someone who** designs buildings.
- What was the name of **the person who** called?
- Do you know **anyone who** wants to buy a car?

人について話題にする場合、**who** の代わりに **that** を用いることもできます。**which** は使いません。

- The woman **that lives next door to me** is a doctor. (× the woman which)

that ではなく **who** しか使えない場合もあります。**Unit 93** を参照

B

物事を話題にする場合、関係詞節は **that** または **which** で始めます。この場合 who は使いません。

- I don't like **stories that** have unhappy endings.
  or … **stories which** have unhappy endings.
- Allison works for **a company that** makes furniture.
  or … **a company which** makes furniture.
- **The machine that** broke down is working again now.
  or **The machine which** broke down …

that は **which** よりも多く用いられますが、**which** しか使えない場合もあります。**Unit 93** を参照

C

関係詞節では、**he**/**she**/**they**/**it** ではなく **who**/**that**/**which** を使います。

- I met a Canadian woman at the party. **She** is an English teacher. (2 文)
  I met **a Canadian woman who** is an English teacher. (1 文)
- I can't find the keys. **They** were on the table.
  Where are **the keys that** were on the table? (× the keys they were)

D

what … は「…すること/物」を表します。**what** は **that** と異なり、直前に名詞句が付きません。

- **What happened** was my fault. (⇒ 起こったことはすべて…)

⇔

- Everything **that happened** was my fault.
  (× Everything what happened)
- The machine **that broke down** is now working again.
  (× The machine what broke down)

関係詞節 2–5 ➜ Units 91–94

練習問題

90.1 "以下から適切な表現を選び、**who** を使って( )内の語句を説明する文を完成させなさい。

steals from a store	buys something at a store
~~designs buildings~~	pays rent to live somewhere
doesn't tell the truth	breaks into a house to steal things
is not brave	expects the worst to happen

1 (an architect) An architect is someone who designs buildings.
2 (a customer) ......
3 (a burglar) ......
4 (a coward) ......
5 (a tenant) ......
6 (a shoplifter) ......
7 (a liar) ......
8 (a pessimist) ......

90.2 **who/that/which** のいずれかを用いて、2 つの文を 1 つにまとめなさい。

1 A girl was injured in the accident. She is now in the hospital.
The girl who was injured in the accident is now in the hospital.
2 A waiter served us. He was impolite and impatient.
The ......
3 A building was destroyed in the fire. It has now been rebuilt.
The ......
4 Some people were arrested. They have now been released.
The ......
5 A bus goes to the airport. It runs every half hour.
The ......

90.3 以下から適切なものを選び、**who/that/which** と組み合わせて文を完成させなさい。

happened in the past	~~**makes furniture**~~
runs away from home	**can support life**
cannot be explained	**has stayed there**
developed the theory of relativity	**were hanging on the wall**

1 Mary works for a company that makes furniture.
2 The movie is about a girl ....
3 What happened to the pictures ......?
4 A mystery is something ....
5 I've heard it's a good hotel, but I don't know anyone ....
6 History is the study of things ....
7 Albert Einstein was the scientist ....
8 It seems that Earth is the only planet ....

90.4 それぞれの文について誤りがあれば、正しい形に書き直しなさい。誤りがない場合もあります。

1 I don't like stories who have unhappy endings. stories that have
2 What was the name of the person who called? OK
3 Where's the nearest store who sells bread? ......
4 Dan said some things about me they were not true. ......
5 The driver which caused the accident was fined $500. ......
6 Do you know the person that took these pictures? ......
7 We live in a world what is changing all the time. ......
8 Tim apologized for what he said. ......
9 What was the name of the horse what won the race? ......

Unit 91 関係詞節 2：目的格の who/that/which を持つ関係詞節とその省略

A

☆ **Unit 90 の例文を復習します。**

- ▢ **The woman who** lives next door to me is a doctor. (= The woman **that** lives ...)

  The woman lives next door to me — **who** (= the woman) が主語

- ▢ Where are **the keys that were** on the table? (*or* the keys **which** were ...)

  The keys were on the table — **that** (= the keys) が主語

who/that/which が関係詞節中で主語となる場合には省略できません。

B

☆ **以下の who/that/which は、関係詞節中でどのような働きをしていますか。**

- ▢ **The woman who I wanted to see** was away on vacation.

  I wanted to see the woman — **who** (= the woman) が目的語、**I** が主語

- ▢ Did you find **the keys that you lost**?

  you lost the keys — **that** (= the keys) が目的語、**you** が主語

who/that/which が関係詞節中で目的語となる場合には省略できます。

- ▢ **The woman I wanted to see** was away. *or* The woman **who** I wanted to see ...
- ▢ Did you find **the keys you lost**? *or* ... the keys **that** you lost?
- ▢ **The dress Natalie bought** doesn't fit her very well. = The dress **that** Natalie bought ...
- ▢ Is there **anything I can do**? *or* ... anything **that** I can do?

以下のような関係詞節中では、動詞の後に目的語を置くことはできません。

the keys you lost (× the keys you lost them)
the dress Natalie bought (× the dress Natalie bought it)

C

☆ **関係詞節の最後に入っている前置詞 (to/in/for など)**

Tom is talking to a woman. Who is she? (2 文)

→ Who is the woman Tom is **talking to**?
(*or* ... the woman **who/that** Tom is talking to)

I slept in a bed. It wasn't comfortable. (2 文)

→ The bed I **slept in** wasn't comfortable.
(*or* The bed **that/which** I slept in ...)

➤ **前置詞の後にあった名詞句を先行詞にして関係詞節を作ります。その結果、関係詞節中では前置詞の後にくる名詞句がなくなります。**

- ▢ Are these **the books you were looking for**? *or* ... the books **that/which** you were ...
- ▢ **The man I was sitting next to on the plane** talked the whole time. *or* The man **who/that** I was sitting next to ...

このような関係詞節中では、前置詞の後に名詞句を置くことはできません。

the books **you were looking for** (× the books you were looking for them)
the man **I was sitting next to** (× the man I was sitting next to him)

D

名詞句を持つ以下のような関係詞節では **what** は使えません。

- ▢ **Everything** (that) **they said** was true. (× Everything what they said)
- ▢ I gave her **all the money** (that) **I had**. (× all the money what I had)

What ... は「…すること／物」を表します。

- ▢ **What they said** was true. (= The things that they said ...)

関係詞節 1 ➔ Unit 90　関係詞節 3–5 ➔ Units 92–94　whom ➔ Unit 92B

練習問題

91.1 それぞれの文について誤りがあれば、**who** や **that を用いて**、正しい形に書き直しなさい。

1 The woman lives next door is a doctor. The woman who lives next door
2 Did you find the keys you lost? OK
3 The people we met last night were very friendly. ....
4 The people work in the office are very friendly. ....
5 I like the people I work with. ....
6 What have you done with the money I gave you? ....
7 What happened to the money was on the table? ....
8 What's the worst movie you've ever seen? ....
9 What's the best thing it has ever happened to you? ....

91.2 関係詞節を用いて、状況を説明する文を完成させなさい。

1 Your friend lost some keys. You want to know if he found them. You say:
Did you find the keys you lost?
2 A friend is wearing a dress. You like it. You tell her:
I like the dress ....
3 A friend is going to the movies. You want to know the name of the movie. You say:
What's the name of the movie .... ?
4 You wanted to visit a museum, but it was closed. You tell a friend:
The museum .... was closed.
5 You invited people to your party. Some of them couldn't come. You tell someone:
Some of the people .... couldn't come.
6 Your friend had to do some work. You want to know if she has finished. You say:
Have you finished the work .... ?
7 You rented a car. It broke down after a few miles. You tell a friend:
Unfortunately, the car .... broke down after a few miles.

91.3 以下の文には、前置詞を含んだ関係詞節が入っています。(　) 内の語句を正しい順序に並べて、文を完成させなさい。

1 Did you find (looking / for / you / the books / were)?
Did you find the books you were looking for?
2 We couldn't go to (we / invited / to / were / the wedding).
We couldn't go to ....
3 What's the name of (the hotel / about / me / told / you)?
What's the name of .... ?
4 Unfortunately I didn't get (applied / I / the job / for).
Unfortunately I didn't get ....
5 Did you enjoy (you / the concert / to / went)?
Did you enjoy .... ?
6 Mike is a good person to know. He's (on / rely / can / somebody / you).
Mike is a good person to know. He's ....
7 Who were (the people / with / were / you) in the restaurant yesterday?
Who were .... in the restaurant yesterday?

91.4 空所に **that** または **what** を入れて文を完成させなさい。不要の場合には – を記入します。

1 I gave her all the money – I had. (all the money **that** I had でも正解)
2 Did you hear what they said?
3 She gives her children everything .... they want.
4 Tell me .... you want and I'll try to get it for you.
5 Why do you blame me for everything .... goes wrong?
6 I won't be able to do much, but I'll do .... I can.
7 I won't be able to do much, but I'll do the best .... I can.
8 I don't agree with .... you said.
9 I don't trust him. I don't believe anything .... he says.

Unit 92

関係詞節 3: whose/whom/where を持つ関係詞節

A whose

his/her/their を **whose** に変えて関係詞節を作ります。以下の例文で確認します。

車で家に帰る途中、道路脇に立っている人たちがいました。彼らの車が故障していたので、私たちは車を止めて助けました。

We helped some people **whose** car had broken down.
(= **their** car had broken down)

☆ **通常 whose は人に関連して用います。**

- A widow is a woman **whose husband is dead**. (⇒ **her** husband is dead)
- I met someone **whose brother I went to school with**. (⇒ I went to school with **his**/**her** brother)

☆ **who と whose は、どのように異なりますか。**

- I met a man **who** knows you. (⇒ **he** knows you)
- I met a man **whose sister** knows you. (⇒ **his sister** knows you)

☆ **whose と who's を混同しないように注意します。発音は同じですが、who's は who is または who has を表します。**

- I have a friend **who's learning** Arabic. (⇒ **who's** = who **is**)
- I have a friend **who's** just **started** learning Arabic. (⇒ **who's** = who **has**)
- I have a friend **whose** sister is learning Arabic.

B whom

動詞の目的語は **who** を用いて関係詞節を作りますが、**who** の代わりに **whom** を用いることもできます。
(Unit 93B を参照)

- George is a person **whom I admire** very much. (⇒ I admire **him**)

to whom / **from whom** / **with whom** のように、前置詞を前に置いて **whom** を用いる形もあります。

- It's important to have friends **with whom** you can relax. (⇒ you can relax **with them**)

話し言葉では **whom** はあまり用いません。**who** や **that** の方が一般的です。

- **a person I admire** a lot *or* a person **who**/**that** I admire a lot
- **friends you can relax with** *or* friends **who**/**that** you can relax with

C where

where を用いて、場所について説明する関係詞節を作ります。

- I recently went back to **the town where** I grew up. (⇒ I grew up **there**)
- **The restaurant where** we had lunch was near the airport.
- I would like to live in **a place where** there is plenty of sunshine.

D the day, the time, the reason ...

the day / **the time** / **the reason** は、…する日/する時/する理由を表します。

the day we got married **the year** I was born **the last** time they met など

- I can't meet you on Friday. That's **the day I'm going away**.
- **The last time I saw her**, she looked great.

that を用いることもできます。

- The last time **that** I saw her, she looked great.

the reason I'm calling you **the reason** she didn't get the job など

- **The reason I'm calling you** is to ask your advice.

that を用いることもできます。

- The reason **that** I'm calling you ... *or* The reason **why** I'm calling you ...

関係詞節 1–2 ➜ Units 90–91 関係詞節 4–5 ➜ Units 93–94 **whom** ➜ Unit 94

練習問題

92.1 あなたはパーティーで次の人たちに会いました。

パーティーの翌日、パーティーで会った人について友達に説明します。who または whose を用いて文を完成させなさい。

1 I met somebody ......whose mother writes detective stories...... .
2 I met a man ....
3 I met a woman ....
4 I met somebody ....
5 I met a couple ....
6 I met somebody ....

92.2 例にならって、**whom** を用いた文 (*more formal*) と省略した文 (*less formal*) を完成させなさい。

1 You met a friend. You hadn't seen him for years.
more formal I met a friend ......whom I hadn't seen for years...... .
less formal I met a friend ......I hadn't seen for years...... .
2 You needed a lawyer. A friend of yours recommended one.
more formal I went to see a lawyer ....
less formal I went to see a lawyer ....
3 You called your bank with a problem. You spoke to somebody, but he wasn't very helpful.
more formal The person ...... wasn't very helpful.
less formal The person ...... wasn't very helpful.
4 Tom was in love with a woman, but she wasn't in love with Tom.
more formal The woman ...... wasn't in love with him.
less formal The woman ...... wasn't in love with him.

92.3 **who/whom/whose/where** のいずれかを空所に入れ、文を完成させなさい。

1 We helped some people ......whose...... car had broken down.
2 A cemetery is a place ...... people are buried.
3 A pacifist is a person ...... believes that all wars are wrong.
4 An orphan is a child ...... parents are dead.
5 What's the name of the hotel ...... your parents are staying?
6 This school is only for children ...... first language is not English.
7 The person from ...... I bought my car is a friend of my father's.
8 I live in a friendly village ...... everybody knows everybody else.

92.4 自由に文を完成させなさい。

1 I can't meet you on Friday. That's the day ......I'm going away...... .
2 The reason ...... was that the salary was too low.
3 I'll never forget the time ....
4 ...... was the year ....
5 The reason ...... is that neither of them can drive.
6 The last time I ...... was ....
7 Do you remember the day ......?

Unit 93

関係詞節 4:(追加情報を示す)継続用法としての関係詞節 (1)

A

☆ **関係詞節には、文字で表した場合に直前にカンマ(,)が置かれない制限用法と、置かれる継続用法との 2 種類があります。それぞれはどのように異なりますか。**

制限用法

- The woman who lives next door to me is a doctor.
- Grace works for a company that makes furniture.
- We stayed at the hotel (that) you recommended.

➤ **制限用法の関係詞節には、話し手がどの人や物について話しているのかを明確にしたり、人や物の種類や性質を説明する役割があります。**

The woman **who lives next door to me**
(⇒ 多くの女性の中で、どの女性かを説明)
A company **that makes furniture**
(⇒ どのような種類の会社かを説明)
The hotel (**that**) **you recommended**
(⇒ どのホテルかを説明)

制限用法は直前にカンマ(,)を置きません。

- We know a lot of people who live in London.

継続用法

- My brother Ben, who lives in Hong Kong, is an architect.
- Anna told me about her new job, which she's enjoying a lot.
- We stayed at the Park Hotel, which a friend of ours recommended.

継続用法の関係詞節では、my brother Ben, Anna's new job, the Park Hotel のように、聞き手も話し手もすでにどの人や物について話しているか把握しています。

➤ **継続用法の関係詞節では、すでに話題となっている具体的な人や物についてさらに情報を追加します。**

継続用法は直前にカンマ(,)を置きます。

- My brother Ben, who lives in Hong Kong, is an architect.

B

☆ **制限用法でも継続用法でも、人に対しては who, 物に対しては which を用います。しかし、実際には いくつかの点で用法が異なります。どのように異なりますか。**

制限用法

that を使います。

- Do you know anyone **who**/**that** speaks French and Italian?
- Grace works for a company **which**/**that** makes furniture.

目的語の **who**/**which**/**that** は省略できます。
(**Unit 91** を参照)

- We stayed at **the hotel** (that/which) **you recommended**.
- This morning I met **somebody I hadn't seen for ages**. (= somebody who/that ...)

制限用法では、**whom** はあまり用いません。
(**Unit 94B** を参照)

継続用法

that は使えません。

- John, **who** (× that) speaks French and Italian, works as a tour guide.
- Anna told me about her new job, **which** (× that) she's enjoying a lot.

who/**which** は省略できません。

- We stayed at the Park Hotel, **which** a friend of ours recommended.
- This morning I met Chris, **who** I hadn't seen for ages.

目的語の場合は人に対して **whom** を用いることができます。

- This morning I met Chris, **whom** I hadn't seen for ages.

C

whose と **where** は、制限用法でも継続用法でも用いることができます。

- We helped some people **whose** car had broken down.
- What's the name of the place **where** you went on vacation?

- Lisa, **whose** car had broken down, was in a very bad mood.
- Kate has just been to Sweden, **where** her daughter lives.

制限用法の関係詞節 ➜ Units 90–92　継続用法の関係詞節 ➜ Unit 94

練習問題

93.1 ( ) 内の文を継続用法の関係詞節にして 1 つの文にしなさい。**who/whom/whose/which/where** の中から適切なものを使用しなさい。

1 Catherine is very friendly. (She lives next door to us.)
Catherine, who lives next door to us, is very friendly.
2 We stayed at the Park Hotel. (A friend of ours had recommended this hotel.)
We stayed at the Park Hotel, which a friend of ours recommended.
3 We drove to the airport. (The airport was not far from the city.)
We drove to the airport, ...
4 Kate's husband is an airline pilot. (I have never met Kate's husband.)
Kate's .... pilot.
5 Lisa is away from home a lot. (Lisa's job involves a lot of traveling.)
Lisa ....
6 Paul and Emily have a daughter, Alice. (Alice just started school.)
Paul and Emily have ....
7 The new stadium will hold 90,000 spectators. (The stadium will be finished next month.)
....
8 My brother lives in Alaska. (Alaska is the largest state in the U.S.)
....
9 Our teacher was very kind. (I have forgotten her name.)
....
10 We enjoyed our visit to the museum. (We saw a lot of interesting things in the museum.)
....

93.2 制限用法または継続用法の関係詞節を用いて、文を完成させなさい。必要があればカンマを入れなさい。

1 My brother is an architect. (He lives in Hong Kong.)
My brother, who lives in Hong Kong, is an architect.
2 The strike at the factory has now ended. (The strike began ten days ago.)
The strike at the factory ....
3 I was looking for a book this morning. (I've found it now.)
I've found ....
4 I've had my car for 15 years. (This car has never broken down.)
My car ....
5 A lot of people applied for the job. (Very few of them had the necessary qualifications.)
Very few of ....
6 Amy showed me a picture of her son. (Her son is a police officer.)
Amy showed me ....

93.3 それぞれの文について誤りがあれば、カンマを入れて正しい形に書き直しなさい。

1 Anna told me about her new job that she's enjoying very much.
Anna told me about her new job, which she's enjoying very much.
2 My office that is on the second floor is very small.
....
3 The office I'm using at the moment is very small.
....
4 Sarah's father that used to be in the army now works for a TV company.
....
5 The doctor that examined me couldn't find anything wrong.
....
6 The sun that is one of millions of stars in the universe provides us with heat and light.
....

Unit 94

関係詞節 5:
(追加情報を示す) 継続用法としての関係詞節 (2)

A 前置詞 + whom/which

人に対しては前置詞 + **whom**、物に対しては前置詞 + **which** の形を用いて継続用法の関係詞節を作ります。

to whom	**with whom**	**about whom**	など
of which	**without which**	**from which**	など

- Mr. Lee, **to whom I spoke** at the meeting, is interested in our proposal.
- Fortunately we had a good map, **without which** we would have gotten lost.

通常、話し言葉では、関係詞節中の動詞の後に前置詞を残した形を用います。

- Katherine told me she works for a company called "Latoma", **which** I'd never **heard of** before.

この場合、関係詞節の先頭に whom は置けません。

- Mr. Lee, **who I spoke to** at the meeting, is interested in our proposal. (× Mr. Lee, whom I spoke to ...)

関係詞節内の前置詞については、Unit 91C を参照

B all of / most of など + whom/which

前置詞の後の目的格の代名詞を **whom** に変えて、継続用法の関係詞節を作ります。

- Megan has three brothers, **all of whom** are married.
- They asked me a lot of questions, **most of which** I couldn't answer.

同様に以下の語句も、継続用法の関係詞節を作ります。

many of whom	**some of whom**	**neither of whom**	など	(人に対して)
none of which	**both of which**	**one of which**	など	(物に対して)

- Dan tried on three jackets, **none of which** fit him.
- Two men, **neither of whom I'd** seen before, came into the office.
- They have three cars, **two of which** they rarely use.
- Sue has a lot of friends, **many of whom** she was at school with.

the cause of which / **the name of which** などのような継続用法も用いられます。

- The house was damaged in a fire, **the cause of which** was never established.
- We stayed at a beautiful hotel, **the name of which** I don't remember now.

C which (× what)

☆ **例文で考えます。継続用法の which は何を指していますか。**

Joe got the job. This surprised everybody. (2文)

Joe got the job, which surprised everybody. (1文)

関係詞節

➤ **例文中にある継続用法の which は、Joe got the job という直前の文全体を指しています。このような場合には、カンマに続いて which (what ではなく) を用います。**

- Sarah couldn't meet us, **which** was too bad. (× what was too bad)
- The weather was good, **which** we hadn't expected. (× what we hadn't expected)

what と **that** の用法は、Units 90D と 91D を参照

all of / most of など ➜ Unit 86　both of など ➜ Unit 87　関係詞節 1–4 ➜ Units 90–93

練習問題

94.1 以下から適切な前置詞を選び、前置詞 + **whom/which** の形を用いて、文を完成させなさい。

after for in of of to with ~~without~~

1 Fortunately we had a good map, ...without which...... we would have gotten lost.
2 The accident .... two people were injured, happened late last night.
3 I share an office with my boss, ... I get along really well.
4 The wedding, ... only family members were invited, was a lovely occasion.
5 Ben showed me his new car, ... he's very proud.
6 Sarah showed us a picture of her son, ... she's very proud.
7 Rachel bought a very nice leather bag, ... she paid thirty dollars.
8 We had lunch, ... we went for a long walk.

94.2 最初の文の情報を参考に、**all of / most of** などの形を使い、2 番目の文を完成させなさい。

1 All of Lauren's brothers are married.
Lauren has three brothers, ...all of whom are married...... .
2 Most of the information we were given was useless.
We were given a lot of information, ...
3 None of the ten people who applied for the job was suitable.
Ten people applied for the job, ...
4 My neighbors have two cars. They never use one of them.
My neighbors have two cars, ...
5 James won a lot of money. He gave half of it to his parents.
James won $100,000, ...
6 Both of Julia's sisters are lawyers.
Julia has two sisters, ...
7 Jane replied to neither of the emails I sent her.
I sent Jane two emails, ...
8 I went to a party—I knew only a few of the people there.
There were a lot of people at the party, ...

the ... of which ... を使って文を完成させなさい。

9 You stayed in a hotel when you were on vacation but you don't remember the name.
We stayed at a very nice hotel, ...the name of which I don't remember...... .
10 We drove along the road. The sides of the road were lined with trees.
We drove along the road, the ....
11 The aim of the company's new business plan is to save money.
The company has a new business plan, ...

94.3 下の枠から文を 1 つ選び、**which** を使って継続用法の関係詞節を含む文を作りなさい。

This is good news.	This makes it hard to contact her.
~~This was too bad.~~	This means we can't go away tomorrow.
She apologized for this.	This makes it hard to sleep sometimes.
This was nice of her.	This meant I had to wait two hours at the airport.

1 Jen couldn't come to the party, ...which was too bad.......
2 The street I live on is noisy at night, ...
3 Kate let me stay at her house, ...
4 Jane doesn't have a phone, ...
5 Alex passed his exams, ...
6 My flight was delayed, ...
7 Our car has broken down, ...
8 Amy was twenty minutes late, ...

Unit 95 -ing 句と -ed 句 (the woman **talking to Tom,** the boy **injured in the accident**)

A

☆ **句は複数の語を持ち、節 (文)を構成する要素です。例文中の –ing で始まる句は何を表しますか。イラストを見て考えます。**

Who is the woman **talking to Tom**?
└ **-ing** 句 ┘

(⇒ Tom と話をしている女性)

The woman talking to Tom

TOM

-ing 句は「～の時に…している/していた (人/物)」のように、能動的な意味を持ち、関係詞節同様に直前に名詞句を持ちます。

- ☐ Who is the woman **talking to Tom**? (⇒ 今、Tom と話をしている女性)
- ☐ Police **investigating the crime** are looking for three men. (⇒ 今、その犯罪を捜査している警察)
- ☐ Who were those people **waiting outside**? (⇒ 外で待っていた人たち)
- ☐ I was woken up by a bell **ringing**. (⇒ 鳴っていたベル)

-ing 句は、ある時点で成立していた一時的な動作だけでなく、常に成立している状態を表すこともあります。

- ☐ The road **connecting the two villages** is very narrow. (⇒ 2 つの町をつなぐ道路)
- ☐ I have a large room **overlooking the garden**. (⇒ 庭を見下ろす部屋)
- ☐ Can you think of the name of a flower **beginning with "t"**? (⇒ t で始まる名前の花)

B

injured, **painted** などの **-ed** 句は「…された (人/物)」のように、受動的な意味を持ちます。

The boy **injured in the accident** was taken to the hospital.
└ **-ed** 句 ┘

(⇒ 事故で怪我をした少年)

The boy injured in the accident

- ☐ The boy **injured in the accident** was taken to the hospital.
(⇒ 事故で怪我をした少年)
- ☐ Kevin showed me some pictures **painted by his father**.
(⇒ 彼の父によって描かれた絵)
- ☐ The gun **used in the robbery** has been found.
(⇒ 強盗に使われた銃)

Injured/**painted**/**used** のような動詞の **-ed** 形は過去分詞と呼ばれます。**stolen**/**made**/**built** などのように、多くの過去分詞が語尾に **-ed** を持たず不規則変化します。

- ☐ The police never found the money **stolen in the robbery**.
- ☐ Most of the goods **made in this factory** are exported.

C

-ing 句と **-ed** 句を、**there is** / **there was** などの句の後に置くことができます。

- ☐ **There were** some children **swimming** in the river.
- ☐ **Is there** anybody **waiting**?
- ☐ **There was** a big red car **parked** outside the house.

以下の文では、**left** は「使われていない／残った」の意味を持つ過去分詞です。

- ☐ We've eaten nearly all the chocolates. **There are** only a few **left**.

see/hear ～ doing ... ➜ Unit 65 -**ing** 句 (分詞構文) ➜ Unit 66 **There (is)** ➜ Unit 82
made/stolen などの不規則変化をする過去分詞 ➜ 付録 1

練習問題

95.1 **-ing** 句を使って、2 つの文を 1 つにまとめなさい。

1 A bell was ringing. I was woken up by it.
I was woken up by *a bell ringing* .
2 A taxi was taking us to the airport. It broke down.
The .... broke down.
3 There's a path at the end of this street. The path leads to the river.
At the end of the street there's a ....
4 A factory has just opened in the town. It employs 500 people.
A .... has just opened in the town.
5 A man was sitting next to me on the plane. He was asleep most of the time.
The .... was asleep most of the time.
6 The company sent me a brochure. It contained the information I needed.
The company sent me ....

95.2 以下から適切な **-ed** 句を使って空所に入れ、文を完成させなさい。

damaged in the storm **made at the meeting** ~~**injured in the accident**~~
involved in the project **stolen from the museum** **surrounded by trees**

1 The boy *injured in the accident* was taken to the hospital.
2 The paintings .... haven't been found yet.
3 We've repaired the gate ....
4 Most of the suggestions .... were not practical.
5 Our friends live in a beautiful house ....
6 Everybody .... worked hard.

95.3 以下から適切な動詞を選び、正しい形に変えて空所に入れなさい。

blow call cause invite live offer ~~paint~~ read ~~ring~~ sit study work

1 I was woken up by a bell *ringing* .
2 Tony showed me some pictures *painted* by his father.
3 Some of the people .... to the party can't come.
4 Somebody .... Jack came to the house while you were out.
5 Life must be very unpleasant for people .... near busy airports.
6 A few days after the interview, I received an email .... me the job.
7 The building was badly damaged in a fire .... by an electrical fault.
8 Did you see the picture of the trees .... down in the storm?
9 The waiting room was empty except for an old man .... in the corner
.... a magazine.
10 Chris has a brother .... in a bank in New York and a sister
.... economics at a college in Seattle.

95.4 **There is / There was** と、(　) 内の語句を組み合わせて文を完成させなさい。

1 That house is empty. (nobody / live / in it) *There's nobody living in it.*
2 The accident wasn't serious. (nobody / injure) *There was nobody injured.*
3 I can hear footsteps. (somebody / come) There ....
4 I've spent all the money I had. (nothing / leave) There ....
5 The train was full. (a lot of people / travel)
....
6 We were the only guests at the hotel. (nobody else / stay there)
....
7 The piece of paper was blank. (nothing / write / on it)
....
8 The college offers English courses in the evening. (a new course / begin / next Monday)
....

Unit 96 -ing や -ed の語尾を持つ形容詞 (boring/bored など)

A

☆ イラストを見て考えます。形容詞の多くは、-ing と -ed で終わります。例にある boring と bored は、どのように異なりますか。

Nicole は長い間ずっと同じ仕事をしています。毎日同じことの繰り返しです。今の仕事に興味を持てず、今と違う仕事をしたいと考えています。この時、彼女の仕事と彼女自身について以下のように記述できます。

Nicole's job is **boring**.

Nicole is **bored** with her job.

➤ **物や人が退屈であることを boring、人が退屈していることを bored で表します。**

以下の例文が示すように、**bored** と **boring** の間には「人が **bored**（退屈する）のは、物や人が **boring**（退屈である）であるから」のような関係があります。

- Nicole is **bored** because her job is **boring**.
- Nicole's job is **boring**, so Nicole is **bored**. (× Nicole is boring)

「人が **boring**」というのは「その人によって周りの人が **bored** となる」を意味します。

- Sam always talks about the same things. He's really **boring**.

B

☆ 例文で考えます。-ing で終わる形容詞と -ed で終わる形容詞とは、どのように異なりますか。

-ing

- My job is **boring.** / **interesting.** / **tiring.** / **satisfying.** / **depressing.** など

➤ **-ing で終わる形容詞は、仕事がどのようなものであるかを説明します。**

-ed

- I'm **bored** with my job.
- I'm not **interested** in my job anymore.
- I get very **tired** doing my job.
- I'm not **satisfied** with my job.
- My job makes me **depressed**. など

➤ **-ed で終わる形容詞は、仕事について人がどのように感じたかを説明します。**

C

☆ 左右を比べて考えます。-ing で終わる形容詞と -ed で終わる形容詞とは、どのように異なりますか。

interesting
- Julia thinks politics is **interesting**.
- Did you meet anyone **interesting** at the party?

surprising
- It was **surprising** that he passed the exam.

disappointing
- The movie was **disappointing**. We expected it to be better.

shocking
- The news was **shocking**.

interested
- Julia is **interested** in politics. (× interesting in politics)
- Are you **interested** in buying a car? I'm trying to sell mine.

surprised
- Everybody was **surprised** that he passed the exam.

disappointed
- We were **disappointed** with the movie. We expected it to be better.

shocked
- I was **shocked** when I heard the news.

練習問題

96.1 (　) 内の語を **-ing** または **-ed** の形にして、文を完成させなさい。

1 The movie wasn't as good as we had expected. (**disappoint** ...)
 a The movie was disappointing.
 b We were disappointed with the movie.
2 Donna teaches young children. It's a very hard job, but she enjoys it. (**exhaust** ...)
 a She enjoys her job, but it's often ....
 b At the end of a day's work, she is often ....
3 It's been raining all day. I hate this weather. (**depress** ...)
 a This weather is ....
 b This weather makes me ....
 c It's silly to get .... because of the weather.
4 Clare is going to Mexico next month. She's never been there before. (**excit** ...)
 a It will be an .... experience for her.
 b Going to new places is always ....
 c She is really .... about going to Mexico.

96.2 下線部から文法的に正しい方を選びなさい。

1 I was ~~disappointing~~ / disappointed with the movie. I had expected it to be better. (disappointed が正しい))
2 I'm not particularly interesting / interested in baseball.
3 The new project sounds exciting / excited. I'm looking forward to working on it.
4 It can be embarrassing / embarrassed when you have to ask people for money.
5 Do you easily get embarrassing / embarrassed?
6 I'd never expected to get the job. I was amazing / amazed when I was offered it.
7 She's learned very fast. She's made amazing / amazed progress.
8 I didn't find the situation funny. I was not amusing / amused.
9 I'm interesting / interested in joining the club. How much does it cost?
10 It was a really terrifying / terrified experience. Everybody was shocking / shocked.
11 Why do you always look so boring / bored? Is your life really so boring / bored?
12 He's one of the most boring / bored people I've ever met. He never stops talking, and he never says anything interesting / interested.

96.3 以下から適切な語を選び、空所に入れて文を完成させなさい。

amusing/amused	**annoying/annoyed**	**boring/bored**
confusing/confused	**disgusting/disgusted**	**exciting/excited**
exhausting/exhausted	**interesting/interested**	**~~surprising~~/surprised**

1 You work very hard. It's not surprising that you're always tired.
2 Some people get .... very easily. They always need something new.
3 The teacher's explanation was .... Nobody understood it.
4 The kitchen hadn't been cleaned for ages. It was really ....
5 I don't go to art galleries very often. I'm not very .... in art.
6 There's no need to get .... just because I'm a few minutes late.
7 The lecture was .... I fell asleep.
8 I've been working very hard all day, and now I'm ....
9 I'm starting a new job next week. I'm very .... about it.
10 Steve is good at telling funny stories. He can be very ....
11 Stephanie is a very .... person. She knows a lot, she's traveled a lot, and she's done lots of different things.

Unit 97

形容詞の語順: a **nice new** house, you look **tired**

A

☆ **1つの名詞の前に、複数の形容詞が入る場合があります。語順はどのように決まりますか。**

- ▢ My brother lives in a **nice new** house.
- ▢ In the kitchen there was a **beautiful large round wooden** table.

new/**large**/**round**/**wooden** などの形容詞は「事実を表す形容詞」と呼ばれます。事実を表す形容詞は、年齢/ 大きさ/ 色などについての情報を表します。

一方、**nice**/**beautiful** などの形容詞は「意見を表す形容詞」と呼ばれます。意見を表す形容詞は、物や人に対して人がどのように考えているかを表します。

➤ **「意見を表す形容詞」は「事実を表す形容詞」よりも前にきます。**

冠詞	意見を表す形容詞	事実を表す形容詞	名詞
a	**nice**	**long**	summer vacation
an	**interesting**	**young**	man
	delicious	**hot**	vegetable soup
a	**beautiful**	**large round wooden**	table

B

☆ **2つ以上の事実を表す形容詞が名詞の前に入る場合、常にではありませんが、通常以下のような順序で配置します。例文の形容詞はどのような順序で現れていますか。番号で確認します。**

1 大きさは? → 2 新しい? 古い? → 3 何色? → 4 どこから? 出身は? → 5 何でできている? → 名詞

a **tall young** man (1 → 2)
big blue eyes (1 → 3)
a **small black plastic** bag (1 → 3 → 5)
a **large wooden** table (1 → 5)
an **old Russian** song (2 → 4)
an **old white cotton** shirt (2 → 3 → 5)

通常、大きさや長さを表す形容詞 (**big**/**small**/**tall**/**short**/**long** など) は、形や広さを表す形容詞 (**round**/**fat**/**thin**/**slim**/**wide** など) よりも前にきます。

a **large round** table　　a **tall thin** girl　　a **long narrow** street

2つ以上の色を表す形容詞を並べる際は、**and** を用います。

a **black and white** dress　　a **red**, **white**, **and green** flag

しかし、色以外の形容詞 + 色の場合には and は用いません。

a **long black** dress (× a long and black dress)

C

be/**get**/**become**/**seem** のような動詞の後に形容詞がくることがあります。

- ▢ **Be careful**!
- ▢ **I'm tired** and **I'm getting hungry**.
- ▢ As the movie went on, it **became** more and more **boring.**
- ▢ Your friend **seems** very **nice**.

人や物に対して、どのように見えたり (look)、感じたり (feel)、聞こえたり (sound)、味がしたり (taste)、臭いや香りがしたり (smell) など、感覚を表す場合には形容詞を動詞の後に置きます。このような動詞を知覚動詞と呼びます。

- ▢ You **look tired**. / I **feel tired**. / She **sounds tired**.
- ▢ The dinner **smells good**.
- ▢ This tea **tastes** a little **strange**.

一方、人がどのように動作を行ったのかを表す場合には、副詞を動詞の後に置きます。(**Units 98–99** を参照)

- ▢ Drive **carefully**! (× Drive careful)
- ▢ Abby plays the piano very **well**. (× plays … very good)

D

the **first two** days / the **next few** weeks / the **last ten** minutes などのように、数を表す語はより名詞の近くに置きます。

- ▢ I didn't enjoy the **first two** days of the course. (× the two first days)
- ▢ They'll be away for the **next few** weeks. (× the few next weeks)

副詞 ➜ Units 98–99　比較級 (**cheaper** など) ➜ Units 102–104　最上級 (**cheapest** など) ➜ Unit 105

練習問題

97.1 (　) 内の形容詞を正しい位置に入れなさい。必要に応じて **and** を補いなさい。

1 a beautiful table (wooden / round) ...a beautiful round wooden table...
2 an unusual ring (gold) ....
3 an old house (beautiful) ....
4 red gloves (leather) ....
5 an Italian movie (old) ....
6 pink flowers (tiny) ....
7 a long face (thin) ....
8 big clouds (black) ....
9 a sunny day (lovely) ....
10 an ugly dress (yellow) ....
11 a wide avenue (long) ....
12 important ideas (new) ....
13 a new sweater (green / nice) ....
14 a metal box (black / small) ....
15 long hair (black / beautiful) ....
16 an old painting (interesting / French) ....
17 a large umbrella (red / yellow) ....
18 a big cat (black / white / fat) ....

97.2 左右から動詞と形容詞を 1 つずつ選び、適切な形に変えて空所に入れなさい。

feel	**look**	**~~seem~~**
smell	**sound**	**taste**

awful	**nervous**	**interesting**
nice	**~~upset~~**	**wet**

1 Olivia ...seemed upset... this morning. Do you know what was wrong?
2 I can't eat this. I've just tried it and it ....
3 It's normal to .... before an exam or an interview.
4 What beautiful flowers! They .... too.
5 You .... Have you been out in the rain?
6 James told me about his new job. It .... —much better than his old job.

97.3 (　) 内の適切な語を選び、空所に入れなさい。

1 This tea tastes ...strange... . (strange / strangely)
2 I usually feel .... when the sun is shining. (happy / happily)
3 The children were playing .... in the yard. (happy / happily)
4 You look ....! Are you all right? (terrible / terribly)
5 There's no point in doing a job if you don't do it .... (proper / properly)
6 The soup tastes .... Can you give me the recipe? (good / well)
7 Please hurry up! You're always so .... (slow / slowly)
8 A customer in the restaurant was behaving .... (bad / badly)
9 The customer became .... when the manager asked him to leave. (violent / violently)

97.4 **the first ... / the next ... / the last ...** を用いて、左の語句を書き換えなさい。

1 the first day and the second day of the course ...the first two days of the course...
2 next week and the week after ...the next two weeks...
3 yesterday and the day before yesterday ....
4 the first week and the second week of May ....
5 tomorrow and a few days after that ....
6 questions 1, 2, and 3 on the exam ....
7 next year and the year after ....
8 the last day of our vacation and the two days before that ....

→ 補足練習問題 32 (pp.315–316)

Unit 98 形容詞と副詞 1 (quick/quickly)

A

☆ 例文で考えます。太字体の語は何と呼ばれ、どのような特徴がありますか。

- Our vacation was too short – the time passed very **quickly**.
- Two people were **seriously** injured in the accident.

➤ **quickly や seriously などの語は副詞と呼ばれ、多くは形容詞に -ly の語尾を付けて作られます。**

形容詞:	quick	serious	careful	bad	heavy	terrible
副詞:	**quickly**	**seriously**	**carefully**	**badly**	**heavily**	**terribly**

つづりについては、**付録 6** を参照

副詞の中には **-ly** で終わらないものもあります。以下のように **-ly** で終わる形容詞もあります。

friendly **lively** **elderly** **lonely** **lovely**

- It was a **lovely** day.

B

☆ **形容詞と副詞は、どのように異なりますか。**

➤ **quick/careful などの形容詞は、名詞を修飾し、人や物について説明します。**

- Sam is a **careful driver**. (× a carefully driver)
- We didn't go out because of the **heavy rain**.

➤ **quickly/carefully などの副詞は、動詞を修飾し、人の行動や出来事がどのように起きるかを説明します。**

- Sam **drove carefully** along the narrow road. (× drove careful)
- We didn't go out because it was **raining heavily**. (× raining heavy)

☆ **形容詞と副詞は、どのような位置に生じますか。**

形容詞は名詞の前

- She speaks **perfect English**.
  形容詞 + 名詞

副詞は動詞の後

- She **speaks** English **perfectly**.
  動詞 + 名詞 + 副詞

C

be/look/feel/sound などの動詞の後にくる形容詞もあります。
☆ **いずれも動詞の後にきますが、形容詞と副詞ではどのように異なりますか。**

形容詞 (名詞を説明)

- Please **be quiet**.
- My exam results **were** really **bad**.
- Why do you always **look** so **serious**?
- I **feel happy**.

副詞 (動詞を説明)

- Please **speak quietly**.
- I **did** really **badly** on the exam.
- Why don't you ever **take** me **seriously**?
- The children were **playing happily**.

D

副詞は動詞の後だけでなく、形容詞や他の副詞の前に置くこともあります。

reasonably cheap (副詞 + 形容詞)
terribly sad (副詞 + 形容詞)
incredibly quickly (副詞 + 副詞)

- It's a **reasonably cheap** restaurant and the food is **extremely good**.
- The ending of the movie was **terribly sad**.
- Maria learns languages **incredibly quickly**.
- The exam was **surprisingly easy**.

副詞は **injured/organized/written** などのような過去分詞の前にも置きます。

- Two people were **seriously injured** in the accident. (× serious injured)
- The conference was very **badly organized**.

be/look/feel などの動詞の後にくる形容詞 ➜ Unit 97C　形容詞と副詞 2 ➜ Unit 99

練習問題

98.1 空所に副詞を入れて文を完成させなさい。副詞はそれぞれ指定された文字で始めなさい。

1 We didn't go out because it was raining he*avily*............ .
2 I had no problem finding a place to live. I found an apartment quite ea.......................... .
3 We had to wait a long time, but we didn't complain. We waited pat.......................... .
4 Nobody knew Kevin was coming to see us. He arrived unex.......................... .
5 Mike stays fit by playing tennis reg.......................... .
6 I don't speak French very well, but I can understand per.......................... if people speak sl.......................... and cl.......................... .

98.2 ( )内の適切な語を選び、空所に入れて文を完成させなさい。

1 Sam drove ....*carefully*.... along the narrow road. (careful / carefully)
2 I think you behaved very .... (selfish / selfishly)
3 The weather changed .... (sudden / suddenly)
4 There was a .... change in the weather. (sudden / suddenly)
5 Liz fell and hurt herself really .... (bad / badly)
6 I think I have the flu. I feel .... (awful / awfully)
7 Anna is .... upset about losing her job. (terrible / terribly)
8 I could sit in this chair all day. It's very .... (comfortable / comfortably).
9 I explained everything as .... as I could. (clear / clearly)
10 Be careful on that ladder. It doesn't look very .... (safe / safely)
11 Don't lose your passport. Keep it in a .... place. (safe / safely)
12 I'm glad you had a good trip and got home .... (safe / safely)

98.3 以下から適切な語を選び、空所に入れて文を完成させなさい。空所には **careful** のような形容詞、または **carefully** のような副詞のいずれかが入ります。

~~careful(ly)~~	**complete(ly)**	**dangerous(ly)**	**financial(ly)**	**fluent(ly)**
frequent(ly)	**nervous(ly)**	**perfect(ly)**	**permanent(ly)**	**special(ly)**

1 Sam doesn't take risks when he's driving. He's always ....*careful*.... .
2 He's late sometimes, but it doesn't happen ....
3 Maria's English is very .... although she makes quite a lot of mistakes.
4 I cooked this dinner .... for you, so I hope you like it.
5 Everything was very quiet. There was .... silence.
6 I tried on the shoes, and they fit me ....
7 I'd like to buy a car, but it's .... impossible for me at this time.
8 I'm staying here only a few weeks. I won't be living here ....
9 Do you usually feel .... before exams?
10 Dan likes to take risks. He lives ....

98.4 左右から適切な語を1つずつ選び、空所に入れて文を完成させなさい。

absolutely	**badly**	**completely**
happily	**~~reasonably~~**	**seriously**
slightly	**unnecessarily**	**unusually**

changed	**~~cheap~~**	**damaged**
enormous	**ill**	**long**
married	**planned**	**quiet**

1 I thought the restaurant would be expensive, but it was ....*reasonably cheap*.... .
2 Will's mother is .... in the hospital.
3 This house is so big! It's ....
4 It wasn't a serious accident. The car was only ....
5 Our children are normally very noisy, but they're .... today.
6 When I returned home after 20 years, everything had ....
7 The movie was .... It could have been much shorter.
8 I'm surprised Amy and Joe have separated. I thought they were ....
9 A lot went wrong during our vacation because it was ....

➜ 補足練習問題 32 (pp.315–316)

Unit 99

形容詞と副詞 2 (well, fast, late, hard/hardly)

A

good と well

「良い」を表す形容詞は **good** ですが「よく／上手に」を表す副詞は **well** です。

- Your English is **good**. ⇔ You **speak** English **well**.
- Emily is a **good** pianist. ⇔ Emily **plays** the piano **well**.

known/educated などの過去分詞の前には **well** を置きます。(good は置きません)

well-known **well-educated** **well-paid** **well-behaved**

- Emily's father is a **well-known** writer.

well には、副詞以外に「元気である／健康である」という形容詞としての用法があります。

- "How are you today?" "I'm **well**, thanks."

B

fast, hard と late

これらの語は、形容詞でも副詞でもあります。

形容詞	副詞
Mike is a **fast runner**.	Mike can **run fast**.
It**'s hard** to find a job right now.	Kate **works hard**. (× works hardly)
Sorry I**'m late**.	I **got up late**.

lately は recently と同様、「最近」を意味する副詞です。

- Have you seen Kate **lately**?

C

hardly

hardly は「ほとんど…ない」を意味する副詞です。(否定的な意味を持つことに注意)

- Sarah wasn't very friendly at the party. She **hardly** spoke to me.
(⇒ まったくと言ってよいほど、話さなかった)
- We've only met once or twice. We **hardly** know each other.

hard は「一生懸命に」を意味する副詞です。(**hardly** との意味の違いに注意)

- He tried **hard** to find a job, but he had no luck. (⇒ 一生懸命探した)
- I'm not surprised he didn't find a job. He **hardly** tried. (⇒ ほとんど探そうとしなかった)

hardly は動詞の前に置きます。

- We **hardly know** each other. (× We know each other hardly)

I **can hardly** do … は「とても…できない/ほとんど…ない」を意味します。

- Your writing is terrible. I **can hardly** read it. (⇒ ほとんど読めない)
- My leg was hurting. I **could hardly** walk.

D

hardly の後には、**any/anybody/anyone/anything/anywhere** などの語がよくきます。

- A: How much money do we have?
B: **Hardly any**. (⇒ ほとんど持っていない)
- These two cameras are very similar. There's **hardly any** difference between them.
- The exam results were bad. **Hardly anybody** in our class passed. (⇒ ほとんど誰も合格しなかった)
- She was very quiet. She said **hardly anything**. *or* She **hardly** said **anything**.

hardly ever は「めったに…ない」を意味します。

- I'm almost always at home in the evenings. I **hardly ever** go out.

hardly は「間違いなく…ではない/…ないのは当然だ」を意味することがあります。

- It's **hardly surprising** that you're tired. You haven't slept for three days.
(⇒ 疲れていても驚かない／疲れていて当然)
- The situation is serious, but it's **hardly a crisis**. (⇒ 危機的状況ではないことは確かだ)

you look tired のように動詞の後にくる形容詞 ➜ Unit 97C 形容詞と副詞 1 ➜ Unit 98

練習問題

99.1 空所に **good** または **well** を入れなさい。

1 I play tennis but I'm not very ...good... .
2 Joe's exam results were very ....
3 Joe did .... on his exams.
4 I didn't sleep .... last night
5 I like your hat. It looks .... on you.
6 Can you speak up a little? I can't hear you very ....
7 I've met her a few times, but I don't know her ....
8 Jessica speaks German .... She is .... at languages.

99.2 **well** の後に続く語を以下から選び、空所に入れて文を完成させなさい。

~~behaved~~	informed	kept	known	paid	written

1 The children were very good. They were ...well-behaved... .
2 I'm surprised you haven't heard of her. She is quite ....
3 Our neighbors' yard is neat and tidy. It is very ....
4 I enjoyed the book. It's a great story, and it's very ....
5 Hannah knows about everything. She is very ....
6 Liz works very hard at her job, but she isn't very ....

99.3 下線部から文法的に正しい方を選びなさい。

1 I'm tired because I've been working hard / ~~hardly~~. (hard が正しい)
2 I wasn't in a hurry, so I was walking slow / slowly.
3 I haven't been to the movies late / lately.
4 Slow down! You're walking too fast / quick for me.
5 I tried hard / hardly to remember her name, but I couldn't.
6 This coat is practically unused. I've hard / hardly worn it.
7 Megan is a good tennis player. She hits the ball very hard / hardly.
8 It's really dark in here. I can hardly see / see hardly.
9 Ben is going to run a marathon. He's been training hard / hardly.

99.4 **hardly** の後に続く語を以下から選び、空所に入れて文を完成させなさい。

change	hear	~~know~~	recognize	say	sleep	speak

1 Nick and Rachel have only met once before. They ...hardly know... each other.
2 You're speaking very quietly. I can .... you.
3 I don't feel well this morning. I .... last night.
4 We were so shocked when we heard the news, we could ....
5 Kate was very quiet this evening. She .... anything.
6 John looks just like he looked 15 years ago. He has ....
7 David looked different without his beard. I .... him.

99.5 **hardly** と、**any/anybody/anything/anywhere/ever** のいずれかを組み合わせて空所に入れ、文を完成させなさい。

1 I'll have to go shopping. There's ...hardly anything... to eat.
2 It was a very warm day and there was .... wind.
3 "Do you know much about computers?" "No, ..."
4 The hotel was almost empty. There was .... staying there.
5 I listen to music a lot, but I .... watch TV.
6 It was very crowded in the room. There was .... to sit.
7 We used to be good friends, but we .... see each other now.
8 We invited lots of people to the party, but .... came.
9 It didn't take us long to drive there. There was .... traffic.
10 There isn't much to do in this town. There's .... to go.

→ 補足練習問題 32 (pp.315–316)

Unit 100 so と such

A

☆ **so と such では、語順はどのように異なりますか。**

➤ **so は形容詞と副詞の直前に置きます。**

so stupid **so quick**
so nice **so quickly**

- I didn't like the book. The story was **so stupid**.
- Everything happened **so quickly**.

➤ **such は名詞句の前に置きます。**

such a story **such people**

形容詞の付いた名詞には so ではなく、**such** を用います。

such a stupid **story** **such** nice **people**

- I didn't like the book. It was **such** a stupid **story**. (× a so stupid story)
- I like Liz and Joe. They are **such nice people**. (× so nice people)

such + (**a**/**an**) + 形容詞 + 名詞という語順に注意。

- **such a** big **dog** (× a such big dog)

B

so と **such** はいずれも「とても～」のように、修飾する形容詞の意味を強調します。

- I've had a busy day. I'm **so tired**. (⇒ とても疲れている)
- It's difficult to understand him. He talks **so quietly**.

「とても～なので…」は、**so** + 形容詞 + **that** … で表します。

- I was **so tired that** I fell asleep in the armchair.

that はよく省略されます。

- I was **so tired** I fell asleep.

- It was a great trip. We had **such a good time**. (⇒とても楽しい時間を持った)
- You always think good things are going to happen. You're **such an optimist**.

「とても～なので…」は **such** + (a/an) + 形容詞 + 名詞 + **that** … で表します。

- It was **such nice weather that** we spent the whole day on the beach.

that はよく省略されます。

- It was **such nice weather** we spent …

C

so と **such** はいずれも「このように／それほど」を表します。

- Somebody told me the house was built 100 years ago. I didn't realize it was **so old**. (⇒それほど古いとは…)
- I'm tired because I got up at six. I don't usually get up **so early**.
- I expected the weather to be cooler. I'm surprised it is **so warm**.

- I didn't realize it was **such an old house**.
- You know that's not true. How can you say **such a thing**? (⇒そんなことを)

no such ～は「そのような～はない」を表します。

- You won't find the word "blid" in the dictionary. There's **no such word**. (⇒ そんな言葉はない)

D

☆ **so と such を用いて、似たような意味をどのように表しますか。**

so long

- I haven't seen her for **so long** I've forgotten what she looks like.

such a long time

- I haven't seen her for **such a long time**. (× so long time)

so far

- I didn't know it was **so far**.

such a long way

- I didn't know it was **such a long way**.

so much, so many

- I'm sorry I'm late—there was **so much** traffic.

such a lot (of)

- I'm sorry I'm late—there was **such a lot** of traffic.

not so … **as** ➜ Unit 104A **such as** ➜ Unit 114A

練習問題

100.1 空所に **so**, **such**, **such a** のいずれかを入れて、文を完成させなさい。

1 It was a great vacation. We had ...such a... good time.
2 Everything is .... expensive these days, isn't it?
3 He always looks good. He wears .... nice clothes.
4 I couldn't believe the news. It was .... shock.
5 What a nice yard! These are .... beautiful flowers.
6 The party was great. It was .... shame you couldn't come.
7 I was glad to see that he looked .... well after his recent illness.
8 I have to go. I didn't realize it was .... late.
9 Why does it always take you .... long time to get ready?
10 Everything went wrong. We had .... bad luck.

100.2 以下から語句を選び、**so** または **such** と組み合わせて、1つの文にまとめなさい。

The music was loud.	It was horrible weather.	I have a lot to do.
I had a big breakfast.	~~It was a beautiful day.~~	Her English is good.
The bag was heavy.	I was surprised.	The hotel was a long way.

1 ...It was such a beautiful day... we decided to go to the beach.
2 .... she couldn't lift it.
3 .... I don't know where to begin.
4 .... I didn't know what to say.
5 .... it could be heard from miles away.
6 .... we spent the whole day indoors.
7 .... you would think it was her native language.
8 .... it took us forever to get there.
9 .... I didn't eat anything for the rest of the day.

100.3 (　) 内の語句を正しい順序に並べて、文を完成させなさい。

1 I got up at six this morning. I ...don't usually get up so early... .
(get up / early / usually / so / don't)
2 Why .... ? There's plenty of time.
(a / such / hurry / you / in / are)
3 It took us an hour to get here. I'm ....
(long / it / surprised / so / took)
4 He said he worked for a company called Elcron, but ....
(such / there's / company / no)
5 I regret what I did. I don't know why ....
(such / thing / I / did / a / stupid)
6 Why .... ? Can you drive faster?
(driving / so / you / slowly / are)
7 Two months? How did you .... ?
(English / time / learn / short / a / such / in)
8 Why .... ? You could have gotten a cheaper one.
(expensive / you / an / phone / did / such / buy)

100.4 自由に文を完成させなさい。

1 We enjoyed our vacation. We had such ...a good time... .
2 I like Kate. She's so ....
3 I like Kate. She's such ....
4 It's good to see you again! I haven't seen you for so ....
5 I thought the airport was near the city. I didn't realize it was such ....
6 The streets were crowded. There were so ....

Unit 101

enough と too

A

enough

enough は形容詞や副詞の後に置きます。

- I can't run very far. I'm not **fit enough.** (× enough fit)
- Let's go. We've waited **long enough.**

enough は名詞の前に置きます。

- We have **enough money**. We don't need anymore.
- There weren't **enough chairs**. Some of us had to sit on the floor.

enough は、後に名詞を置かずに単独で用いることがあります。

- We don't need more money. We have **enough**.

B

too と enough

too ～は「～し過ぎ」、**not** ～ **enough** は「十分に～ない」を表します。

- You never stop working. You work **too hard**
  ⇒ 必要以上に働いている／働き過ぎ
- You're lazy. You do**n't** work **hard enough**
  ⇒ 必要な量に達していない／十分働いていない

☆ **enough は too much/many とどう異なりますか。**

- There's **too much furniture** in this room. There's not **enough space**.
- There were **too many people** and not **enough chairs**.

C

enough/too + for ... と to ...

enough/**too** + **for** somebody/something で、人や物にとって「～するために十分な…」を表します。

- Does Joe have enough experience **for the job**?
- This bag isn't big enough **for all my clothes**.
- That shirt is too small **for you**. You need a larger size.

「…するには十分～だ／～過ぎて…できない」は **enough**/**too** ～ **to** do something のように表します。

- Does Joe have enough experience **to do** the job?
- Let's get a taxi. It's too far **to walk** home from here.
- She's not old enough **to have** a driver's license.

以下は、**for** と **to** が両方が含まれている例です。

- The bridge is just wide enough **for two cars to pass** each other.

D

too hot to eat など

☆ **「～過ぎて…できない」を表す以下の構文では、動詞の後の目的語はどのように異なりますか。**

	The food was very hot. We couldn't eat **it.**
and	The food was so hot that we couldn't eat **it.**
but	The food was **too hot to eat.** (× to eat it)

以下の例文も同様です。

- These boxes are **too heavy to carry**.
  (× to carry them)
- The wallet was **too big to put in my pocket**.
  (× to put it)
- This chair isn't **strong enough to stand on.**
  (× to stand on it)

to + 動詞の原形と for ... (目的を表す表現) ➜ Unit 62　形容詞 + to + 動詞の原形 (**difficult to understand** など) ➜ Unit 63

練習問題

101.1 **enough** の前後に置く語を以下から選び、空所に入れて文を完成させなさい。

buses ~~**chairs**~~ **cups** ~~**hard**~~ **room** **tall** **time** **vegetables** **warm** **wide**

1 You're lazy. You don't work *hard enough* .
2 Some of us had to sit on the floor There weren't *enough chairs* .
3 Public transportation isn't good here. There aren't ....
4 I can't park the car here. The space isn't ....
5 I always have to rush. There's never ....
6 You need to change your diet. You don't eat ....
7 I'm not good at basketball. I'm not ....
8 The car is quite small. Do you think there's .... for five of us?
9 Are you .... ? Or should I turn on the heat?
10 We can't all have coffee at the same time. We don't have ....

101.2 質問に対する答えの文を、(　) 内の語と **too** または **enough** と組み合わせて完成させなさい。

1	Does Jen have a driver's license?	(old)	*No, she's not old enough to have a driver's license.*
2	I need to talk to you about something.	(busy)	Well, I'm afraid I'm .... to you now.
3	Let's go to the movies.	(late)	No, it's .... to the movies.
4	Why don't we sit outside?	(warm)	It's not .... outside.
5	Would you like to be a politician?	(shy)	No, I'm .... a politician.
6	Would you like to be a teacher?	(patience)	No, I don't have .... a teacher.
7	Did you hear what he was saying?	(far away)	No, we were .... what he was saying.
8	Can he read a newspaper in English?	(English)	No, he doesn't know .... a newspaper.

101.3 **too** または **enough** + 動詞の原形（不定詞構文）を作り、2つの文を 1つにまとめなさい。

1 We couldn't carry the boxes. They were too heavy.
The boxes were too heavy to carry.
2 I can't drink this coffee. It's too hot.
This coffee is ....
3 Nobody could move the piano. It was too heavy.
The piano ....
4 Don't eat these apples. They're not ripe enough.
These apples ....
5 I can't explain the situation. It is too complicated.
The situation ....
6 We couldn't climb over the wall. It was too high.
The wall ....
7 Three people can't sit on this sofa. It isn't big enough.
This sofa ....
8 You can't see some things without a microscope. They are too small.
Some ....

Unit 102

比較 1 (cheaper, more expensive など)

A

☆ 枠内の会話の例文で考えます。どのような形の語が使われていますか。

How should we get there? Should we drive or take the train?

Let's drive. It's **cheaper**.
Don't go by train. It's **more expensive**.

➤ **cheaper (より安い) や more expensive (より高い) のような形を比較級と呼びます。**

比較級の後に **than** を続けて、2 つの事物を比べることができます。

- It's **cheaper** to drive **than go** by train. (Unit 104 を参照)
- Going by train is **more expensive than** driving.

B

比較級は、形容詞や副詞の語尾に **-er** を付けて作る場合と、語の前に **more** を置いて作る場合の2通りがあります。

1 音節の短い語では **-er** を付けます。

cheap → cheap**er** **fast** → fast**er**
large → larg**er** **thin** → thinn**er**

語尾が **-y** で終わる 2 音節語には **-er** を付けます。(**-y** → **-ier**)

luck**y** → luck**ier** earl**y** → earl**ier**
eas**y** → eas**ier** prett**y** → prett**ier**

つづりに関しては付録 6 を参照

2 音節以上の長い語では **more** を置きます。

more serious **more expensive**
more often **more comfortable**

語尾が **-ly** で終わる副詞には **more** を付けます。

more slowly **more seriously**
more easily **more quietly**

☆ **副詞の語尾に -er を付けた比較級と、more を置いた比較級を、左右の例文で比較します。**

- You're **older** than me.
- The exam was quite easy – **easier** than I expected.
- Can you walk a bit **faster**?
- I'd like to have a **bigger** car.
- Last night I went to bed **earlier** than usual.

- You're **more patient** than me.
- The exam was quite difficult – **more difficult** than I expected.
- Can you walk a bit **more slowly**?
- I'd like to have a **more reliable** car.
- I don't play tennis much these days. I used to play **more often**.

以下のような 2 音節の形容詞は、**-er** と **more** の 2通りで比較級を作ることができます。

clever **narrow** **quiet** **shallow** **simple**

- It's too noisy here. Can we go somewhere **quieter**? *or* ... somewhere **more quiet**?

C

形容詞や副詞の中には、比較級を規則的に作れないものがあります。

good/well → **better**

- The yard looks **better** since you cleaned it up.
- I know him **well** – probably **better** than anybody else knows him.

bad/badly → **worse**

- "How's your headache? Better?" "No, it's **worse**."
- He did very badly on the exam – **worse** than expected.

far → **farther** (= **further**)

- It's a long walk from here to the park – **farther** than I thought. (= **further** than)

further には「さらに／他の」の意味があります。(farther にはこの意味はありません)

- Let me know if you hear any **further** news. (= any more news)

比較 2–3 ➜ Units 103–104 最上級 (**cheapest** / **most expensive** など) ➜ Unit 105

練習問題

102.1 空所に適切な比較級（**older** / **more important** など）を入れて、文を完成させなさい。

1 This restaurant is very expensive. Let's go somewhere ......cheaper...... .
2 This coffee is very weak. I like it ....
3 The town was surprisingly big. I expected it to be ....
4 The hotel was surprisingly cheap. I expected it to be ....
5 The weather is too cold here. I'd like to live somewhere ....
6 Sometimes my job is a bit boring. I'd like to do something ....
7 It's too bad you live so far away. I wish you lived ....
8 It was quite easy to find a place to live. I thought it would be ....
9 Your work isn't very good. I'm sure you can do ....
10 Don't worry. The situation isn't so bad. It could be ....
11 You hardly ever call me. Why don't you call me .... ?
12 You're too close to the camera. Can you move a little .... away?

102.2 以下から語を選び、比較級に変えて空所に入れなさい。必要に応じて **than** を補いなさい。

big ~~**early**~~ **high** **important** **interested** **peaceful** ~~**reliable**~~ **serious** **slowly** **thin**

1 I was feeling tired last night, so I went to bed ......earlier than...... usual.
2 I'd like to have a ......more reliable...... car. The one I have keeps breaking down.
3 Unfortunately the problem was .... we thought at first.
4 You look .... Have you lost weight?
5 We don't have enough space here. We need a .... apartment.
6 James doesn't study very hard. He's .... in having a good time.
7 Health and happiness are .... money.
8 I like living in the country. It's .... living in a city.
9 I'm sorry, I don't understand. Can you speak ...., please?
10 In some parts of the country, prices are .... in others.

102.3 以下から適切な語を選び、文を完成させなさい。

than **more** **worse** **quietly** ~~**longer**~~ **better** **careful** **frequent**

1 Getting a visa was complicated. It took ......longer...... than I expected.
2 Sorry about my mistake. I'll try and be more .... in future.
3 Your English has improved. It's .... than it was.
4 You can take the bus or the train. The buses are more .... than the trains.
5 You can't always have things immediately. You have to be .... patient.
6 I'm a pessimist. I always think things are going to get ....
7 We were busier .... usual in the office today. It's not usually so busy.
8 You're talking very loudly. Can you speak more .... ?

102.4 比較級（**-er** または **more ...**）を使って文を完成させなさい。

1 Yesterday the temperature was 6°C. Today it's only 3°C.
It's ......colder today than...... it was yesterday.
2 Dan and I went for a run. I ran ten miles. Dan stopped after eight miles.
I ran .... Dan.
3 The trip takes four hours by car and five hours by train.
The trip takes .... train .... car.
4 I expected my friends to arrive at about 4:00. In fact they arrived at 2:30.
My friends .... I expected.
5 There is always a lot of traffic here, but today the traffic is really bad.
The traffic today .... usual.

Unit 103

比較 2 (much better / any better など)

A much / a lot など＋比較級

比較級の前には以下のような語句をよく置きます。

much **a lot** **far** (= a lot) **a bit** **a little** **slightly** (= a little)

- ▢ I felt sick earlier, but I feel **much better** now. (= **a lot better**)
- ▢ Don't go by train. It's **a lot more expensive**. (= **much more expensive**)
- ▢ Could you speak **a bit more slowly**? (= **a little more slowly**)
- ▢ This bag is **slightly heavier** than the other one.
- ▢ The problem is **far more serious** than we thought at first.

B any と no ＋比較級

any longer / **no bigger** のように **any** や **no** を比較級の前に置くことがあります。

- ▢ I've waited long enough. I'm not waiting **any longer**. (⇒ もうこれ以上は待てない)
- ▢ We expected their apartment to be very big, but it's **no bigger** than ours.
  or ... it is**n't any bigger** than ours. (⇒ ～より大きくない／～と同じような大きさ)
- ▢ How do you feel now? Do you feel **any better**? (⇒ 少しは気分が良くなりましたか)
- ▢ This hotel is better than the other one, and it's **no more expensive**.
  (⇒ ～より高くない／～と同じ値段)

C better and better / more and more など

better and better などの比較級 + and + 比較級の形で「ますます～」のように、変化が継続して起こることを表します。

- ▢ Your English is improving. It's getting **better and better**. (⇒ どんどんうまくなっている)
- ▢ The city has grown fast in the last few years. It's gotten **bigger and bigger**.
- ▢ As I listened to his story, I became **more and more convinced** that he was lying.
- ▢ **More and more tourists** are visiting this part of the country.

D the + 比較級 ～ the + 比較級

the sooner the better, the more the better などの **the** + 比較級 + **the better** の形で「より～であるほうがよい／できるだけ～」を意味します。

- ▢ A: What time should we leave?"
  B: **The sooner the better**. (⇒ 早ければ早いほど／できるだけ早く)
- ▢ A: What sort of bag do you want? A big one?
  B: Yes, **the bigger the better**. (⇒ 大きければ大きいほど／できるだけ大きく)
- ▢ When you're traveling, **the less luggage** you have **the better**.

the + 比較級 ～ **the** + 比較級…の形で「～すればするほど…」のように、2 つの出来事が関連していることを意味します。

- ▢ **The sooner** we leave, **the earlier** we'll arrive. (⇒ 早く出発すればするほど、目的地に早く着く)
- ▢ **The younger** you are, **the easier** it is to learn.
- ▢ **The more expensive** the hotel, **the better** the service.
- ▢ **The more** I thought about the plan, **the less** I liked it.

E older と elder

old の比較級は **older** です。

- ▢ David looks **older** than he really is. (× looks elder)

家族の一員について「より年長な」は、**older** または **elder** で表します。**elder** は **my elder sister**, **their elder son** などの形で用います。

- ▢ **My elder sister** is a TV producer. (= My **older** sister ...)

elder は somebody is elder のような形で動詞の後には置きません。

- ▢ My sister is **older** than me. (× elder than me)

any/no ➔ Unit 84　比較 1, 3 ➔ Units 102, 104　eldest ➔ Unit 105C　even + 比較級 ➔ Unit 109C

練習問題

103.1 (　) 内の語句と **much / a bit** などを組み合わせて文を完成させなさい。必要に応じて **than** を補いなさい。

1 The problem is much more serious than we thought at first. (much / serious)
2 This bag is too small. I need something .... (much / big)
3 I liked the museum. It was .... I expected. (a lot / interesting)
4 It was very hot yesterday. Today it's .... (a little / cool)
5 I'm afraid the problem is .... it seems. (much / complicated)
6 You're driving too fast. Can you drive .... ? (a little / slowly)
7 I thought he was younger than me, but in fact he's .... (slightly / old)

103.2 **any/no** + 比較の形を用いて、文を完成させなさい。必要に応じて **than** を補いなさい。

1 I've waited long enough. I'm not waiting any longer .
2 I'm sorry I'm a little late, but I couldn't get here ....
3 This store isn't expensive. The prices are .... anywhere else.
4 I need to stop for a rest. I can't walk ....
5 The traffic isn't especially bad today. It's .... usual.

103.3 比較級 + **and** + 比較級の形を用いて、文を完成させなさい。セクション **C** を参考にしなさい。

1 It's getting more and more difficult to find a job. (difficult)
2 That hole in your sweater is getting .... (big)
3 I waited for my interview and became .... (nervous)
4 As the day went on, the weather got .... (bad)
5 Health care is becoming .... (expensive)
6 Since Anna went to Canada, her English has gotten .... (good)
7 These days I'm traveling a lot. I'm spending .... away from home. (time)

103.4 **the** + 比較級 ～ **the** + 比較級の形を用いて、文を完成させなさい。

1 You learn things more easily when you're young.
The younger you are , the easier it is to learn.
2 It's hard to concentrate when you're tired.
The more tired you are, the ....
3 We should decide what to do as soon as possible.
The .... , the better.
4 I know more, but I understand less.
The .... , the less I understand.
5 If you use more electricity, your bill will be higher.
The more electricity you use, ...
6 Kate had to wait a long time and became more and more impatient.
The .... , the more ....

103.5 枠内から適切な語を選び、空所に入れて文を完成させなさい。

1 I like to travel light. The less luggage, the better.
2 The problem is getting .... and more serious.
3 The more time I have, the .... it takes me to do things.
4 I'm walking as fast as I can. I can't walk .... faster.
5 The higher your income, ... more tax you have to pay.
6 I'm surprised Anna is only 25. I thought she was ....
7 Jane's .... sister is a nurse.
8 I was a little late. The trip took .... longer than I expected.
9 Applications for the job must be received .... later than April 15.
10 Don't tell him anything. The .... he knows, the ....

any
better
elder
~~**less**~~
less
longer
more
no
older
slightly
the

Unit 104

比較 3 (as ～ as ... / than)

A

☆ **イラストで考えます。どのような構文が使われていますか。**

Sarah, Joe, David は 3 人とも裕福です。Sarah には 2,000 万ドル, Joe には 1,500 万ドル, David には 1,000 万ドルの資産があります。このことは次のように記述できます。

Joe is rich.

He is **richer than** David.

But he **isn't as rich as** Sarah.
(= Sarah is **richer than** he is)

➤ **「…ほど～ではない」のように 2 つの事物を比べる際に、not as ～ (as ...) の構文を用います。この構文は、比較級を用いた文に書き換えができます。**

☆ **以下の not as ～ (as ...) の構文の意味を考えます。**

- Jack **isn't as old as** he looks. (⇒ 見かけほど老けていない／実年齢より老けて見える)
- The shopping mall **wasn't as crowded as** usual.
  (⇒ いつもほど混んでいなかった／ いつもの方が混んでいる)
- Nicole **didn't** do **as well** on the exam **as** she had hoped. (= she had hoped to do **better**)
- The weather is better today. It's **not as cold**. (= yesterday was **colder than** today)
- **I don't** know **as many** people **as** you do. (= you know **more** people **than** me)
- A: How much was it? Was it expensive?
  B: Not **as much as** I expected. (= **less than** I expected)

not so ～ (**as** ...) のように、**as** の代わりに **so** を用いた形も使われます。

- It's not warm, but it's **not so** cold **as** yesterday. (= it's not **as** cold **as** ...)

less ～ **than** ... は、**not as** ～ (**as** ...) と同様に「…ほど～ではない」の意味で用いられます。

- I spent **less** money **than** you. (= I **didn't** spend **as** much money **as** you)
- The shopping mall was **less** crowded **than** usual. (= it **wasn't as** crowded **as** usual)
- I play tennis **less than** I used to. (= I **don't play tennis as** much **as** I used to)

B

肯定文と疑問文では、not のない **as** ～ **as** ... を使います。

- I'm sorry I'm late. I got here **as fast as** I could.
- There's plenty of food. You can have **as much as** you want.
- Can you send me the information **as soon as possible**, please?
- Let's walk. It's just **as fast as** taking the bus.

twice as ～ **as** ..., **three times as** ～ **as** ... のような形で「…の2 倍～である／3倍～である」を表します。

- Gas is **twice as expensive as** it was a few years ago.
- Their house is about **three times as big as** ours. (= ... **three times the size of** ours)

C

the same as ～は「～と同じ」を表します。(× the same like)

- Stephanie's salary is **the same as** mine. *or* Stephanie makes **the same** salary **as** me.
- David is **the same** age **as** James.
- Sarah hasn't changed. She still looks **the same as** she did ten years ago.

D

than me / than I am など

than の後では、**than me** のように目的格にするか、**than I am** のように主語 + 動詞の形にします。

- You're taller **than me**. *or* You're taller **than I am**.
  (You're taller than I という言い方は一般的ではありません)
- He's not as smart **as her**. *or* He's not as smart **as she is**.
- They have more money **than us**. *or* They have more money **than we have**.
- I can't run as fast as **him**. *or* I can't run as fast **as he can**.

比較 1–2 ➜ Units 102–103　**as long as** ➜ Unit 112B　**as** と **like** ➜ Unit 114

練習問題

104.1 **as** ～ **as ...** の形を用いて、文を完成させなさい。

1 I'm pretty tall, but you are taller. I'm not *as tall as you* .
2 My salary is high, but yours is higher.
My salary isn't ....
3 You know a little about cars, but I know more.
You don't ....
4 We are busy today, but we were busier yesterday.
We aren't ....
5 I still feel bad, but I felt a lot worse earlier.
I don't ....
6 Our neighbors have lived here quite a while, but we've lived here longer.
Our neighbors haven't ....
7 I was a little nervous before the interview, but usually I'm a lot more nervous.
I wasn't ....

104.2 同じ意味を表す文を完成させなさい。

1 Jack is younger than he looks. Jack isn't *as old as he looks* .
2 I didn't spend as much money as you. You *spent more money than me* .
3 The train station was closer than I thought. The train station wasn't ....
4 The meal didn't cost as much as I expected. The meal cost ....
5 I watch TV less than I used to. I don't ....
6 Abby's hair isn't as long as it used to be. Abby used to ....
7 I know them better than you do. You don't ....
8 There are fewer students in this class than in the other one.
There aren't ....

104.3 以下から適切な語を選び、**as** ～ **as** の形を用いて文を完成させなさい。

~~fast~~	hard	long	often	quietly	soon	well

1 I'm sorry I'm late. I got here *as fast as* I could.
2 It was a difficult question. I answered it .... I could.
3 "How long can I stay with you?" "You can stay .... you want."
4 I need the information quickly, so let me know .... possible.
5 I like to stay in shape, so I go swimming .... I can.
6 I didn't want to wake anybody up, so I came in .... I could.
7 You always say how tiring your job is, but I work just .... you.

104.4 **the same as** ～を用いて、文を書き換えなさい。

1 David and James are both 22 years old. David *is the same age as* James.
2 You and I both have dark brown hair. Your hair .... mine.
3 I arrived at 10:25 and so did you. I arrived .... you.
4 My birthday is April 5. It's Tom's birthday too. My birthday .... Tom's.

104.5 以下から適切な語句を選び、空所に入れて文を完成させなさい。

as	him	is	less	me	much	~~soon~~	than	twice

1 I'll let you know as *soon* as I have any more news.
2 My friends arrived earlier .... I expected.
3 I live on the same street .... Katherine. We're neighbors.
4 He doesn't know much. I know more than ....
5 This morning there was .... traffic than usual.
6 I don't watch TV as .... as I used to.
7 Your bag is quite light. Mine is .... as heavy as yours.
8 We were born in the same year. I'm a little older than she ....
9 I was really surprised. Nobody was more surprised than ....

Unit 105 最上級（the longest / the most enjoyable など）

A

☆ **枠内の例文で考えます。どのような形の形容詞が用いられていますか。**

What is **the longest river** in the world?
What was **the most enjoyable** vacation you've ever had?

➤ **上の例文中の longest（最も長い）や、most enjoyable（最も楽しい）を最上級と呼びます。**

最上級は、形容詞や副詞の語尾に **-est** を付けて作る場合と、語の前に **most** を置いて作る場合の2通りがあります。比較級の場合と同様に、1音節語は語尾に **-est** を付けて作り、2音節以上の語では **most** を単語の前に置いて作ります。

	long → long**est**	**hot** → hott**est**	**easy** → easi**est**	**hard** → hard**est**
⇔	**most** famous	**most** boring	**most** enjoyable	**most** difficult

最上級を規則的に作れない形容詞もあります。

good → **best**　　bad → **worst**　　far → **furthest**/**farthest**

比較級の規則については **Unit 102** を、つづりに関しては**付録 6** を参照

B

一般的な最上級は、**the**（または **my**/**your** など）+ **-est** の形で作られます。

- Yesterday was **the hottest** day of the year.
- The Louvre in Paris is one of **the most famous** museums in the world.
- She is really nice — one of **the nicest** people I know.
- What's **the best** movie you've ever seen, and what's **the worst**?
- How old is **your youngest** child?

☆ **最上級を比較級の文に書き換えると、どのようになりますか。**

- This hotel is **the cheapest** in town.（最上級）
- ⇔ It's **cheaper** than all the others in town.（比較級）
- He's **the most patient** person I've ever met.
- ⇔ He's much **more patient** than I am.

C

oldest と **eldest**

old の最上級は **oldest** です。

- That church is **the oldest** building in the city.（× the eldest）

家族について「最も年長である」は **oldest** または **eldest** で表します。

- **Their eldest son** is 13 years old.（= Their **oldest** son）
- Are you **the eldest** in your family?（= the **oldest**）

D

場所に関連して「最も～」のような最上級を用いる場合は、**in** を場所の前に置きます。

- What's the longest river **in the world**?（× of the world）
- We had a nice room. It was one of the best **in the hotel**.（× of the hotel）

in の後には、場所以外に、クラスや会社のような組織や集団を表す名詞句がくる場合もあります。

- Who is the youngest student **in the class**?（× of the class）

時間（**day**, **year** など）に関連して最上級を用いる場合は **of** を用います。

- Yesterday was the hottest day **of the year**.
- What was the happiest day **of your life**?

E

最上級の後には、I **have done** の形の現在完了形がよくきます。（**Unit 8A** を参照）

- What's **the most important** decision you**'ve** ever **made**?
- That was **the best** vacation I**'ve had** in a long time.
  （⇒ 長い期間の中で一番の休暇／久しぶりの素晴らしい休暇）

比較級（**cheaper** / **more expensive** など）➜ Units 102–104　**elder** ➜ Unit 103E

練習問題

105.1 以下から適切な語を選び、最上級（**-est** または **most ...**）の形にして文を完成させなさい。

bad ~~**cheap**~~ **good** **honest** **popular** **short** **tall**

1 We didn't have much money, so we stayed at ......the cheapest...... hotel in the city.
2 This building is 750 feet high, but it's not .... in the city.
3 It was an awful day. It was .... day of my life.
4 What is .... sport in your country?
5 I like the morning. For me, it's .... part of the day.
6 Sarah always tells the truth. She's one of .... people I know.
7 A straight line is .... distance between two points.

105.2 （ ）内の語を最上級（**-est / most ...**）または比較級（**-er / more ...**）にして、文を完成させなさい。

1 We stayed at ......the cheapest...... hotel in the city. (cheap)
2 Our hotel was ......cheaper...... than all the others in the city. (cheap)
3 I wasn't feeling well yesterday, but I feel a bit .... today. (good)
4 What's .... thing you've ever bought? (expensive)
5 I prefer this chair to the other one. It's .... (comfortable)
6 Amy and Ben have three daughters. .... is 14 years old. (old)
7 Who is the .... person you know? (old)
8 What's .... way to get to the station? (fast)
9 Which is .... —the bus or the train? (fast)
10 I can remember when I was three years old. It's .... memory. (early)
11 Mount Everest is .... mountain in the world. It is .... than any other mountain. (high)
12 A: This knife isn't very sharp. Do you have a .... one?
B: No, it's .... one I have. (sharp)

105.3 最上級（**-est / most ...**）+ 前置詞（**of/in**）の形を用いて、文を完成させなさい。

1 It's a very good room. It's ......the best room in...... the hotel.
2 Brazil is a very large country. It's .... South America.
3 It was a very happy day. It was .... my life.
4 This is a very valuable painting. It's .... the museum.
5 Spring is a very busy time for me. It's .... the year.

one of + 最上級 + 前置詞の形を用いて、以下の文を完成させなさい。

6 It's a very good room. It's ......one of the best rooms in...... the hotel.
7 He's a very rich man. He's one .... the country.
8 She's a very good student. She's .... the class.
9 It was a very bad experience. It was .... my life.
10 It's a very famous university. It's .... the world.

105.4 （ ）内の語と、最上級 + **ever** の形を用いて文を完成させなさい。

1 You've just been to the movie theater. The movie was extremely boring. You tell your friend:
(boring / movie / ever / see) That's ......the most boring movie I've ever seen.......
2 Someone has just told you a joke, which you think is very funny. You say:
(funny / joke / ever / hear) That's ....
3 You're drinking coffee with a friend. It's really good coffee. You say:
(good / coffee / ever / taste) This ....
4 You gave up your job. Now you think this was a very bad mistake. You say:
(bad / mistake / ever / make) It ....
5 Your friend meets a lot of people, some of them famous. You ask your friend:
(famous / person / ever / meet?) Who .... ?

Unit 106

語順 1:「動詞 + 目的語」と「場所 + 時」の語順

A

動詞 + 目的語

動詞と目的語は、動詞 + 目的語の語順で現れます。他の語句が動詞と目的語の間に入ることはありません。

	動詞	目的語	
I	**like**	**my job**	very much. (× I like very much)
Our guide	**spoke**	**English**	fluently. (× spoke fluently English)
I didn't	**use**	**my phone**	yesterday
Do you	**eat**	**meat**	every day?

☆ **それぞれの例文で「動詞 + 目的語」の語順が守られていることを確認します。**

- I lost all my money, and I also **lost** **my passport**.
  (× I lost also my passport)
- At the end of this street, you'll **see** **a supermarket** on your left.
  (× see on your left a supermarket)

B

場所

「どこ?」の答えとなる場所を表す語句は、動詞の直後にきます。

go home **live in a city** **walk to work** など

動詞が目的語を持つ場合、場所を表す表現は動詞 + 目的語の直後にきます。

	動詞	目的語	場所
We	**took**	**the children**	**to the zoo**. (× took to the zoo the children)
Don't	**put**	**anything**	**on the table**.
Did you	**learn**	**English**	**at school**?

C

時間

「いつ? / どのくらいの頻度で? / どのくらいの期間で?」の答えとなる時を表す語句は、場所の直後にきます。

	場所	時間
Ben walks	**to work**	**every morning**. (× every morning to work)
I'm going	**to Paris**	**on Monday**.
They've lived	**in the same house**	**for a long time**.
We need to be	**at the airport**	**by 8:00**.
Sarah gave me a ride	**home**	**after the party**.
You really shouldn't go	**to bed**	**so late**.

☆ **それぞれの例文で「場所 + 時」の語順が守られていることを確認します。**

- **On Monday** I'm going to Paris.
- **After the party**, Sarah gave me a ride home.

時を表す語句 (**always**/**never**/**usually** など) は文中に置くこともできます。
Unit 107 を参照

疑問文の語順 ➜ Units 47–48 形容詞の語順 ➜ Unit 97 語順 2 ➜ Unit 107

練習問題

106.1 それぞれの文について誤りがあれば、その部分を正しい形に書き直しなさい。

1 Did you see your friends yesterday? .... OK
2 Ben walks every morning to work. .... Ben walks to work every morning.
3 Joe doesn't like very much football. ....
4 Dan won easily the race. ....
5 Olivia speaks German pretty well. ....
6 Have you seen recently Chris? ....
7 I borrowed from a friend some money. ....
8 Please don't ask that question again. ....
9 I ate quickly my breakfast and went out. ....
10 Did you invite to the party a lot of people? ....
11 Sam watches all the time TV. ....
12 Does Kevin play football every weekend? ....

106.2 (　) 内の語句を正しい順番に並べ替えて、文を完成させなさい。

1 We (the children / to the zoo / took) We took the children to the zoo .
2 I (a friend of mine / on the way home / met) I ....
3 I (to put / on the envelope / a stamp / forgot) I ....
4 We (a lot of fruit / bought / at the market) We ....
5 Did you (at school / today / a lot / learn) Did you .... ?
6 They (across from the park / a new hotel / built)
They ....
7 We (some interesting books / found / in the library)
We ....
8 Please (at the top / write / of the page / your name)
Please ....

106.3 (　) 内の語句を正しい順番に並べ替えて、文を完成させなさい。

1 They (for a long time / have lived / in the same house)
They have lived in the same house for a long time.
2 I (to the supermarket / every Friday / go)
I ....
3 Why (home / did you come / so late)?
Why .... ?
4 Sarah (her children / takes / every day / to school)
Sarah ....
5 I haven't (been / recently / to the movies)
I haven't ....
6 I (her name / after a few minutes / remembered)
I ....
7 We (around the town / all morning / walked)
We ....
8 My brother (has been / since April / in Canada)
My brother ....
9 I (on Saturday night / didn't see you / at the party)
I ....
10 Emma (her umbrella / last night / in a restaurant / left)
Emma ....
11 The moon (around the earth / every 27 days / goes)
The moon ....
12 Anna (Italian / for the last three years / has been teaching / in Chicago)
Anna ....

Unit 107 語順 2: 動詞と結び付く副詞の語順

A

☆ **例文で考えます。副詞は文のどこに置かれていますか。**

➤ **always/also/probably などの副詞は、文頭や文末ではなく文中で動詞と結び付いて現れます。**

- Emily **always drives** to work.
- We were feeling very tired and we **were also** hungry.
- The meeting **will probably be canceled**.

B

drives/cooked のように動詞要素が 1つしかない場合、副詞は動詞の前に置きます。

	副詞	動詞	
Emily	**always**	**drives**	to work.
I	**almost**	**fell**	as I was going down the stairs.

- I cleaned the house and **also cooked** dinner. (× cooked also)
- Julia **hardly ever watches** TV and **rarely reads** newspapers.
- "Should I give you my address?" "No, I **already have** it."

have to の場合も、**always/also/probably** などの副詞は前に置きます。

- Joe never calls me. I **always have to** call him. (× I have always to call)

am/is/are/was/were などの be 動詞の場合、副詞は後に置きます。

- We were feeling very tired, and we **were also** hungry. (× I also were)
- You**'re always** late. You**'re never** on time.
- The traffic **isn't usually** as bad as it was this morning.

C

can remember / **will be canceled** などのように動詞要素が複数ある場合、副詞は最初の動詞要素 (**can/doesn't/will** など) の後に置きます。

	第 1 動詞	副詞	第 2 動詞	
I	**can**	**never**	**remember**	her name.
Allison	**doesn't**	**usually**	**drive**	to work.
	Are you	**definitely**	**going**	away next week?
The meeting	**will**	**probably**	**be**	canceled.

- You**'ve always been** very kind to me.
- Jack can't cook. He **can't even boil** an egg.
- **Do** you **still work** for the same company?
- The house **was only built** a year ago, and it**'s already falling** down.

probably は、動詞全体を構成する動詞要素の数に関係なく、**isn't/won't** のような否定を表す語の前に置きます。

- I **probably won't** see you. *or*
  I **will probably not** see you. (× I won't probably)

D

☆ **例文で考えます。副詞の all と both は文のどこに置かれていますか。**

- We **all felt** sick after the meal. (× we felt all sick)
- My parents **are both** teachers. (× my parents both are teachers)
- Sarah and Mary **have both applied** for the job.
- My friends **are all going** out tonight.

E

語句の繰り返しを避けるために、**is/will/did** のような第 1 動詞を文末に置くことがあります。(**Unit 49** を参照)

- Tom says he isn't smart, but I think he is. (= he **is smart**)

このような場合、**always/never** などの副詞は、第 1 動詞の前に置きます。

- He always says he won't be late, but he **always is**. (= he **is always** late)
- I've never done it, and I **never will**. (= I **will never** do it)

語順 1 ➜ Unit 106

練習問題

107.1 例にならって、語順が正しくない場合は訂正しなさい。

1 Emily drives always to work. .... Emily always drives to work.
2 I cleaned the house and also cooked dinner. .... OK
3 I take usually a shower in the morning. ....
4 I'm usually hungry when I get home from work. ....
5 Steve gets hardly ever angry. ....
6 I called him, and I sent also an email. ....
7 You don't listen! I have always to repeat things. ....
8 I never have worked in a factory. ....
9 I never have enough time. I'm always busy. ....
10 When I arrived, my friends already were there. ....

107.2 ( ) 内の語を正しい位置に入れて、全体を書き直しなさい。

1 Jessica doesn't drive to work. (usually) .... Jessica doesn't usually drive to work.
2 Katherine is very generous. (always) ....
3 I don't have to work on Sundays. (usually) ....
4 Do you watch TV in the evenings? (always) ....
5 Mike is studying Spanish, and he is studying Japanese. (also)
Mike is studying Spanish, and he ....
6 a We were on vacation in Spain. (all) ....
b We were staying at the same hotel. (all) ....
c We had a great time. (all) ....
7 a The new hotel is expensive. (probably) ....
b It costs a lot to stay there. (probably) ....
8 a I can help you. (probably) ....
b I can't help you. (probably) ....

107.3 ( ) 内の語句を正しい順序に並べて、文を完成させなさい。

1 What's her name again? ....I can never remember.... (remember / I / never / can) it.
2 Our cat .... (usually / sleeps) under the bed.
3 There are plenty of hotels here. .... (usually / it / easy / is) to find a place to stay.
4 Matt and Amy .... (both / were / born) in Chicago.
5 Sarah is a good pianist. .... (sing / she / also / can) very well.
6 How do you get to work? .... (usually / you / do / take) the bus?
7 I see them every day, but .... (never / I / have / spoken) to them.
8 We haven't moved. .... (we / still / are / living) in the same place.
9 This store is always busy. .... (have / you / always / to wait) a long time to be helped.
10 This could be the last time I see you. .... (meet / never / we / might) again.
11 Thanks for the invitation, but .... (probably / I / be / won't) able to come to the party.
12 I'm going out for an hour. .... (still / be / you / will) here when I get back?
13 Hannah goes away a lot. .... (is / hardly ever /she) at home.
14 If we hadn't taken the same train, ... (never / met / we / would / have) each other.
15 The trip took a long time today. .... (doesn't / take / it / always) so long.
16 .... (all / were / we) tired, so .... (all / we / fell) asleep.
17 Liz .... (says / always) that she'll call me, but .... (does / she / never).

still anymore yet already

A

still は、「まだ〜」のように状況や活動が継続中で、変化したり停止したりしていないことを表します。

- It's 10:00, and Joe is **still** in bed.
- When I went to bed, Chris was **still** working.
- Do you **still** want to go away, or have you changed your mind?

still は、in spite of this の代わりに用いられることがあります。

- He has everything he needs, but he's **still** unhappy.

still は通常、動詞と結びついて文中に置きます。Unit 107 を参照

B

not 〜 anymore や **not 〜 any longer** は「もはや〜ない」のように、状況が変化したことを表します。
anymore と **any longer** は文末に置きます。

- Megan **doesn't** work here **anymore**. She left last month. *or*
- Megan **doesn't** work here **any longer**.
- We used to be good friends, but we **aren't anymore**. *or* … we aren't **any longer**.

not 〜 any longer の代わりに、**no longer** を用いることがあります。**no longer** は文中に置きます。

- Megan **no longer works** here.

意味が異なってしまうため、**no longer** を **no more** で置き換えることはできません。

- We are **no longer** friends. (× we are no more friends.)

☆ **例文で確認します。still と not 〜 anymore は、どのように異なりますか。**

- Rachel **still** works here, but Megan **doesn't** work here **anymore**.
  (⇒ Rachel はまだ働いているが〔継続〕 Megan はもう働いていない〔変化〕)

C

yet は否定文 (**He isn't** here **yet**) と疑問文 (**Is he** here **yet**?)でのみ用いられます。否定文では「まだ／今までに〜していない」を表し、疑問文では「もう／今までに〜しましたか」を表します。何らかの変化が起きることを期待している場合に用います。

yet は通常、文末に置きます。

- It's 10:00, and Joe **isn't** here **yet**. (⇒ まだここにいない。「もう来てもよい頃だ」と期待)
- **Have** you **decided** what to do **yet**? (⇒「もう決めましたか」と期待)
- "Where are you going on vacation?" "We **don't** know **yet**."

yet は、**Have** you **decided** … **yet**? などの現在完了の文でよく使われます。Unit 8D を参照

☆ **例文で確認します。yet と still は、どのように異なりますか。yet には変化への期待が含まれています。**

- Mike lost his job six months ago and **is still** unemployed. (⇒ まだ失業中)
  Mike lost his job six months ago and **hasn't found** another job **yet**. (⇒ まだ見つからない)
- **Is** it **still** raining? (⇒ まだ降っていますか)
  Has it **stopped** raining **yet**? (⇒ もうやみましたか)

still は否定文中でも使われ、否定を表す語の直前に置きます。

- She said she would be here an hour ago, and she **still hasn't** come.

上の文は、she hasn't come **yet** の文と似ていますが、**still 〜 not** の構文の方が、驚きや苛立ちなどのより強い気持ちを表すことができます。

- I sent him an invitation last week. He **hasn't** replied **yet**.
  (⇒ 返事はまだだが「もうすぐ返事をくれる」という期待)
- I sent him an invitation weeks ago, and he **still hasn't** replied.
  (⇒「もっと早く返事をすべきだ」という非難する気持ち)

D

already は、「すでに〜」のように、予想していたより物事が早く起こったことを表します。

- "What time is Sue leaving?" "She **already** left." (= sooner than you expected)
- Should I tell Joe what happened, or does he **already** know?
- I just had lunch, and I'm **already** hungry.

already は通常、文中や文末に置きます。Unit 107 を参照

- She **already** left. *or* She left **already**.

単純過去形と現在完了形＋**already/yet** ➜ Unit 8D　語順 ➜ Unit 107

練習問題

108.1 以下は数年前の Dan と現在の Dan の発言です。(　) 内の事柄がどのように変化したか、**still** または **anymore** を用いて文を完成させなさい。

Dan a few years ago:
I travel a lot.
I work in a store.
I write poems.
I want to be a teacher.
I'm interested in politics.
I'm single.
I go fishing a lot.

Dan now:
I travel a lot.
I work in a hospital.
I gave up writing poems.
I want to be a teacher.
I'm not interested in politics.
I'm single.
I haven't been fishing for years.

1 (travel) He still travels a lot.
2 (store) He doesn't work in a store anymore.
3 (poems) He ....
4 (teacher) ....
5 (politics) ....
6 (single) ....
7 (fishing) ....
8 (beard) ....

Dan について **no longer** を用いて記述しなさい。

9 He no longer works in a store.
10 ....
11 ....
12 ....

108.2 以下から適切な動詞を選び **not 〜 yet** と組み合わせて、**still** を含むそれぞれの文とほぼ同じ意味の文を完成させなさい。

decide **find** **finish** **leave** ~~**stop**~~ **take off** **wake up**

1 It's still raining. It hasn't stopped raining yet.
2 David is still here. He ....
3 They're still repairing the road. They ....
4 The children are still asleep. They ....
5 Kate is still looking for a job. She ....
6 I'm still wondering what to do. I ....
7 The plane is still waiting on the runway. It ....

108.3 **still, yet, already, anymore** のいずれかを空所に入れて、文を完成させなさい。

1 Mike lost his job a year ago, and he is still unemployed.
2 Should I tell Joe what happened or does he already know?
3 Do you .... live in the same place, or have you moved?
4 I'm hungry. Is dinner ready .... ?
5 I was hungry earlier, but I don't feel hungry ....
6 Can we wait a few minutes? I don't want to go out ....
7 Amy used to work at the airport, but she doesn't work there ....
8 I used to live in Osaka. I .... have a lot of friends there.
9 There is no need to introduce me to Joe. We've .... met.
10 John is 80 years old, but he's .... very fit and healthy.
11 Would you like something to eat, or did you .... eat?
12 "Where's Nicole?" "She's not here .... She'll be here soon."
13 Tony said he'd be here at 8:30. It's 9:00 now, and he .... isn't here.
14 Do you want to join the club, or are you .... a member?
15 It happened a long time ago, but I .... remember it very clearly.
16 I've put on weight. These pants don't fit me ....

Unit 109 even

A

☆ イラストを見て考えます。一般的ではない物がありますか。そのことを英語でどう記述しますか。

Anna はテレビが大好きでバスルームにも置いています。このことは、次のように記述できます。

She has a TV in every room of the house, **even the bathroom**.

➤ **「～でさえ」のように、一般的ではなく驚いてしまう状況を even で表します。ここでは、バスルームにテレビを置いていることに驚いています。**

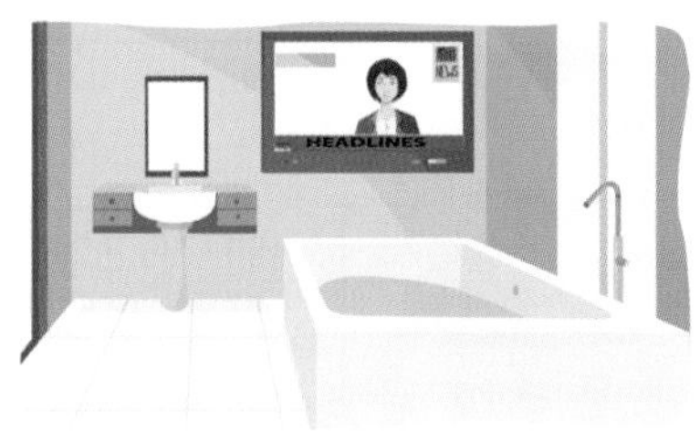

☆ **以下の例文で、一般的ではないことは何ですか。**

- These pictures are really awful. **Even I** take better pictures than these.
  (⇒ ひどい写真だ。私だってもっとうまい写真が撮れるだろう)
- He always wears a coat, **even in hot weather**.
- The print was very small. I couldn't read it, **even with glasses.**
- Nobody would help her, **not even her best friend**. *or*
  Not even her best friend would help her.

B

even はまれに動詞と結び付いて、文中で用いられることがあります。(**Unit 107** を参照)

- Abby has traveled all over the world. She's **even** been to Antarctica.
  (⇒ 驚いたことに、南極にも行ったことがある。そのくらい世界中を飛び回っている)
- They are very rich. They **even** have their own private jet.

not even, **can't even**, **don't even** などの否定文で使われる **even** ～は「～すらない」という驚きを表します。

- I can't cook. I **can't even** boil an egg. (⇒ ゆで卵くらい誰にでもできる。それすら作れない)
- They weren't very friendly to us. They **didn't even** say hello.
- Jessica's in great shape. She's been running quite fast and she's **not even** out of breath.

C

even + 比較級 (**cheaper** / **more expensive** など)は、「さらに～」のように比較級を強調して驚きを表します。

- I got up very early, but Jack got up **even earlier**. (⇒ Jack はもっと早く起きた)
- I knew I didn't have much money, but I have **even less** than I thought.
- We were surprised to get an email from her. We were **even more surprised** when she came to see us a few days later.

D

even though / **even when** / **even if**

even though / **even when** / **even if** は、「たとえ～でも／～の時でさえ／たとえ～だとしても」を表し、その後に主語 + 動詞を置きます。

- **Even though Emma can't drive**, she has a car.
  (Emma can't drive: 主語 + 動詞)
- He never shouts, **even when he's** angry.
- This river is dangerous. It's dangerous to swim in it, **even if you're** a strong swimmer.

though, when, if を伴わない **even** の後には、主語 + 動詞を置くことはできません。

- **Even though she can't** drive, she has a car. (× even she can't drive)
- I can't reach the shelf **even if I stand** on a chair. (× even I stand)

☆ **例文で考えます。even if と even は、どのように異なりますか。**

- It's dangerous to swim here **even if you're** a strong swimmer. (× even you are)
- The river is dangerous, **even for strong swimmers**.

☆ **例文で考えます。even if と if は、どのように異なりますか。**

- We're going to the beach tomorrow. It doesn't matter what the weather is like. We're going **even if** the weather is bad. (⇒ たとえ天気が悪くても～)
- We want to go to the beach tomorrow, but we won't go **if** the weather is bad. (⇒ 天気が悪かったら～)

if と **when** ➜ Unit 24C　**though** / **even though** ➜ Unit 110E

練習問題

109.1 Amy, Kate, Julia は 3 人で旅行に出かけました。以下の情報を読み、**even** または **not even** を用いて文を完成させなさい。

Amy is usually happy is usually on time likes to get up early is very interested in art 	*Kate* doesn't really like art is usually miserable usually hates hotels doesn't use her camera much 	*Julia* is almost always late is a good photographer loves staying in hotels isn't good at getting up early 

1 They stayed at a hotel. Everybody liked it, ...even Kate...... .
2 They arranged to meet. They all arrived on time, ...
3 They went to an art gallery. Nobody enjoyed it, ...
4 Yesterday they had to get up early. They all managed to do this, ...
5 They were together yesterday. They were all in a good mood, ...
6 None of them took any pictures, ...

109.2 (　) 内の語句と **even** を用いて、文を完成させなさい。

1 Abby has been all over the world. (Antarctica) ......She has even been to Antarctica......
2 We painted the whole room. (the floor) We ....
3 Rachel has met lots of famous people. (the president)
She ....
4 You could hear the noise from a long way away. (from the next street)
You ....

not + even (didn't even, can't even など) の形を用いて、文を完成させなさい。

5 They didn't say anything to us. (hello)
......They didn't even say hello......
6 I can't remember anything about her. (her name)
I ....
7 There isn't anything to do in this town. (a movie theater)
....
8 He didn't tell anybody where he was going. (his wife)
....
9 I don't know anyone on our street. (my neighbors)
....

109.3 **even** + 比較級の形を用いて、文を完成させなさい。

1 It was very hot yesterday, but today it's ......even hotter...... .
2 The church is 200 years old, but the house next to it is ....
3 That's a very good idea, but I've got an .... one.
4 The first question was very difficult to answer. The second one was ....
5 I did very badly on the exam, but most of my friends did ....
6 Neither of us were hungry. I ate very little, and my friend ate ....

109.4 **if, even, even if, even though** のいずれかを空所に入れ、文を完成させなさい。

1 ......Even though...... she can't drive, she has a car.
2 The bus leaves in five minutes, but we can still catch it .... we run.
3 The bus leaves in two minutes. We won't catch it now .... we run.
4 Mike's Spanish isn't very good, ... after three years in Spain.
5 Mike's Spanish isn't very good .... he lived in Spain for three years.
6 .... with the heat on, it was cold in the house.
7 I couldn't sleep .... I was very tired.
8 I won't forgive them for what they did .... they apologize.
9 .... I hadn't eaten anything for 24 hours, I wasn't hungry.

➜ 補足練習問題 33 (pp. 316)

Unit 110 although / though / even though in spite of / despite

A

☆ イラストを見て考えます。一般的ではないことは何ですか。そのことを英語でどう記述しますか。

昨年、Josh と Sarah はビーチで休暇を過ごしました。雨ばかりでしたが2人は楽しく過ごしました。このことは次のように記述できます。

Although it rained a lot, they had a good time.
(⇒ It rained a lot, but they ...)

or **In spite of** / **Despite** } **the rain**, they had a good time.

➤「雨にもかかわらず楽しんだ」は、**although + 主語 + 動詞**や **in spite of / despite + 名詞句の形を用いて表します。**

B

although は「～であるにもかかわらず」を表し、後に主語 + 動詞を置きます。

- **Although it rained** a lot, they had a good time.
- I didn't apply for the job **although I was** well qualified.

☆ **例文で考えます。although と because は、どのように異なりますか。**

- We went out **although** it was raining heavily. (⇒ 雨が降っていたが～)
- We didn't go out **because** it was raining heavily. (⇒ 雨が降っていたので～)

C

in spite of ～と **despite** ～は「～にもかかわらず」を表し、後に名詞句、**this**/**that**/**what** で始まる関係詞節、**-ing (動名詞)** などを置きます。

- **In spite of the rain**, we had a good time.
- She wasn't feeling well, but **in spite of this,** she continued working.
- **In spite of what** I said yesterday, I still love you.
- I didn't apply for the job **in spite of being** well qualified.

despite ～は **in spite of** と意味は同じですが、**despite** に of はつきません。(× despite of)

- She wasn't feeling well, but **despite this,** she continued working. (× despite of this)

in spite of the fact (that) 主語 + 動詞や、**despite the fact** (that) 主語 + 動詞の形で「～という事実にもかかわらず」を表します。

- I didn't apply for the job { **in spite of the fact** (that) / **despite the fact** (that) } I was well qualified.

☆ **例文で考えます。in spite of と because of は、どのように異なりますか。**

- We went out **in spite of the rain**. (⇒ ... despite the rain. 雨にもかかわらず)
- We didn't go out **because of the rain**. (⇒ 雨のために～)

D

☆ **although の後には主語 + 動詞が入りますが、以下のように in spite of / despite の後には入りません。**

- **Although the traffic was** bad, / **In spite of the traffic,** } we arrived on time. (× In spite of the traffic was bad)
- I couldn't sleep { **although I was** very tired. / **despite being** very tired. (× despite I was tired)

E

although の代わりに **though** を用いることがあります。ともに「～ではあるが」を表します。

- I didn't apply for the job **though** I was well qualified.

話し言葉では **though** を文末に置き、前にある文を受け「～ではあるのだけれど」の意味で用いることがあります。

- The house isn't so nice. I like the yard, **though**. (⇒ 庭は気に入っているんだけど)
- I see them every day. I've never spoken to them, **though**. (⇒ 一度も話をしたことはないんだけど)

even though は **although** と同様「～ではあるが」を表しますが、**although** よりも強い意味を持ちます。
even を単独で用いることはありません。

- **Even though** I was really tired, I couldn't sleep. (× Even I was really tired ...)

even ➜ Unit 109

練習問題

110.1 以下から文を選び、**although** と組み合わせて空所に入れ、文を完成させなさい。

I didn't speak the language well	~~she has a very important job~~
I had never seen her before	we don't like them very much
it was quite cold	the heat was on
I'd met her twice before	we've known each other for a long time

1 Although she has a very important job, she isn't well paid.
2 ...., I recognized her from a photo.
3 Sarah wasn't wearing a coat ....
4 We decided to invite them to the party ....
5 ...., I managed to make myself understood.
6 ...., the room wasn't warm.
7 I didn't recognize her ....
8 We're not close friends ....

110.2 **although / in spite of / because / because of** のいずれかを空所に入れ、文を完成させなさい。

1 Although it rained a lot, we had a good time.
2 a .... all our careful plans, a lot of things went wrong.
  b .... we'd planned everything carefully, a lot of things went wrong.
3 a I went home early .... I wasn't feeling well.
  b I went to work the next day .... I still wasn't feeling well.
4 a Chris only accepted the job .... the salary, which was very high.
  b Sam accepted the job .... the salary, which was fairly low.
5 a .... there was a lot of noise, I slept quite well.
  b I couldn't get to sleep .... the noise.

空所に続く文を自由に考えて記入しなさい。

6 a He passed the exam although ....
  b He passed the exam because ....
7 a I didn't eat much although ....
  b I didn't eat much in spite of ....

110.3 ( ) 内の語句を用いて、2つの文を1つにまとめなさい。

1 I couldn't sleep. I was very tired. (despite)
  I couldn't sleep despite being very tired.
2 We played quite well. We lost the game. (in spite of)
  In spite ....
3 I'd hurt my foot. I managed to walk home. (although)
  ....
4 I enjoyed the movie. The story was silly. (in spite of)
  ....
5 We live in the same building. We hardly ever see each other. (despite)
  ....
6 They came to the party. They hadn't been invited. (even though)
  ....

110.4 ( ) 内の語句を用いて、文を完成させなさい。文末に **though** を置きなさい。

1 The house isn't very nice. (like / yard) I like the yard, though.
2 I enjoyed reading the book. (very long) ....
3 We didn't like the food. (ate) ....
4 Liz is very nice. (don't like / husband) I ....

➜ 補足練習問題 33 (pp. 316)

Unit 111

in case

A

☆ イラストを見て考えます。イラストの人物は何を心配していますか。そのことを英語でどう記述しますか。

パンクに備えてスペアタイヤを用意しておくとよいでしょう。このことは次のように記述できます。

Your car should have a spare tire **in case** you have a flat tire.

(⇒ タイヤがパンクするかもしれないので)

➤ **in case + 主語 + 動詞は、「～するかもしれないので…する／…しない」のように動作をする／しない理由を表します。**

☆ **例文はどのような理由を表していますか。**

- ◯ I'd better write down my password **in case I forget it**. (⇒ パスワードを忘れるかもしれないので)
- ◯ Should I draw a map for you **in case you have a problem** finding our house?
  (⇒ 家を見つけられないかもしれないので)
- ◯ I'll remind them about the meeting **in case they've forgotten**.
  (⇒ 忘れてしまっているかもしれないので)

「万一～するといけないので」のように、**in case** よりも出来事が起きる可能性が少ない場合には **just in case** を用います。

- ◯ I don't think it will rain, but I'll take an umbrella **just in case**. (= **just in case** it rains)

未来の出来事を表す場合でも、**in case** の後に **will** は置けません。現在時制を用います。(**Unit 24** を参照)

- ◯ I'll write down my password **in case** I **forget** it. (× in case I will forget)

B

In case ～と **if** ～(もし～であるならば)の意味の違いに注意します。**in case** ～は「後で～するかもしれないので、今…する／しない」のように、今動作をする／しない理由を述べます。

☆ **例文で考えます。in case と if は、どのように異なりますか。**

in case

- ◯ We'll buy some more food **in case** Tom comes.
  (⇒ Tom が来るかもしれない。どちらにしても、もっと食べ物を買っておけば、来たときに対応できる)
- ◯ I'll give you my phone number **in case** you need to contact me.
- ◯ You should insure your bike **in case** it is stolen.

if

- ◯ We'll buy some more food **if** Tom comes.
  (⇒ Tom が来るかもしれない。もし彼が来るならもっと食べ物を買っておこう。もし来ないなら食べ物は買わない)
- ◯ You can call me on this number **if** you need to contact me.
- ◯ You should inform the police **if** your bike is stolen.

C

「～するかもしれなかったので…した」のような過去の出来事の理由は、**in case** + 過去時制で表します。

- ◯ I gave him my phone number **in case he needed** to contact me.
  (⇒ 彼が私に連絡できるように電話番号を教えた)
- ◯ I drew a map for Sarah **in case she had** a problem finding our house.
- ◯ We rang the doorbell again **in case they hadn't heard** it the first time.

D

☆ **in case of ～と in case + 主語 + 動詞とは、どのように異なりますか。**

in case of ～は「もし～になった時には／～の場合は」を表し、看板や掲示などの書き言葉で用いられ、後に名詞や名詞句が入ります。

- ◯ **In case of fire**, please leave the building as quickly as possible. (⇒ 火事になった場合には)
- ◯ **In case of emergency**, call this number. (⇒ 緊急時には)

if ➜ Units 24, 36–38

練習問題

111.1 Sophie はハイキングに出かけようとしていますが、あなたは以下のことを心配しています。

maybe she'll get thirsty	she might need to call somebody	maybe she'll get lonely
~~it's possible she'll get lost~~	maybe she'll get hungry	maybe it will rain

in case と上の文を組み合わせて、Sophie にアドバイスする文を完成させなさい。

1 Take the map in case you get lost.
2 You should take some chocolate ....
3 You'll need a rain jacket ....
4 Take plenty of water ....
5 Don't forget your phone ....
6 Should I come with you .... ?

111.2 **in case** を用いて自分の発言を完成させなさい。

1 It's possible that Jane will need to contact you, so you give her your phone number.
You say: I'll give you my phone number in case you need to contact me.
2 A friend of yours is going away for a long time. Maybe you won't see her again before she goes, so you decide to say goodbye now.
You say: I'll say goodbye now ....
3 You are buying food in a supermarket with a friend. You think you have everything you need, but maybe you've forgotten something. Your friend has the list. You ask her to check it.
You say: Can you .... ?
4 You are shopping with a friend. She just bought some jeans, but she didn't try them on. Maybe they won't fit her, so you advise her to keep the receipt.
You say: Keep ....

111.3 **in case** を用いて、文を完成させなさい。

1 It was possible that it would rain, so I took an umbrella.
I took an umbrella in case it rained.
2 I thought that I might forget the name of the book. So I wrote it down.
I wrote down the name of the book ....
3 I thought my parents might be worried about me. So I called them.
I called my parents ....
4 I sent an email to Emma, but she didn't reply. So I sent another email because maybe she didn't get the first one.
I sent her another email ....
5 I met some people when I was on vacation in France. They said they might come to New York one day. I live in New York, so I gave them my phone number.
I gave them my phone number ....

111.4 空所に **in case** または **if** を入れて文を完成させなさい。

1 I'll draw a map for you in case you have a problem finding our house.
2 You should tell the police if you have any information about the crime.
3 I hope you'll come to Chicago sometime. .... you come, you can stay with us.
4 I made a copy of the document .... something happens to the original.
5 This book belongs to Kate. Can you give it to her .... you see her?
6 Write your name and phone number on your bag .... you lose it.
7 The burglar alarm will ring .... somebody tries to break into the house.
8 You should lock your bike to something .... somebody tries to steal it.
9 I was advised to get insurance .... I needed medical treatment while I was abroad.

➜ 補足練習問題 33 (p. 316)

Unit 112

unless　as long as　provided

A unless

☆ イラストを見て考えます。Oasis Club を利用するにはどうする必要がありますか。そのことを英語でどう記述しますか。

Oasis Club を利用するには会員になる必要があります。
このことは次のように記述できます。

You can't go in **unless you are a member**.
この文は、以下のように 2 通りに書き換えられます。
You can't go in *except if* you are a member.
(⇒ メンバーである場合を除いて入れない)
= You can go in *only if* you are a member.
(⇒ メンバーである場合のみ入れる)
➤ **unless ～は「もし～でなければ」(except if) を表します。**

OASIS CLUB
MEMBERS ONLY

☆ **例文で考えます。unless はどのような条件を表していますか。**

- I'll see you tomorrow **unless I have to work late**. (⇒ 残業にならなければ～)
- There are no buses to the beach. **Unless you have a car**, it's difficult to get there.
(⇒ 車を持っていなければ～)
- A: Should I tell Jessica what happened?
B: **Not unless** she asks you. (⇒ 彼女が聞いてこなければ言わない。彼女が聞いてきたら言う)
- Ben hates to complain. He wouldn't complain about something **unless it was really bad**.
(⇒ よほどのことがない限り～)
- We can take a taxi to the restaurant – **unless you'd prefer to walk**.
(⇒ どうしても歩きたいわけでないなら～)

unless ～は **if** … **not** ～で書き換えられます。
- **Unless we leave now**, we'll be late.　*or*　**If we don't leave now**, we'll …

B as long as / so long as と provided

as long as と **so long as** は、いずれも「もし～ならば」や「～する限り」のような条件を表します。
☆ **例文で考えます。どのような条件を表していますか。**

- You can borrow my car { **as long as** / **so long as** } you promise not to drive too fast.
(⇒ 車は貸してあげますが、スピードを出し過ぎないと約束してください)

provided (**that**) も同様の意味を持ちます。
- Traveling by car is convenient **provided** (**that**) you have somewhere to park.
(⇒ 駐車場所がある限り、車は便利)
- **Provided that** the room is clean, I don't mind which hotel we stay at.
(⇒ 部屋が清潔であれば、どのホテルでも構わない)

C 未来に関する unless / as long as など

未来の出来事に関する場合でも、**unless** / **as long as** / **so long as** などの後に **will** を入れることはできません。現在時制を使います。(**Unit 24** を参照)
- I'm not going out **unless** it **stops** raining. (× unless it will stop)
- **Provided** the weather **is** good, we're going to have a picnic tomorrow.
(× provided the weather will be good)

if ➜ Units 24, 36–38

練習問題

112.1 **unless** を用いて、意味を変えずに文を書き換えなさい。

1 You must try a little harder, or you won't pass the exam.
You won't pass the exam unless you try a little harder.

2 Listen carefully, or you won't know what to do.
You won't know what to do ……

3 She has to apologize to me, or I'll never speak to her again.
……

4 You have to speak very slowly, or he won't understand you.
……

5 Business must improve soon, or the company will have to close.
……

6 We need to do something soon, or the problem will get worse.
……

112.2 **unless** を用いて文を書き換えなさい。

1 The club isn't open to everyone. You're allowed in only if you're a member.
You aren't allowed in the club unless you're a member.

2 I don't want to go to the party alone. I'm going only if you go too.
I'm not going ……

3 Don't worry about the dog. It will chase you only if you move suddenly.
The dog ……

4 Ben isn't very talkative. He'll speak to you only if you ask him something.
Ben ……

5 Today is a public holiday. The doctor will see you only if it's an emergency.
The doctor ……

112.3 下線部から文法的に正しい方を選びなさい。

1 You can borrow my car ~~unless~~ / as long as you promise not to drive too fast. (as long as が正しい)
2 We're going to the beach tomorrow unless / provided the weather is bad.
3 We're going to the beach tomorrow unless / provided the weather is good.
4 I don't mind if you come home late unless / as long as you come in quietly.
5 I'm going now unless / provided you want me to stay.
6 I don't watch TV unless / as long as I have nothing else to do.
7 Children are allowed to use the swimming pool unless / provided they are with an adult.
8 Unless / Provided they are with an adult, children are not allowed to use the swimming pool.
9 We can sit here in the corner unless / as long as you'd rather sit by the window.
10 A: Our vacation cost a lot of money.
B: Did it? Well, that doesn't matter unless / as long as you enjoyed yourselves.

112.4 自由に文の続きを完成させなさい。

1 We'll be late unless we take a taxi.
2 I like hot weather as long as …… .
3 It takes 20 minutes to drive to the airport provided …… .
4 I don't mind walking home as long as …… .
5 I like to walk to work in the morning unless …… .
6 We can meet tomorrow unless …… .
7 I'll lend you the money provided …… .
8 I'll tell you a secret as long as …… .
9 You won't achieve anything unless …… .

→ 補足練習問題 33 (p. 316)

Unit 113

as (as I walked ... / as I was ... など)

A

as = at the same time as ... (…と同時に／…すると)

as は接続詞で、イラストのように 2 つの出来事が同時に起きていることを表します。

- We all waved goodbye to Liz **as she drove away**.
  (⇒ Liz が車で去ろうとしている時、私たちは手を振った)
- **As I walked along the street**, I looked in the store windows.
- Can you turn off the light **as you go out**, please?

「…しようとしたところで」のように、過去進行形で表す動作を行っていた最中に、別の何かが起こった時にも **as** ... を用います。

- Kate slipped **as she was getting off the bus**.
- We met Paul **as we were leaving the hotel**.
  (⇒ ホテルを出ようとしたところで…)

過去進行形 (**was getting** / **were going** など) は、Unit 6 を参照

just as は「ちょうど…した時に」を表します。

- **Just as I sat down**, the doorbell rang. (⇒ ちょうど座ったら, …)
- I had to leave **just as** the conversation was getting interesting.

as ... は「…するにつれて」のように、2 つの出来事が長い期間にわたって同時進行する場合にも用います。

- **As the day went on**, the weather got worse.
- I began to enjoy the job more **as I got used to it.**

the day went on
the weather got worse

(⇒ その日、時間が経つにつれて天気は崩れた)

☆ **例文で考えます。as と when は似ていますが、when は出来事が連続して生じることを表します。**

➤ **as は、2 つの出来事が同時に起きている場合にのみ用います。**

- **As I drove home**, I listened to music.
  (⇒ 車で家に帰りながら…)

➤ **when は、ある出来事が起こってから別の出来事が起きる場合に用います。**

- **When I got home**, I had something to eat. (⇒ 家に帰ってから…)

B

as = because (…なので)

as は理由を表すこともあります。

- **As I was hungry,** I decided to find somewhere to eat.
  (= because I was hungry)
- **As it's late and we're tired**, let's get a taxi home. (= because it's late ...)
- We watched TV all evening **as we didn't have anything better to do**.
- **As I don't watch TV anymore**, I gave my television to a friend of mine.

since ... も同様に「…なので」と理由を表します。

- **Since** it's late and we're tired, let's get a taxi home.

☆ **例文で考えます。as と when は似ていますが、when は理由を表しません。**

- David wasn't in the office **as he was on a business trip**.
  (⇒ 出張中だったので…)
- **As they lived near us**, we used to see them quite often.
  (⇒ 近所に住んでいたので…)

- David lost his passport **when he was on a business trip**.
  (⇒ 出張中に…)
- **When they lived near us**, we used to see them quite often.
  (⇒ 近所に住んでいた時…)

as ～ as ... ➜ Unit 104　like と as ➜ Unit 114　as if ➜ Unit 115

練習問題

113.1 左右から文を1つずつ選び、**as ...** (…するのと同時に) を用いて 1 つの文にしなさい。

1 ~~we all waved goodbye to Liz~~	we were driving along the road
2 I listened	I was taking a hot dish out of the oven
3 I burned myself	~~she drove away~~
4 the spectators cheered	she told me her story
5 A dog ran out in front of the car	the two teams came onto the field

1 *We all waved goodbye to Liz as she drove away.*
2 ……………………
3 ……………………
4 ……………………
5 ……………………

113.2 左右から文を1つずつ選び、**as ...** (…なので) を用いて 1 つの文にしなさい。

1 ~~I was hungry~~	we went for a walk by the river
2 today is a public holiday	I tried to be very quiet
3 I didn't want to disturb anybody	~~I decided to find somewhere to eat~~
4 I can't go to the conert	all government offices are closed
5 it was a nice day	you can have my ticket

1 *As I was hungry, I decided to find somewhere to eat.*
2 ……………………
3 ……………………
4 ……………………
5 ……………………

113.3 それぞれの **as** はどのような意味ですか？

	because …なので	*at the same time as* …と同時に
1 **As** they lived near us, we used to see them quite often	✓	
2 Kate slipped **as** she was getting off the bus.		✓
3 **As** I was tired, I went to bed early.		
4 Unfortunately, **as** I was parking the car, I hit the car behind me.		
5 **As** we climbed the hill, we got more and more tired.		
6 We decided to go out to eat **as** we had no food at home.		
7 **As** we don't use the car very often, we've decided to sell it.		

113.4 文中にある **as** が文法的に不適切な場合は、正しい形に書き直しなさい。

1 Julia got married as she was 22. *when she was 22*
2 As the day went on, the weather got worse. *OK*
3 He dropped the glass as he was taking it out of the cupboard. ……………………
4 I lost my phone as I was in Boston. ……………………
5 As I left school, I didn't know what to do. ……………………
6 The train slowed down as it approached the station. ……………………
7 I used to live near the ocean as I was a child. ……………………
8 We can walk to the hotel as it isn't far from here. ……………………

113.5 自由に文の続きを完成させなさい。

1 Just as I sat down, *the doorbell rang.*
2 I saw you as ……………………
3 It started to rain just as ……………………
4 As she doesn't have a phone, ……………………
5 Just as I took the picture, ……………………

→ 補足練習問題 33 (p.316)

Unit 114

like と as

A

like は「～のような」や「～と同じ」を表します。この用法では **like** を as に置き換えられません。

- What a beautiful house! It's **like a palace**. (× as a palace)
- Be careful! The floor has been polished. It's **like walking on ice**. (× as walking)
- It's raining again. I hate weather **like this**. (× as this)
- "What's that noise?" "It sounds **like a baby crying**." (× as a baby crying)

ここでの **like** は前置詞で、後には **a palace** のような名詞句、**this** のような代名詞、walk**ing** ... のような **-ing** (動名詞)が入ります。

like は「例えば～のような」を表すことがあります。**such as** も同様の意味を表します。

- I enjoy water sports, **like** surfing, scuba diving, and water-skiing. *or*
  I enjoy water sports, **such as** surfing ...

B

as ... は「…するのと同じように／…と同じ状態で」を表します。
この **as** は接続詞なので、後には主語 + 動詞が入ります。

	S + V
as	**it was**
as	**I showed**

- I didn't move anything. I left everything **as it was**. (⇒ 元と同じ状態で…)
- You should have done it **as I showed** you. (⇒ 私がやって見せたように…)

くだけた話し言葉では、**as** の代わりに **like** を用いることがあります。この場合、**like** は接続詞なので後には主語 + 動詞が入ります。

- I left everything **like it was**.

like には接続詞と前置詞の用法があります。**as** に前置詞の用法はないので、後に名詞句は入りません。

- You should have done it **as I showed you**. *or* ... **like I showed you**.
  ⇔ You should have done it **like this**. (× as this)

as usual / **as always** は「いつもと同じように」を表します。

- You're late **as usual**.
- **As always**, Nick was the first to complain.

the same as で、「～と同じ」を表します。

- Your phone is **the same as** mine. (× the same like)

C

do などの後にきた **as** +主語+動詞は、what で置き換えられ「…すること／…のように」を表します。

- You can do **as you like**. (⇒ do what you like. あなたの好きなようにする)
- They did **as they promised** (⇒ They did what they promised. 約束したとおりにした)

as you know / **as I said** / **as she expected** / **as I thought** のような形もよく用います。それぞれ「あなたも知っているように / 私が言ったように / 彼女が予想したように / 私が考えたように」を表し、直前や直後の文全体を修飾します。

- **As you know**, it's Emma's birthday next week. (⇒ あなたもすでにご存知のように…)
- Andy failed his driving test, **as he expected**. (⇒ 彼が予想していたように…)

like I said (私が言ったように) のような **say** を使った言い方を除いて、上の用法では as の代わりに **like** は使えません。

- **As I said** yesterday, I'm sure we can solve the problem. *or* **Like I said** yesterday . . .

D

☆ 枠内の例文で考えます。as は前置詞でもあり、後に名詞句を置くことがあります。like とどのように異なりますか。

- **As a taxi driver**, I spend most of my working life in a car.
  (⇒ タクシー運転手として…)

- Everyone in the family wants me to drive them places. I'm **like a taxi driver**.
  (⇒ まるでタクシー運転手のように…)

➤ **前置詞としての as は、「～として／～の形で」のような意味で用います。like にはこの意味はありません。**

- Many years ago I worked **as a photographer**. (⇒ 写真家だった)
- Many words – for example, "work" and "rain" – can be used **as verbs or nouns**.
- New York is fine **as a place to visit**, but I wouldn't want to live there.
- The news of the tragedy came **as a great shock**.

as ～ as ... ➜ Unit 104 as (～と同時に/～なので) ➜ Unit 113 as if ➜ Unit 115

練習問題

114.1 文中にある **as** が文法的に不適切な場合は、**like** を使って正しい形に書き直しなさい。

1 It's raining again. I hate weather as this. ......weather like this......
2 You should have done it as I showed you. ......OK......
3 Do you think James looks as his father? ....
4 He gets on my nerves. I can't stand people as him. ....
5 Why didn't you do it as I told you to do it? ....
6 As her mother, Katherine has a very good voice. ....
7 You never listen. Talking to you is as talking to the wall. ....
8 I prefer the room as it was before we decorated it. ....
9 I'll phone you tomorrow as usual, OK? ....
10 She's a very good swimmer. She swims as a fish. ....

114.2 左枠の文に続くものを右枠から選び、記号で答えなさい。

1 I won't be able to come to the party.	a It was full, as I expected.
2 I like Tom's idea.	b As I've told you before, it's boring.
3 I'm fed up with my job.	c ~~As you know, I'll be away.~~
4 You drive too fast.	d You can do as you like.
5 You don't have to take my advice.	e Let's do as he suggests.
6 I couldn't get a seat on the train.	f You should be more careful, as I keep telling you.

1 ......c......
2 ....
3 ....
4 ....
5 ....
6 ....

114.3 **like** または **as** と以下の語句を組み合わせて、文を完成させなさい。

a beginner	**blocks of ice**	~~**a palace**~~	**a birthday present**
a child	**a theater**	**winter**	**a tour guide**

1 This house is beautiful. It's ......like a palace.......................................
2 My feet are really cold. They're ....
3 I've been playing tennis for years, but I still play ....
4 Emily once had a part-time job ....
5 I wonder what that building is. It looks ....
6 My brother gave me this watch .... a long time ago.
7 It's very cold for the middle of summer. It's ....
8 He's 22 years old, but he sometimes behaves ....

114.4 空所に **like** または **as** を入れて文を完成させなさい。どちらも使える場合もあります。

1 We heard a noise ......like...... a baby crying.
2 I wish I had a car .... yours.
3 Jessica has been working .... a waitress for the last two months.
4 We saw Kevin last night. He was very cheerful, ... always.
5 You waste a lot of time doing things .... sitting in cafes all day.
6 .... you can imagine, we were very tired after such a long trip.
7 Tom showed us some photos of the city .... it was thirty years ago.
8 My neighbor's house is full of interesting things. It's .... a museum.
9 In some countries in Asia, ... Japan, Indonesia, and Thailand, cars drive on the left.
10 The weather hasn't changed. It's the same .... yesterday.
11 You're different from the other people I know. I don't know anyone else .... you.
12 The news that they are getting married came .... a complete surprise to me.
13 This tea is awful. It tastes .... water.
14 Suddenly there was a terrible noise. It was .... a bomb exploding.
15 Right now I'm working in a store. It's not great, but it's OK .... a temporary job.
16 Brian is a student, ... most of his friends.

Unit 115

like と as if

A

like や **as if** は接続詞の役割を持ち、後に主語 + 動詞を置いて「〜は…のように見える／聞こえる／感じる」を表します。

- That house **looks like** it's going to fall down. *or*
  That house **looks as if** it's going to fall down.
  (⇒ 今にも崩れそうに見える)
- Amy **sounded like** she had a cold, didn't she? *or*
  Amy **sounded as if** she had a cold, didn't she?
- I've just had a vacation, but I feel very tired.
  I don't **feel like** I've had a vacation. *or*
  I don't **feel as if** I've had a vacation.

That house **looks like** it's going to fall down.

同じように **as though** を使うこともできます。

- I don't **feel as though** I've had a vacation.

話し言葉では、**as if** や **as though** よりも **like** の方が多く用いられます。

- You **look tired**. (**look** + 形容詞).
- You **look like you haven't slept**.
  You **look as if you haven't slept**. } (**look like** / **as if** + 主語 + 動詞)

B

it looks like ... = **it looks as if ...**
it sounds like ... = **it sounds as if ...**

それぞれ「…しているように見える／聞こえる」を表します。

- Sarah is very late. **It looks like** she isn't coming.
  or **It looks as if** she isn't coming.
- **It looked like** it was going to rain, so we took an umbrella.
  or It **looked as if** it was going to rain ... (⇒ 雨が降りそうだ)
- The noise is very loud next door. **It sounds like** they're having a party. *or* **It sounds as if** they're...
  (⇒ パーティーでもしているみたいだ)

It sounds like they're having a party next door.

as though で置き換えることもできます。

- **It sounds as though** they're having a party.

C

like / **as if** / **as though** ... と動詞を用いて「…しているかのように〜する」のように、どのように動作が行われるかを説明します。

- He ran **like he was running for his life**. (⇒ 死に物狂いで走った)
- After the interruption, the speaker went on talking **as if nothing had happened.**
- When I told them my plan, they looked at me **as though I was crazy.**

D

as if の後は、現在のことを話題にしていても、動詞を過去時制にすることがあります。

- I don't like him. He talks **as if** he **knew** everything.

上の文は「すべてを知っているかのように話をする」を表し、過去を意味しません。実際は「すべてを知っている」はずはなく、現実と異なることを表しています。このような場合、as if he **knew** のように過去時制を用います。動詞の **if** や **wish** (**Unit 37** を参照) の後でも同様のことが生じます。通常 **like** はこのようには使いません。

☆ **as if ... の形から、どのような現実が考えられますか。**

- She's always asking me to do things for her – **as if I didn't** have enough to do already.
  (⇒ 実際は、私にはすべきことが十分ある)
- Joe's only 40. Why do you talk about him **as if he was** an old man?
  (⇒ 実際は老人ではない)

現実と異なることを過去時制を用いて表す場合、**was** の代わりに **were** を用いることがあります。

- Why do you talk about him **as if he were** an old man?
- They treat me **as if I were** their own son. *or* ... **as if I was** their own son. (⇒ 実際は息子ではない)

If I was/were ➜ Unit 37C　**look/sound** など + 形容詞 ➜ Unit 97C　**like** と **as** ➜ Unit 114

練習問題

115.1 (　)内の語句を用いて、自由に文を完成させなさい。

1 You meet Bill. He has a black eye and blood on his face. (look / like / be / a fight)
You say to him: *You look like you've been in a fight.*
2 Julia comes into the room. She looks absolutely terrified. (look / as if / see / a ghost)
You say to her: What's the matter? You ....
3 You have just run one mile, but you are exhausted. (feel / like / run / a marathon)
You say: I ....
4 Joe is on vacation. He's talking to you on the phone and sounds happy.
(sound / as if / have / a good time) You say to him: You ....

115.2 以下から適切な語句を選び、**It looks like ...** / **It sounds like ...** の構文を用いて文を完成させなさい。

you should see a doctor	**there's been an accident**	**they're having an argument**
it's going to rain	~~**she isn't coming**~~	**they don't have any**

1 Sarah said she would be here an hour ago.
You say: *It looks like she isn't coming.*
2 The sky is full of black clouds.
You say: It ....
3 You hear two people shouting at each other next door.
You say: ....
4 You see an ambulance, some police officers, and two damaged cars at the side of the road.
You say: ....
5 You and a friend are in a supermarket. You're looking for bananas, but without success.
You say: ....
6 Dave isn't feeling well. He tells you all about it.
You say: ....

115.3 以下から適切な語句を選び、**as if ...** の構文を用いて文を完成させなさい。動詞は適切な形に変えなさい。

she / enjoy / it	**I / be / crazy**	**he / not / eat / for a week**
~~**he / need / a good rest**~~	**she / hurt / her leg**	**he / mean / what he / say**
I / not / exist	**she / not / want / come**	

1 Josh looks very tired. He looks *as if he needs a good rest*.
2 I don't think Paul was joking. He looked ....
3 What's the matter with Anna? She's walking ....
4 Dan was extremely hungry and ate his dinner very quickly.
He ate ....
5 I looked at Sarah during the movie. She had a bored expression on her face.
She didn't look ....
6 I told my friends about my plan. They were amazed.
They looked at me ....
7 I called Kate and invited her to the party, but she wasn't very enthusiastic.
She sounded ....
8 I went into the office, but nobody spoke to me or looked at me.
Everybody ignored me ....

115.4 **as if** を含む文を完成させなさい。動詞の時制についてはセクション **D** を参考にしなさい。

1 Andy is a terrible driver. He drives *as if he were* the only driver on the road.
2 I'm 20 years old, so please don't talk to me .... I .... a child.
3 Steve has never met Nicole, but he talks about her .... his best friend.
4 We first met a long time ago, but I remember it .... yesterday.

Unit 116 during for while

A during

during + 名詞句は「～の間に」を表します。

- I fell asleep **during the movie**. (⇒ 映画の間に)
- We met some really nice people **during our vacation**. (⇒ 休暇の間に)
- The ground is wet. It must have rained **during the night**. (⇒ 夜の間に)

I fell asleep **during the movie**.

the morning / **the night** / **the summer** のような時を表す語句の前には、**during** と同じように **in** を置くことがあります。

- It rained **in the night**. *or* ... **during the night**
- It's nice here **during the summer**. *or* ... **in the summer**

B for と during

for + 継続期間は「～の間」のように、どのくらいの間出来事が継続するかを表します。

- We watched TV **for two hours** last night. (⇒ 2 時間)
- Jess is going away **for a week** in September. (⇒ 1 週間)
- How are you? I haven't seen you **for ages**. (⇒ 長い間)
- Are you going away **for the weekend**?

during は、継続期間を表す語 (two hours, five years など) の前に置くことはできません。

- It rained **for** three days without stopping. (× during three days)

☆ **例文で考えます。during は、出来事が起こっている間を表します (継続する期間は表しません)。during と for はどのように異なりますか。**

- "**When** did you fall asleep?" "**During the movie**." (⇒ 映画の間に寝てしまった)
- "**How long** were you asleep?" "**For half an hour**."

C during と while

☆ **例文で考えます。during と while はともに「～の間に」を表しますが、どのように異なりますか。**

➤ **during は名詞句の前に置きます。**

- I fell asleep **during the movie**. (the movie: 名詞句)
- We met a lot of interesting people **during our vacation**. (⇒ 休暇中に)
- Robert suddenly began to feel sick **during the exam**.

➤ **while は主語 + 動詞の前に置き、節を作ります。**

- I fell asleep **while I was watching** TV. (I was watching: 主語 + 動詞)
- We met a lot of interesting people **while we were on vacation**. (⇒ 休暇中に)
- Robert suddenly began to feel sick **while he was taking the exam**.

☆ **while の作る節を以下の例で確認します。**

- We saw Clare **while we were waiting** for the bus.
- **While you were** out of the office, there was a phone call for you.
- Alex read a book **while Amy watched** TV.

Alex read a book **while Amy watched** TV.

while 節の内では、未来の出来事でも will を用いずに現在形で記述します。(**Unit 24** を参照)

- I'm going to Toronto next week. I hope the weather will be good **while I'm** there. (× while I will be there)
- What are you going to do **while you're** waiting? (× while you'll be waiting)

for と **since** ➜ Unit 12A **while** + **-ing** ➜ Unit 66A

練習問題

116.1 空所に **for** または **during** を入れて文を完成させなさい。

1 It rained ……for…… three days without stopping.
2 I fell asleep ……during…… the movie.
3 I went to the theater last night. I met Sue ………… the intermission.
4 I felt really sick last week. I could hardly eat anything ………… three days.
5 The traffic was bad. We were stuck in a traffic jam ………… two hours.
6 Production at the factory was seriously affected ………… the strike.
7 Sarah was very angry with me. She didn't speak to me ………… a week.
8 I don't have much free time ………… the week, but I relax on weekends.
9 I need a break. I think I'll go away ………… a few days.
10 The president gave a short speech. She spoke ………… only ten minutes.
11 We were hungry when we arrived. We hadn't eaten anything ………… the trip.
12 We were hungry when we arrived. We hadn't eaten anything ………… eight hours.

116.2 空所に **during** または **while** を入れて文を完成させなさい。

1 We met a lot of interesting people ……while…… we were on vacation.
2 We met a lot of interesting people ……during…… our vacation.
3 I met Mike ………… I was shopping.
4 ………… I was on vacation, I didn't use my phone at all.
5 I learned a lot ………… the course. The teachers were very good.
6 There was a lot of noise ………… the night. What was it?
7 I'd been away for many years. Many things had changed ………… that time.
8 What did they say about me ………… I was out of the room?
9 Whenever I fly somewhere, I never eat anything ………… the flight.
10 Please don't interrupt me ………… I'm speaking.
11 ………… the festival, it's almost impossible to find a hotel room here.
12 We were hungry when we arrived. We hadn't eaten anything ………… we were traveling.

116.3 空所に **during**, **for**, **while** のいずれかを入れて文を完成させなさい。

1 I used to live in Berlin. I lived there ………… five years.
2 One of the runners fell ………… the race but managed to get up and continue.
3 Nobody came to see me ………… I was in the hospital.
4 Try to avoid traveling ………… the busy periods of the day.
5 I was very tired. I slept ………… ten hours.
6 Can you hold my bag ………… I try on this jacket?
7 I'm not sure when we'll arrive, but it will be sometime ………… the afternoon.
8 I wasn't well last week. I hardly ate anything ………… three days.
9 My phone rang ………… we were having dinner.
10 Nobody knows how many people were killed ………… the war.

116.4 自由に文を完成させなさい。

1 I fell asleep while ……I was watching TV.……
2 I fell asleep during ……the movie.……
3 Can you wait for me while …………
4 Most of the students looked bored during …………
5 I was asked a lot of questions during …………
6 Don't open the car door while …………
7 The lights suddenly went out while …………
8 What are you going to do while …………
9 It started to rain during …………
10 It started to rain while …………

→ 補足練習問題 34 (p. 316)

Unit 117

by と until　by the time ...

A

by + 時を表す語句で「〜までに」のように動作が起きる期限を表します。

- I sent the documents today, so they should arrive **by Monday**.
  (⇒ 月曜日までに／月曜日を過ぎることなく)
- We'd better hurry. We have to be home **by 5:00**.
  (⇒ 5 時までに／ 5 時を過ぎることなく)
- Where's Sarah? She should be here **by now**.
  (⇒ 今頃はもう)

Sell by August 14

MILK

This milk should be sold **by August 14.**
(⇒ 8 月14 日が販売期限)

B

until (= **till**) + 時を表す語句で「〜まで」のように状況が継続する期間を表します。

- A: Should we go now?
  B: No, let's **wait until** it stops raining. *or* ... **till** it stops raining. (⇒ 雨がやむまで待ち続ける)
- I was very tired this morning. { I **stayed in bed until** 10:30. / I **didn't get up until** 10:30.

☆ **例文で考えます。until と by はどのように異なりますか。**

until

➤ **ある時点まで状況が継続する。**

- Joe **will be away until** Monday.
  (⇒ 戻ってくるのは月曜日)
- I**'ll be working until** 11:30.
  (⇒ 11 : 30 に仕事を終える)

by

➤ **ある時点までに出来事が起きる。**

- Joe **will be back by** Monday.
  (⇒ 月曜日、またはそれ以前に戻ってくる)
- I**'ll have finished my work by** 11:30.
  (⇒ 遅くても 11 : 30 には仕事を終える)

C

by the time + 主語+ 動詞 (現在形) は、未来の一時点までの期間を表します。未来のことが現在形で表されます。

- It's too late to go to the bank now. **By the time we get there**, it will be closed.
  (⇒ 銀行に到着するまでの間に閉まってしまう…)
- You'll need plenty of time at the airport. **By the time you check in and go through security**, it will be time for your flight. (⇒ チェックインとセキュリティーに時間がかかる)
- Hurry up! **By the time we get to the theater**, the movie will already have started.

by the time + 主語+ 動詞 (過去形) は、過去の一時点までの期間を表します。

- Megan's car broke down on the way to the party last night. **By the time she arrived**, most of the other guests had left.
  (⇒ 昨夜、車が故障してしまったため、Megan はパーティー会場に到着するまでに時間がかかった。この到着するまでの間に…)
- I had a lot of work to do yesterday evening. I was very tired **by the time I finished**.
  (⇒ 昨夜、山ほど仕事があり、終わらせるまでに時間がかかった。この仕事が完了するまでの間に…)
- We went to the movies last night. It took us a long time to find a place to park the car.
  By the time we got to the theater, the movie had already started.

by then や by that time は「その時までには」のように、述べられている出来事が起きた時点までを表します。

- Megan finally got to the party at midnight, but **by then** most of the other guests had left.
  or ...but **by that time**, most of the other guests had left.
  (⇒ パーティーにようやく到着した頃には夜中になっていた。その頃にはすでに…)

will be -ing と **will have** 過去分詞 ➜ Unit 23　**by** のその他の用法 ➜ Units 40B, 58B, 125

練習問題

117.1 **by** を用いて文を書き換えなさい。

1. We have to be home no later than 5:00.
   We have to be home ..by 5:00...
2. I have to be at the airport no later than 8:30.
   I have to be at the airport ....
3. Let me know no later than Saturday whether you can come to the party.
   .... whether you can come to the party.
4. Please make sure that you're here no later than 2:00.
   Please make sure that ....
5. If we leave now, we should arrive no later than lunchtime.
   If we leave now, ...

117.2 空所に **by** または **until** を入れて文を完成させなさい。

1. Steve has gone away. He'll be away ..until.... Monday.
2. Sorry, but I have to go. I have to be home .... 5:00.
3. According to the forecast, the bad weather will continue .... the weekend.
4. I don't know whether to apply for the job or not. I have to decide .... Friday.
5. I think I'll wait .... Thursday before making a decision.
6. I'm still waiting for Tom to call me. He should have called me .... now.
7. I need to pay this bill. It has to be paid .... tomorrow.
8. Don't pay the bill today. Wait .... tomorrow.
9. We haven't finished painting the house yet. We hope to finish .... Tuesday.
10. "Will you still be in the office at 6:30?" "No, I'll have gone home .... then."
11. I'm moving into my new apartment next week. I'm staying with a friend .... then.
12. I've got a lot of work to do. .... the time I finish, it will be time to go to bed.
13. We have plenty of time. The movie doesn't start .... 8:30.
14. It is hoped that the new bridge will be completed .... the end of the year.

117.3 **by** または **until** を用いて自由に文を完成させなさい。

1. David is away at the moment. He'll be away ..until Monday.. .
2. David is away at the moment. He'll be back ..by Monday.. .
3. I'm going out. I won't be long. Wait here ....
4. I'm going out. It's 4:30 now. I won't be long. I'll be back ....
5. If you want to apply for the job, your application must be received ....
6. My passport is valid ....
7. I missed the last bus and had to walk home. I didn't get home ....

117.4 **By the time ...** を用いて、状況を説明する文を完成させなさい。

1. I was invited to a party, but I got there much later than I planned.
   ..By the time I got to the party......, most of the other guests had left.
2. I planned to catch a train, but it took me longer than expected to get to the station.
   ...., my train had already left.
3. I wanted to go shopping after work. But I finished work much later than expected.
   ...., it was too late to go shopping.
4. I saw two men who looked as if they were trying to steal a car. I called the police, but it was some time before they arrived.
   ...., the two men had disappeared.
5. We climbed a mountain, and it took us a long time to get to the top. There wasn't much time to enjoy the view.
   ...., we had to come down again.

→ 補足練習問題 34 (p. 316)

Unit 118

at/on/in (時を表す前置詞)

A

☆**at, on, in は、時を表す語句の前に置く前置詞です。それぞれどのような「時」を表していますか。**

- ▢ They arrived **at 5:00**.
- ▢ They arrived **on Friday**.
- ▢ They arrived **in June**. / They arrived **in 2012**.

➤**at は、時刻や主な時間帯とともに用います。**

at 5:00 **at 11:45** **at midnight** **at lunchtime** **at sunset** など

➤**on は、曜日／日付／特別な名称が与えられた日などとともに用います。**

on Friday / on Fridays **on May 16, 2012** **on New Year's Day** **on my birthday** **on the weekend, on weekends**

➤**in は、月／年／季節などのより長い期間とともに用います。**

in June **in 2012** **in the 1990s** **in the 20th century** **in the past** **in the winter**

B

at は、以下のように時を表す様々な表現に使われます。

at the moment / at present / at this time (⇒今)

- ▢ Can you come back later? Mr. Brown is busy **at the moment.**

at the same time

- ▢ Kate and I arrived **at the same time.**

at Christmas (⇔**on Christmas Day**)

- ▢ Do you give each other presents **at Christmas?**

at night (⇒夜中／全般), **in the night** (⇒夜中／特定)

- ▢ I don't like working **at night.**

⇔It had snowed **in the night**, and the yard looked beautiful.

C

morning/afternoon/evening などの時間帯の前には **in** を置きます。曜日で指定される場合には **on** を置きます

in the morning(s)	⇔	**on Friday morning(s)**
in the afternoon(s)		**on Sunday afternoon(s)**
in the evening(s)		**on Monday evening(s)** など

- ▢ I'll see you **in the morning**.
- ▢ Do you work **in the evenings**?
- ▢ I'll see you **on Friday morning**.
- ▢ Do you work **on Saturday evenings**?

D

時を表す語句の前に **last/next/this/every** が置かれている場合には、**at/on/in** の前置詞は置きません。

- ▢ I'll see you **next Friday**. (×on next Friday)
- ▢ They got married **last June**.

話し言葉では、曜日や日付の前の **on** を省略することがあります。

- ▢ I'll see you **on Friday**. *or* I'll see you **Friday**.
- ▢ I don't work **on Monday mornings**. *or* I don't work **Monday mornings**.
- ▢ We're having a picnic **on July 15**. *or* We're having a picnic **July 15**.

E

in a few minutes や **in six months** のような **in** + 期間を表す表現は、未来の一時点を示します。

- ▢ The train will be leaving **in a few minutes**. (⇒今から数分後に)
- ▢ Andy has gone away. He'll be back **in a week**. (⇒今から1週間後に)
- ▢ They'll be here **in a moment**. (⇒間もなく)

in + 期間で「〜かかって／〜後に」のように、動作に要した時間を表すことがあります。

- ▢ I learned to drive **in four weeks**. (⇒運転を覚えるのに4週間かかった)

on/in time, at/in the end ➜ Unit 119 **in/at/on** (場所を表す前置詞) ➜ Units 120–122
in/at/on (その他の用法) ➜ Unit 124 イギリス英語 ➜ 付録 7

練習問題

118.1 **at, on, in** のいずれかを空所に入れ、文を完成させなさい。

1 Mozart was born in Salzburg ......in...... 1756.
2 I've been invited to a wedding .... February 14.
3 Amy's birthday is .... May, but I don't know which date.
4 This park is popular and gets very busy .... weekends.
5 I haven't seen Kate for a few days. I last saw her .... Tuesday.
6 Jonathan is 63. He'll be retiring from his job .... two years.
7 I'm busy right now. I'll be with you .... a moment.
8 Sam isn't here .... the moment, but he'll be here this afternoon.
9 There are usually a lot of parties .... New Year's Eve.
10 I don't like the dark. I try to avoid going out .... night.
11 It rained very hard .... the night. Did you hear it?
12 My car is being repaired at the garage. It will be ready .... two hours.
13 The bus station was busy. A lot of buses were leaving .... the same time.
14 Hannah and David always go out for dinner .... their wedding anniversary.
15 It was a short book and easy to read. I read it .... a day.
16 .... noon, the sun is at its highest point in the sky.
17 This building is very old. It was built .... the seventeenth century.
18 The office is closed .... Wednesday afternoons.
19 In the U.S., many people go home to see their families .... Christmas.
20 My flight arrives .... 5:00 .... the morning.
21 The course begins .... January 7 and ends sometime .... April.
22 I might not be at home .... Tuesday morning, but I'll be there .... the afternoon.

118.2 **at, on, in** のいずれかと、以下の語句を組み合わせて文を完成させなさい。

the evening	**about 20 minutes**	~~**1756**~~	**the same time**	**the 1920s**
the moment	**July 21, 1969**	**night**	**Saturdays**	**11 seconds**

1 Mozart was born ...in 1756..
2 If the sky is clear, you can see the stars ....
3 After working hard during the day, I like to relax ....
4 Neil Armstrong was the first man to walk on the moon ....
5 It's difficult to listen if everyone is talking ....
6 Jazz became popular in the United States ....
7 I'm just going out to the store. I'll be back ....
8 I don't think we need an umbrella. It's not raining ....
9 Ben is a very fast runner. He can run 100 meters ....
10 Anna works from Monday to Friday. Sometimes she also works ....

118.3 a) と b) どちらが正しいですか。どちらも正しい場合は **both** と記入しなさい。

1 a I'll see you on Friday. — b I'll see you Friday. — ......both......
2 a I'll see you on next Friday. — b I'll see you next Friday. — ......b......
3 a Paul got married in April. — b Paul got married April. — ....
4 a I play tennis on Sunday mornings. — b I play tennis Sunday mornings. — ....
5 a We were sick at the same time. — b We were sick in the same time. — ....
6 a What are you doing in the weekend? — b What are you doing on the weekend? — ....
7 a Matthew was born at May 10, 1993. — b Matthew was born on May 10, 1993. — ....
8 a He left school last June. — b He left school in last June. — ....
9 a Will you be here on Tuesday? — b Will you be here Tuesday? — ....
10 a I don't like driving in night. — b I don't like driving at night. — ....

→ 補足練習問題 34 (p. 316)

Unit 119

on time と in time　at the end と in the end

A

☆ **on time と in time は、どのように異なりますか。**

➤ **on time は「時間通りに／遅れずに」を表します。出来事は計画された時刻通りに起きます。**

- ▢ The 11:45 train left **on time**. (⇒ 定刻通り11:45 に出発した)
- ▢ Please be **on time**. Don't be late.
- ▢ The conference was well-organized. Everything began and finished **on time**.

➤ **in time は in time for ~ / to do ~の形で「~に／~するのに間に合うように」を表します。**

- ▢ Will you be home **in time for dinner**? (⇒ 夕食に間に合うように)
- ▢ I sent Amy a birthday present. I hope it arrives **in time** (⇒ 誕生日に間に合うように).
- ▢ I'm in a hurry. I want to get home **in time to watch** the game on TV.
(⇒ 試合をテレビで見られるように)

in time の反意語は、**too late** (遅すぎる) です。

- ▢ I got home **too late** to watch the game on TV.

just in time は「ぎりぎりで間に合う／あと少しで遅れそうになる」を表します。

- ▢ We got to the station **just in time** for our train.
- ▢ A child ran into the road in front of the car, but I managed to stop **just in time**.

B

☆ **at the end と in the end は、どのように異なりますか。**

➤ **at the end of ~は「~の終わりに」のように、何かの終了時を表します。**

at the end of the month	**at the end of January**	**at the end of the game**
at the end of the movie	**at the end of the course**	**at the end of the concert**

- ▢ I'm going away **at the end of January** / **at the end of the month**.
- ▢ **At the end of the concert**, everyone applauded.
- ▢ The players shook hands **at the end of the game**.

in the end of ~のような形はありません。(× in the end of January)

at the end の反意語は、**at the beginning** (~の初めに) です。

- ▢ I'm going away **at the beginning of January**. (× in the beginning)

➤ **in the end は「最後には／ついに」を表します。状況が最終的にどのようになったかを述べる場合に用います。**

- ▢ We had a lot of problems with our car. We sold it **in the end**. (⇒ 最後には売った)
- ▢ He got more and more angry. **In the end,** he just walked out of the room.
- ▢ Alan couldn't decide where to go for his vacation. He didn't go anywhere **in the end**. (× at the end)

in the end の反意語は **at first** (最初は) です。

- ▢ **At first** we didn't get along very well, but **in the end** we became good friends.

at/on/in (時を表す前置詞) ➜ Unit 118

練習問題

119.1 空所に **on time** または **in time** を入れて、文を完成させなさい。

1 The bus is usually ....on time...., but it was late this morning.
2 The movie was supposed to start at 8:30, but it didn't begin ....
3 The train service isn't very good. The trains are rarely ....
4 We nearly missed our train. We got to the station just ....
5 We want to start the meeting ...., so please don't be late.
6 I just washed this shirt. I want to wear it tonight, so I hope it will dry ....
7 I almost forgot that it was Joe's birthday. Fortunately, I remembered ....
8 Why are you never ....? You always keep everybody waiting.
9 It is hoped that the new stadium will be ready .... for the tournament later this year.

119.2 (　) 内の語句と **just in time** を組み合わせて、文を完成させなさい。

1 A child ran into the road in front of your car. You saw the child at the last moment.
(manage/stop) ....I managed to stop just in time....
2 You were walking home. Just after you got home, it started to rain very heavily.
(get/home) I ....
3 Your friend was going to sit on the chair you had just painted. You said, "Don't sit on that chair!" so he didn't. (stop/him) I ....
4 You and a friend went to the movies. You were late, and you thought you would miss the beginning of the movie. But the movie began just as you sat down in the theater.
(get/theater/beginning/movie)
We ....

119.3 以下から適切な語句を選び、**at the end** と組み合わせて文を完成させなさい。

the course ~~**the game**~~ **the interview** **the month** **the race**

1 The players shook hands ....at the end of the game.... .
2 I get paid ....
3 The students had a party ....
4 Two of the runners collapsed ....
5 I was surprised when I was offered the job ....

119.4 (　) 内の動詞と **in the end** を組み合わせて、文を完成させなさい。

1 We had a lot of problems with our car.
(sell) ....In the end we sold it....
2 Anna got more and more fed up with her job.
(resign) ....
3 I tried to learn Japanese, but I found it too difficult.
(give up) ....
4 We couldn't decide whether to go to the party or not.
(not/go) ....

119.5 空所に **at** または **in** を入れて、文を完成させなさい。

1 I'm going away ....at.... the end of the month.
2 It took Gary a long time to find work. .... the end, he got a job as a bus driver.
3 I couldn't decide what to buy Amy for her birthday. I didn't buy her anything .... the end.
4 I'm going away .... the end of this week.
5 We waited ages for a bus. .... the end, we had to get a taxi.
6 .... the end of the lesson, all the students left the classroom.
7 We had a few problems at first, but .... the end everything was OK.
8 You were in a different position. What did you do .... the end?
9 The trip took a very long time, but we got there .... the end.
10 Are you going away .... the beginning of August or .... the end?

Unit 120

in/at/on (場所を表す前置詞) 1

A

☆ イラストで考えます。in はどのような場所に関連していますか。

in a room
in a building
in a box など

in a yard/garden
in a town/city
in a country など

in a pool
in the ocean
in a river など

- ☐ There's no one **in the room** / **in the building** / **in the yard**.
- ☐ What have you got **in your hand** / **in your mouth**?
- ☐ When we were **in Chile**, we spent a few days **in Santiago**.
- ☐ I have a friend who lives **in a small village in the mountains**.
- ☐ There were some people swimming **in the pool** / **in the ocean** / **in the river**.

> ➤ **in ～ :「～の中に」**
> **壁のある空間内や境界に囲まれている状態。または水の中に浸かっている状態。**

B

☆ イラストで考えます。at はどのような場所に関連していますか。

at the bus stop

at the door

at the intersection

at his desk

- ☐ Who is that man standing **at the bus stop** / **at the door** / **at the window**?
- ☐ Turn left **at the traffic light** /**at the next intersection** / **at the church**.
- ☐ We have to get off the bus **at the next stop**.
- ☐ I can't find Dan. He's not **at his desk**.

> ➤ **at ～ :「～に」**
> **点でとらえられ、ある場所の近くにいる状態。**

☆ 例文で考えます。in と at はどのように異なりますか。

- ☐ There were a lot of people **in the store**. It was crowded. (⇒店の中に)
  Continue on this road. Then turn left **at the store**. (⇒店のあるところで)
- ☐ I'll meet you **in the hotel lobby**. (⇒ホテルの中)
  I'll meet you **at the entrance to the hotel**. (⇒ホテルの外)

C

☆ イラストと例文で考えます。on はどのような場所に関連していますか。

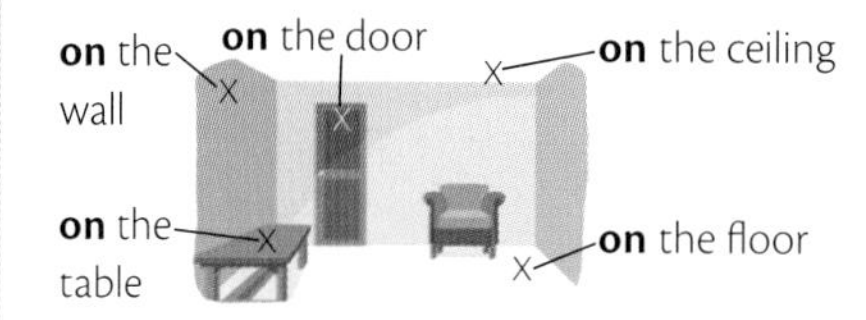

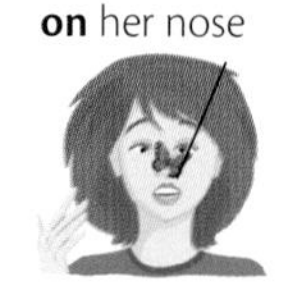

- ☐ I sat **on the floor** / **on the ground** / **on the grass** / **on the beach** / **on a chair**.
- ☐ There's a dirty mark **on the ceiling** / **on your nose** / **on your shirt**.
- ☐ Did you see the notice **on the wall** / **on the door**?
- ☐ You'll find movie reviews **on page 23** of the newspaper.
- ☐ The hotel is **on a small island** in the middle of a lake.

> ➤ **on ～ :「～の上に」**
> **平面に接触している状態。**

☆ 例文とイラストで考えます。in と on は、どのように異なりますか。

- ☐ There is some water **in the bottle**. (⇒ボトルの中に)
  There is a label **on the bottle**. (⇒ボトルの表面に)

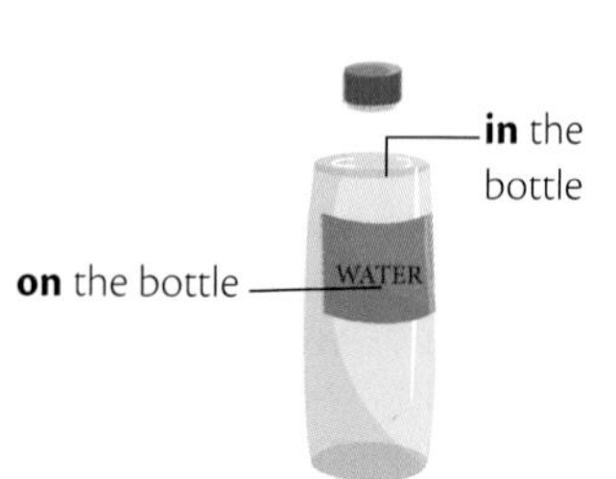

☆ 例文で考えます。at と on は、どのように異なりますか。

- ☐ There is somebody **at the door**. Should I go and see who it is?
  (⇒ドアのところに)
  There is a notice **on the door**. It says "Do not disturb."
  (⇒ドアの表面に)

in/**at**/**on** (場所を表す前置詞) 2–3 ➜ **Units 121–122**

練習問題

120.1 **in, at, on** のいずれかを（　）内の語の前に置き、イラストに対する質問の答えを完成させなさい。

1 Where's the label? ......On the bottle.......
2 Where's the fly? ....
3 Where's the car waiting? ....
4 Where's the notice? .... Where's the key? ....
5 Where are the shelves? ....
6 Where's the Eiffel Tower? ....
7 Where's the man standing? .... Where's the bird? ....
8 Where are the children playing? ....

120.2 **in, at, on** のいずれかの後に続く語句を以下から選び、空所に入れて文を完成させなさい。

the window	**his hand**	**the mountains**	**that tree**
my guitar	~~**the river**~~	**the island**	**the next gas station**

1 There were some people swimming ....in the river.... .
2 One of the strings .... is broken.
3 There's something wrong with the car. We'd better stop ....
4 He was holding something ...., but I couldn't see what it was.
5 The leaves .... are a beautiful color.
6 You can go skiing .... nearby. There's plenty of snow.
7 There's nobody living .... It's uninhabited.
8 He spends most of the day sitting .... and looking outside.

120.3 空所に **in, at, on** のいずれかを入れて、文を完成させなさい。

1 There was a long line of people ....at.... the bus stop.
2 Nicole was wearing a silver ring .... her little finger.
3 There was a security guard standing .... the entrance to the building.
4 I wasn't sure whether I had come to the right office. There was no name .... the door.
5 There are some beautiful trees .... the park.
6 You'll find the weather forecast .... the back page of the newspaper.
7 The headquarters of the company is .... California.
8 I wouldn't like an office job. I couldn't spend the whole day sitting .... a desk.
9 The man the police are looking for has a scar .... his right cheek.
10 If you come here by bus, get off .... the stop after the traffic light.
11 Have you ever been camping? Have you ever slept .... a tent?
12 Emily was sitting .... the balcony reading a book.
13 My brother lives .... a small town .... eastern Tennessee.
14 I like that picture hanging .... the wall .... the kitchen.

➜ 補足練習問題 35 (p. 317)

Unit 121 in/at/on（場所を表す前置詞）2

A

☆ 以下はよく用いられる in ～の表現です。どのような語句と in は結び付きますか。

in a line, **in a row**	**in an office**, **in a department**
in a picture, **in a photo(graph)**	**in the sky**, **in the world**
in a newspaper, **in a magazine**, **in a book**	**in the country**（⇒ 郊外）

- ☐ When I go to the movies, I like to sit **in the front row**.
- ☐ Amy works **in the sales department**.
- ☐ Who is the woman **in that picture**?
- ☐ Do you live in a city or **in the country**?
- ☐ It's a beautiful day. There isn't a cloud **in the sky**.

They're standing **in a row**.
（⇒ 列になって）

B

☆ 以下はよく用いられる on の表現です。どのような語句と on は結び付きますか。

on the left, **on the right** （= **on the left-hand side**, **on the right-hand side**）
- ☐ Do you drive **on the left** or **on the right** in your country?

on the ground floor, **on the first floor**, **on the second floor**, **on the top floor** など
- ☐ Our apartment is **on the second floor** of the building.

on a map, **on a menu**, **on a list**, **on a page**, **on a website**
- ☐ Here's a shopping list. Don't buy anything that's not **on the list**.
- ☐ You'll find the information you need **on our website**.

on a river / **on a road** / **on a street** / **on the coast** のように、
地図上で線として表される物に接する場合にも **on** を用います。
- ☐ Vienna is **on the Danube River**.
- ☐ The town where you live – is it **on the coast** or is it inland?

Danube
VIENNA

on the way は「(～へ行く)途中で」を表します。
- ☐ We stopped at a store **on the way** home.

C

at the top (of) / **at the bottom** (of) / **at the end** (of)
は「(～の)一番上に／一番下に／一番奥に」を表します。
- ☐ Write your name **at the top of the page**.
- ☐ Jen lives **at the other end of the street**.
  （⇒ 通りの突き当たりに）

at the top (of the page)
（⇒ ページ上部に）

at the bottom (of the page)
（⇒ ページ下部に）

D

in the front / **in the back** (of a group of people) で、「(～の)前方／後方で」を表します。
of の後には、建物や人の集団などが入ります。
- ☐ Let's sit **in the front** (in a movie theater).
- ☐ We were **in the back of the crowd.** We couldn't see very well.

in the front / **in the back of a car** で、車の前部座席／後部座席を表します。
- ☐ I was **in the back** (of the car) when we had the accident.

in the front

in the back

on the front / **on the back** (of an envelope / a piece of paper など)
で「～の表／裏に」を表します。
of の後には、封筒や1枚の紙などが入ります。
- ☐ I wrote the date **on the back of the photo**.

E

☆ イラストで確認します。それぞれどのような場所を表しますか。**in the corner of a room**（⇒ 部屋の隅に）
- ☐ The TV is **in the corner** of the room.

at the corner （= **on the corner** of a street）（⇒ 通りの角で）
- ☐ There is a small store **at the corner** (of the street).
  or … **on the corner** (of the street).
  （⇒ 境界で区切られた区域内の隅に）（⇒ 曲がっている地点で）

in the corner **at** *or* **on the corner**

in the world ➜ Unit 105D **in/at/on**（場所を表す前置詞）➜ Units 120, 122 イギリス英語 ➜ 付録 7

練習問題

121.1 in, at, on のいずれかの前置詞と（　）内の語句の用いて、イラストに関する質問に答えなさい。

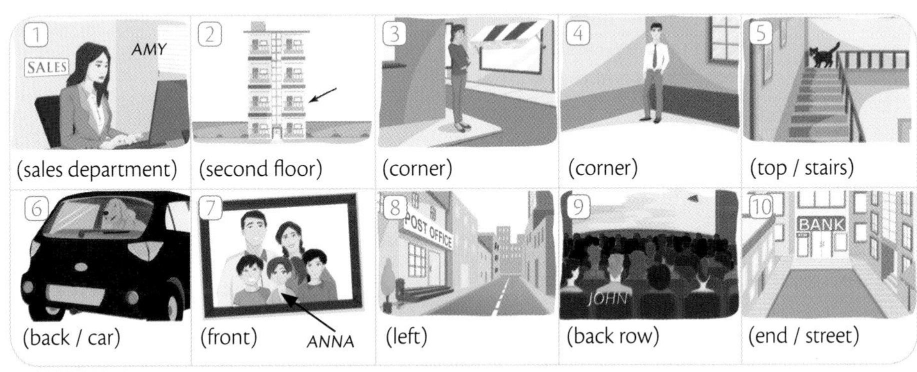

1 Where does Amy work? ......In the sales department.......
2 Amy lives in this building. Where's her apartment exactly? ....
3 Where is the woman standing? ....
4 Where is the man standing? ....
5 Where's the cat? ....
6 Where's the dog? ....
7 Anna is in this group of people. Where is she? ....
8 Where's the post office? ....
9 John is at the movies. Where is he sitting? ....
10 Where is the bank? ....

121.2 in, at, on のいずれかの前置詞と、以下の語句を組み合わせて空所に入れなさい。

the West Coast	**the world**	**the back of the class**	**~~the sky~~**
the front row	**the right**	**the back of this card**	**the way to work**

1 It's a lovely day. There isn't a cloud ......in the sky.......
2 In most countries, people drive ....
3 What is the tallest building ....?
4 I met a friend of mine .... this morning.
5 San Francisco is .... of the United States.
6 We went to the theater last night. We had seats ....
7 I couldn't hear the teacher. She spoke quietly, and I was sitting ....
8 I don't have your address. Could you write it ....?

121.3 空所に in, at, on のいずれかの前置詞を入れて、文を完成させなさい。

1 We stopped at a store ......on...... the way home.
2 Is your sister .... this photo? I don't recognize her.
3 They live in a small house .... the bottom of the hill.
4 We had to wait .... a line for an hour to check in at the airport.
5 There was a list of names, but my name wasn't .... the list.
6 Is there anything interesting .... your magazine?
7 I love to look up at the stars .... the sky at night.
8 When I'm a passenger in a car, I prefer to sit .... the front.
9 There was a man .... the top of a ladder cleaning windows.
10 I live in a very small town. You probably won't find it .... your map.
11 Joe works .... the furniture department of a large store.
12 Paris is .... the Seine River.
13 I don't like cities. I'd much prefer to live .... the country.
14 My office is .... the top floor. It's .... your left as you come out of the elevator.

→ 補足練習問題 35 (p. 317)

in/at/on（場所を表す前置詞）3

A

in bed / in prison / in the hospital など「人を収容する施設」に関する前置詞

- James isn't up yet. He's still **in bed**.
- Anna's mother is **in the hospital**.

school/college には、**at** も **in** も両方使えます。
「学校／大学にいる」を表す場合は **at school/college** を使います。

- Kim isn't living at home. She's away **at college**.（⇒ 実家を離れて大学にいる）

「学校／大学で学んでいる学生」を表す場合は **in** を用います。

- Liz works at a bank, and her brother is **in college**.（⇒ 大学生）

B

パーティーや会議などのイベントに参加していることを表わす場合には、**at a party** / **at a concert** など通常 **at** を使います。

- Were there many people **at the party** / **at the meeting** / **at the wedding**?
- I saw Steve **at a conference** / **at a concert** on Saturday.

「仕事をしている」は、**at work** のように **at** を用います。

- I'll be **at work** until 5:30.

「家にいる」は、**be/stay at home** (**at** は省略可) で表します。ただし **do something at home**（家で何かをしている）では **at** を省略できません。

- I'll **be home** all evening. *or* I'll **be at home** all evening.
- Should we go to a restaurant or **eat at home**?

C

「建物」に関しては **in** も **at** も両方用いることができます。「レストランで食事する」は eat **in a restaurant** と eat **at a restaurant**、「スーパーで…を買う」は buy … **in a supermarket** と buy … **at a supermarket** のように 2 通りが可能です。

- We went to a concert **at Lincoln Center**.（⇒ コンサートはリンカーンセンターで開催された）
  パーティーや会議などの「イベント」が開催される建物には、通常 **at** を使います。
- The meeting took place **at the company's headquarters** in New York.
- There was a robbery **at the supermarket**.

個人の家に関しては **at** を用います。個人名の後に -'s（アポストロフィー）がくることに注意します。

- I was **at Hannah's house** last night. *or* I was **at Hannah's** last night.
  同様に、病院や美容院についても **at the doctor's**, **at the hairdresser's** のように at を用います。

空間としての「建物の中に」を表す場合は、**at** ではなく **in** を使います。

- I was **at Hannah's** (house) last night.（⇒ Hannah の家にいた）
  It's always cold **in Hannah's house**. The heat doesn't work well.（× at Hannah's house）
- We had dinner **at the hotel**.（⇒〔接客施設としての〕ホテルで）
  All the rooms **in the hotel** have air conditioning.（⇒ ホテルの中にある.）（× at the hotel）

駅や空港に関しては **at the station** / **at the airport** のように **at** を用います。

- There's no need to meet me **at the station**. I can get a taxi.

D

「町、都市、村」に関しては、通常 **in** を用います。

- The Louvre is a famous art museum **in Paris**.（× at Paris）
- Sam's parents live **in St. Louis**.（× at St. Louis）

ただし、移動中の通過点として「駅や空港、町や都市」を話題にする場合には、**at** と **in** の両方が使えます。

- We stopped **at** (*or* **in**) **a small town** on the way to Denver.

E

「バス、電車、飛行機、船」については、**on a bus** / **on a train** / **on a plane** / **on a ship** のように **on** を用います。一方で「自動車、タクシー」については **in a car** / **in a taxi** のように **in** を用います。

- **The bus** was very full. There were too many people **on it**.
- Lauren arrived **in a taxi**.

「自転車、オートバイ、馬」などに「乗る」は、**on a bike** (= bicycle) / **on a motorcycle** / **on a horse** のように **on** を用います。

- Rachel passed me **on her bike**.

at school / **in prison** など ➜ Unit 72　**in/at/on**（場所を表す前置詞）➜ Units 120–121
to, at, in と **into** ➜ Unit 123　**by car** / **by bike** など ➜ Unit 125B

練習問題

122.1 **in**, **at**, **on** から適切な前置詞を選び、( ) 内の語句と組み合わせて文を完成させなさい。

1 You can rent a car ......at the airport...... .
2 Dave is ....
3 Amy is ....
4 Chris ....
5 Abby is ....
6 I saw Kevin ....
7 We spent a few days ....
8 We went to a show ....

122.2 **in**, **at**, **on** から適切な前置詞を選び、以下の語句と組み合わせて空所に入れなさい。

the plane	**the station**	**a taxi**	**the art museum**
Tokyo	**school**	~~**prison**~~	**the gym**

1 Some people are ......in prison...... for crimes that they did not commit.
2 We can get coffee .... while we're waiting for our train.
3 We walked to the restaurant, but we went home ....
4 I play basketball .... on Friday evenings.
5 I enjoyed the flight, but the food .... was awful.
6 Vicky has gone to Japan. She's living ....
7 "Does your sister have a job?" "No, she's only 16. She's still ...."
8 There's a new exhibition of paintings .... Let's go and see it.

122.3 空所に **in**, **at**, **on** のいずれかの前置詞を入れて、文を完成させなさい。

1 We went to a concert ......at...... Lincoln Center.
2 There isn't a store .... the village where I live. It's very small.
3 Joe wasn't .... the party. I don't know why he didn't go.
4 There were about ten tables .... the restaurant, and four tables outside.
5 I don't know where my umbrella is. Maybe I left it .... the bus.
6 What do you want to study .... college?
7 I didn't feel well when I woke up, so I stayed .... bed.
8 We were .... Sarah's house last night. She invited us to dinner.
9 It was a very slow train. It stopped .... every station.
10 Should we go .... your car or mine?
11 We took a taxi, and Ben followed .... his motorcycle.
12 I'd like to see a movie. What's on .... the movie theater this week?
13 We went to see a movie last night. It was really cold .... the theater.
14 Two people were injured in the accident and are still .... the hospital.
15 Our flight was delayed. We had to wait .... the airport for three hours.
16 I didn't expect you to be .... home. I thought you'd be .... work.

➜ 補足練習問題 35 (p. 317)

Unit 123

to, at, in と into

A

前置詞 **to** は、**go**/**come**/**travel** などと用いて「～へ」のように、移動することを表します。

go to China	**go to** work	**come to** my house
go back to Italy	**go to** the bank	**drive to** the airport
return to Boston	**go to** a party	**be taken to** the hospital

TO

- When are your friends **going back to Italy**? (× going back in Italy)
- Three people were injured in the accident and **taken to the hospital.**

同様に、**Welcome to** / a **trip to** / a **visit to** / on **my way to** ～のような形もよく用いられます。
「～へようこそ / ～への旅 / 訪問 / ～に行く途中」を意味します。

- **Welcome to our country!** (× Welcome in)
- We had to cancel **our trip to Paris.**

☆ **例文で考えます。移動を表す to と場所を表す in/at は、どのように異なりますか。**

- They are **going to** France. ⇔ They **live in** France.
- Can you **come to** the party? ⇔ I'll **see you at** the party.

(I've) **been to** a place/event は「(私)は場所やイベントに行ってきた／行ったことがある」を表します。

- I've **been to Italy** four times, but I've never **been to Rome**.
- Amanda has never **been to a football game** in her life.

B

get と **arrive**

get to ～は「～に到着する／着く」を表します。

- They **got to the hotel** at midnight.
- What time did you **get to the party**?

動詞 **arrive** は **arrive in** ～, **arrive at** ～ の形をとり、後に to を置くことはありません。
「町や国」を目的地とする場合には **arrive in** を用います。

- They **arrived in Rio de Janeiro** / **in Brazil** a week ago.

「建物のある場所やイベント」には **arrive at** を用います。

- What time did you **arrive at the hotel** / **at the airport** / **at the party**?

C

home

go home / **come home** / **get home** / **arrive home** / **arrive at** のように、動詞と組み合わせて用います。前置詞は置きません。
移動することを表しますが、to home のような形はありません。

- What time did you **get home**? (× get to home)
- I met Liz **on my way home**. (× my way to home)

D

into

前置詞 **into** は、**go**/**get** + **into** ～などの形で用いられ「(部屋/建物/車など)の中へ」のように内部へ移動することを表します。

- I opened the door, **went into the room**, and sat down.
- A bird **flew into the kitchen** through the window.
- Every month my salary **is paid** directly **into my bank account**.

INTO

go/**get**/**put** のような動詞の場合には、**into** の代わりに **in** を用いることもあります。

- She **got in the car** and drove away. *or* She **got into** the car ...
- I read the letter and **put it** back **in the envelope**.

into ～の反意語は **out of** ～(～外へ)です。場所の中から外への移動を表します。

- She **got out of** the car and **went into** a store.

バス、電車、飛行機など「～に乗る／～から降りる」は、**get on**/**off** ～を用います。

- She **got on the bus**, and I never saw her again.
- You need to **get off** (the train) at the next station.

been to ➜ Unit 7 **in**/**at**/**on** (場所を表す前置詞) ➜ Units 120–122 **at home** ➜ Unit 122B **into** と **in** ➜ Unit 135A

練習問題

123.1 空所に **to, at, in, into** のいずれかの前置詞を入れて、文を完成させなさい。不要な場合は —を記入しなさい。

1 Three people were taken ...to... the hospital after the accident.
2 I'm tired. Let's go ...–... home now. (前置詞は不要)
3 We left our luggage .... the hotel and went to find something to eat.
4 Should we take a taxi .... the train station, or should we walk?
5 I have to go .... the bank today. What time does it open?
6 The Amazon flows .... the Atlantic Ocean.
7 I missed the bus, so I walked .... home.
8 Have you ever been .... China?
9 I lost my key, but I managed to climb .... the house through a window.
10 We got stuck in a traffic jam on our way .... the airport.
11 We had lunch .... the airport while we were waiting for our plane.
12 It took us four hours to get .... the top of the mountain.
13 Welcome .... the hotel. We hope you enjoy your stay here.
14 I had a flat tire, so I turned .... a parking lot and changed it.
15 Did you enjoy your visit .... the zoo?
16 I did some shopping on my way .... home.
17 Marcel is French. He has just returned .... France after two years .... Japan.
18 Eric was born .... Chicago, but his family moved .... Boston when he was three.

123.2 **I've been to / I've never been to** と( )内の語句を用いて、あなたが実際に行ったことのある/ない場所について記述しなさい。

1 (never) ...I've never been to Egypt....
2 (once) ....
3 (never) ....
4 (a few times) ....
5 (many times) ....

123.3 空所に **to, at, in** のいずれかの前置詞を入れて、文を完成させなさい。不要な場合は—を記入しなさい。

1 What time does this train get ...to... Vancouver?
2 They arrived .... Tokyo a few days ago.
3 What time did you get .... home last night?
4 What time do you usually arrive .... work in the morning?
5 When we got .... the movie theater, there was a long line outside.
6 We were delayed and arrived .... home very late.

123.4 **got + into / out of / on / off** の形を用いて文を完成させなさい。

1 You were walking home. A friend passed you in her car. She saw you, stopped, and offered you a ride. She opened the door. What did you do? ...I got into the car....
2 You were waiting at the bus stop. At last your bus came and stopped. The doors opened. What did you do then? I .... the bus.
3 You drove home in your car. You stopped outside your house and parked the car. What did you do then? ....
4 You were traveling by train to Chicago. When the train got to Chicago, what did you do?
....
5 You needed a taxi. After a few minutes, a taxi stopped for you. You opened the door. What did you do then? ....
6 You were flying across the country. At the end of your flight, your plane landed at the airport and stopped. The doors were opened. You took your bag and stood up. What did you do then? ....

→ 補足練習問題 35 (p.317)

Unit 124

in/on/at（その他の用法）

A よく用いられる in を含む表現

in the rain / in the sun / in the shade / in the dark / in bad weather のように、雨／日光／影／暗闇／悪天候などに包み込まれる様子を表します。

- We sat **in the shade**. It was too hot to sit **in the sun**. （⇒ 日なたに座る）
- Don't go out **in the rain**. Wait until it stops.

in a language / **in** a currency **:** ～語で／通貨で

- How do you say "thank you" **in Russian**?
- How much is a hundred pounds **in dollars**?

(be/fall) **in love** (**with** somebody) **:** ～と恋愛中（恋に落ちる）

- They're very happy together. They're **in love.**

in a (good/bad) **mood :** 機嫌が良い／悪い

- You seem to be **in a bad mood**. What's the matter?

in (my) **opinion :** ～の意見としては

- **In my opinion**, the movie wasn't very good.

in the shade

B よく用いられる on を含む表現

on TV / on television	I didn't see the news **on TV**. （⇒ テレビでそのニュースは見なかった）
on the radio	I heard the weather forecast **on the radio.** （⇒ ラジオで天気予報を聞いた）
on the phone	I've never met her, but I've spoken to her **on the phone**. （⇒ 電話で話したことはある）
on fire	Look! That car is **on fire.** （⇒ 車が燃えている）
on purpose (= 意図的に)	I'm sorry, I didn't mean to hurt you. I didn't do it **on purpose**. （⇒ わざとしたのではない）
on the whole (= 全体的に)	Sometimes I have problems at work, but **on the whole** I enjoy my job. （⇒ 全体的に見れば）

C on vacation / on a trip など on を含むその他の表現

(be/go) **on vacation**	I'm going **on vacation** next week. （⇒ 休暇に入る）
(be/go) **on a trip** / **on a tour** / **on a cruise** など	One day I'd like to go **on a world tour**. （⇒ 世界旅行をしたい）
(be/go to a place) **on business**	Emma's away **on business** right now. （⇒ 出張で不在）
(be/go) **on strike**	There are no trains today. The drivers are **on strike**. （⇒ ストライキ中）
(be/go) **on a diet**	I've put on weight. I have to go **on a diet.** （⇒ ダイエットしなければならない）

「～に休暇に出かける」は、go somewhere **for a vacation** のような形を用いることもあります。

- Steve has gone to France **for a vacation**.

D at the age of …など at を含むその他の表現

at the age of 16 / **at a speed of 90 miles per hour** / **at 100 degrees** など、数を表す語句と共に at を用いて、「という年齢で／時速～マイルで／～度で」などを表します。

- Tracy left school **at 16**. *or* Tracy left school **at the age of** 16. （⇒ 16歳で）
- Some trains can travel **at speeds of 200 miles per hour** and even faster. （⇒ 時速200マイルで）
- Water boils **at 100 degrees Celsius.** （⇒ 100℃で）

☆ 機内放送

We are now flying **at a speed of** 800 kilometers an hour and **at an altitude of** 9,000 meters.

at/on/in（時を表す前置詞）➜ Unit 118　**in/at/on**（場所を表す前置詞）➜ Units 120–122

練習問題

124.1 前置詞 **in** の後に続く語句を以下から選び、空所に入れて文を完成させなさい。

the mood	cold weather	love	my opinion
French	~~the rain~~	kilometers	the shade

1 Don't go out ....in the rain..... Wait until it stops.
2 Matt likes to keep warm, so he doesn't go out much ....
3 The movie was .... with English subtitles.
4 They fell .... almost immediately and were married in a few weeks.
5 I don't feel like going to a party tonight. I'm not ....
6 It's too hot here. I'm going to sit .... under that tree.
7 Amanda thought the restaurant was OK, but .... it wasn't very good.
8 Fifty miles? What's that .... ?

124.2 前置詞 **on** の後に続く語句を以下から選び、空所に入れて文を完成させなさい。

business	a cruise	a diet	fire	vacation	her phone
~~the radio~~	purpose	strike	TV	a tour	the whole

1 I heard the weather forecast ....on the radio..... It's going to get warmer.
2 Workers at the company have gone .... for better pay and conditions.
3 Don't go .... if you don't like being at sea.
4 There was panic when people realized that the building was ....
5 Soon after we arrived, we were taken .... of the city.
6 Emma has lots of useful apps ....
7 I feel lazy this evening. Is there anything worth watching .... ?
8 I'm sorry. It was an accident. I didn't do it ....
9 If you are .... , there are certain things you're not allowed to eat.
10 We're going .... on Friday. We're going to the mountains.
11 Mary's job involves a lot of traveling. She often has to go away ....
12 Some of the exam questions were hard, but .... it was OK.

124.3 空所に **on, in, at** のいずれかの前置詞を入れて、文を完成させなさい。

1 Water boils ....at..... 212 degrees Fahrenheit.
2 When I was 14, I went .... a trip to France organized by my high school.
3 Julia's grandmother died recently .... the age of 90.
4 Can you turn the light on, please? I don't want to sit .... the dark.
5 We didn't go away .... vacation last year. We stayed home.
6 I hate driving .... fog. You can't see anything.
7 Technology has developed .... great speed.
8 David got married .... 19, which is really young to get married.
9 I listened to an interesting program .... the radio this morning.
10 I wouldn't like to go .... a cruise. I think I'd get bored.
11 The earth travels around the sun .... 107,000 kilometers an hour.
12 I shouldn't eat too much. I'm supposed to be .... a diet.
13 A lot of houses were damaged .... the storm last week.
14 I won't be here next week. I'll be .... vacation.
15 I wouldn't like his job. He spends most of his time talking .... the phone.
16 "Did you enjoy your vacation?" "Not every minute, but .... the whole, yes."
17 .... your opinion, what should I do?
18 Ben is a happy sort of person. He always seems to be .... a good mood.
19 I don't think violent movies should be shown .... TV.
20 The museum guidebook is available .... several languages.

➜ 補足練習問題 35 (p.317)

Unit 125

by

A

by mistake / **by accident** / **by chance** を使って、どのように出来事が起きたかを表します。

- We hadn't arranged to meet. We met **by chance**. (⇒ 偶然会った)

「わざと～をする」は **on purpose** のように on を用います。

- I didn't do it **on purpose**. It was an accident. (⇒ わざとやったわけではない)

by chance / **by accident** などのように、**by** の後に **the** や **a/an** は入りません。by the chance / by an accident のような形はありません。

B

by + 乗り物は「～によって」の意味があり、どのように移動するかを表します。

by car / **by train** / **by plane** / **by boat** / **by ship** / **by bus** / **by bike** など

- Jess usually goes to work **by bus** / **by bike** / **by car**.

by の後には a/the/my などの付かない名詞が入るため、**my car** / **the train** / **a taxi** などと言う場合には **by** は使いません。「自分の車で」や「その電車で」のように、手段をより限定する場合には、以下のように by 以外の前置詞がきます。

by car ⇔ **in my** car (× by my car)
by train ⇔ **on the** train (× by the train)

a/the/my などで修飾された車やタクシーを手段とする場合には、**in** を用います。

- They didn't come **in their car**. They came **in a taxi**.

a/the/my などで修飾された自転車や交通機関 (電車やバスなど) を手段とする場合には、**on** を用います。

- We traveled **on the 6:45 train**, which arrived at 8:30.

「歩いて／徒歩で」は **on foot** のように **on** を用います。

- Did you come here **by car** or **on foot**?

by には、どのような手段で行動するかを表す働きもあります。

send something **by mail**　pay **by credit card** / **by check**　do something **by hand**

- Can I pay **by credit card**?

ただし「現金で支払う」は、**pay cash** や **pay in cash** で表します。通常 by cash は使いません。

C

「something is done **by** … 」のような受動態で、誰が動作を行ったかを **by** ～(～によって)で表します。

- Have you ever been bitten **by a dog**?
- The show was watched **by millions of people**.

with ～は「～を用いて」のような手段を表します。**by** ～のように誰が動作を行ったかは表しません。

- The door must have been opened **with a key**. (× by a key)
  (⇒ 鍵でドアが開けられた／誰かが鍵でドアを開けた)
- The door must have been opened **by somebody** with a key.

a play **by Shakespeare** / a painting **by Rembrandt** / a novel **by Tolstoy** のように「～ **by** 作者」の形がよく使われます。

- Have you read any poems **by Shakespeare**?
- "**Who** is this painting **by**? Picasso?"　"I have no idea."

D

by ～は「～の隣に／そばに」を表すことがあります。

- The light switch is **by the door**.
- Come and sit **by me**. (= next to me)

E

by ～は数量を表す語句を伴い「～だけ／～分」のように、物事の差異を表すことがあります。

- Clare's salary has increased **by 10 percent**.
  (⇒ 以前よりも10%昇給した)
- Carl won the race **by five meters**. (⇒ 約 5 メートル差で)

受動態の中の **by** ➜ Unit 40B　**by** + **-ing** ➜ Unit 58B　**by myself** ➜ Unit 81E　時を表す **by** ➜ Unit 117

練習問題

125.1 適切な語句を枠の中から選び、空所に入れて文を完成させなさい。

by mistake
by hand
~~**by credit card**~~
by chance
by email
on purpose

1 I don't need cash. We can pay ..by credit card.. .
2 Kate and James keep in touch with one another mostly ....
3 I didn't mean to take your umbrella. I took it ....
4 I think he arrived late .... He wanted to keep us waiting.
5 Some things are planned. Other things happen ....
6 Don't put my sweater in the washing machine. It has to be washed ....

125.2 空所に **by, in, on** のいずれかの前置詞を入れて、文を完成させなさい。

1 Jess usually goes to work ..by.. bus.
2 I saw Megan this morning. She was .... the bus.
3 How did you get here? Did you come .... train?
4 I couldn't find a seat .... the train. It was full.
5 How much will it cost to get to the airport .... taxi?
6 Did you come here .... Sarah's car or yours?
7 The injured man was taken to the hospital .... ambulance.
8 How long does it take to cross the Atlantic .... ship?
9 He doesn't drive much. He goes everywhere .... bike or .... foot.

125.3 適切な語句を枠の中から選び、**by** と組み合わせて空所に入れなさい。

mosquitoes
one of our players
lightning
Beethoven
~~**a strange noise**~~
Leonardo da Vinci
a professional photographer

1 I was woken up in the night ..by a strange noise.. .
2 These pictures were taken ....
3 I hate getting bitten ....
4 *Mona Lisa* is a famous painting ....
5 We lost the game because of a mistake ....
6 The plane was damaged ...., but landed safely.
7 This music is .... I think it's beautiful.

125.4 空所に **by, in, on, with** のいずれかの前置詞を入れて、文を完成させなさい。

1 Have you ever been bitten ..by.. a dog?
2 We managed to put the fire out .... a fire extinguisher.
3 Who's that man standing .... the window?
4 Do you travel much .... bus?
5 We traveled .... my friend's car because it is larger and more comfortable than mine.
6 It was only .... accident that I discovered the error.
7 I took these pictures .... a very good camera.
8 My friends live in a beautiful house .... the ocean.
9 There were only a few people .... the plane. It was almost empty.
10 The new railway line will reduce the travel time .... two hours (from five hours to three).
11 There was a small table .... the bed .... a lamp and a clock .... it.

125.5 **by** を用いて文を完成させなさい。

1 Carl won the race. He was five meters in front of the next runner.
Carl ..won by five meters..
2 Ten years ago the population of the country was 50 million. Now it is 56 million.
In the last ten years the population has ....
3 There was an election. Anna won. She got 25 votes and James got 23.
Anna won ....
4 I went to Kate's office to see her, but she had left work five minutes before I arrived.
I missed ....

→ 補足練習問題 35 (p.317)

Unit 126

名詞 + 前置詞 (reason for, cause of などの前置詞と結び付く名詞)

A

名詞 + **for** ～

a **check FOR** ～ :「(金額)の小切手」
- They sent me **a check for** $200. (⇒ 額面200ドルの小切手)

a **demand** / a **need FOR** ～ :「～の需要/必要性」
- The company went out of business. There was no **demand for** its product anymore.
- There's no excuse for behavior like that. There's no **need for** it. (⇒ まったく不要だ)

a **reason FOR** ～ :「～の理由」
- The train was late, but nobody knew the **reason for** the delay. (× reason of)

B

名詞 + **of** ～

a **cause OF** ～ :「～の原因」
- The **cause of** the explosion is unknown.

a **picture** / a **photo** / a **photograph** / **map** / a **plan** / a **drawing OF** ～ :「～の絵画/写真/地図/計画/絵」
- Rachel showed me some **pictures of** her family.
- I had a **map of** the town, so I was able to find my way around.

an **advantage** / a **disadvantage OF** ～ :「～の長所/短所」
- The **advantage of living alone** is that you can do what you like.

ただし、**there is**/**are** の構文中では、**there is** an advantage **to**/**in** doing～ (～することに長所がある) のように **to** または **in** を用います。
- **There are** many advantages **to** living alone. *or* ... many advantages **in** living alone.

C

名詞 + **in** ～

an **increase** / a **decrease** / a **rise** / a **drop IN** ～ : (価格・量など)「～の増加/減少/上昇/下降」
- There has been an **increase in** the number of road accidents recently.
- Last year was a bad one for the company. There was a big **drop in** sales.

D

名詞 + **to** ～ / **toward** ～

damage TO ～ :「～への損害」
- The accident was my fault, so I had to pay for the **damage to** the other car.

an **invitation TO** ～ (パーティー/結婚式など) :「～への招待」
- Did you get an **invitation to** the wedding?

a **solution TO** a problem / a **key TO** a door / an **answer TO** a question / a **reply TO** a letter / a **reaction TO** ～ :「～に対する解決/鍵/答え/返事/反応」のような形もよく用います。
- I hope we find a **solution to** the problem. (× a solution of the problem)
- I was surprised at her **reaction to** my suggestion.

an **attitude TOWARD/TOWARDS** (= an **attitude ABOUT** / = an **attitude TO**) ～ :「～に対する態度」
- His **attitude toward** his job is very negative. *or* His **attitude about** his job ... *or* His **attitude to** his job ...

E

名詞 + **with** ～ / **between** ～

a **relationship** / a **connection** / **contact WITH** ～ :「～との関係/つながり」
- Do you have a good **relationship with** your parents?
- The police want to question a man in **connection with** the robbery.

前置詞の後の名詞句が、2つの物/人の場合には、a **relationship** / a **connection** / **contact** / a **difference BETWEEN** ～のように、**between** を用います。
- The police believe that there is no **connection between** the two crimes.
- There are some **differences between** British and American English.

練習問題

126.1 例にならって、意味を変えることなく文を書き換えなさい。

1 What caused the explosion?
What was the cause ...of the explosion...?
2 We're trying to solve the problem.
We're trying to find a solution ....
3 Sue gets along well with her brother.
Sue has a good relationship ....
4 The cost of living has gone up a lot.
There has been a big increase ....
5 I don't know how to answer your question.
I can't think of an answer ....
6 I don't think that a new road is necessary.
I don't think there is any need ....
7 I think that living in a big city has many advantages.
I think that there are many advantages ....
8 Food prices fell last month.
Last month there was a drop ....
9 Nobody wants shoes like these anymore.
There is no demand ....
10 In what way is your job different from mine?
What is the difference ....?

126.2 以下から名詞を選び、適切な前置詞と組み合わせて空所に入れなさい。

cause	connection	contact	damage	invitation
key	~~map~~	photos	reason	reply

1 On the classroom wall, there were some pictures and a ...map of... the world.
2 Thank you for the .... your birthday party.
3 Anna has very little .... her family these days. She rarely sees them.
4 I can't open this door. Do you have a .... the other door?
5 The .... the fire at the hotel is still unknown.
6 Did you get a .... the email you sent?
7 The two companies are separate. There is no .... them.
8 Lauren showed me some .... the city as it looked 100 years ago.
9 Emily has decided to give up her job. I don't know her .... doing this.
10 It wasn't a bad accident. The .... the car wasn't serious.

126.3 空所に適切な前置詞を入れて、文を完成させなさい。

1 There are some differences ...between... British and American English.
2 Money isn't the solution .... every problem.
3 There has been an increase .... the amount of traffic on this road.
4 The advantage .... having a car is that you don't have to rely on public transportation.
5 There are many advantages .... being able to speak a foreign language.
6 Everything can be explained. There's a reason .... everything.
7 When Nick left home, his attitude .... many things seemed to change.
8 Ben and I used to be good friends, but I don't have much contact .... him now.
9 James did a very good drawing .... his father. It looks just like him.
10 What was Sarah's reaction .... the news?
11 Nicole took a picture .... me holding the baby.
12 The show is very popular, and there has been a great demand .... tickets.
13 There has been a lot of debate about the causes .... climate change.
14 The fact that Jane was offered a job in the company has no connection .... the fact that she is a friend of the company's president.

→ 補足練習問題 36 (p. 317)

Unit 127

形容詞 + 前置詞 1

A

nice of you / nice to me :「親切にも…する」のように行動を評価します。

主語を it にして、**nice / kind / good / generous / polite / honest / stupid / silly OF** somebody (to do something) などの形で使います。

- Thank you. It was very **nice of** you to help me. (⇒ ご親切にも助けていただいて…)
- It was **stupid of** me to go out without a coat in such cold weather.

主語が人の場合には、(be) **nice / kind / good / generous / polite / rude / friendly / cruel TO** somebody などのようになります。

- They have always been very **nice to** me. (× with me)
- Why were you so **unfriendly to** Lucy?

B

形容詞 + **about / with / at** ~ **:** 人が持つ感情を表します。形容詞と前置詞の後の語句に注意します。

angry / excited / worried / upset / nervous / happy ABOUT ~ **:**「~に憤慨する/激怒する/動揺する」

- Are you **nervous about** the exam?
- Emma is **upset about** not being invited to the party. (⇒ 招待されなかったことに腹を立てている)

mad AT somebody **FOR** doing something **:**「(人)に対して激怒する」

- My parents are **mad at** me **for** disobeying them.

angry / annoyed / furious WITH / AT somebody **FOR** doing something **:**「~に憤慨する/激怒する」

- Natalie is **furious with** me **for** telling her secret. *or* Natalie is **furious at** me ...

pleased / satisfied / happy / delighted / disappointed WITH something you get or experience **:**「(受け取った物/結果)に対して、嬉しくなる/失望する」

- They were **delighted with** the present I gave them.
- Were you **happy with** your exam results? (⇒ 試験の結果には満足でしたか)

C

形容詞 + **at / by / with / of** ~ **:** 人が持つ感情を表します。形容詞によって前置詞が決まります。

surprised / shocked / amazed / astonished AT / BY ~ **:**「~に驚く」

- Everybody was **surprised at** the news. *or* ... **by** the news.
- I hope you weren't **shocked by** what I said. *or* ... **at** what I said.

impressed WITH / BY somebody / something **:**「(物事)に感動する/(人)に感心する」

- I'm very **impressed with** (*or* **by**) her English. It's very good.

fed up / bored WITH ~ **:**「~に飽きる/うんざりする」

- I don't enjoy my job any more. I'm **fed up with** it. / I'm **bored with** it.

tired OF ~ **:**「~するのに疲れた」

- Come on, let's go! I'm **tired of** waiting. (⇒ 待ちくたびれた)

D

sorry about / for ~ **:**「(人)が~について申し訳ないと思う/気の毒に思う」のように感情を表します。

sorry ABOUT ~ **:** about の後には、その場の状況や起こった出来事が入ります。

- I'm **sorry about** the mess. I'll clean it up later. (⇒ 散らかしてすみません)
- **Sorry about** last night. (⇒ 昨夜の出来事を申し訳ないと思う)

sorry FOR / ABOUT ~ **:** about の後には、人がした行為が入ります。

- I'm **sorry for** shouting at you yesterday. (= **sorry about** shouting)
- **Sorry for** the delay. (= **Sorry about** the delay)

I'm sorry I (did ...) のように、前置詞のない構文もよく用いられます。

- I'm **sorry I shouted** at you yesterday.

feel / be sorry FOR ~ **:** for の後には、不都合な状況下にある人が入ります。

- I **feel sorry for** Mark. He's had a lot of bad luck. (× I feel sorry about Mark)

前置詞 + **-ing** ➜ Unit 58　形容詞 + **to** ➜ Unit 63　**sorry to ... / sorry for ...** ➜ Unit 64C　形容詞 + 前置詞 2 ➜ Unit 128

練習問題

127.1 ( ) 内の語句と **of** を組み合わせて対話文を完成させなさい。

1	Tom offered to drive me to the airport.	(nice) That was nice of him.
2	I needed money and Lisa gave me some.	(generous) That .... her.
3	They didn't invite us to their party.	(not very nice) That wasn't ....
4	Can I help you with your luggage?	(very kind) That's ....
5	Kevin never says "thank you."	(not very polite) That isn't ....
6	They've had an argument, and now they refuse to speak to each other.	(a little childish) That's a little ....

127.2 以下から形容詞を選び、適切な前置詞と組み合わせて空所に入れなさい。

amazed **bored** **careless** **excited** **impressed** **kind** **mad** ~~**nervous**~~

1 Are you nervous about the exam?
2 Thank you for all you've done. You've been very .... me.
3 What have I done wrong? Why are you .... me?
4 You must be very .... your trip next week. It sounds really great.
5 I wasn't .... the service in the restaurant. We had to wait ages.
6 Ben isn't very happy at college. He says he's .... the courses he's taking.
7 I'd never seen so many people before. I was .... the crowds.
8 It was .... you to leave the car unlocked while you were shopping.

127.3 適切な前置詞を空所に入れて、文を完成させなさい。

1 They were delighted with the present I gave them.
2 It was nice .... you to come and see me when I was sick.
3 Why are you always so rude .... people? Why can't you be more polite?
4 We always have the same food every day. I'm fed up .... it.
5 We had a good vacation, but we were disappointed .... the hotel.
6 I can't understand people who are cruel .... animals.
7 I was surprised .... the way he behaved. It was completely out of character.
8 I've been trying to learn Japanese, but I'm not very satisfied .... my progress.
9 Megan doesn't look very well. I'm worried .... her.
10 I'm sorry .... yesterday. I completely forgot we'd arranged to meet.
11 There's no point in feeling sorry .... yourself. It won't help you.
12 Are you still upset .... what I said to you yesterday?
13 Some people say Kate is unfriendly, but she's always been very nice .... me.
14 I'm tired .... doing the same thing every day. I need a change.
15 We interviewed ten people for the job, and we weren't impressed .... any of them.
16 Vicky is annoyed .... me because I didn't agree with her.
17 I'm sorry .... the smell in this room. I just finished painting it.
18 I was shocked .... what I saw. I'd never seen anything like it before.
19 Jack is sorry .... what he did. He won't do it again.
20 The hotel was incredibly expensive. I was amazed .... the price of a room.
21 Dan made the wrong decision. It was honest .... him to admit it.
22 You've been very generous .... me. You've helped me a lot.
23 Our neighbors were very angry .... the noise we made.
24 Our neighbors were furious .... us .... making so much noise.

→ 補足練習問題 36 (p. 317)

Unit 128

形容詞 + 前置詞 2

A

形容詞 + **of** ～

afraid / **scared** / **frightened** / **terrified OF** ～ **:**「～を恐れる／～にぎょっとする／～にぞっとする／～を怖がる」
- ▢ "Are you **afraid of** spiders?" "Yes, I'm **terrified of** them."

fond / **proud** / **ashamed** / **jealous** / **envious OF** ～ **:**「～を好む／自慢する／恥じる／ねたむ／羨む」
- ▢ Why is he so **jealous of** other people?

suspicious / **critical** / **tolerant OF** ～ **:**「～を疑う／～に批判的な／～に寛大な」
- ▢ They didn't trust me. They were **suspicious of** my motives.

aware / **conscious OF** ～ **:**「～に気づく／～がわかる」
- ▢ "Did you know he was married?" "No, I wasn't **aware of** that."

capable / **incapable OF** ～ **:**「～ができる／できない」
- ▢ I'm sure you are **capable of** doing the job well.

full / **short OF** ～ **:**「～でいっぱい／～が不足している」
- ▢ Amy is a very active person. She's always **full of** energy.
- ▢ I'm a bit **short of** money. Can you lend me some?

typical OF ～ **:**「～に特有な／～によくある」
- ▢ He's late again. It's **typical of** him to keep everybody waiting.

certain / **sure OF** *or* **ABOUT** ～ **:**「きっと～／～を確信する」
- ▢ I think she's arriving this evening, but I'm not **sure of** that. *or* … sure **about** that.

B

形容詞 + **at** / **to** / **from** / **in** / **on** / **with** / **for**

good / **bad** / **excellent** / **better** / **terrible AT** ～ **:**「～が上手／下手／非常に上手／に優れる／とても下手」
- ▢ I'm not very **good at** repairing things. (× good in repairing things)

married / **engaged TO** ～ **:**「～と結婚している／婚約している」
- ▢ Louise is **married to** an American. (× married with)

⇔ Louise is married **with three children**. (⇒ 結婚して3人の子どもがいる)

similar TO ～ **:**「～と似ている」
- ▢ Your handwriting is **similar to** mine.

different FROM / **different THAN** ～ **:**「～と異なる」
- ▢ The movie was **different from** what I'd expected. *or* … **different than** what I'd expected.

interested IN ～ **:**「～に興味がある」
- ▢ Are you **interested in** art?

dependent ON ～ / **independent OF** ～ **:**「～に頼っている／～から独立している」
- ▢ I don't want to be **dependent on** anybody.

crowded WITH ～ **:**「～で混雑している」
- ▢ The streets were **crowded with** tourists. (⇔ …**full of** tourists)

famous FOR ～ **:**「～で有名な」
- ▢ The Italian city of Florence is **famous for** its art treasures.

responsible FOR ～ **:**「～に責任がある」
- ▢ Who was **responsible for** all that noise last night?

前置詞 + **-ing** ➜ Unit 58 **afraid of/to** ➜ Unit 64A 形容詞 + 前置詞 1 ➜ Unit 127 イギリス英語 ➜ 付録 7

練習問題

128.1 以下から適切な語句を選び、前置詞 **of** を組み合わせて空所に入れなさい。

ashamed **aware** **capable** **envious** **proud** **scared** ~~**short**~~ **typical**

1 I'm a little ...short of... money. Can you lend me some?
2 My children have done very well. I'm .... them.
3 What I did was very bad. I'm .... myself.
4 She always behaves like that. It's .... her.
5 He wouldn't be able to run his own business. He's not .... it.
6 I don't like going up ladders. I'm .... heights.
7 Nobody told me she was sick. I wasn't .... it.
8 I wish I had what Sarah has. I'm .... her.

128.2 (　) 内の事柄が得意かどうか、自分のことについて記述しなさい。

good **pretty good** **not very good** **terrible**

1 (repairing things) ...I'm not very good at repairing things...
2 (telling jokes) ....
3 (math) ....
4 (remembering names) ....
5 (making decisions) ....

128.3 以下から形容詞を選び、適切な前置詞と組み合わせて文を完成させなさい。

afraid **capable** **different** **interested** **proud** **responsible** **similar** ~~**sure**~~

1 I think she's arriving tonight, but I'm not ...sure of... that.
2 Your camera is .... mine, but it isn't exactly the same.
3 Don't worry. I'll look after you. There's nothing to be ....
4 I never watch the news on TV. I'm not .... the news.
5 The editor is the person who is .... what appears in a newspaper.
6 Sarah is an enthusiastic gardener and is very .... her garden.
7 I was surprised when I first met Liz. She was .... what I expected.
8 Ben could become world champion one day. He's .... it.

128.4 同じ意味を表すように、右側の文を完成させなさい。

1 There were lots of tourists in the streets. The streets were crowded ...with tourists... .
2 There was a lot of furniture in the room. The room was full ....
3 I don't like sports very much. I'm not very interested .... ?
4 We don't have enough time. We're short ....
5 Megan does her job very well. Megan is very good ....
6 Steven's wife is a doctor. Steven is married ....
7 I don't trust Robert. I'm suspicious ....
8 My problem is not the same as yours. My problem is different ....

128.5 空所に適切な前置詞を入れて、文を完成させなさい。

1 Amy is always full ...of... energy.
2 My hometown is not a very interesting place. It's not famous .... anything.
3 Kate is very fond .... her younger brother.
4 You look bored. You don't seem interested .... what I'm saying.
5 "Our flight departs at 10:35." "Are you sure .... that?"
6 She's very honest. I don't think she's capable .... telling a lie.
7 The station platform was crowded .... people waiting for the train.
8 These days everybody is aware .... the dangers of smoking.
9 Mark has no money of his own. He's completely dependent .... his parents.
10 We're short .... staff in our office right now. We need more people to do the work.

→ 補足練習問題 36 (p. 317)

Unit 129 動詞 + 前置詞 1: to と at

A

動詞 + **to**

talk / **speak TO** somebody**:**「(人)に話しかける／(人)と話をする」(**talk**/**speak with** も使えます)
- Who were you **talking to**?

listen TO ～**:**「～を聞く」
- When I'm driving, I like to **listen to** the radio. (× listen the radio)

apologize TO somebody (for …)**:**「(…について) (人)に謝る」
- They **apologized to me** for their mistake. (× apologized me)

explain something **TO** sombody:「(人)に…を説明する」
- Can you **explain** this word **to me**? (× explain me this word)

that や疑問詞で始まる節には、**explain**/**describe** (**to** somebody) + what/how/why … の形を用います。
- I **explained to them** why I was worried. (× I explained them)
- Let me **describe to you** what I saw. (× Let me describe you)

B

以下の動詞では、後に目的語が入ります。(**to** は置きません)

call / **phone** / **email** / **text** somebody**:**「(人)に電話する／(人)にメールをする」
- I **called the airline** to cancel my flight. (× called to the airline)

answer ～**:**「～に答える」
- You didn't **answer my email**. (× answer to my email)

  ⇔ **reply to** an email / a letter など

ask somebody**:**「 (人)に尋ねる」
- If there's anything you want to know, you can **ask** me. (× ask to me)

thank somebody (**for** …)**:**「 (人)に(…を)感謝する」
- He **thanked me** for helping him. (× He thanked to me)

C

動詞 + **at**

look / **stare** / **glance AT** ～, **take a look** / **have a look AT** ～**:**「～を見る／見つめる／ちらりと見る」
- Why are you **looking at** me like that?

laugh AT ～**:**「～を笑う」
- I look stupid with this haircut. Everybody will **laugh at** me.

aim / **point** (something) **AT** … , **shoot** / **fire** (a gun) **AT** … **:**「(物)を…に向ける／…に向かって銃を発砲する」
- Don't **point** that knife **at** me. It's dangerous.
- We saw someone with a gun **shooting at** birds, but he didn't hit any.

D

以下の動詞では、後に **at** も **to** も置くことができますが、**at** と **to** では意味が異なります。

shout AT somebody**:**「(怒って) (人)を怒鳴る」
- He got very angry and started **shouting at** me.

shout TO somebody**:**「(聞こえるように) (人)に大声を出す」
- He **shouted to** me from the other side of the street.

throw something **AT** somebody**:**「(人にぶつけようとして)物を人に目がけて投げる」
- Somebody **threw** an egg **at** the politician.

throw something **TO** somebody**:**「(人が受け取れるように)物を人に目がけて投げる」
- Lisa shouted "Catch!" and **threw** the keys **to** me from the window.

動詞 + 前置詞 2–5 ➜ Units 130–133 **ask for** ➜ Unit 130B **apologize for** / **thank** ～ **for** … ➜ Unit 132B
動詞 + **to** の形を作るその他の動詞 ➜ Unit 133D

練習問題

129.1 a と b のどちらが正しいか答えなさい。

1 a Can you explain this word to me? (a が正しい)
  b ~~Can you explain me this word?~~
2 a I got angry with Mark. Afterwards, I apologized to him.
  b I got angry with Mark. Afterwards I apologized him.
3 a Amy won't be able to help you. There's no point in asking to her.
  b Amy won't be able to help you. There's no point in asking her.
4 a I need somebody to explain me what I have to do.
  b I need somebody to explain to me what I have to do.
5 a They didn't understand the system, so I explained it to them.
  b They didn't understand the system, so I explained it them.
6 a I like to sit on the beach and listen to the sound of the ocean.
  b I like to sit on the beach and listen the sound of the ocean.
7 a I asked them to describe me exactly what happened.
  b I asked them to describe to me exactly what happened.
8 a We'd better call the restaurant to make a reservation.
  b We'd better call to the restaurant to make a reservation.
9 a It was a difficult question. I couldn't answer to it.
  b It was a difficult question. I couldn't answer it.
10 a I explained everybody the reasons for my decision.
  b I explained to everybody the reasons for my decision.
11 a I thanked everybody for all the help they had given me.
  b I thanked to everybody for all the help they had given me.
12 a My friend texted to me to let me know she was going to be late.
  b My friend texted me to let me know she was going to be late.

129.2 以下から動詞を選び、適切な前置詞と組み合わせて空所に入れなさい。

~~explain~~	~~laugh~~	**listen**	**look**	**point**	**reply**	**speak**	**throw**	**throw**

1 I look stupid with this haircut. Everybody will ....laugh at.... me.
2 I don't understand this. Can you ....explain.... it ....to.... me?
3 We live in the same building, but we've never .... each other.
4 Be careful with those scissors! Don't .... them .... me!
5 You shouldn't .... directly .... the sun. You'll damage your eyes.
6 Please .... me! I have something important to tell you.
7 Don't .... stones .... the birds!
8 If you don't want that sandwich, ... it .... the birds. They'll eat it.
9 I tried to contact Rachel, but she didn't .... my emails.

129.3 空所に **to** または **at** を入れて、文を完成させなさい。

1 They apologized ....to.... me for what happened.
2 I glanced .... my watch to see what time it was.
3 Please don't shout .... me! Try to calm down.
4 I saw Liz and shouted .... her, but she didn't hear me.
5 Don't listen .... what he says. He doesn't know what he's talking about.
6 What's so funny? What are you laughing .... ?
7 Is it all right if I take a look .... your magazine?
8 I'm lonely. I need somebody to talk ....
9 She was so angry she threw a book .... the wall.
10 The woman sitting across from me on the train kept staring .... me.
11 Do you have a minute? I need to speak .... you.

→ 補足練習問題 37 (p.318)

Unit 130 動詞 + 前置詞 2: about/for/of/after

A 動詞 + about

talk / **read** / **know ABOUT** ～ **:**「～について話す／読む／知る」
- ☐ We **talked about** a lot of things at the meeting.

have a discussion ABOUT ～ **:**「～について討論する」
- ☐ We **had a discussion about** what we should do.

ただし、動詞の **discuss** は直後に目的語が入るため、about は置きません。(× discuss about ～)
- ☐ We **discussed** what we should do. (× discussed about)

do something/nothing **ABOUT** something **:**「(物事)について何かをする/何もしない」悪い状況が改善されるよう対策を講じる。
- ☐ If you're worried about the problem, you should **do** something **about** it. (⇒ 何かすべき)

B 動詞 + for

ask (somebody) **FOR ... :**「(人)に…を求める」
- ☐ I sent an email to the company **asking** them **for** more information about the job.

しかし「～に…を尋ねる」の意味では、ask somebody **the way** / **the time** のように前置詞は用いません。
- ☐ I **asked** somebody **the way to the train station.**

apply (**TO** a company etc.) **FOR** a job **:**「(人／会社／学校など)に(職や仕事)を求めて申請する／応募する」
- ☐ I think you could do this job. Why don't you **apply for** it?

wait FOR somebody / **wait FOR** something (to happen) **:**「(人／物事)を待つ」
- ☐ Don't **wait for** me. I'll join you later.
- ☐ I'm not going out yet. I'm **waiting for** the rain to stop.

search (a person / a place / a bag, etc) **FOR** ... **:**「…を見つけようと(人／場所／カバンなど)を探す」
- ☐ I've **searched** the house **for** my keys, but I can't find them.

leave (a place) **FOR** another place **:**「(ある場所)から別の場所へ出発する」
- ☐ I haven't seen her since she **left** (home) **for** work. (× left to work)

C take care of, care for と care about

take care OF ～ **:**「～の世話をする／介護する」に加え「責任を持って～をする／～を引き受ける」の意味を持ちます。
- ☐ Don't worry about me. I can **take care of** myself.
- ☐ I'll **take care of** the travel arrangements. You don't need to do anything.

care FOR somebody **:** (人)の世話をする／介護する(人の安全と健康を確保する)
- ☐ Alan is 85 and lives alone. He needs somebody to **care for** him.

I don't **care FOR** something **:** ～を好まない／～が好きではない
- ☐ I don't **care for** hot weather. (= I don't like ...)

care ABOUT ～ **:**「～を気づかう／気にする」
- ☐ He's very selfish. He doesn't **care about** other people.

疑問詞で始まる節には about を置かず、**care** + **what**/**where**/**how** ... の形を用います。
- ☐ You can do what you like. I don't **care what** you do.

D look for と look after

look FOR ～ **:**「～を探す」
- ☐ I lost my keys. Can you help me **look for** them?

look AFTER ～ **:**「～の世話をする」
- ☐ Alan is 85 and lives alone. He needs somebody to **look after** him. (× look for)
- ☐ Can you **look after** the house for us while we're away?

think/**hear** などの動詞 + **about**/**of** ➜ Unit 131　動詞 + **for** の形を作るその他の動詞 ➜ Unit 132B

練習問題

130.1 正しい方を選びなさい。

1 We ~~searched everywhere Joe~~ / searched everywhere for Joe, but we couldn't find him.
(searched everywhere for Joe が正しい)
2 I sent her an email. Now I'm waiting for her to reply / waiting her to reply.
3 A security guard searched my bag / searched for my bag as I entered the building.
4 I paid the taxi driver and asked him a receipt / asked him for a receipt.
5 I wanted to get downtown, so I stopped a man to ask the way / to ask for the way.
6 We discussed about the problem / discussed the problem, but we didn't reach a decision.
7 There are so many problems, but the government does nothing for them / nothing about them.
8 My flight is at 9:30. What time do I need to leave the hotel to the airport / for the airport?

130.2 必要に応じて空所に適切な前置詞を入れなさい。必要ない場合には — を記入しなさい。

1 I'm not going out yet. I'm waiting ......for...... the rain to stop.
2 I've applied .... three colleges. I hope one of them accepts me.
3 If you don't want the job, there's no point in applying .... it.
4 I don't want to talk .... what happened last night. Let's forget it.
5 I don't want to discuss .... what happened last night. Let's forget it.
6 We had an interesting discussion .... the problem, but we didn't reach a decision.
7 My friends are in Italy. They're in Rome now, and tomorrow they leave .... Milan.
8 The roof of the house is in bad condition. I think we need to do something .... it.

130.3 **care** の後に適切な前置詞を入れなさい。必要ない場合は— を記入しなさい。

1 He's very selfish. He doesn't care ......about...... other people.
2 Who's going to take care .... you when you are old?
3 She doesn't care .... the exam. She doesn't care whether she passes or fails.
4 I don't like this coat very much. I don't care .... the color.
5 Don't worry about the shopping. I'll take care .... that.
6 He gave up his job to care .... his elderly father.
7 I want to have a good vacation. I don't care .... the cost.
8 I want to have a good vacation. I don't care .... how much it costs.

130.4 **look for** または **look after** を使って文を完成させなさい。また、**look** は適切な形 (**looks/looked/looking**) に変えなさい。

1 I ......looked for...... my keys, but I couldn't find them anywhere.
2 Kate is .... a job. I hope she finds one soon.
3 Who .... you when you were sick?
4 The parking lot was full, so we had to .... somewhere else to park.
5 A babysitter is somebody who .... other people's children.
6 I'm .... Megan. I need to ask something. Have you seen her?

130.5 以下から動詞を選び、前置詞と組み合わせて空所に入れなさい。動詞は適切な形に変えなさい。

apply **ask** **do** **leave** ~~**search**~~ **take** **talk** **wait**

1 Police are ......searching for...... the man who escaped from prison.
2 Sarah wasn't ready. We had to .... her.
3 I think Amy likes her job, but she doesn't .... it much.
4 Don't .... me .... money. I don't have any.
5 Ben is unemployed. He has .... several jobs but hasn't had any luck.
6 If something is wrong, why don't you .... something .... it?
7 Lauren's car is very old, but she .... care .... it. It's in excellent condition.
8 Jen is from Boston, but now she lives in Paris. She .... Boston .... Paris when she was 19.

→ 補足練習問題 37 (p.318)

Unit 131

動詞＋前置詞 3: about と of

A

hear ABOUT ～ :「～について聞く（～について噂で聞いている）」

- Did you **hear about** the fire at the hotel?

hear OF ～ :「～について聞く（人や物について聞いたことがある）」

- A: Who is Tom Hart?
  B: I have no idea. I've never **heard of** him. （× heard from him）

hear FROM ～ :「～から連絡をもらう」

- A: Have you **heard from** Nicole recently?
  B: Yes, she called me a few days ago.

B

think ABOUT ～ :「～について考える（精神を集中した持続的な活動）」

- I've **thought about** what you said, and I've decided to take your advice.
- A: Will you lend me the money?
  B: I'll **think about** it. （× think of it）

think OF ～ :「～を思いつく／思い出す（考えが浮かんでくる）」

- It was my idea. I **thought of** it first. （× thought about it）
- I felt embarrassed. I couldn't **think of** anything to say. （× think about anything）

think ～ **of** …は「…をどう思う?」と質問したり「～だと思う」のように意見を述べる際にも用います。

- A: What did you **think of** the movie?
  B: I didn't **think** much **of** it. （⇒ どう思う？―― あまり良くなかった）

実際には think **of** と think **about** の間には大きな違いはなく、どちらを用いても良い場合があります。

- When I'm alone, I often **think of** you. *or* … **think about** you.

think of/about doing は「これから…しようと考えている」のように未来に起こりうる活動を表します。

- My sister is **thinking of** going to Canada. *or* … **thinking** about going …
  （⇒ カナダに行こうと考えている）

C

dream ABOUT ～ :「（寝ていて）～の夢を見る」

- I **dreamed about** you last night.

dream OF/ABOUT being …/ doing … **:**「…をすることを夢見る／想像する」

- Do you **dream of** being rich and famous? *or* … **dream about** being rich …

I **wouldn't dream OF** doing … **:**「決して…しない」

- "Don't tell anyone what I said." "No, I **wouldn't dream of** it." （⇒ 決して言いません）

D

complain (**TO** somebody) **ABOUT … :**「（人に）…について不満を言う」

- We **complained to** the manager of the restaurant **about** the food.

complain OF ～ :「～（痛み／病気など）があると伝える」

- We called the doctor because Alex was **complaining of** a pain in his stomach.

E

remind somebody **ABOUT … :**「（人）に…を忘れるなと言う」忘れそうになったことを思い出させてもらう。

- It's good you **reminded** me **about** the meeting. I'd completely forgotten about it.

remind somebody **OF … :**「（人）に…を思い出させる／連想させる」

- This house **reminds** me **of** the one I lived in when I was a child.
- Look at this photograph of Richard. Who does he **remind** you **of**?

remind/warn ～ **to** + 動詞の原形 ➜ Unit 53B

練習問題

131.1 **hear** または **heard** の後に、適切な前置詞 (**about/of/from**) を続けて文を完成させなさい。

1 I'm surprised you haven't ...heard of... her. She's quite famous.
2 "Did you .... the accident last night?" "No, what happened?"
3 Sarah used to call quite often, but I haven't .... her for a long time now.
4 "Have you .... William Hudson?" "No. Who is he?
5 Thanks for your email. It was good to .... you.
6 "Do you want to .... our trip?" "Not now. Tell me later."
7 I live in a very small town. You've probably never .... it.

131.2 空所に **think about** または **think of** を入れて文を完成させなさい。**about** と **of** がともに可能な場合もあります。また、**think** は適切な形 (**think/thinking/thought**) に変えなさい。

1 I've ...thought about... what you said, and I've decided to take your advice.
2 I need time to make decisions. I like to .... things carefully.
3 You look serious. What are you .... ?
4 "That's a good idea. Why didn't I .... that?
5 I don't really want to meet Tom tonight. I'll have to .... an excuse.
6 I'm .... buying a new car. What would you advise me to buy?
7 When I was offered the job, I didn't accept immediately. I went away and .... it for a while. In the end, I decided to take the job.
8 A: I've just finished reading the book you lent me.
   B: What did you .... it? Did you like it?
9 A: Will you be able to help me?
   B: I'm not sure. I'll .... it.
10 I don't .... much .... this coffee. It's like water.
11 Katherine is homesick. She's always .... her family back home.
12 A: Do you think I should apply for the program?
   B: I can't .... any reason why not.

131.3 空所に適切な前置詞を入れて、文を完成させなさい。

1 Did you hear ...about... the fire at the hotel yesterday?
2 I love living here. I wouldn't dream .... going anywhere else.
3 A: I had a strange dream last night.
   B: Did you? What did you dream .... ?"
4 I love this music. It reminds me .... a warm day in spring.
5 A: We've got no money. What are we going to do?
   B: Don't worry. I'll think .... something.
6 Our neighbors complained .... us .... the noise we made.
7 Eric was complaining .... pains in his chest, so he went to the doctor.
8 He loves his job. He thinks .... it all the time, he dreams .... it, he talks .... it, and I'm fed up with hearing .... it.

131.4 以下から動詞を選び、適切な前置詞と組み合わせて空所に入れなさい。動詞は適切な形に変えなさい。

complain **dream** **hear** **remind** **remind** ~~**think**~~ **think**

1 It was my idea. I ...thought of... it first.
2 Ben is never satisfied. He is always .... something.
3 I can't make a decision yet. I need time to .... your proposal.
4 He's not a well-known singer. Not many people have .... him.
5 A: You wouldn't go away without telling me, would you?
   B: Of course not. I wouldn't .... it.
6 I would have forgotten my appointment if you hadn't .... me .... it.
7 Do you see that man over there? Does he .... you .... anybody you know?

➜ 補足練習問題 37 (p.318)

Unit 132

動詞 + 前置詞 4: of/for/from/on

A 動詞 + of

accuse/suspect somebody **OF ... :**「(人)は…であると非難する／疑う」
- Abby **accused** me **of** being selfish.
- Some students were **suspected of** cheating on the exam.

approve/disapprove OF ... :「…を良く思う／…に同意する／…を良くないと思う／…に反対する」
- His parents don't **approve of** what he does, but they can't stop him.

die OF / **FROM** an illess、etc. **:**「病気などで死ぬ」
- "What did he **die of**?" "A heart attack."

consist OF ～ **:**「～から成り立つ」
- We had an enormous meal. It **consisted of** seven courses.

B 動詞 + for

pay (somebody) **FOR ... :**「(人に)…の代金を支払う」
- We didn't have enough money to **pay for** the meal. (× pay the meal)

ただし、a bill(請求書), a fine(罰金), tax(税金), rent(家賃), a sum of money(一定額のお金) などについては for は入りません。
- We didn't have enough money to **pay the rent**.

thank/forgive somebody **FOR ... :**「人に…について感謝する／許す」
- I'll never **forgive** them **for** what they did.

apologize (**TO** somebody) **FOR** ... **:**「(人に)…について謝る」
- When I realized I was wrong, I **apologized** (**to** them) **for** my mistake.

blame somebody/something **FOR** ... **:**「…は(人)/(何か)のせいであると非難する」/ somebody is **to blame FOR** ... **:**「…は(人)のせいである」
- Everybody **blamed** me **for** the accident. (⇒ 事故は私のせいだと責めた)
- Everybody said that I was **to blame for** the accident. (⇒ 事故は私のせいであると言った)

blame a problem, etc. **ON** ... **:**「…に問題などの責任を押し付ける」
- It wasn't my fault. Don't **blame** it **on** me. (⇒ 責任を押し付けないで)

C 動詞 + from

suffer FROM ～ **:**「～(病気など)で苦しむ／～にかかる」
- There's been an increase in the number of people **suffering from** heart disease.

protect somebody/something **FROM** ... **:**「…から(人)/(物)を守る」
- Sunscreen **protects** the skin **from** the sun.

D 動詞 + on

depend/rely ON ～ **:**「～で決まる／～に頼る」
- I don't know what time we'll arrive. It **depends on** the traffic.
- You can **rely on** Anna. She always keeps her promises.

疑問詞で始まる節には **on** を置かずに、**depend** + **when/where/how** ... の形を用いることもあります。
- "Are you going to buy it?" "It **depends how** much it is." (*or* "It **depends on** how much ...")

live ON ～ **:**「～(お金／食べ物など)で生活する」
- Michael's salary is very low. It isn't enough to **live on**. (⇒ とても暮らせない)

congratulate / **compliment** somebody **FOR/ON** ... **:**「(人)の…を祝う／褒める」」
- I **congratulated** her **for** doing so well on her exams. *or*
  I **congratulated** her **on** doing ...
- The meal was really good. I **complimented** Mark **on** his cooking skills. *or*
  I **complimented** Mark **for** his cooking skills.

動詞 + 前置詞 + -ing ➔ Unit 60 動詞 + for の形を作るその他の動詞 ➔ Unit 130
動詞 + on の形を作るその他の動詞 ➔ Unit 133E

練習問題

132.1 空所に適切な前置詞を入れて、文を完成させなさい。必要ない場合には ― を記入しなさい。

1 Some students were suspected ......of...... cheating on the exam.
2 Are you going to apologize .... what you did?
3 The apartment consists .... a bedroom, a living room, a kitchen, and a bathroom.
4 I was accused .... lying, but I was telling the truth.
5 We finished our meal, paid .... the bill, and left the restaurant.
6 The accident was my fault, so I had to pay .... the repairs.
7 Some people are dying .... hunger, while others eat too much.
8 I called Olivia to thank her .... the present she sent me.
9 The government is popular. Most people approve .... its policies.
10 Do you blame the government .... our economic problems?
11 When something goes wrong, you always blame it .... other people.
12 Forgive me .... interrupting, but I'd like to ask you something.

132.2 最初の文と同じ意味を表すように、2 番目の文を書き換えなさい。

1 Sue said I was selfish.
Sue accused me ......of being selfish.. .
2 The misunderstanding was my fault, so I apologized.
I apologized ....
3 Anna won the tournament, so I congratulated her.
I congratulated ....
4 He has enemies, but he has a bodyguard to protect him.
He has a bodyguard to protect ....
5 Emma eats only bread and eggs.
Emma lives ....
6 You can't say that the bad weather is my fault.
You can't blame ....
7 The police thought my friend had stolen a car.
The police suspected ....

132.3 以下から動詞を選び、適切な前置詞と組み合わせて空所に入れなさい。動詞は適切な形に変えなさい。

accuse　apologize　~~approve~~　congratulate　depend　live　pay　suffer

1 His parents don't ......approve of...... what he does, but they can't stop him.
2 When you went to the theater with Brian, who .... the tickets?
3 It's not pleasant when you are .... something you didn't do.
4 We hope to go to the beach tomorrow, but it .... the weather.
5 Things are cheap there. You can .... very little money.
6 You were rude to Liz. I think you should .... her.
7 Alex .... back pain. He spends too much time working at his desk.
8 I called Jack to .... him .... passing his driving test.

132.4 空所に適切な前置詞を入れて、文を完成させなさい。必要ない場合には ― を記入しなさい。

1 I'll never forgive them ......for...... what they did.
2 Vaccinations may protect you .... a number of diseases.
3 You know you can always rely .... me if you need any help.
4 Julia had to pay .... a fine for driving too fast.
5 Sue hasn't been doing so well lately. She suffers .... very bad headaches.
6 I don't know whether I'll go out tonight. It depends .... how I feel.
7 Anna doesn't have a job. She depends .... her parents for money.
8 My usual breakfast consists .... fruit, cereal, and coffee.
9 I complimented her .... her English. It was really good.

→ 補足練習問題 37 (p.318)

Unit 133

動詞 + 前置詞 5: in/into/with/to/on

A

動詞 + **in**

believe IN ～ **:**「～(の存在や正当性)を信じる」
- ▢ Do you **believe in** God? (⇒ 神様がいると思いますか)
- ▢ I **believe in** saying what I think. (⇒ 思った通りのことを言うべきだと思う)

しかし「～(物)が本当だと思う」や「～(人)が真実を述べていると思う」の意味で「～を信じる」と述べる場合は、**believe** something/somebody のように前置詞を置かずに目的語を動詞の後に置きます。
- ▢ The story can't be true. I don't **believe it**. (⇒ そんな話は信じない) (× believe in it)

specialize IN ～ **:**「～を専門にする」
- ▢ Helen is a lawyer. She **specializes in** corporate law.

succeed IN ～ **:**「～に成功する／～がうまくいく」
- ▢ I hope you **succeed in** finding the job you want.

B

動詞 + **into**

break INTO ～ **:**「(泥棒などが) ～に押し入る」
- ▢ Our house was **broken into** a few days ago, but nothing was stolen.

crash / **drive** / **bump** / **run INTO** ～ **:**「(物がつぶれる大きな音を立てて) ～に衝突する／(乗り物が) ～に衝突する／(ドシンと音を立てて)～に衝突する／～と偶然出会う」
- ▢ He lost control of the car and **crashed into** a wall.

divide / **cut** / **split** ～ **INTO …** (2つ以上の部分) **:**「～を…に分ける／切る／割る」
- ▢ The book is **divided into** three parts.

translate ～ **FROM** A **INTO** B **:**「～(書籍／文章／会話など)を言語 A から言語 B に翻訳する」
- ▢ She's a famous writer. Her books have been **translated into** many languages.

C

動詞 + **with**

collide WITH …:「…と衝突する」
- ▢ There was an accident this morning. A bus **collided with** a car.

fill something **WITH** … **:**「(物)を…で満たす」⇔ **full of** ～(**Unit 128B** を参照)
- ▢ Take this saucepan, and **fill** it **with** water.

provide/supply somebody **WITH** … **:**「(人)に…を与える／供給する」
- ▢ The school **provides** all its students **with** books.

D

動詞 + **to**

happen TO ～ **:**「～に起きる／発生する」
- ▢ What **happened to** that gold watch you used to have? (= where is it now?)
  (⇒ 以前持っていたゴールドの時計はどうしましたか)

invite somebody **TO** a party / a wedding, etc. **:**「(人)をパーティーや結婚式などに招待する」
- ▢ They only **invited** a few people **to** their wedding.

prefer ～ **TO …:**「…よりも～の方を好む」
- ▢ I **prefer** tea **to** coffee.

E

動詞 + **on**

concentrate ON ～ **:**「～に集中する」
- ▢ I tried to **concentrate on** my work, but I kept thinking about other things.

insist ON ～ **:**「～を主張する」
- ▢ I wanted to go alone, but some friends of mine **insisted on** coming with me.

spend (～) **ON …:**「…に(～の金額の)お金を使う」
- ▢ How much do you **spend on** food each week?

動詞 + 前置詞 + **-ing** ➜ **Unit 60**　動詞 + **to** の形を作るその他の動詞 ➜ **Unit 129**
動詞 + **on** の形を作るその他の動詞 ➜ **Unit 132D**

練習問題

133.1 以下から動詞を選び、適切な前置詞と組み合わせて空所に入れなさい。動詞は適切な形に変えなさい。

believe break concentrate divide drive fill happen ~~insist~~ invite succeed

1 I wanted to go alone, but my friends insisted on coming with me.
2 I haven't seen Mike for ages. I wonder what has .... him.
3 It's a very large house. It's .... four apartments.
4 We've been .... the party, but unfortunately we can't go.
5 I don't .... ghosts. I think people imagine that they see them.
6 Steve gave me an empty bucket and told me to .... it .... water.
7 A burglar is someone who .... a house to steal things.
8 Don't try and do two things together. .... one thing at a time.
9 It wasn't easy, but in the end we .... finding a solution to the problem.
10 The car in front of me stopped suddenly. Unfortunately, I couldn't stop in time and .... the back of it.

133.2 最初の文と同じ意味を表すように、2番目の文を書き換えなさい。

1 There was a collision between a bus and a car.
A bus collided with a car .
2 I don't mind big cities, but I prefer small towns.
I prefer ....
3 I got all the information I needed from the company.
The company provided me ....
4 This morning I bought a pair of shoes which cost $120.
This morning I spent ....
5 There are ten districts in the city.
The city is divided ....

133.3 空所に適切な前置詞を入れて、文を完成させなさい。必要ない場合には ― を記入しなさい。

1 The school provides all its students with books.
2 A strange thing happened .... me a few days ago.
3 Mike decided to give up sports to concentrate .... his studies.
4 Money should be used well. I don't believe .... wasting it.
5 My present job isn't wonderful, but I prefer it .... what I did before.
6 I hope you succeed .... getting what you want.
7 Ben was injured playing football when he collided .... another player.
8 There was an awful noise as the car crashed .... a tree.
9 Tim is a photographer. He specializes .... sports photography.
10 Joe doesn't spend much money .... clothes.
11 I was amazed when I heard the news. I couldn't believe .... it.
12 Somebody broke .... my car and stole my bag.
13 I was pretty cold, but Tom insisted .... having the window open.
14 The teacher decided to split the class .... four groups.
15 I filled the tank, but unfortunately I filled it .... the wrong kind of fuel.
16 Some things are difficult to translate .... one language .... another.

133.4 前置詞を用いて、自由に文を完成させなさい。

1 I wanted to go out alone, but my friend insisted on coming with me .
2 I spend a lot of money ....
3 I saw an accident. A car crashed ....
4 Chris prefers basketball ....
5 The restaurant we went to specializes ....
6 Shakespeare's plays have been translated ....

➜ 補足練習問題 37 (p. 318)

Unit 134

句動詞 1:「句動詞」とは?

A

☆ **句動詞とは何ですか。**

動詞の後に以下のような語を置き、全体を 1つの動詞のように用いることがあります。

in	on	up	away	by	about	over	around
out	off	down	back	through	along	forward	

➤ **このようにして作られた look out / get on / take off / run away などを「句動詞」(phrasal verb) と呼びます。**

以下のように **on**/**off**/**out** などの語は動き方や移動を表し、句動詞の意味がある程度予測できます。

get on (乗る) ◯ The bus was full. We couldn't **get on**.
drive off (車で出て行く) ◯ A woman got into the car and **drove off**.
come back (帰ってくる) ◯ Sarah is leaving tomorrow and **coming back** on Saturday.
turn around (振り返る) ◯ When I touched him on the shoulder, he **turned around**.

B

以下のように **on**/**off**/**out** などの語から句動詞全体の意味が予測できない場合もあります。

break down (故障する) ◯ Sorry I'm late. The car **broke down**. (= the engine stopped working)
find out (明らかにする) ◯ I never **found out** who sent me the flowers. (= I never discovered)
take off (離陸する) ◯ It was my first flight. I was nervous as the plane **took off**. (= went into the air)
give up (諦める) ◯ I tried many times to contact her. In the end I **gave up**. (= stopped trying)
get along (やっていく) ◯ My brother and I **get along** well. (⇒ 仲が良い) (= we have a good relationship)
get by (何とかする) ◯ My French isn't good, but it's enough to **get by**. (= enough to manage)

その他の句動詞は **Units 135–142** を参照

C

句動詞の後に前置詞が入ることもあります。

句動詞	前置詞	
look up	**at** (〜を見上げる)	◯ We **looked up at** the plane as it flew above us.
run away	**from** (〜から逃げる)	◯ Why did you **run away from** me?
keep up	**with** (〜について行く)	◯ You're walking too fast. I can't **keep up with** you.
look forward	**to** (〜を楽しみに待つ)	◯ Are you **looking forward to** your trip?
get along	**with** (〜とうまくやる)	◯ Do you **get along with** your boss?

D

句動詞は目的語を持つことがあります。

◯ I turned on **the light**. (**the light** が目的語)

以下のように、目的語が入る位置は、句動詞全体の直後または動詞の直後です。

◯ I **turned on** the light. *or* I **turned** the light **on**.
目的語 目的語

代名詞 (**it**/**them**/**me**/**him** など)が目的語となる場合、目的語は動詞の直後にのみ生じます。

◯ I turned **it** on. (× I turned on it)

☆ **代名詞以外の名詞句と代名詞では, 目的語の生じる位置はどのように異なりますか。**

◯ I'm going to { **take off** my shoes / **take** my shoes **off** }

⇔ These shoes are uncomfortable. I'm going to **take them off**. (× take off them)

◯ Don't { **wake up** the baby / **wake** the baby **up** }

⇔ The baby is asleep. Don't **wake her up**. (× wake up her)

◯ Don't { **throw away** this box / **throw** this box **away** }

⇔ I want to keep this box, so don't **throw it away**. (× throw away it)

句動詞 2–9 ➜ Units 135–142　イギリス英語 ➜ 付録 7

練習問題

134.1 以下の A と B から 1 つずつ語を選び、組み合わせて空所に入れなさい。動詞は適切な形に変えなさい。

A

be	fly	get	sit
break	go	get	speak
~~come~~	look	get	take

B

along	back	down	out
away	by	up	off
~~back~~	down	up	around

1 Sarah is leaving tomorrow and ...coming back... on Saturday.
2 I've been standing a long time. I'm going to .... for a while.
3 It's a very busy airport. There are planes landing and .... all the time.
4 A cat tried to catch the bird, but it .... just in time.
5 We were trapped in the building. We couldn't ....
6 I can't hear you very well. Can you .... a little?
7 Ben's salary is very low, but it's enough to ....
8 Everything is so expensive now. Prices have .... a lot.
9 I heard a noise behind me, so I .... to see what it was.
10 I'm going out now to do some shopping. I'll .... in about an hour.
11 Our car .... on the highway, and we had to call for help.
12 I really like working with my co-workers. We all .... really well.

134.2 以下の A と B から 1つずつ語を選び、組み合わせて空所に入れなさい。動詞は適切な形に変えなさい。

A

away	in	~~up~~	back
out	up	up	forward

B

at	to	~~with~~	about
at	to	with	through

1 You're walking too fast. I can't keep ...up with... you.
2 My vacation is almost over. Next week I'll be .... work.
3 We went .... the top floor of the building to admire the view.
4 The meeting tomorrow is going to be difficult. I'm not looking .... it.
5 There was a bank robbery last week. The robbers got .... $50,000.
6 I love to look .... the stars at night.
7 I was sitting in the kitchen when a bird flew .... the open window.
8 How do you know about the plan? How did you find .... it?

134.3 以下から句動詞を選び、**it /them /me** と組み合わせて空所に入れなさい。

get out	give back	take off	~~throw away~~	turn on	wake up

1 I want to keep this box. Don't ...throw it away... .
2 I'm going to bed now. Can you .... at 6:30?
3 I've got something in my eye, and I can't ....
4 I don't like it when people borrow things and don't ....
5 I want to use the hair dryer. How do I ....?
6 My shoes are dirty. I'd better .... before going into the house.

134.4 空所に ( ) 内の語を入れて、文を完成させなさい。

1 Don't throw ...away this box.... I want to keep it. (away)
2 I don't want this newspaper. You can throw ...it away... . (away)
3 These books are Allison's. I have to give .... to her. (back)
4 We can turn .... Nobody is watching it. (off)
5 Shh! My mother is asleep. I don't want to wake .... (up)
6 It's cold today. You should put .... if you go out. (on)
7 It was only a small fire. I was able to put .... easily. (out)
8 It's a bit dark in this room. Should I turn ....? (on)
9 I took .... because they were uncomfortable, and my feet hurt. (off)
10 A: How did the vase get broken?
B: I'm afraid I knocked .... while I was cleaning. (over)

→ **補足練習問題 38–42** (pp. 318–320)

Unit 135

句動詞 2: in/out

A

☆ 句動詞において、in と out はどのように異なりますか。

➤ **in : 部屋、建物、自動車などの中に入る**

- ▢ How did the thieves **get in**?
- ▢ Here's a key, so you can **let yourself in**.
- ▢ Liz walked up to the edge of the pool and **dived in**. (⇒ 水の中に飛び込んだ)
- ▢ I've got a new apartment. I'm **moving in** on Friday.
- ▢ As soon as I got to the airport, I **checked in**.

go in, **come in**, **walk in**, **break in** などの形も用いられます。
in は句動詞を構成しますが、**into** は構成しません。**into** の後には名詞句が入ります。

- ▢ I'm moving **in** on Friday.
- ▢ I'm moving **into my new apartment** on Friday.

➤ **out : 部屋、建物、自動車などの中から出る**

- ▢ Stay in the car. Don't **get out**.
- ▢ I had no key, so I was **locked out**.
- ▢ She swam up and down the pool, and then **climbed out**.
- ▢ Andy opened the window and **looked out**.
- ▢ We paid the hotel bill and **checked out**.

go out, **get out**, **move out**, **let ~ out** などの形も用いられます。
out of は句動詞を構成しません。**out of** の後には名詞句が入ります。

- ▢ She climbed **out**.
- ▢ She climbed **out of the pool**.

B

動詞 + **in** の形を作るその他の句動詞

drop in :「ちょっと立ち寄る」

- ▢ I **dropped in** to see Chris on my way home.

join in :「(すでに始まっている活動に)参加する」

- ▢ They were playing cards. So I **joined in**.

plug in ~ :「~(電化製品)をコンセントに入れる」

- ▢ The fridge isn't working because you haven't **plugged** it **in**.

PLUG IN

hand in / **turn in ~ :**「~(書かれた課題/レポート/申込用紙など)を(教員や上司に)提出する」

- ▢ Your report is due this week. Please **hand** it **in** by Friday at 3:00 p.m.

fit in :「集団にうまくなじんでいる/とけ込んでいる」

- ▢ Some children have trouble **fitting in** at a new school.

C

動詞 + **out** の形を作るその他の句動詞

eat out :「自宅ではなくレストランで食事する/外食する」

- ▢ There wasn't anything to eat at home, so we decided to **eat out**.

drop out ~ :「~(大学/学校/授業/レース)を途中でやめる」

- ▢ Eric went to college but **dropped out** after a year.

get out of ~ :「~(準備したり/約束したこと)から手を引く/逃れる」

- ▢ I promised I'd go to the wedding. I don't want to go, but I can't **get out of** it now.

leave ~ out :「~を省く/取り除く」

- ▢ In the sentence "She said that she was sick," you can **leave out** the word "that."

fill ~ out :「~(書式やアンケートなど)に記入する」

- ▢ I have to **fill out** this application by the end of the week.

hand out / **give out :**「~を手渡す/配布する」

- ▢ At the end of the lecture, the speaker **handed out** information sheets to the audience.

句動詞 1 (句動詞とは?) ➜ Unit 134　動詞 + out の形のその他の句動詞 ➜ Unit 136

練習問題

135.1 適切な動詞を空所に入れ、文を完成させなさい。

1 Here's a key so that you can ....let.... yourself in.
2 Liz doesn't like cooking, so she .... out a lot.
3 If you're in our part of town, you should .... in and say hello.
4 Could you .... out this questionnaire? It will only take five minutes.
5 Amy isn't living in this house anymore. She .... out a few weeks ago.
6 After breakfast, we .... out of the hotel and got a taxi to the airport.
7 I wanted to charge my phone, but there was nowhere to .... the charger in.
8 Jason started taking a Spanish class, but he .... out after a few weeks.
9 Be careful! The water isn't very deep here, so don't .... in.

135.2 空所に **in**, **into**, **out**, **out of** のいずれかを入れて、文を完成させなさい。

1 I've got a new apartment. I'm moving ....in.... on Friday.
2 We arrived at the hotel and checked ....
3 When are you moving .... your new apartment?
4 The car stopped, and the driver got ....
5 Thieves broke .... the house and stole some jewelry.
6 How did the thieves break ....? Through a window?
7 He opened his wallet, and something fell ....
8 Kate was angry and walked .... the meeting.

135.3 空所に動詞 + **in** または動詞 + **out (of)** の形の句動詞を入れて文を完成させなさい。

1 Lisa walked to the edge of the pool, ...dived in...., and swam to the other end.
2 Not all the runners finished the race. Three of them ....
3 I went to see Joe and Mary in their new house. They .... last week.
4 I've told you everything you need to know. I don't think I've .... anything.
5 Some people in the crowd started singing. Then a few more people ...., and soon everybody was singing.
6 Sam's co-workers at his new job like him a lot. Everyone agrees that he .... well.
7 I .... to see Laura a few days ago. She was fine.
8 Somebody was .... leaflets on the street, but I didn't take one.

135.4 （　）内の動詞を適切な形にして空所に入れ、文を完成させなさい。

1 A: The fridge isn't working.
B: That's because you didn't ....plug it in.... . (plug)
2 A: What do I have to do with these forms?
B: .... and send them to this address. (fill)
3 A: Your book report is better than mine, but you got a lower grade.
B: That's because I .... late. (hand)
4 A: Have you been to the new club I told you about?
B: No. We went there, but they wouldn't .... because we weren't members. (let)
5 A: Can we meet tomorrow at ten?
B: Probably. I have another meeting, but I think I can .... (get)

135.5 左の文と同じ意味を表すように、右の文を書き換えなさい。セクションBまたはCから動詞を選びなさい。

1 Let's go to the restaurant tonight. — Let's ....eat out.... tonight.
2 Why didn't you finish college? — Why did you ....?
3 Please complete the application form. — Please .... form.
4 I can't avoid going to the party. — I can't .... to the party.
5 You must come and see us sometime. — You must .... sometime.
6 Steve was upset because he wasn't chosen for the team. — Steve was upset because he .... the team.

→ 補足練習問題 38–42 (pp. 318–320)

Unit 136 句動詞 3: out

A

out:「燃えていない/輝いていない」

- **go out** (消える) — Suddenly all the lights in the building **went out**.
- **put out** a fire / a cigarette / a light (火/煙草/電灯を消す) — I **put** the fire **out** with a fire extinguisher.
- **turn out** a light (電灯を消す) — I **turned** the lights **out** before leaving.
- **blow out** a candle (ろうそくを吹き消す) — We don't need the candle. You can **blow** it **out**.

B

work out

work out:「運動する/トレーニングする」

- Rachel **works out** at the gym three times a week.

work out:「良い結果となる/うまくいく」

- Good luck for the future. I hope everything **works out** well for you.
- A: Why did James leave the company?
  B: Things didn't **work out**. (⇒仕事がうまくいかなかった)

work out: 算出される

- The total bill for three people is $97.35. That **works out** to $32.45 each.

work (something) **out**:「計算する」

- 345 × 76? I need a calculator. I can't **work** that **out** in my head.

work out ～:「～(問題/困難など)を解決する」

- The family has been having some problems, but I'm sure they'll **work** things **out**.

work out ～:「～(計画/合意/契約など)を苦労して作る」

- The two sides in the conflict are trying to **work out** a peace plan.

C

動詞 + **out** の形を作るその他の句動詞

carry out ～:「～(命令/実験/調査/研究/計画など)を実行する」

- Soldiers are expected to **carry out** orders.
- An investigation into the accident will be **carried out**.

check ～ **out**:「～を確認する/注目する」

- For more information, you can **check out** our website. (= visit our website)
- **Check out** my new shirt. I bought it when I was in New York. (= look at my new shirt)

figure out ～:「～を理解する」

- Can you help me **figure out** why my answer to this math problem is wrong?
- Why did Emily do that? I can't **figure** her **out**.

find out + that/what/when ～(節) / **find out about** ～(名詞句):「～について情報を得る/知る」

- The police never **found out** who committed the crime.
- I just **found out** that it's Jessica's birthday today.
- I checked a few websites to **find out** about hotels in the town.

point something **out** (**to** somebody):「(人)に(物事)を指摘する/注意を向けさせる」

- As we drove through the city, our tour guide **pointed out** all the sights.
- I didn't realize I'd made a mistake until somebody **pointed** it **out to** me.

run out (of ～):「～を使い切る」

- We **ran out of** gas on the highway. (⇒ガソリンを使い切った)

turn out to be ～ / **turn out** ～(good/nice などの形容詞) / **turn out** that ～(節):「～とわかる/～になる」

- Nobody believed Matt at first, but he **turned out** to be right.
  (⇒最後には、Matt が正しいことが明らかになった)
- The weather wasn't so good in the morning, but it **turned out** nice later.
- I thought they knew each other, but it **turned out** that they'd never met.

try out ～:「～(機械/システム/新しいアイディアなど)が問題ないかテストする/確認する」

- The company is **trying out** some new software right now.

句動詞 1 (「句動詞」とは?) ➜ Unit 134　動詞 + **out** の形のその他の句動詞 ➜ Unit 135

練習問題

136.1 それぞれの句動詞の後に置くことができる語句を以下から選びなさい。

a fire **a order** ~~**a light**~~ **a problem** **a candle** **a new product**

1 turn out *a light*
2 blow out ....
3 carry out ....
4 put out ....
5 try out ....
6 figure out ....

136.2 動詞 + **out** の句動詞を空所に入れ、文を完成させなさい。

1 The company is *trying out* a new computer system right now.
2 Steve is in great shape. He plays a lot of sports and .... regularly.
3 The road will be closed for two days while building work is ....
4 We didn't manage to discuss everything at the meeting. We .... of time.
5 My father helped me .... a plan to save money.
6 I called the station to .... what time the train arrived.
7 The new drug will be .... on a small group of patients.
8 I thought the two books were the same until someone .... the difference.
9 They got married a few years ago, but it didn't ...., and they separated.
10 There was a power outage, and all the lights ....
11 We thought she was American at first, but she .... to be Swedish.
12 Should we .... the new club downtown tonight? I've heard it's good.
13 How did you .... about the project? Did somebody tell you?
14 It took firefighters two hours to .... the fire.
15 I can't .... how the water is getting into the house.
16 We traveled 2,400 miles in 16 days. That .... to 150 miles a day.

136.3 空所に動詞 + **out** の形の句動詞を入れ、イラストの状況を説明しなさい。

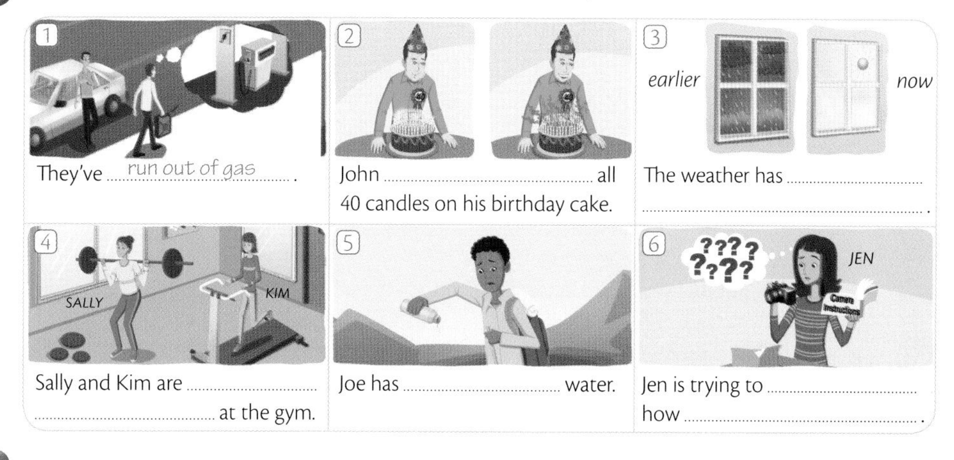

1 They've *run out of gas*.
2 John .... all 40 candles on his birthday cake.
3 The weather has ....
4 Sally and Kim are .... at the gym.
5 Joe has .... water.
6 Jen is trying to .... how ....

136.4 空所に動詞 + **out** の形の句動詞を入れ、対話を完成させなさい。

1 A: Was the fire serious?
B: No, we were able to *put it out*.
2 A: This recipe looks interesting.
B: Yes, let's ....
3 A: How much money do I owe you exactly?
B: Just a moment. I'll have to ....
4 A: You've written the wrong date on this form.
B: Oh, so I have. Thanks for ....
5 A: I hear that Julia got a new car.
B: It's beautiful. You should ....

→ **補足練習問題 38–42** (pp. 318–320)

Unit 137 句動詞 4: on/off (1)

A

on と **off**: 電灯や機械の「電源が入っている／いない」を表します。

the light **is on**(電灯がついている) / **put** the light **on**(電灯をつける) / **leave** the light **on**(電灯をつけたままにする) / **turn** the light **on**/**off**(電灯をつける／消す) / **shut** the light **off**(電灯を消す)

- Should I **leave** the lights **on** or **turn** them **off**?
- "**Is** the heat **on**?" "No, I **turned** it **off**."

turn some music **on**:「音楽をかける」

- Let's **turn** some music **on**. What would you like to hear? (= Let's **put** some music **on**)

B

on と **off**: 出来事が「起きた／起きなかった」を表します。

go on:「起きる／生じる」

- What's all that noise? What's **going on**? (⇒ 何が起きているんだ?)

call ~ **off**:「~を中止する／キャンセルする」

- The concert in the park had to be **called off** because of the weather.

put ~ **off** / **put off** doing ~:「~を延期する」

- The election has been **put off** until January.
- We can't **put off** making a decision. We have to decide now.

C

on と **off**: 衣服や装身具／体重などに関連して「付ける／脱ぐ」を表します。

have ~ **on**:「~(衣服／宝石／香水など)を着る／付ける」

- I like the perfume you **had on** yesterday.

put on ~:「~(衣服／眼鏡／化粧／シートベルトなど)を着る／付ける」

- My hands were cold, so I **put** my gloves **on**.

try on ~:「~(衣服)を試着する」

- I **tried on** a jacket in the store, but it didn't look right.

take off ~:「~(衣服／眼鏡など)を脱ぐ／外す」

- It was warm, so I **took off** my coat.

put on weight:「太る」を表します。

- I've **put on** five pounds in the last month.

D

off: 人や場所などに関連して「遠ざかる／離れる」を表します。

be off (to ~):「(~へ)出かける／外出する」

- Tomorrow **I'm off** to Paris / **I'm off** to the store.
  (⇒ パリに出かけます／買い物に出かけます)

walk off(立ち去る) / **run off**(走り去る) / **drive off**(車で去る) / **ride off**(車／自転車／馬で去る) / **go off**(立ち去る)は、**walk away**, **run away** などのように **away** を用いた形と似た意味を表します。

- Anna got on her bike and **rode off**.
- Mark left home at the age of eighteen and **went off** to Canada.

take off:「(飛行機が)離陸する」

- After a long delay, the plane finally **took off**.

see ~ **off**:「~を(空港や駅まで)見送る」

- Helen was going away. We went to the train station with her to **see her off**.

句動詞 1(「句動詞」とは?) ➜ Unit 134　動詞 + **on**/**off** の形のその他の句動詞 ➜ Unit 138

練習問題

137.1 turn(ed) on または turn(ed) off の後に続く名詞句を以下から選び、文を完成させなさい。

some music **the heat** **the TV** ~~**the light**~~ **the oven**

1 It was getting dark, so I turned the light on.
2 I wanted to bake a cake, so I ....
3 It's too warm in the house. Should I .... ?
4 When the program finished, I ....
5 Let's relax. I'll ....

137.2 空所に動詞 + on または動詞 + off の形を入れて文を完成させなさい。

1 It was hot in the movie theater, so I took off my jacket.
2 What are all these people doing? What's .... ?
3 The weather was too bad for the plane to .... , so the flight was delayed.
4 Rachel got into her car and .... incredibly fast.
5 Are you cold? Should I get you a sweater to .... ?
6 The clothes Eric .... weren't warm enough, so he borrowed my jacket.
7 Don't .... until tomorrow what you can do today.
8 They've changed their minds about getting married. The wedding has been ....
9 Tim is too thin. He needs to .... some weight.
10 I .... some jeans in the store, but they were too tight.
11 When I go away, I prefer to be alone at the train station or airport. I don't like it when people come to .... me ....
12 I need to make an appointment to see the dentist, but I keep .... it ....

137.3 イラストの状況を表す文を完成させなさい。

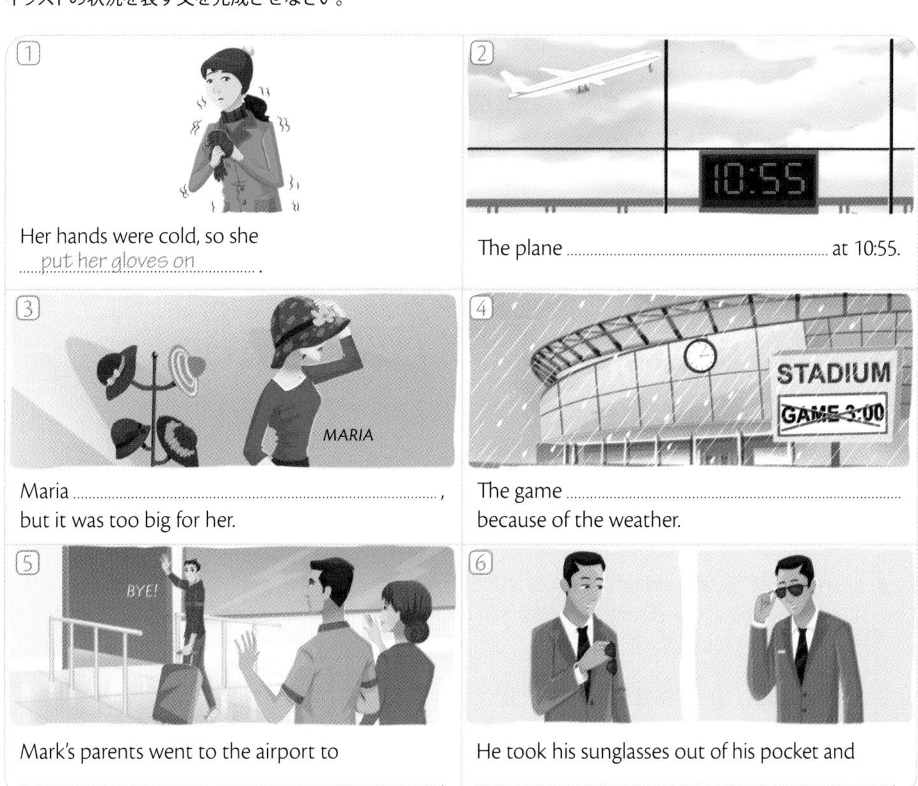

1 Her hands were cold, so she put her gloves on.
2 The plane .... at 10:55.
3 Maria .... , but it was too big for her.
4 The game .... because of the weather.
5 Mark's parents went to the airport to ....
6 He took his sunglasses out of his pocket and ....

→ 補足練習問題 38–42 (pp. 318–320)

Unit 138

句動詞 5: on/off (2)

A

動詞 + **on**:「〜し続ける」のような動作の継続を表します。

go on:「続く」
- ▢ The party **went on** until 4:00 in the morning.

go on doing 〜:「〜し続ける」
- ▢ We can't **go on** spending money like this. We'll have nothing left soon.

go on with 〜:「〜し続ける」の意味で、同じように用いられます。
- ▢ Don't let me disturb you. Please **go on with** what you're doing.

keep on doing / **keep** doing 〜 :「〜し続ける/繰り返し〜する」
- ▢ He **keeps on** criticizing me. It's not fair! (= He **keeps** criticizing me)

drive on / **walk on** / **play on**:「運転し続ける/歩き続ける/演奏/再生/上演し続ける」
- ▢ Should we stop at this gas station, or should we **drive on** to the next one?

drag on:「長引く/必要以上に時間をかける」
- ▢ Let's make a decision now. I don't want this problem to **drag on**.

B

動詞 + **on** の形を作るその他の句動詞

hold on / **hang on**:「待つ」
- ▢ 〔電話で〕**Hold on** a minute. Josh is with me. I'll ask him what he thinks. (⇒ 電話を切らないで待つ)

move on:「新しく活動を始める/話題を変える」
- ▢ 〔講義で〕That's enough about the political situation. Let's **move on** to the economy.

take on 〜:「〜(仕事/追加の仕事/責任など)を引き受けて成し遂げる」
- ▢ When Hannah was sick, a friend **took on** her work at the office.

C

動詞 + **off**

doze off / **drop off** / **nod off**:「(うっかり)うたた寝する/居眠りする」
- ▢ I **dozed off** during the lecture. It was very boring.

drop somebody/something **off**:「(人)を降ろす/(物)を置いて行く」
- ▢ Sarah **drops** her children **off** at school before she goes to work every morning.

go off:「(警報/アラーム)が鳴る」
- ▢ Did you hear the alarm **go off**?

lay 〜 **off**:「(十分な仕事がないために/会社の事情で)〜を解雇する」
- ▢ My brother was **laid off** two months ago and still hasn't found another job.

rip 〜 **off** / be **ripped off**:「〜をだます/あざむく」
- ▢ Did you really pay $2,000 for that painting? I think you were **ripped off**.
  (⇒ 払い過ぎ/だまされた)

show off:「(能力や知識を)誇示する/見せびらかす」
- ▢ Look at that boy on the bike riding with no hands. He's just **showing off**.

tell 〜 **off**:「(良くないことをしたので)〜を叱りつける」
- ▢ John **told** his brother **off** for using his bike without asking.

go on / **keep on** ➜ Unit 51B　句動詞 1(「句動詞」とは?) ➜ Unit 134　動詞 + **on**/**off** の形のその他の句動詞 ➜ Unit 137
イギリス英語 ➜ 付録 7

練習問題

138.1 それぞれの文が表している意味を、a b c の中から選びなさい。

1 I went on studying. (b が正しい)
a ~~I started studying.~~ b I continued studying. c ~~I put off studying.~~
2 I nodded off.
a I agreed. b I felt sick. c I fell asleep.
3 We were ripped off.
a We were attacked. b We paid too much. c Our clothes were torn.
4 I told them off.
a I criticized them. b I was satisfied with them. c I told them to go away.
5 The movie dragged on.
a The movie was interesting. b The movie was scary. c The movie was boring.
6 He was showing off.
a He was joking. b He was trying to impress us. c He wasn't telling the truth.

138.2 空所に動詞 + **on** または動詞 + **off** の句動詞を入れて、文を完成させなさい。

1 We can't ......go on...... spending money like this. We'll have nothing left soon.
2 If business doesn't improve, my company may have to .... some employees.
3 "Should I stop the car here?" "No, ... a bit further."
4 Dan paid too much for the car he bought. I think he was ....
5 A: Michael seems very busy at work these days.
B: Yes, he has .... too much extra work, I think.
6 The fire alarm ...., and everybody had to leave the building.
7 Ben was .... by his boss for being late for work repeatedly.
8 The meeting has only just finished. It .... longer than expected.
9 I hate talking about work. Can we .... to something more fun?
10 I .... making the same mistake. It's very frustrating.
11 Peter likes people to know how smart he is. He's always ....
12 "Are you ready to go yet?" "Almost. Can you .... just a while longer?"
13 Jack paused for a moment and then .... with his story.
14 I was so tired at work today. I nearly .... at my desk a couple of times.

138.3 以下から動詞を選び、**on** または **off** と組み合わせて空所に入れなさい。動詞は適切な形に変えなさい。必要に応じて他の語を補いなさい。

drag drop go go ~~hold~~ keep move rip tell

1 A: Why is it taking you so long?
B: ......Hold on...... ! I'll be ready in a minute!
2 A: Are you still working on that project? I can't believe it isn't finished.
B: I know. I'm fed up with it. It's really ....
3 A: Is Gary going to retire soon?
B: No, he likes his job and wants to .... working.
4 A: Have we discussed this point enough?
B: I think so. Let's .... to the next item on our agenda.
5 A: We took a taxi to the airport. It cost $80.
B: $80! Normally it costs about $40. You ....
6 A: Why were you late for work this morning?
B: I overslept. My alarm clock didn't ....
7 A: Anna has been gossiping about me.
B: She has? Why don't you .... ? She deserves it!
8 A: Is Kate good at making decisions?
B: No, she isn't. .... changing her mind.
9 A: Did you come home by bus?
B: No, Jen ....

➜ 補足練習問題 38–42 (pp. 318–320)

Unit 139 句動詞6: up/down

A

句動詞中の **up** と **down**: それぞれの意味を上下の方向で表します。

put ~ **up** (on a wall, etc.):「(壁などに)~を掛ける」
- I **put** a picture **up** on the wall.

pick ~ **up**:「~を拾い上げる」
- There was a letter on the floor. I **picked** it **up** and looked at it.

stand up:「立ち上がる」
- Alan **stood up** and walked out.

turn ~ **up**:「~を上げる/上に向ける」
- I can't hear the TV. Can you **turn** it **up** a little?

take ~ **down** (from a wall, etc.):「(壁などから)を下ろす」
- I didn't like the picture, so I **took** it **down**.

put ~ **down**:「~を置く」
- I stopped writing and **put down** my pen.

sit down / **bend down** / **lie down**:
「座る/腰を曲げる/横になる」
- I **bent down** to tie my shoes.

turn ~ **down**:「~を下げる, 弱める」
- The oven is too hot. **Turn** it **down** to 165 degrees.

B

tear down, **cut down** など: down には立っているものを倒す意味があります。

tear down ~:「~(建物)を解体する」
cut down ~:「~(木)を切り倒す」
blow ~ **down**:「~を吹き倒す」
- Some old houses were **torn down** to make way for the new shopping mall.
- A: Why did you **cut down** the tree in your yard?
  B: I didn't. It was **blown down** in the storm last week.

burn down:「火事で倒壊する/全焼する」
- They were able to put out the fire before the house **burned down**.

C

down: down は、大きさが少しずつ小さくなったり、持っている量などが減少することを表します。

slow down:「スピードを落とす」
- You're driving too fast. **Slow down**.

calm (somebody) **down**:「落ち着く/(人)を落ち着かせる」
- **Calm down**. There's no point in getting angry.

cut down (**on**~):「(~を食べたり飲んだりする回数を)減らす」
- I'm trying to **cut down on** coffee. I drink too much of it.

D

動詞 + **down** の形を作るその他の句動詞

break down:「(機械/自動車が)故障する」
- The car **broke down**, and I had to phone for help.

break down: 会議や話し合いなどが「決裂する/物別れになる」
- Talks between the two groups **broke down** without a solution being reached. (⇒ 話し合いは物別れになった)

close down:「商売を中止する/閉店する/廃業する」
- There used to be a store at the end of the street. It **closed down** a few years ago.

let somebody **down**:「(期待通りのことをしなかったため)(人)を失望させる」
- You can always rely on Nick. He'll never **let** you **down**.

turn somebody/something **down**:「(応募者/申請/提案)を断る/取り下げる」
- I applied for several jobs, but I was **turned down** for all of them.
- Rachel was offered the job, but she decided to **turn** it **down**.

write ~ **down**:「(後から情報が必要になるかもしれないので)~を紙に書き留める」
- I can't remember Ben's address. I **wrote** it **down**, but I can't find it.

句動詞1(「句動詞」とは?) ➜ Unit 134　動詞 + **up** の形のその他の句動詞 ➜ Units 140–141

練習問題

139.1 空所に動詞 + **up** または動詞 + **down** の句動詞を入れて、イラストの状況を説明しなさい。

1 There used to be a tree in front of the house, but we ......*cut it down*...... .
2 There used to be some shelves on the wall, but I ....
3 The ceiling was so low, he couldn't .... straight.
4 She couldn't hear the radio very well, so she ....
5 While they were waiting for the bus, they .... on the ground.
6 A few trees .... in the storm last week.
7 We have some new curtains, but we haven't .... yet.
8 Liz dropped her keys, so she .... and ....

139.2 以下から適切な動詞を選び、**up** または **down** と組み合わせて文を完成させなさい。動詞は適切な形に変えなさい。

calm **cut** **let** ~~**take**~~ **turn** **write**

1 I don't like this picture on the wall. I'm going to ......*take it down*...... .
2 The music was too loud. So I ....
3 David was very angry. I tried to ....
4 I promised I would help Anna. I don't want to ....
5 I've forgotten my password. I should have ....
6 Those trees are beautiful. Please don't ....

139.1 動詞 + **down** の句動詞を空所に入れて文を完成させなさい。

1 I stopped writing and ......*put down*...... my pen.
2 I was really angry. It took me a long time to ....
3 The train .... as it approached the station.
4 Sarah applied for medical school, but she ....
5 Our car is very reliable. It has never ....
6 I spend too much money. I'm going to .... on things I don't need.
7 I didn't play well. I felt that I had .... the other players on the team.
8 The store .... because it was losing money.
9 It's a very ugly building. Many people would like it to ....
10 I can't understand why you .... the chance to work in another country for a year. It would have been a great experience for you.
11 Unfortunately, the house .... before the fire department got there, but no one was hurt.
12 The strike is going to continue. Talks between the two sides have .... without agreement.

➜ **補足練習問題 38–42** (pp. 318–320)

Unit 140 句動詞 7: up (1)

A

go up / **come up** / **walk up** (**to** ～)**:**「(～に)近づく」
- ▢ A man **came up to** me in the street and asked me for money.

catch up (**with** somebody)**:**「前を行く人より速く動いて(人)に)追いつく」
- ▢ I'm not ready to go yet. You go on, and I'll **catch up with** you.

keep up (**with** somebody)**:**「速度やレベルを保って(人)に)ついて行く」
- ▢ You're walking too fast. I can't **keep up** (**with** you).
- ▢ You're doing well. **Keep** it **up**!

B

set up ～**:**「～(組織／会社／事業／システム／ホームページなど)を立ち上げる／セットアップする」
- ▢ The government has **set up** a committee to investigate the problem.

take up ～**:**「～(趣味／スポーツ／活動など)を始める」
- ▢ Megan **took up** photography a few years ago. She takes really good pictures.

C

grow up:「成長する」
- ▢ Amy was born in Mexico but **grew up** in the United States.

bring up a child**:**「子どもを育てる／世話をする」
- ▢ Her parents died when she was a child, and she was **brought up** by her grandparents.

D

back up

back someone **up:**「(人)を支援する／助ける」
- ▢ Will you **back** me **up** if I tell the police what happened?
  (⇒ 私が嘘をついていないと証明してください)

back up ～**:**「～(コンピュータのファイル)をバックアップする／コピーを作成する」
- ▢ You've spent a long time on that document; you'd better **back up** your files.

back up a car**:**「自動車をバックで動かす／後退させる」
- ▢ I couldn't turn around on the narrow street. I had to **back** the car **up** a block.

E

end up ～ / **end up** doing ～**:**「最後は～で終わる／結局～になる」
- ▢ There was a fight in the street, and three men **ended up** in the hospital.
  (⇒ 最後には、3人の男が病院送りとなった)
- ▢ I couldn't find a hotel and **ended up** sleeping on a bench at the station.
  (⇒ 結局、駅のベンチで寝た)

give up:「あきらめる」/ **give** ～ **up:**「～をやめる／放棄する」
- ▢ Don't **give up**. Keep trying!
- ▢ Josh **gave up** his job to take care of his sick mother. (⇒ 仕事を辞めた)

make up ～**:**「～を構成する」/ be **made up of** ～**:**「～から成り立つ／～で作られる」
- ▢ Children under 16 **make up** half the population of the city.
  (⇒ 人口の半分が16歳以下の子供)
- ▢ Air is **made up** mainly **of** nitrogen and oxygen. (⇒ 窒素と酸素でできている)

take up ～**:**「～(空間／時間)を使う／占める」
- ▢ Most of the space in the room was **taken up** by a large table.

turn up / **show up:**「到着する／現れる」
- ▢ We arranged to meet David last night, but he didn't **show up**.

use ～ **up:**「～を何も残らないように使い切る」
- ▢ I'm going to make soup. We have a lot of vegetables, and I want to **use them up**.

句動詞 1(「句動詞」とは?) ➜ Unit 134　動詞 + up の形のその他の句動詞 ➜ Units 139, 141

練習問題

140.1 セクション **A** の動詞を含んだ 3 語を空所に入れ、イラストの状況を説明しなさい。

1 A man ....came up to.......... me in the street and asked me the way to the train station.

2 Kate .... the front door of the house and rang the doorbell.

3 Tom was a long way behind the other runners, but he managed to .... them.

4 Lauren was running too fast for Paul. He couldn't .... her.

140.2 以下から適切な動詞を選び、**up** と組み合わせて文を完成させなさい。動詞は適切な形に変えなさい。

back ~~end~~ end give give grow make show take take use

1 I couldn't find a hotel and ....ended up.......... sleeping on a bench at the station.
2 I'm feeling tired now. I've .... all my energy.
3 I hadn't .... my files, and my computer crashed. I lost everything I was working on.
4 People often ask children what they want to be when they ....
5 We arranged to meet Tom, but he didn't ....
6 Two years ago James .... his studies to be a professional football player.
7 I don't play any sports right now, but I'm thinking of .... tennis.
8 You don't have enough determination. You .... too easily.
9 Karen traveled a lot for a few years and .... in Canada, where she still lives.
10 I do a lot of gardening. It .... most of my free time.
11 There are two colleges in the city. Students .... 20 percent of the population.

140.3 以下から適切な動詞を選び、**up** と組み合わせて文を完成させなさい。必要に応じて他の語を補いなさい。

back bring ~~catch~~ ~~give~~ give go keep keep make set

1 Josh ....gave up.......... his job to take care of his sick mother.
2 I'm not ready yet. You go ahead, and I'll ....catch up with.......... you.
3 Our team started the game well, but we couldn't ...., and in the end we lost.
4 A: I agree with your solution and will give you my support.
B: Thanks for ....
5 Steven is having problems at school. He can't .... the rest of the class.
6 I .... in the country, but I have always preferred cities.
7 I saw Mike at the party, so I .... him and said hello.
8 Helen has her own website. A friend of hers helped her to ....
9 Ben was learning to play the guitar, but he found it hard and in the end he ....
10 When I was on vacation, I joined a tour group. The group .... two Americans, three Italians, five Germans, and myself.

→ 補足練習問題 38–42 (pp. 318–320)

Unit 141 句動詞 8: up (2)

A

bring up ～**:**「～(話題／提案／問題)を言い出す／持ち出す」
- I don't want to hear anymore about this. Please don't **bring** it **up** again.

come up:「話題に上がる／会話や会議で取り上げられる」
- Some interesting things **came up** in our discussion yesterday.

come up with ～**:**「～(アイディア／提案)を思いつく／考え出す」
- Sarah is very creative. She's always **coming up with** new ideas.

make ～ **up:**「～をでっち上げる／真実ではないものを作り上げる」
- What Kevin told you about himself wasn't true. He **made** it all **up**.

B

cheer up:「元気になる／気持ちが高まる」/ **cheer** somebody **up:**「(人)を励ます／元気づける」
- You look so sad! **Cheer up**!
- Hannah is depressed. What can we do to **cheer** her **up**?

save up for ～ / **to do …:**「～を買うために／…するためにお金を貯める」
- Dan is **saving up** for a trip to New Zealand.

clear up:「天気が晴れる／明るくなる」
- It was raining when I got up, but it **cleared up** later.

C

blow up:「爆発する」/ **blow** ～ **up:**「～を爆弾などで吹き飛ばす／破壊する」
- The engine caught fire and **blew up**.
- The bridge was **blown up** during the war.

tear ～ **up:**「～をびりびりに裂く／ずたずたに引き裂く」
- I didn't read the letter. I just **tore** it **up** and threw it away.

beat somebody **up:**「(人)をめった打ちにする／(人)を何度も殴りひどい怪我を負わせる」
- A friend of mine was attacked and **beaten up.** He had to go to the hospital.

D

break up / **split up** (with somebody)**:**「(人)と)別れる／離婚する」
- I'm surprised to hear that Kate and John have **split up**. They seemed very happy together.

clean ～ **up:**「～をきれいにする／片づける／整頓する」
- Look at this mess! Who is going to **clean** it **up**?

fix up ～**:**「～(建物／部屋／自動車など)を修理する／元通りにする」
- I love how you've **fixed up** this room. It looks so much nicer.

look ～ **up** in a …**:**「～(語句)を…(辞書／百科事典など)で引く／探す」
- If you don't know the meaning of a word, you can **look** it **up** (in a dictionary).

put up with ～**:**「～(困難な状況／人)に耐える／を我慢する」
- We live on a busy street, so we have to **put up with** a lot of noise from the traffic.

hold up ～**:**「～(人／計画／移動)を止める／妨げる／遅らせる」
- Don't wait for me. I don't want to **hold** you **up**.
- Plans to build a new factory have been **held up** because of financial problems.

mix up people/things, **get** people/things **mixed up:**「(人／物)を混同する／間違える」
- The two brothers look very similar. People often **mix** them **up**.
  or … People often **get** them **mixed up**. (⇒ 兄と弟を間違える)

句動詞 1(「句動詞」とは?) ➜ Unit 134　動詞 + up の形のその他の句動詞 ➜ Units 139–140　イギリス英語 ➜ 付録 7

練習問題

141.1 左枠の 1〜7 の文の後に続く語句を、右枠の a 〜 g の中から選び記号で答えなさい。

1	He was angry and tore up	a	a motorcycle	1	f
2	Julia came up with	b	a lot of bad weather	2	....
3	Matt is always making up	c	the two medicines	3	....
4	Be careful not to mix up	d	a good suggestion	4	....
5	I don't think you should bring up	e	excuses	5	....
6	I'm saving up for	f	~~the letter~~	6	....
7	We had to put up with	g	that subject	7	....

141.2 空所に 2〜3 語からなる語句を入れ、イラストの状況を説明しなさい。

1

The weather was horrible this morning, but it's cleared up now.

2

Liz was late because she was .... in the traffic.

3

They bought an old house and .... It's really nice now.

4

Joe was really depressed. We took him out for dinner to ....

141.3 空所に動詞 + **up** の句動詞を入れ、文を完成させなさい。必要に応じて他の語を補いなさい。

1 Some interesting things came up in our discussion yesterday.
2 The ship .... and sank. The cause of the explosion was never discovered.
3 James was attacked and .... by three men he'd never seen before.
4 Robert and Jen aren't together anymore. They've ....
5 An interesting question .... in class today.
6 It's been raining all morning. Let's hope it .... this afternoon.
7 I showed up for the party on the wrong day. I got the dates ....

141.4 空所に動詞 + **up** の句動詞を入れ、文を完成させなさい。必要に応じて他の語を補いなさい。

1 Don't wait for me. I don't want to hold you up.
2 I don't know what this word means. I'll have to ....
3 I'm fed up with the way my boss treats me. I don't see why I should .... it.
4 I don't believe the story you're telling me. I think you're ....
5 The problem was complicated, but we managed to .... a solution.
6 Before you throw these documents away, you should ....
7 I'm trying to spend less money right now. I'm .... a vacation.
8 Mary doesn't like talking about the accident, so it's better not to ....
9 The words "there" and "their" sound the same, so it's easy to ....
10 After the party, my place was a mess. Some friends helped me ....

→ 補足練習問題 38–42 (pp. 318–320)

Unit 142

句動詞 9: away/back

A

☆ **away と back はどのように異なりますか。**

away

➤ **自分の家から離れて**

- We're **going away** on a trip today.

➤ **場所・人・物から離れて**

- Sarah got into her car, started the engine, and **drove away**.
- I tried to take a picture of the bird, but it **flew away**.
- I dropped the ticket, and it **blew away** in the wind.
- The police searched the house and **took away** a computer.

その他にも **walk away** (歩き去る), **run away** (走り去る), **look away** (目をそらす)のような句動詞も用いられます。

back

➤ **自分の家に帰る**

- We'll **be back** in three weeks.

➤ **場所・人・物に戻る**

- A: I'm going out now.
  B: What time will you **be back**?
- After eating at a restaurant, we **walked back** to our hotel.
- I've still got Jane's keys. I forgot to **give** them **back** to her.
- When you've finished with that book, can you **put** it **back** on the shelf?

その他にも **go back** (戻る), **come back** (帰ってくる), **get back** (回復する), **take 〜 back** (〜を戻す)のような句動詞も用いられます。

B

動詞 + **away** の形を作るその他の句動詞

get away:「逃げる／難しい状況を解決せずに放置する」

- We tried to catch the thief, but she **got away**.

get away with 〜:「良くないことをしながら罰を受けないままでいる／受けずに逃げる」

- I parked in a no-parking zone, but I **got away with** it. I didn't have to pay a fine.

keep away (from 〜):「(〜から)離れる／遠ざかる」

- **Keep away from** the edge of the pool. You might fall in.

give 〜 away:「もはや必要なくなったので〜を無料で与える／寄贈する」

- "Did you sell your bike?" "No, I **gave** it **away** to a friend."

put 〜 away:「収納すべき場所へと目につかないように片づける／しまう」

- When the children finished playing with their toys, they **put** them **away**.

throw 〜 away:「ごみとして〜を捨てる」

- I kept the letter, but I **threw away** the envelope.

C

動詞 + **back** の形を作るその他の句動詞

wave back:「手を振り返す」/ **smile back:**「ほほえみ返す」/ **shout back:**「どなり返す」/ **write back:**「返事を書く」/ **hit** somebody **back:**「(人)をなぐり返す」

- I waved to her and she **waved back**.

call/phone (somebody) **back:**「(人に)電話を返す／折り返し電話する」

- I can't talk to you now. I'll **call** you **back** in ten minutes.

get back to somebody:「(人)に電話や電子メールなどで返事をする」

- I sent him an email, but he never **got back to** me.

look back (on 〜):「(過去の出来事を)思い返す／振り返る」

- My first job was at a travel agency. I didn't like it much at the time but, **looking back on** it, I learned a lot and it was a useful experience.

pay back money:「(お金)を返す」/ **pay** somebody **back:**「(人)にお金を返す」

- If you borrow money, you have to **pay** it **back**.
- Thanks for lending me the money. I'll **pay** you **back** next week.

句動詞 1 (「句動詞」とは?) ➜ Unit 134

練習問題

142.1 空所に適切な語句を入れて、イラストの状況を説明しなさい。

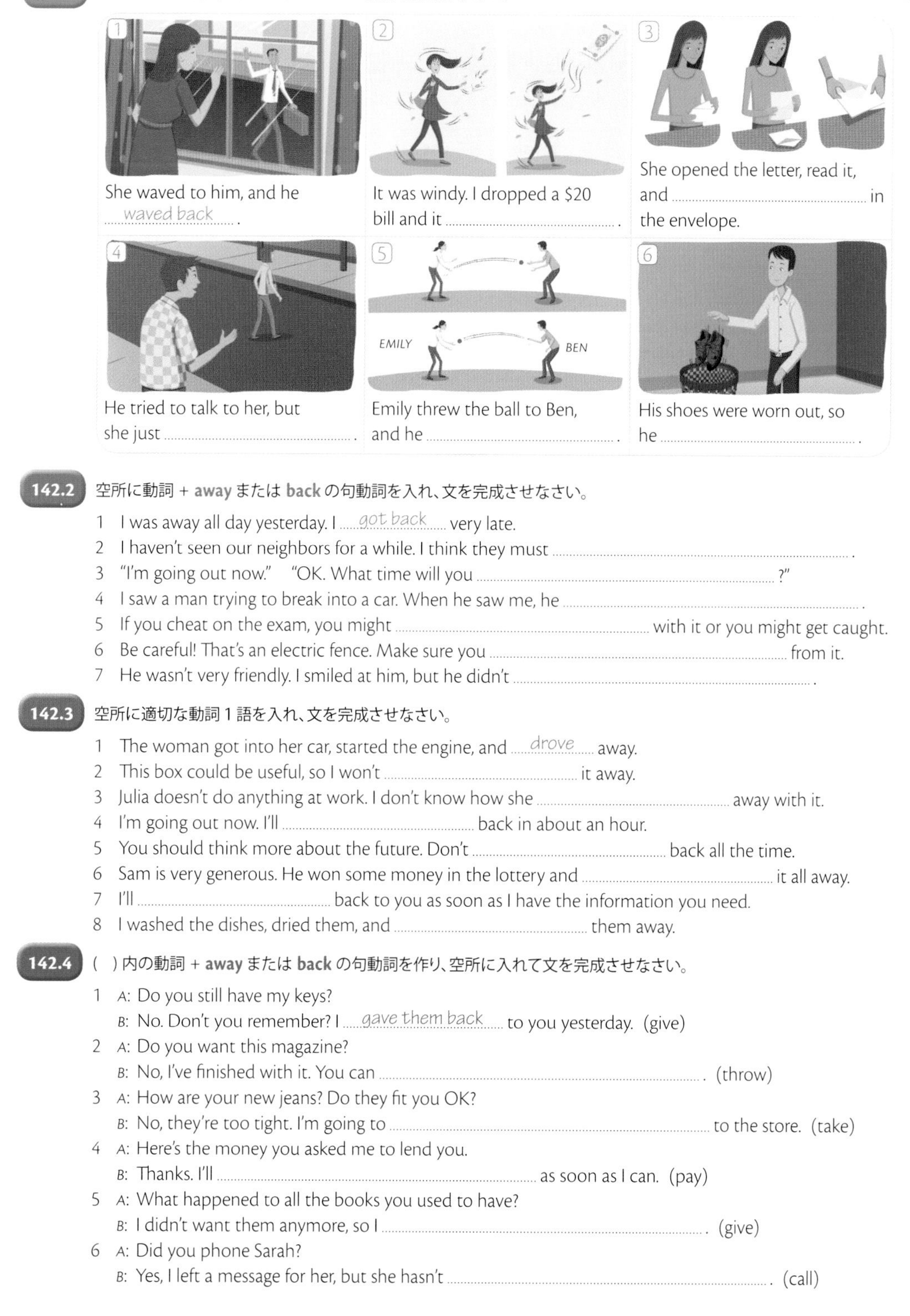

1. She waved to him, and he ......waved back...... .
2. It was windy. I dropped a $20 bill and it ....
3. She opened the letter, read it, and .... in the envelope.
4. He tried to talk to her, but she just ....
5. Emily threw the ball to Ben, and he ....
6. His shoes were worn out, so he ....

142.2 空所に動詞 + **away** または **back** の句動詞を入れ、文を完成させなさい。

1. I was away all day yesterday. I ......got back...... very late.
2. I haven't seen our neighbors for a while. I think they must ....
3. "I'm going out now." "OK. What time will you .... ?"
4. I saw a man trying to break into a car. When he saw me, he ....
5. If you cheat on the exam, you might .... with it or you might get caught.
6. Be careful! That's an electric fence. Make sure you .... from it.
7. He wasn't very friendly. I smiled at him, but he didn't ....

142.3 空所に適切な動詞 1 語を入れ、文を完成させなさい。

1. The woman got into her car, started the engine, and ......drove...... away.
2. This box could be useful, so I won't .... it away.
3. Julia doesn't do anything at work. I don't know how she .... away with it.
4. I'm going out now. I'll .... back in about an hour.
5. You should think more about the future. Don't .... back all the time.
6. Sam is very generous. He won some money in the lottery and .... it all away.
7. I'll .... back to you as soon as I have the information you need.
8. I washed the dishes, dried them, and .... them away.

142.4 ( ) 内の動詞 + **away** または **back** の句動詞を作り、空所に入れて文を完成させなさい。

1. A: Do you still have my keys?
   B: No. Don't you remember? I ......gave them back...... to you yesterday. (give)
2. A: Do you want this magazine?
   B: No, I've finished with it. You can .... (throw)
3. A: How are your new jeans? Do they fit you OK?
   B: No, they're too tight. I'm going to .... to the store. (take)
4. A: Here's the money you asked me to lend you.
   B: Thanks. I'll .... as soon as I can. (pay)
5. A: What happened to all the books you used to have?
   B: I didn't want them anymore, so I .... (give)
6. A: Did you phone Sarah?
   B: Yes, I left a message for her, but she hasn't .... (call)

➜ **補足練習問題 38–42** (pp. 318–320)

付録 1
規則動詞と不規則動詞

➤ **動詞の過去形と過去分詞形は、どのように作りますか。**

1.1 規則動詞
語尾に **-ed** を付けて、単純過去形と過去分詞形ができる動詞を規則動詞と呼びます。

原形	**clean**	**finish**	**use**	**paint**	**stop**	**carry**
単純過去形 過去分詞形	**cleaned**	**finished**	**used**	**painted**	**stopped**	**carried**

規則動詞のつづり方の規則 ⇒ **付録 6**

I **cleaned** / they **finished** / she **carried** などの単純過去形 ⇒ **Unit 5**

過去分詞は、完了時制と受動態の構文で用います。
完了時制 (**have**/**has**/**had** cleaned):
- I **have cleaned** the windows.（現在完了形 ⇒ **Units 7–8**）
- They were still working. They **had**n't **finished**.（過去完了形 ⇒ **Unit 14**）

受動態 (**is** clean**ed** / **was** clean**ed** など):
- He **was carried** out of the room.（単純過去形）
- This gate has just **been painted**.（現在完了形）

⇒ **Units 40–42**

1.2 不規則動詞
I saw/ **I have seen** の **saw**（単純過去形）や **seen**（過去分詞形）のように、語尾に **-ed** を付けて単純過去形と過去分詞形を作ることのできない動詞を不規則動詞と呼びます。不規則動詞は次のように分類できます。

A-A-A: hit-hit-hit のように、原形／単純過去形／過去分詞形がすべて同じ形になる。
- Don't **hit** me.（原形）
- Somebody **hit** me as I came into the room.（単純過去形）
- I've never **hit** anybody in my life.（過去分詞形―現在完了形）
- George was **hit** on the head by a stone.（過去分詞形―受動態）

A-B-B: tell-told-told のように、原形とは異なるものの単純過去形と過去分詞形が同じ形になる。
- Can you **tell** me what to do?（原形）
- She **told** me to come back the next day.（単純過去形）
- Have you **told** anybody about your new job?（過去分詞形―現在完了形）
- I was **told** to come back the next day.（過去分詞形―受動態）

A-B-C: wake-woke-woken のように、原形／単純過去形／過去分詞形ですべて形が異なる。
- I'll **wake** you up.（原形）
- I **woke** up in the middle of the night.（単純過去形）
- The baby has **woken** up.（過去分詞形―現在完了形）
- I was **woken** up by a loud noise.（過去分詞形―受動態）

1.3 不規則動詞変化表：表以外の動詞で不規則変化するものはありません。表にない動詞は規則変化します。 ＊発音記号

原形	単純過去形	過去分詞形
be	was/were	been
beat	beat	beaten
become	became	become
begin	began	begun
bend	bent	bent
bet	bet	bet
bite	bit	bitten
blow	blew	blown
break	broke	broken
bring	brought	brought
broadcast	broadcast	broadcast
build	built	built
burst	burst	burst
buy	bought	bought
catch	caught	caught
choose	chose	chosen
come	came	come
cost	cost	cost
creep	crept	crept
cut	cut	cut
deal	dealt	dealt
dig	dug	dug
do	did	done
draw	drew	drawn
drink	drank	drunk
drive	drove	driven
eat	ate	eaten
fall	fell	fallen
feed	fed	fed
feel	felt	felt
fight	fought	fought
find	found	found
fit	fit	fit
flee	fled	fled
fly	flew	flown
forbid	forbade	forbidden
forget	forgot	forgotten
forgive	forgave	forgiven
freeze	froze	frozen
get	got	gotten
give	gave	given
go	went	gone
grow	grew	grown
hang	hung	hung
have	had	had
hear	heard	heard
hide	hid	hidden
hit	hit	hit
hold	held	held
hurt	hurt	hurt
keep	kept	kept
kneel	knelt	knelt
know	knew	known
lay	laid	laid
lead	led	led
leave	left	left
lend	lent	lent
let	let	let
lie	lay	lain

原形	単純過去形	過去分詞形
light	lit/lighted	lit/lighted
lose	lost	lost
make	made	made
mean	meant	meant
meet	met	met
pay	paid	paid
put	put	put
quit	quit	quit
read	read [red]*	read [red]*
ride	rode	ridden
ring	rang	rung
rise	rose	risen
run	ran	run
say	said	said
see	saw	seen
seek	sought	sought
sell	sold	sold
send	sent	sent
set	set	set
sew	sewed	sewn/sewed
shake	shook	shaken
shine	shone/shined	shone/shined
shoot	shot	shot
show	showed	shown/showed
shrink	shrank	shrunk
shut	shut	shut
sing	sang	sung
sink	sank	sunk
sit	sat	sat
sleep	slept	slept
slide	slid	slid
speak	spoke	spoken
spend	spent	spent
spit	spit/spat	spit/spat
split	split	split
spread	spread	spread
spring	sprang	sprung
stand	stood	stood
steal	stole	stolen
stick	stuck	stuck
sting	stung	stung
stink	stank	stunk
strike	struck	struck
swear	swore	sworn
sweep	swept	swept
swim	swam	swum
swing	swung	swung
take	took	taken
teach	taught	taught
tear	tore	torn
tell	told	told
think	thought	thought
throw	threw	thrown
understand	understood	understood
wake	woke	woken
wear	wore	worn
weep	wept	wept
win	won	won
write	wrote	written

付録 2
現在時制と過去時制

☆ **現在時制と過去時制には、どのような動詞の形がありますか。**

	単純形	進行形
現在形	I **do** 単純現在形 ⇒ **Units 2–4** ○ Anna often **plays** tennis. ○ I **work** in a bank, but I **don't enjoy** it much. ○ **Do** you **like** parties? ○ It **doesn't rain** so much in the summer.	I **am doing** 現在進行形 ⇒ **Units 1, 3–4** ○ "Where's Anna?" "She**'s playing** tennis." ○ Please don't disturb me now. I**'m working**. ○ Hello! **Are** you **enjoying** the party? ○ It **isn't raining** right now.
現在完了形	I **have done** 単純現在完了形 ⇒ **Units 7–8, 10–13** ○ Anna **has played** tennis many times. ○ I**'ve lost** my key. **Have** you **seen** it anywhere? ○ How long **have** you and Sam **known** each other? ○ A: Is it still raining? B: No, it **has stopped**. ○ The house is dirty. I **haven't cleaned** it for weeks.	I **have been doing** 現在完了進行形 ⇒ **Units 9–12** ○ Anna is tired. She **has been playing** tennis. ○ You're out of breath. **Have** you **been running**? ○ How long **have** you **been learning** English? ○ It's still raining. It **has been raining** all day. ○ I **haven't been feeling** well recently. Maybe I should go to the doctor.
過去形	I **did** 単純過去形 ⇒ **Units 5–6, 8–13** ○ Anna **played** tennis yesterday afternoon. ○ I **lost** my key a few days ago. ○ There was a movie on TV last night, but we **didn't watch** it. ○ What **did** you **do** when you finished work yesterday?	I **was doing** 過去進行形 ⇒ **Unit 6** ○ I saw Anna at the park yesterday. She **was playing** tennis. ○ I dropped my key when I **was trying** to open the door. ○ The TV was on, but we **weren't watching** it. ○ What **were** you **doing** at this time yesterday?
過去完了形	I **had done** 過去完了形 ⇒ **Unit 14** ○ It wasn't her first game of tennis. She **had played** many times before. ○ They couldn't get into the house because they **had lost** the key. ○ The house was dirty because I **hadn't cleaned** it for weeks.	I **had been doing** 過去完了進行形 ⇒ **Unit 15** ○ Anna was tired yesterday evening because she **had been playing** tennis in the afternoon. ○ James decided to go to the doctor because he **hadn't been feeling** well.

受動態 ⇒ **Units 40–42**

付録 3
未来

☆ **未来を表す動詞の形には、どのようなものがありますか。それぞれはどのように異なりますか。**

3.1 未来を表す動詞の形

▢ I'**m leaving** tomorrow.	現在進行形	⇒ **Unit 18A**
▢ My train **leaves** at 9:30.	単純現在形	⇒ **Unit 18B**
▢ I'**m going to leave** tomorrow.	(be) **going to**	⇒ **Units 19, 22**
▢ I'**ll leave** tomorrow.	**will**	⇒ **Units 20–22**
▢ I'**ll be leaving** tomorrow.	未来進行形	⇒ **Unit 23**
▢ I'**ll have left** by this time tomorrow.	未来完了形	⇒ **Unit 23**
▢ I hope to see you before I **leave** tomorrow.	単純現在形	⇒ **Unit 24**

3.2 さまざまな未来の動作と動詞の形

現在進行形 (**I'm doing**)**:** すでに計画し準備した未来の動作。

▢ I'**m leaving** tomorrow. I've got my plane ticket. (⇒ 出発することを計画して準備した)
▢ "When **are** they **getting** married?" "On July 24."

単純現在形 (**I leave** / **it leaves** など)**:** 交通機関の時刻表や映画のプログラムなどのように、予定が組まれている未来の動作。

▢ My train **leaves** at 11:30. (⇒ 時刻表上の情報)
▢ What time **does** the movie **begin**?

(**be**) **going to** + 動詞の原形**:** 「…するつもり」のように、すでに決心している未来の動作。

▢ I've decided not to stay here any longer. I'**m going to leave** tomorrow.
(= I'**m leaving** tomorrow. この意味は現在進行形でも表せます。**Unit 19B**.)
▢ "Your shoes are dirty." "Yes, I know. I'**m going to clean** them."

will (**'ll**)**:** 話している時点で「私は …する／…しよう」と決心や同意した未来の動作。

▢ A: I don't want you to stay here any longer.
B: OK. I'**ll leave** tomorrow. (⇒ B は話している時に「出ていく」と決心した)
▢ That bag looks heavy. I'**ll help** you with it.
▢ I **won't tell** anybody what happened. I promise. (**won't** = **will not**)

3.3 未来の出来事や状況を表す動詞の形

something **will happen** / something **will be:** 「…するだろう／…となるだろう」のように、未来の出来事や状況を予測します。

▢ I don't think John is happy at work. I think he'**ll leave** soon.
▢ This time next year I'**ll be** in Japan. Where **will** you **be**?

(**be**) **going to** + 動詞の原形**:** 現在の状況から考えられる未来の出来事を表します。

▢ Look at those black clouds. It'**s going to rain**. (⇒ 今見える雲から雨が降ると予測できる)

3.4 未来進行形と未来完了形

will be (do)**ing:** 「…しているところだろう」のように、未来に進行していると予測できる動作。

▢ This time next week I'll be on vacation. I'**ll be lying** on a beach or **swimming** in the ocean.

will be -ing: 「…する」のように、自然に未来に始まり完結する動作を表すことがあります。⇒ **Unit 23C**

▢ What time **will** you **be leaving** tomorrow?

will have (**done**)**:** 未来の一時点までに完了していることが予測できる動作。

▢ I won't be here this time tomorrow. I'**ll have** already **left**.

3.5 **when**/**if**/**while**/**before** などの節の内部では、未来の動作や出来事を現在形で表します。⇒ **Unit 24**

▢ I hope to see you **before I leave** tomorrow. (× before I will leave)
▢ **When** you **are** in New York again, come and see us. (× When you will be)
▢ **If** we **don't hurry**, we'll be late.

付録 4
法助動詞 (can/could/will/would など)

ここでは法助動詞が作る形と大まかな意味を確認します。それぞれの法助動詞に関するより詳しい解説については、**Units 25–35** を参照してください。

4.1 **can/could** などの法助動詞は、どのような活動を表しますか。

can	◯ I **can go** out tonight. (⇒ …することに何ら問題がない) ◯ I **can't go** out tonight.
could	◯ I **could go** out tonight, but I don't feel like it. ◯ I **couldn't go** out last night. (= I wasn't able)
can = **may**	◯ **Can** / ◯ **May** } I **go** out tonight? (⇒ …することを許してくれますか)
will/won't	◯ I think I'**ll go** out tonight. ◯ I promise I **won't go** out.
would	◯ I **would go** out tonight, but I have too much to do. ◯ I promised I **wouldn't go** out.
should	◯ **I should go** out tonight. (⇒ …出かけたほうがいい) ◯ **Should** I **go** out tonight? (⇒ …出かけたほうがいいと思いますか)

could have … / **would have** … などは、どのような出来事を表しますか。

could	◯ I **could have gone** out last night, but I decided to stay at home.
would	◯ I **would have gone** out last night, but I had too much to do.
should	◯ I **should have gone** out last night. I'm sorry I didn't.

4.2 **will/would/may** などの法助動詞は、出来事が起こる可能性や確実性を表します。

will	◯ "What time **will** she **be** here?" "She'**ll be** here soon."
would	◯ She **would be** here now, but she's been delayed.
should	◯ She **should be** here soon. (⇒ 間もなくここに来るはずだ)
may = **might** = **could**	◯ She { **may** / **might** / **could** } **be** here now. I'm not sure. (⇒ ここにいるかもしれない)
must	◯ She **must be** here. I saw her come in.
can't	◯ She **can't be** here. I know for sure that she's away on vacation.

would have … / **should have** … などは、どのような出来事を表しますか。

will	◯ She **will have arrived** by now. (⇒ 今頃は到着しているだろう)
would	◯ She **would have arrived** earlier, but she was delayed.
should	◯ I wonder where she is. She **should have arrived** by now.
may = **might** = **could**	◯ She { **may** / **might** / **could** } **have arrived**. I'm not sure. (⇒ 到着したかもしれない)
must	◯ She **must have arrived** by now. (⇒ 到着したに違いない)
couldn't	◯ She **couldn't have arrived** yet. It's much too early. (⇒ 到着しているはずがない)

付録 5
短縮形（I'm/you've/didn't など）

5.1 英語の話し言葉では、**I am** / **you have** / **did not** などの形の代わりに、**I'm** / **you've** / **didn't** などの短縮形を用います。このような短縮形は、友人への連絡などのくだけた書き言葉で用いますが、学校に提出する小論文や仕事上の報告書などでは短縮形は使用しません。

短縮形では以下のように、省略した文字をアポストロフィ（'）で表記します。

I'm = I am　　you've = you have　　didn't = did not

5.2 主な短縮形

'm = am	I'**m**						
's = is/has		he'**s**	she'**s**	it'**s**			
're = are					you'**re**	we'**re**	they'**re**
've = have	I'**ve**				you'**ve**	we'**ve**	they'**ve**
'll = will	I'**ll**	he'**ll**	she'**ll**		you'**ll**	we'**ll**	they'**ll**
'd = would/had	I'**d**	he'**d**	she'**d**		you'**d**	we'**d**	they'**d**

's = is/has:

- She'**s** sick. (= She **is** sick)
- She'**s** gone away. (= She **has** gone)

ただし、**'s** の形をしていても let'**s** は let **us** の短縮形です。

- Let'**s** go now. (= Let **us** go)

'd = would/had:

- I'**d** see a doctor if I were you. (= I **would** see)
- I'**d** never seen her before. (= I **had** never seen)

's や **'d** のような短縮形は、**who**/**what** などの疑問詞や **that**/**there**/**here** などの語と組み合わせてよく用いられます。特に **'s** はよく使われます。

who'**s**　what'**s**　where'**s**　how'**s**　that'**s**　there'**s**　here'**s**　who'**ll**　there'**ll**　who'**d**

- **Who's** that woman over there? (= who **is**)
- **What's** happened? (= what **has**)
- Do you think **there'll** be many people at the party? (= there **will**)

名詞の後でも短縮形（特に **'s**）を使うことがあります。

- **Katherine's** going out tonight. (= Katherine **is**)
- **My best friend's** just gotten married. (= My best friend **has**)

文の終わりに置かれた動詞には強勢が与えられ，強く発音されます。この位置では **'m** / **'s** / **'re** / **'ve** / **'ll** / **'d** のような短縮形は使えません。

- "Are you tired?" "Yes, I **am**." (× Yes, I'm.)
- Do you know where she **is**? (× Do you know where she's?)

5.3 否定（not）の意味を持つ短縮形

isn't (= is not) **aren't** (= are not) **wasn't** (= was not) **weren't** (= were not)	**don't** (= do not) **doesn't** (= does not) **didn't** (= did not)	**haven't** (= have not) **hasn't** (= has not) **hadn't** (= had not)
can't (= cannot) **won't** (= will not)	**couldn't** (= could not) **wouldn't** (= would not) **shouldn't** (= should not)	

is と **are** の否定の短縮形には、以下の 2 通りが可能です。

he **isn't** / she **isn't** / it **isn't** = he'**s not** / she'**s not** / it'**s not**

you **aren't** / we **aren't** / they **aren't** = you'**re not** / we'**re not** / they'**re not**

付録 6
つづり

6.1 名詞／動詞／形容詞は、次のような語尾を持ちます。

名詞 + **-s**/**-es** (複数形)	book**s**	idea**s**	match**es**
動詞 + **-s**/**-es** (**he**/**she**/**it** が主語)	work**s**	enjoy**s**	wash**es**
動詞 + **-ing**	work**ing**	enjoy**ing**	wash**ing**
動詞 + **-ed**	work**ed**	enjoy**ed**	wash**ed**
形容詞 + **-er** (比較級)	cheap**er**	quick**er**	bright**er**
形容詞 + **-est** (最上級)	cheap**est**	quick**est**	bright**est**
形容詞 + **-ly** (副詞)	cheap**ly**	quick**ly**	bright**ly**

名詞と動詞には **-s** と **-es** の 2 つの語尾があります。この語尾では、以下のようにつづりに変化が生じる場合があります。

6.2 語尾が **-es** に変化する名詞と動詞

-s, **-ss**, **-sh**, **-ch**, **-x** でつづられる語尾を持つ語は **-es** の語尾を持ちます。

bu**s**/bus**es**　　mi**ss**/miss**es**　　wa**sh**/wash**es**
mat**ch**/match**es**　　sear**ch**/search**es**　　bo**x**/box**es**

-o の語尾を持つ語にも、以のように **-es** が付きます。

potat**o**/potato**es**　　tomat**o**/tomato**es**
do/do**es**　　go/go**es**

6.3 **-y** の語尾を持つ語 (bab**y**, carr**y**, eas**y** など)

子音字* + **y** (**-by**, **-ry**, **-sy**, **-vy** など) の語尾を持つ語

-s: y を **i** に変えて **-es** を付けます。

bab**y**/bab**ies**　　stor**y**/stor**ies**　　countr**y**/countr**ies**　　secretar**y**/secretar**ies**
hurr**y**/hurr**ies**　　stud**y**/stud**ies**　　appl**y**/appl**ies**　　tr**y**/tr**ies**

-ed: y を **i** に変えて **-ed** を付けます。

hurr**y**/hurr**ied**　　stud**y**/stud**ied**　　appl**y**/appl**ied**　　tr**y**/tr**ied**

-er, -est: y を **i** に変えて **-er**, **-est** を付けます。

eas**y**/eas**ier**/eas**iest**　　heav**y**/heav**ier**/heav**iest**　　luck**y**/luck**ier**/luck**iest**

-ly: y を **i** に変えて **-ly** を付けます。

eas**y**/eas**ily**　　heav**y**/heav**ily**　　temporar**y**/temporar**ily**

-y の語尾を持っていても **-ing** を付ける場合には、つづりを変えずに **y** をそのまま残します。

hurry**ing**　　study**ing**　　apply**ing**　　try**ing**

母音字* + **y** (**-ay**, **-ey**, **-oy**, **uy**) の語尾の場合も、**y** をそのまま残します。

pl**ay**/pl**ays**/pl**ayed**　　monk**ey**/monk**eys**　　enj**oy**/enj**oys**/enj**oyed**　　b**uy**/b**uys**

day/**daily** はこの例外です。また、**pay**/**paid**, **lay**/**laid**, **say**/**said** のような不規則変化動詞もこの規則は適用されません。

6.4 **-ie** の語尾を持つ動詞 (d**ie**, l**ie**, t**ie**)

-ie の語尾を持つ動詞に **-ing** を付ける場合、**ie** を **y** に変えて **-ing** を付けます。

d**ie**/d**ying**　　l**ie**/l**ying**　　t**ie**/t**ying**

---

* アルファベットの中で、**a e i o u** を母音字、それ以外の文字 (**b c d f g** など) を子音字と呼びます。

6.5 -e の語尾を持つ語 (hop**e**, danc**e**, wid**e** など)

-e の語尾を持つ動詞
-e を取って **-ing** を付けます。

hop**e**/hop**ing** smil**e**/smil**ing** danc**e**/danc**ing** confus**e**/confus**ing**

be/being は、この規則の例外です。また、**-ee** で終わる動詞も元の語につづりの変化は起こりません。

s**ee**/see**ing** agr**ee**/agree**ing**

規則動詞を過去形にする場合には **-e** を取って **-ed** を付けます。

hop**e**/hop**ed** smil**e**/smil**ed** danc**e**/danc**ed** confus**e**/confus**ed**

-e の語尾を持つ形容詞と副詞
-e を取って **-er**, **-est** を付けて比較級、最上級にします。

wid**e**/wid**er**/wid**est** lat**e**/lat**er**/lat**est** larg**e**/larg**er**/larg**est**

-e の語尾を持つ形容詞は、語尾の **-e** を省略せずに **-ly** を付けて副詞にします。

polit**e**/polit**ely** extrem**e**/extrem**ely** absolut**e**/absolut**ely**

simp**le**, terrib**le** のように **-le** の語尾を持つ形容詞は、語尾の **-e** を取って **-ply**, **-bly** のような形の副詞にします。

sim**ple**/sim**ply** terri**ble**/terri**bly** reasona**ble**/reasona**bly**

6.6 語尾の子音字の 2重化 (**stop**/**stopping**/**stopped**, **wet**/**wetter**/**wettest** など)

以下のように、母音字 + 子音字の語尾を持つ語があります。

st**op** pl**an** r**ub** b**ig** w**et** th**in** pref**er** regr**et**

このような語に **-ing**/**-ed**/**-er**/**-est** などの語尾を付ける場合、**p** → **pp**, **n** → **nn** のように語尾の子音字を重ねてつづります。

sto**p**	p → **pp**	sto**pp**ing	sto**pp**ed
pla**n**	n → **nn**	pla**nn**ing	pla**nn**ed
ru**b**	b → **bb**	ru**bb**ing	ru**bb**ed
bi**g**	g → **gg**	bi**gg**er	bi**gg**est
we**t**	t → **tt**	we**tt**er	we**tt**est
thi**n**	n → **nn**	thi**nn**er	thi**nn**est

prefer, **begin** などのように、語が 2つ以上の音節を持ち、かつ最終音節に強勢が置かれる場合、語尾の子音字を重ねてつづります。

preFER / prefe**rr**ing / prefe**rr**ed
reGRET / regre**tt**ing / regre**tt**ed
perMIT / permi**tt**ing / permi**tt**ed
beGIN / begi**nn**ing

最終音節に強勢が置かれない場合、語尾の子音字は重ねてつづることはできません。

HAPpen / happe**n**ing / happe**n**ed
TRAVel / travel**l**ing / trave**l**ed
deVELop / develo**p**ing / develo**p**ed
reMEMber / remembe**r**ing / remembe**r**ed

イギリス英語のつづり方 ⇒ **付録 7**

語尾の子音字の2重化に関連して、以下の事柄にも注意します。
-rt, **-lp**, **-ng** などのように 2 つの子音字で終わる場合、子音字の 2 重化は生じません。

sta**rt** / sta**rt**ing / sta**rt**ed he**lp** / he**lp**ing / he**lp**ed lo**ng** / lo**ng**er / lo**ng**est

-oil, **-eed** などのように、語尾の子音字の前に 2 つの母音字がある場合、子音字の 2 重化は生じません。

b**oil** / boi**l**ing / boi**l**ed n**eed** / nee**d**ing / nee**d**ed expl**ain** / explai**n**ing / explai**n**ed
ch**eap** / chea**p**er / chea**p**est l**oud** / lou**d**er / lou**d**est qu**iet** / quie**t**er / quie**t**est

語尾の子音字が **y** や **w** の場合、母音として発音されるため子音字の 2 重化は生じません。

sta**y** / sta**y**ing / sta**y**ed gro**w** / gro**w**ing ne**w** / ne**w**er / ne**w**est

付録 7
イギリス英語

本書が記述するアメリカ英語(厳密には北アメリカ英語)とイギリス英語には、いくつかの文法上の違いがあります。

Unit	北アメリカ英語	イギリス英語
8	最近起きた出来事は、単純過去形と現在完了形の両方で記述できますが、単純過去形のほうが一般的です。 ▢ I **lost** my keys. **Did** you **see** them? **just** は単純過去形の文にも現在完了形の文にも使われますが、単純過去形のほうが一般的です。 ▢ I'm not hungry. I **just had** lunch.	最近起きた出来事は、主に現在完了形で記述します。 ▢ I**'ve lost** my keys. **Have** you **seen** them? **just** は、主に現在完了形の文に使われます。 ▢ I'm not hungry. I**'ve just had** lunch.
27	「…ないに違いない」のように、何かではないことに十分確信が持てる場合に **must not** を用います。 ▢ Their car isn't outside their house. They **must not be** at home. ▢ Sarah hasn't contacted me. She **must not have gotten** my message.	must not ではなく、**can't** (…ではあり得ない)を用います。 ▢ Their car isn't outside their house. They **can't be** at home. ▢ Sarah hasn't contacted me. She **can't have got** my message.
31B	**Should I** … ? **Should we** … ? ▢ Where **should we** have lunch?	**Shall I** … ? **Shall we** … ? ▢ Where **shall we** have lunch?
32	**demand** や **insist** などを主動詞に持つ文の従属節中で、動詞を原形にする仮定法を用います。 ▢ I **insisted** he **have** dinner with us.	**demand** や **insist** などを主動詞に持つ文の従属節中で助動詞 **should** を用いたり、単純現在形や単純過去形を使います。 ▢ I **insisted** he **should have** dinner with us. (*or* I **insisted** he **had** dinner with us.)
49B	**You have?** / **She isn't?** などのように助動詞で文を終え、相手の言葉に興味があることを示します。 ▢ A: Liz isn't feeling well today. B: **She isn't?** What's wrong with her?	**Have you?** / **Isn't she?** などのように助動詞と主語を入れ替えます。 ▢ A: Liz isn't very well today. B: **Isn't she?** What's wrong with her?
57D	I**'d rather** you **do** something ▢ Are you going to tell Anna what happened, or would you rather I **tell** her?	I**'d rather** you **did** something ▢ Are you going to tell Anna what happened, or would you rather I **told** her?
70C, 122A	to/in the **hospital** のように **the** を付けます。 ▢ Two people were taken to **the hospital** after the accident.	to/in **hospital** のように **the** は付けません。 ▢ Two people were taken to **hospital** after the accident.
118A	**on the weekend** / **on weekends** ▢ Will you be here **on the weekend**?	**at the weekend** / **at weekends** ▢ Will you be here **at the weekend**?
121D	**in** the front / **in** the back ▢ *(in a movie theater)* Let's sit **in the front**.	**at** the front / **at** the back ▢ *(in a cinema)* Let's sit **at the front**.
128B	**different from** or **different than** ▢ The movie was **different from/than** what I'd expected.	**different from** or **different to** ▢ The film was **different from/to** what I'd expected.
134A	**around** (round ではありません) ▢ He turned **around**.	**round** と **around** ▢ He turned **round**. *or* He turned **around**.

Unit	北アメリカ英語	イギリス英語
134B-C	**get along** (**with** ~) ▢ Do you **get along with** your boss?	**get on** / **get along** (**with** ~) ▢ Do you **get on**/**along with** your boss?
135C	**fill out** (書類など) ▢ Could you **fill out** this form?	**fill in** / **fill out** (書類など) ▢ Could you **fill in** this form? = ... **fill out** this form?
139B	**tear down** (建物) ▢ Some old houses were **torn down** to make room for a new shopping mall.	**knock down** (建物) ▢ Some old houses were **knocked down** to make room for a new shopping centre.
141D	**fix up** (家など) ▢ That old house looks great now that it has been **fixed up**.	**do up** (家など) ▢ That old house looks great now that it has been **done up**.

付録	北アメリカ英語	イギリス英語
1.3	以下の動詞は、北アメリカ英語では規則変化します。 **burn** → **burned** **dream** → **dreamed** **lean** → **leaned** **learn** → **learned** **smell** → **smelled** **spell** → **spelled** **spill** → **spilled** **spoil** → **spoiled** **get** の過去分詞は **gotten** になります。 ▢ Your English has **gotten** much better. (⇒ ずっとよくなった) **have got** は **have** と同じ「~を持つ」の意味で用います。この時 gotten は用いられません。 ▢ I'**ve got** two brothers. (= I have two brothers.)	以下の動詞は、イギリス英語では規則変化も不規則変化もします。 **burn** → **burned** *or* **burnt** **dream** → **dreamed** *or* **dreamt** **lean** → **leaned** *or* **leant** **learn** → **learned** *or* **learnt** **smell** → **smelled** *or* **smelt** **spell** → **spelled** *or* **spelt** **spill** → **spilled** *or* **spilt** **spoil** → **spoiled** *or* **spoilt** **get** の過去分詞は **got** になります。 ▢ Your English has **got** much better. 北アメリカ英語同様、**have** と同じ「~を持つ」の意味で **have got** を用います。 ▢ I'**ve got** two brothers.
6.6	以下の動詞では、語尾の子音字の2重化は起こりません。 trave**l** → trave**l**ing, trave**l**ed cance**l** → cance**l**ing, cance**l**ed	語尾の子音字の2重化が起こります。 trave**l** → trave**ll**ing, trave**ll**ed cance**l** → cance**ll**ing, cance**ll**ed

補足練習問題

補足練習問題では、主に次の文法項目を学習します。

Exercise 1	現在形と過去形	Units 1–6, 付録 2
Exercises 2–4	現在形と過去形	Units 1–13, 付録 2
Exercises 5–8	現在形と過去形	Units 1–16, 107, 付録 2
Exercise 9	過去進行形と **used to** + 動詞の原形	Units 6, 17
Exercises 10–13	未来	Units 18–24, 付録 3
Exercises 14–15	過去形, 現在形, 未来形	Units 1–24
Exercises 16–19	法助動詞 (**can/must/would** など)	Units 25–35, 付録 4
Exercises 20–22	**if** (条件)	Units 24, 36–38
Exercises 23–25	受動態	Units 40–43
Exercise 26	間接話法	Units 45–46, 48
Exercises 27–29	動名詞 (**-ing**) と不定詞 (**to** + 動詞の原形)	Units 51–64
Exercise 30	**a/an** と **the**	Units 67–76
Exercise 31	代名詞と限定詞	Units 80–89
Exercise 32	形容詞と副詞	Units 96–105
Exercise 33	接続詞	Units 24, 36, 109–115
Exercise 34	時を表す前置詞	Units 12, 116–119
Exercise 35	場所を表す前置詞, その他の前置詞	Units 120–125
Exercise 36	名詞 / 形容詞 + 前置詞	Units 126–128
Exercise 37	動詞 + 前置詞	Units 129–133
Exercises 38–42	句動詞	Units 134–142

現在形と過去形

Units 1–6, 付録 2

1 (　) 内の語句を用いて文を完成させなさい。動詞は単純現在形 (**I do**)、現在進行形 (**I am doing**) 、単純過去形 (**I did**) 、過去進行形 (**I was doing**) のいずれかの形にしなさい。

1 We can go out now. ....It isn't raining........ (it/not/rain) anymore.
2 Katherine ....was waiting........ (wait) for me when ....I arrived........ (arrive).
3 .... (I/get) hungry. Let's go and have something to eat.
4 What .... (you/do) in your spare time? Do you have any hobbies?
5 The weather was horrible when .... (we/arrive). It was cold and .... (it/rain) hard.
6 Emily usually .... (call) me on Fridays, but .... (she/not/call) last Friday.
7 A: When I last saw you, ... (you/think) of moving to a new apartment.
B: That's right, but in the end .... (I/decide) to stay where I was.
8 Why .... (you/look) at me like that? What's the matter?
9 It's usually dry here at this time of the year. .... (it/not/rain) much.
10 I waved to Ben, but he didn't see me. .... (he/not/look) in my direction.
11 Jessica was busy when .... (we/go) to see her yesterday. .... (she/study) for an exam. .... (we/not/want) to bother her, so .... (we/not/stay) very long.
12 When I .... (tell) Tom what happened, ... (he/not/believe) me at first. .... (he/think) that .... (I/joke).

現在形と過去形

Units 1–13, 付録 2

2 下線部の正しい方を選んで、文を完成させなさい。

1 Everything is going well. We ~~didn't have~~ / haven't had any problems so far. (haven't had が正しい)
2 Julia didn't go / hasn't gone to work yesterday. She wasn't feeling well.
3 Look! That man over there wears / is wearing the same sweater as you.
4 I went / have been to New Zealand last year.
5 I didn't hear / haven't heard from Jess recently. I hope she's OK.
6 I wonder why James is / is being so nice to me today. He isn't usually like that.
7 Emma had a book open in front of her, but she didn't read / wasn't reading it.
8 I wasn't very busy. I didn't have / wasn't having much to do.
9 It begins / It's beginning to get dark. Should I turn on the light?
10 After leaving school, Mark worked / has worked in a hotel for a while.
11 When Sue heard the news, she wasn't / hasn't been very pleased.
12 This is a nice hotel, isn't it? Is this the first time you stay/ you've stayed here?
13 I need a new job. I'm doing / I've been doing the same job for too long.
14 "Anna has gone out." "She has? What time did she leave/ has she left?"
15 "You look tired." "Yes, I've played / I've been playing basketball."
16 Where are you coming / do you come from? Are you American?
17 I'd like to see Hannah again. It's been a long time since I saw her / that I didn't see her.
18 Robert and Maria have been married since 20 years / for 20 years.

3 空所に適切な形の動詞を入れて、対話文を完成させなさい。

1 A: I'm looking for Paul. ......Have you seen...... him?
B: Yes, he was here a minute ago.
2 A: Why ......did you go...... to bed so early last night?
B: Because I was feeling very tired.
3 A: Where .... ?
B: Just to the grocery store at the end of the street. I'll be back in ten minutes.
4 A: .... TV every day?
B: No, only if there's something special on.
5 A: Your house is beautiful. How long .... here?
B: Almost ten years.
6 A: How was your parents' vacation? .... a nice time?
B: Yes, they really enjoyed it.
7 A: .... Sarah recently?
B: Yes, we had lunch together a few days ago.
8 A: Can you describe the woman you saw? What .... ?
B: A red sweater and black jeans.
9 A: I'm sorry to keep you waiting. .... long?
B: No, only about ten minutes.
10 A: How long .... to get from here to the airport?
B: Usually about 45 minutes. It depends on the traffic.
11 A: .... this song before?
B: No, this is the first time.
12 A: .... to Mexico?
B: No, never, but I went to Costa Rica a few years ago.

4 B の続きを自由に考えて、文を完成させなさい。

1 A: What's Chicago like? Is it a good place to visit?
B: I have no idea. ....I've never been.... there.

2 A: How well do you know Ben?
B: Very well. We .... since we were children.

3 A: Did you enjoy your vacation?
B: Yes, it was really good. It's the best vacation ....

4 A: Is David still here?
B: No, I'm afraid he isn't. .... about ten minutes ago.

5 A: I like your suit. I haven't seen it before.
B: It's new. It's the first time ....

6 A: How did you cut your knee?
B: I slipped and fell when .... tennis.

7 A: Do you ever go swimming?
B: Not recently. I haven't .... a long time.

8 A: How often do you go to the movies?
B: Hardly ever. It's been almost a year .... to the movies.

9 A: I bought some new shoes. Do you like them?
B: Yes, they're very nice. Where .... them?

現在形と過去形

Units 1–16, 107, 付録 2

5 (　) 内の語句を用いて文を完成させなさい。状況に合うように、動詞は単純過去形 (**I did**), 過去進行形 (**I was doing**), 過去完了形 (**I had done**), 過去完了進行形 (**I had been doing**) のいずれかの形にしなさい。

1

Yesterday afternoon Sarah ....went.... (go) to the train station to meet Matt. When she .... (get) there, Matt .... (already/wait) for her. His train .... (arrive) early.

2

When I got home, Ben .... (lie) on the sofa. The TV was on, but he .... (not/watch) it. He .... (fall) asleep and .... (snore) loudly. I .... (turn) the TV off, and just then he .... (wake) up.

3

Last night I .... (just/go) to bed and .... (read) a book when suddenly I .... (hear) a noise. I .... (get) up to see what it was, but I .... (not/see) anything, so I .... (go) back to bed.

4

Liz had to go to New York last week, but she almost .... (miss) the plane. She .... (stand) in line at the check-in desk when she suddenly .... (realize) that she .... (leave) her passport at home. Fortunately, she lives near the airport, so she .... (have) time to take a taxi home to get it. She .... (get) back to the airport just in time for her flight.

5

I .... (meet) Dan and Lucy yesterday as I .... (walk) through the park. They .... (be) to the gym where they .... (play) tennis. They .... (go) to a coffee shop and .... (invite) me to join them, but I .... (arrange) to meet another friend and .... (not/have) time.

6 (　) 内の語句を用いて文を完成させなさい。状況に合うように、動詞は現在完了形 (**I have done**), 現在完了進行形 (**I have been doing**), 過去完了形 (**I had done**), 過去完了進行形 (**I had been doing**) のいずれかの形にしなさい。

1 Amanda is sitting on the ground. She's out of breath.
(she / run) *She has been running.*

2 Where's my bag? I left it under this chair.
(somebody / take / it) ....

3 We were all surprised when Jess and Nick got married last year.
(they / only / know / each other / a few weeks)
....

4 It's still raining. I wish it would stop.
(it / rain / all day) ....

5 Suddenly I woke up. I was confused and didn't know where I was.
(I / dream) ....

6 It was lunchtime, but I wasn't hungry. I didn't want to eat anything.
(I / have / a big breakfast) ....
7 Every year Robert and Megan spend a few days at the same hotel in Hawaii.
(they / go / there for years) ....
8 I have a headache.
(I / have / it / since I got up) ....
9 Next month Dave is going to run a marathon.
(he / train / very hard for it) ....

7 ( ) 内の語句を用いて文を完成しなさい。動詞は適切な形に変えなさい。

Sarah and Joe are old friends. They meet by chance at a train station.

SARAH: Hello, Joe. (1) .... (I / not / see) you for ages. How are you?
JOE: I'm fine. How about you? (2) .... (you / look) good.
SARAH: Thanks. You too. So, (3) .... (you / go) somewhere or (4) .... (you / meet) somebody?
JOE: (5) .... (I / go) to New York for a business meeting.
SARAH: Oh. (6) .... (you / travel) a lot on business?
JOE: Fairly often, yes. And you? Where (7) .... (you / go)?
SARAH: Nowhere. (8) .... (I / meet) a friend. Unfortunately, her train (9) .... (be) delayed— (10) .... (I / wait) here for almost an hour.
JOE: How are your children?
SARAH: They're all fine, thanks. The youngest (11) .... (just / start) school.
JOE: How (12) .... (she / do)? (13) .... (she / like) it?
SARAH: Yes, (14) .... (she / think) it's great.
JOE: (15) .... (you / work) these days? The last time I (16) .... (speak) to you, (17) .... (you / work) for an insurance company.
SARAH: That's right. Unfortunately, the company (18) .... (go) out of business a couple of months after (19) .... (I / start) working there, so (20) .... (I / lose) my job.
JOE: And (21) .... (you / not / have) a job since then?
SARAH: Not a permanent job. (22) .... (I / have) a few temporary jobs. By the way, (23) .... (you / see) Matt recently?
JOE: Matt? He's in Canada.
SARAH: Really? How long (24) .... (he / be) in Canada?
JOE: About a year now. (25) .... (I / see) him a few days before (26) .... (he / leave). (27) .... (he / be) unemployed for months, so (28) .... (he / decide) to try his luck somewhere else. (29) .... (he / really / look forward) to going.
SARAH: So, what (30) .... (he / do) there?
JOE: I have no idea. (31) .... (I / not / hear) from him since (32) .... (he / leave). Anyway, I have to go and catch my train. It was really good to see you again.
SARAH: You too. Bye! Have a good trip!
JOE: Thanks. Bye!

8 (　) 内の語句を適切な形にして空所に入れ、文を完成させなさい。

1 Who .... (invent) the bicycle?
2 "Do you still have that class on Wednesdays?" "No, ... (it / end)."
3 I was the last to leave the office last night. Everybody else .... (go) home when I .... (leave).
4 What .... (you / do) last weekend? .... (you / go) anywhere?
5 I like your car. How long .... (you / have) it?
6 It's a shame the trip was canceled. I .... (look) forward to it.
7 Jen is an experienced teacher and loves her job. .... (she / teach) for 15 years.
8 Emily .... (buy) a new dress last week, but .... (she / not / wear) it yet.
9 A few days ago, ... (I / see) a man at a party whose face .... (look) very familiar. At first, I couldn't think of where .... (I / see) him before. Then suddenly .... (I / remember) who .... (he / be).
10 .... (you / hear) of Agatha Christie? .... (she / be) a writer who .... (die) in 1976. .... (she / write) more than 70 detective novels, but .... (I / not / read) any of them.
11 A: What .... (this word / mean)?
B: I have no idea. .... (I / never / see) it before. Look it up in the dictionary.
12 A: .... (you / get) to the theater in time for the play last night?
B: No, we were late. By the time we got there, ... (it / already / start).
13 I went to Sarah's room and .... (knock) on the door, but there .... (be) no answer. Either .... (she / go) out or .... (she / not / want) to see anyone.
14 John asked me how to use the photocopier. .... (he / never / use) it before, so .... (he / not / know) what to do.
15 Lauren .... (go) for a swim after work yesterday. .... (she / need) some exercise because .... (she / sit) in an office all day in front of a computer.

過去進行形と used to + 動詞の原形

Units 6, 17

9 (　) 内の動詞を過去進行形 (**was/were -ing**) または **used to** + 動詞の原形の形に変えて、文を完成させなさい。

1 I haven't been to the movies for ages now. We ..used to go.. a lot. (go)
2 Anna didn't see me wave to her. She ..was looking.. in the other direction. (look)
3 I .... a lot, but I don't use my car very much these days. (drive)
4 I asked the taxi driver to slow down. She .... too fast. (drive)
5 Rachel and Jonathan met for the first time when they .... in the same bank. (work)
6 When I was a child, I .... a lot of bad dreams. (have)
7 I wonder what Joe is doing these days. He .... in Spain when I last heard from him. (live)
8 "Where were you yesterday afternoon?" "I .... volleyball." (play)
9 "Do you play any sports?" "Not these days, but I .... volleyball." (play)
10 Sam looked great at the party. He .... a very nice suit. (wear)

未来

Units 18–24, 付録 3

10 (　) 内の語句を用いて Joe との対話文を完成させなさい。動詞は現在進行形 (**I am doing**), (**be**) **going to**, **will** (**I'll**) のいずれかの形にしなさい。

1 You have made all your vacation arrangements. Your destination is Jamaica.
JOE: Have you decided where to go for your vacation yet?
YOU: I'm going to Jamaica. (I / go)

2 You have made an appointment with the dentist for Friday morning.
JOE: Should we get together on Friday morning?
YOU: I can't on Friday. .... (I / go)

3 You and some friends are planning a vacation in Mexico. You have decided to rent a car, but you haven't arranged this yet.
JOE: How do you plan to travel around Mexico? By train?
YOU: No, ... (we / rent)

4 Joe reminds you that you have to call your sister. You completely forgot.
FRIEND: Did you call your sister?
YOU: No, I forgot. Thanks for reminding me. .... (I / call / now)

5 You have already arranged to have lunch with Sue tomorrow.
JOE: Are you free at lunchtime tomorrow?
YOU: No, ... (have lunch)

6 You are in a restaurant. You and your friend are looking at the menu. Maybe your friend has decided what to have. You ask her/him.
YOU: What ....? (you / have)
JOE: I don't know. I can't make up my mind.

7 Joe is reading, but it's getting dark. He's having trouble reading. You turn on the light.
JOE: It's getting dark and it's hard to read.
YOU: Yes, ... (I / turn on)

8 You and Joe are sitting in a room with the window open. It's getting cold. You decide to close the window. You stand up and walk towards it.
JOE: What are you doing?
YOU: .... (I / close)

11 空所に入る適切な語句を選びなさい。

1 "Are you doing anything tomorrow evening?" "No, why?"
A Do you do **B** Are you doing **C** Will you do (Bが適切)

2 "I can't open this bottle." "Give it to me. .... it."
A I open **B** I'll open **C** I'm going to open

3 "Is Emily here yet?" "Not yet. I'll let you know as soon as ...."
A she arrives **B** she's arriving **C** she'll arrive

4 "Are you free tomorrow afternoon?" "No, ..."
A I work **B** I'm working **C** I'll work

5 "What time is the movie tonight?" "................ at 8:40."
A It starts **B** It's going to start **C** It will start

6 "Are you going to the beach tomorrow?" "Yes, if the weather .... good."

A is going to be **B** will be **C** is

7 ".................... to the party?" "No, I haven't been invited."

A Do you go **B** Will you go **C** Are you going

8 "When .... ?" "Tomorrow."

A does the festival finish **B** is the festival finished **C** is the festival finishing

12 (　)内の語句を用いて文を完成させなさい。動詞は適切な形に変えなさい。正しい解答が複数ある場合もあります。

1 *A has decided to learn a language.*

A: I've decided to try and learn a foreign language.
B: You have? Which language (1) are you going to learn (you / learn)?
A: Spanish.
B: (2) .... (you / take) a class?
A: Yes, (3) .... (it / start) next week.
B: That's great. I'm sure (4) .... (you / enjoy) it.
A: I hope so. But I think (5) .... (it / be) difficult.

2 *A wants to know about B's vacation plans.*

A: I hear (1) .... (you / go) on vacation soon.
B: That's right. (2) .... (we / go) to Brazil.
A: I hope (3) .... (you / have) a nice time.
B: Thanks. (4) .... (I / get) in touch with you when (5) .... (I / get) back, and maybe we can get together sometime.

3 *A invites B to a party.*

A: (1) .... (I / have) a party next Saturday. Can you come?
B: On Saturday? I'm not sure. Some friends of mine (2) .... (come) to stay with me next week, but I think (3) .... (they / leave) by Saturday. But if (4) .... (they / be) still here, (5) .... (I / not / be) able to come to the party.
A: OK. Well, tell me as soon as (6) .... (you / know).
B: All right. (7) .... (I / call) you during the week.

4 *A and B are two secret agents arranging a meeting. They are talking on the phone.*

A: Well, what time should we meet?
B: Come to the coffee shop by the station at 4:00. (1) .... (I / wait) for you when (2) .... (you / arrive). (3) .... (I / sit) by the window and (4) .... (I / wear) a bright green sweater.
A: OK. (5) .... (Agent 307 / come) too?
B: No, she can't be there.
A: Oh. Should I bring the documents?
B: Yes. (6) .... (I / explain) everything when (7) .... (I / see) you. And don't be late.
A: OK. (8) .... (I / try) to be on time.

13 (　) 内の動詞を以下のいずれかの形にして空所に入れ、文を完成させなさい。

現在進行形 (**I am doing**)　　**will ('ll) / won't**
単純現在形 (**I do**)　　**will be doing**
(**be**) **going to** (**I'm going to do**)

1 I'm a little hungry. I think .... (I / have) something to eat.
2 Why are you putting on your coat? .... (you / go) somewhere?
3 Look! That plane is flying towards the airport. .... (it / land).
4 We have to do something soon before .... (it / be) too late.
5 I'm sorry you've decided to leave the company. .... (I / miss) you when .... (you / go).
6 .... (I / give) you my phone number if you like. If .... (I / give) it to you, ... (you / call) me?
7 I'm really fed up with my job. .... (I / resign).
8 Are you still watching that program? What time .... (it / finish)?
9 .... (I / go) to a wedding next weekend. My cousin .... (get) married.
10 I'm not ready yet. .... (I / tell) you when .... (I / be) ready. I promise .... (I / not / be) very long.
11 .... (I / get) my hair cut tomorrow. I just made an appointment.
12 She was very rude to me. I won't speak to her again until .... (she / apologize).
13 I wonder where .... (we / live) in ten years.
14 What are you planning to do when .... (you / finish) college?

過去形, 現在形, 未来形 **Units 1–24**

14 空所に適切な語句を入れて、対話文を完成させなさい。

1 A: How did the accident happen?
B: I ...was going... too fast and couldn't stop in time.
2 A: Is that a new coat?
B: No, I .... it for a long time.
3 A: Is that a new phone?
B: Yes, I .... it a few weeks ago.
4 A: I can't talk to you right now. You can see I'm very busy.
B: OK. I .... back in about half an hour.
5 A: This is a nice restaurant. Do you come here often?
B: No, this is the first time I .... here.
6 A: Do you play any sports?
B: No, I .... football, but I gave it up.
7 A: I'm sorry I'm late.
B: That's OK. I .... long.
8 A: When you went to the U.S. last year, was it your first visit?
B: No, I .... there twice before.
9 A: Do you have any plans for the weekend?
B: Yes, I .... to a party on Saturday night.
10 A: Do you know what Steve's doing these days?
B: No, I .... him for ages.
11 A: Will you still be here by the time I get back?
B: No, I .... by then.

15 右の地図を見て考えます。Robert は北アメリカを旅行中です。以下はカナダの Winnipeg に住む友人に送ったメールです。
( ) 内の動詞を適切な形に変えて空所に入れなさい。

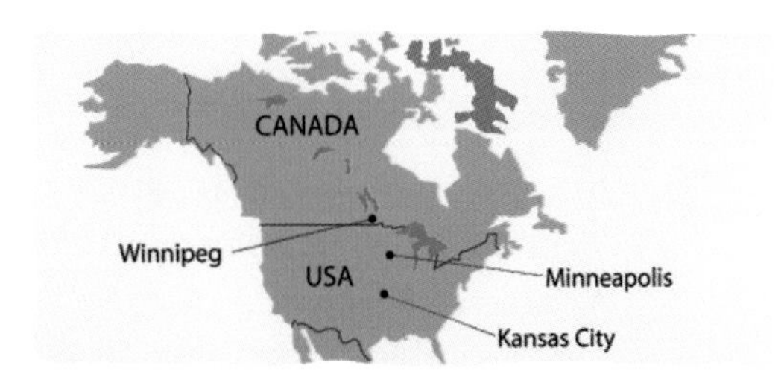

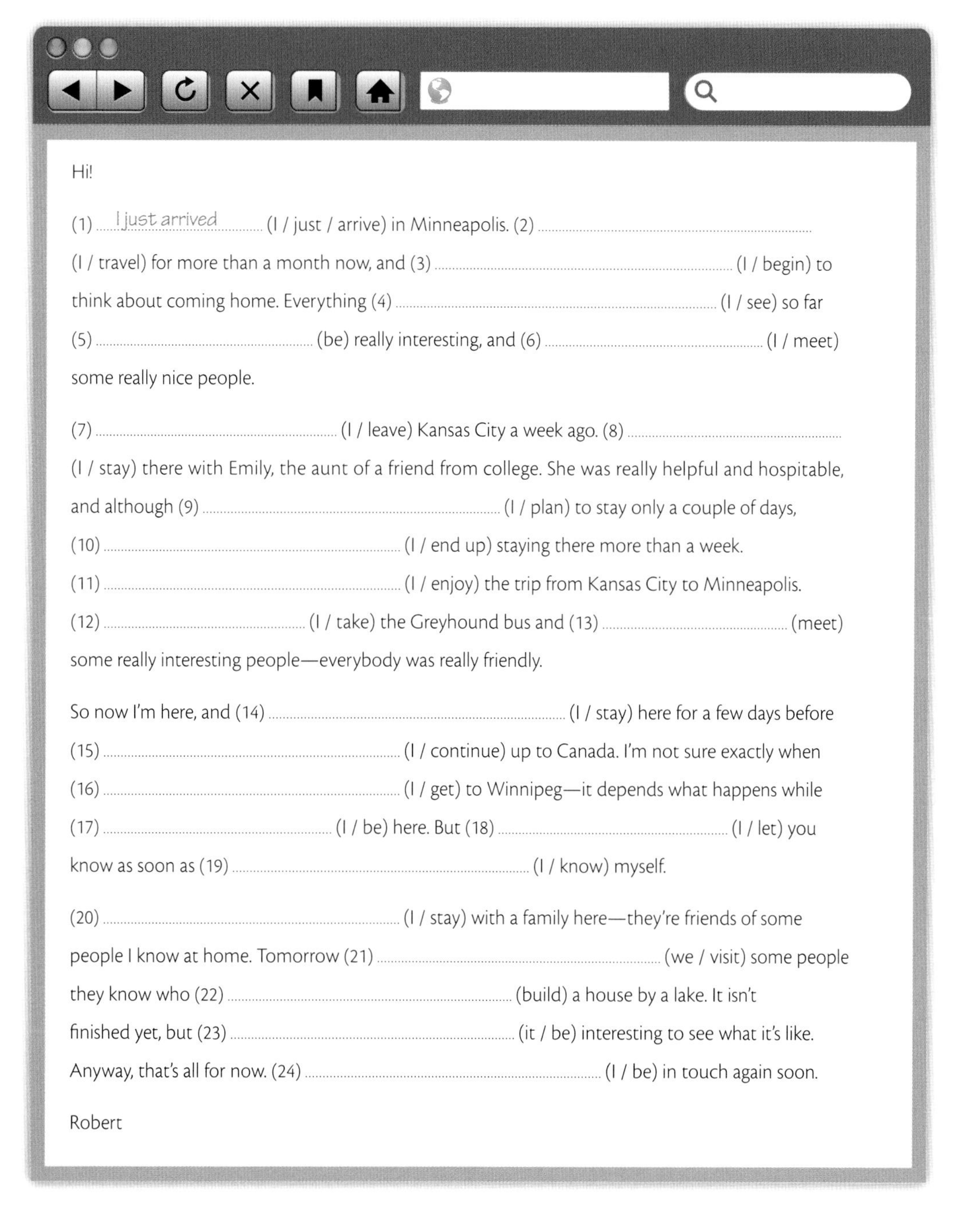

Hi!

(1) ....I just arrived.... (I / just / arrive) in Minneapolis. (2) .... (I / travel) for more than a month now, and (3) .... (I / begin) to think about coming home. Everything (4) .... (I / see) so far (5) .... (be) really interesting, and (6) .... (I / meet) some really nice people.

(7) .... (I / leave) Kansas City a week ago. (8) .... (I / stay) there with Emily, the aunt of a friend from college. She was really helpful and hospitable, and although (9) .... (I / plan) to stay only a couple of days, (10) .... (I / end up) staying there more than a week. (11) .... (I / enjoy) the trip from Kansas City to Minneapolis. (12) .... (I / take) the Greyhound bus and (13) .... (meet) some really interesting people—everybody was really friendly.

So now I'm here, and (14) .... (I / stay) here for a few days before (15) .... (I / continue) up to Canada. I'm not sure exactly when (16) .... (I / get) to Winnipeg—it depends what happens while (17) .... (I / be) here. But (18) .... (I / let) you know as soon as (19) .... (I / know) myself.

(20) .... (I / stay) with a family here—they're friends of some people I know at home. Tomorrow (21) .... (we / visit) some people they know who (22) .... (build) a house by a lake. It isn't finished yet, but (23) .... (it / be) interesting to see what it's like. Anyway, that's all for now. (24) .... (I / be) in touch again soon.

Robert

法助動詞 (can/must/would など)

Units 25–35, 付録 4

16 空所に入る適切な語句を A～C の中から選び記号で答えなさい。正しい解答が複数ある場合もあります。

1 "What time will you be home tonight?" "I'm not sure. I ....A or B.... late." (AとBが正しい)
(A) may be (B) might be **C** can be

2 I can't find the theater tickets. They .... out of my pocket.
A must have fallen **B** should have fallen **C** had to fall

3 Somebody ran in front of the car as I was driving. Luckily, I .... just in time.
A could stop **B** could have stopped **C** managed to stop

4 We have plenty of time. We .... yet.
A must not go **B** don't have to go **C** don't need to go

5 I didn't go out yesterday. I .... out with my friends, but I didn't feel like it.
A could go **B** could have gone **C** must have gone

6 I looked everywhere for Rachel, but I .... her.
A couldn't find **B** couldn't have found **C** wasn't able to find

7 "What do you think of my theory?" "You .... right, but I'm not sure."
A could be **B** must be **C** might be

8 Our flight was delayed. We .... for two hours.
A must wait **B** must have waited **C** had to wait

9 I'm not sure whether I'll be free on Saturday. I ....
A must have to work **B** may have to work **C** might have to work

10 At first they didn't believe me when I told them what had happened, but in the end I .... them that I was telling the truth.
A was able to convince **B** managed to convince **C** could convince

11 I promised I'd call Amy this evening. I ....
A can't forget **B** don't forget **C** don't have to forget

12 Why did you leave without me? You .... for me.
A must have waited **B** had to wait **C** should have waited

13 Nicole called me this morning. She suggested .... lunch together.
A we have **B** having **C** to have

14 That jacket looks good on you. .... it more often.
A You'd better wear **B** You should wear **C** You would wear

15 Do you think I should buy a car? What .... in my position?
A will you do **B** would you do **C** should you do

17 (　) 内の語句を用いて文を完成させなさい。

1 Don't phone them now. (might / have)
They ....might be having.... lunch.
2 We had a great day at the beach yesterday. (should / come)
You .... with us.
3 I ate too much, and now I feel sick. (shouldn't / eat)
I .... so much.
4 I wonder why Tom didn't call me. (must / forget)
He ....
5 You've signed the contract. (can't / change)
It .... now.
6 I'm not sure where the children are. (may / watch)
They .... TV.
7 Why are you so late? (should / be)
You .... here an hour ago.
8 I saw Stephanie standing outside the movie theater. (must / wait)
She .... for somebody.
9 He was in prison at the time that the crime was committed. (couldn't / do)
He .... it.
10 Why didn't you contact me? (could / call)
You .... me.
11 I'm surprised you weren't told that the road was dangerous. (should / warn)
You .... about it.

18 **can/could/might/must/should/would** と (　) 内の動詞を用いて対話文を完成させなさい。必要に応じて **have** を **must have / should have** + 過去分詞の形で、また **can't/couldn't** などの否定形を使いなさい。

1 A: I'm hungry.
B: But you've just had lunch. You ....can't be.... hungry already. (be)
2 A: I haven't seen our neighbors for ages.
B: No. They ....must have gone.... away. (go)
3 A: What's the weather like? Is it raining?
B: Not right now, but it .... later. (rain)
4 A: Where's Julia?
B: I'm not sure. She .... out. (go)
5 A: I didn't see you at Michael's party last week.
B: No, I had to work that night, so I .... (go)
6 A: I think I saw Ben downtown this morning.
B: No, you .... him this morning. He's away on vacation. (see)
7 A: What time will we get to Sarah's house?
B: Well, it takes about one and a half hours, so if we leave at 3:00, we
.... there by 4:30. (get)
8 A: When was the last time you saw Max?
B: Years ago. I .... him if I saw him now. (recognize)
9 A: Did you hear the explosion?
B: What explosion?
A: There was a loud explosion about an hour ago. You .... it. (hear)
10 A: We weren't sure which way to go. In the end, we turned right.
B: You went the wrong way. You .... left. (turn)

19 **should I ... ?** または **should we ... ?** を用いて、文を完成させなさい。

1 You and a friend want to do something tonight, but you don't know what.
You say: ...What should we do tonight?... Do you want to go somewhere?
2 You and a friend are going on vacation together, but you have to decide where.
You ask your friend: ....?
3 You try on a jacket in a store. You are not sure whether to buy it or not.
You ask a friend for advice: ....?
4 You and a friend are going out. You have to decide whether to take a taxi or walk.
You ask your friend: ....?
5 It's Olivia's birthday soon. You want to give her a present, but what?
You ask a friend: What ....? Any ideas?
6 You're meeting a friend tomorrow, but you have to decide what time.
You say: ....? Is 10:30 OK for you?

---

if(条件)

Units 24, 36–38

20 ( ) 内の動詞を適切な形にして、文を完成させなさい。

1 If ...you found... a wallet in the street, what would you do with it? (you / find)
2 I'd better hurry. My friend will be annoyed if ...I'm not... on time. (I / not / be)
3 I didn't realize that Alex was in the hospital. If ...I'd known... he was in the hospital, I would have gone to visit him. (I / know)
4 If the doorbell ...., don't answer it. (ring)
5 I can't decide what to do. What would you do if .... me? (you / be)
6 A: What should we do tomorrow?
B: Well, if .... a nice day, we can go to the beach. (it / be)
7 A: Let's go to the beach.
B: No, it's not warm enough. If .... warmer, I'd go. (it / be)
8 A: Did you go to the beach yesterday?
B: No, it was too cold. If .... warmer, we might have gone. (it / be)
9 If .... enough money to go anywhere in the world, where would you go? (you / have)
10 I didn't have my phone with me, so I couldn't call you. I would have called you if .... my phone. (I / have)
11 The accident was your fault. If you'd been driving more carefully, ... (it / not / happen)
12 A: Why do you watch the news every day?
B: Well, if .... it, I wouldn't know what was happening in the world. (I / not / watch)

21 例にならって文を完成させなさい。

1 Kate is tired all the time. She shouldn't go to bed so late.
If Kate ....didn't go.... to bed so late, she ....wouldn't be.... tired all the time.
2 It's getting late. I don't think Sarah will call me now.
I'd be surprised if Sarah .... now.
3 I'm sorry I disturbed you. I didn't know you were busy.
If .... you were busy, I .... you.
4 There are a lot of accidents on this road. There is no speed limit.
There .... so many accidents if .... a speed limit.
5 You didn't tell me about the problem, so I didn't try to help you.
If .... the problem, ... you.
6 It started to rain, but fortunately I had an umbrella.
I .... very wet if .... an umbrella.
7 Mark failed his driving test. He was very nervous, and that's why he failed.
If he .... so nervous, he .... the test.

22 文の続きを自由に完成させなさい。

1 I'd go out tonight if ....
2 I'd have gone out last night if ....
3 If you hadn't reminded me, ...
4 If I had more free time, ...
5 If you give me the camera, ...
6 Who would you call if .... ?
7 We wouldn't have been late if ....
8 If I'd been able to get a ticket, ...
9 If you'd done better at the interview, ...
10 You wouldn't be hungry now if ....
11 Cities would be nicer places if ....
12 If there were no Internet, ...

受動態

Units 40–43

23 (　) 内の動詞を用いて受動態の文を完成させなさい。

1 There's somebody behind us. I think ....we're being followed.... (we / follow).
2 A mystery is something that ....can't be explained.... (can't / explain).
3 We didn't play football yesterday. The game .... (cancel).
4 The TV .... (repair). It's working again now.
5 The village church .... (restore). The work is almost finished.
6 The tower is the oldest part of the church. .... (it / believe) to be over 200 years old.
7 If I didn't do my job well, ... (I / would / fire).
8 A: I left a newspaper on the desk last night and it isn't there now.
B: .... (it / might / throw) away.
9 Joe learned to swim when he was very young. .... (he / teach) by his mother.
10 After .... (arrest), I was taken to the police station.
11 "........................ (you / ever / arrest)?" "No, never."
12 Two people .... (report) to .... (injure) in an accident at a factory in New Jersey early this morning.

24 (　) 内の語句を、能動態または受動態の形にして文を完成させなさい。

1 This house is very old. It ......was built...... (build) over 100 years ago.
2 My grandfather was a builder. He ......built...... (build) this house many years ago.
3 "Is your car still for sale?" "No, I .... (sell) it."
4 A: Is the house at the end of the street still for sale?
  B: No, it .... (sell).
5 Sometimes mistakes .... (make). It's inevitable.
6 It's not a good idea to leave your car unlocked. It .... (might/steal).
7 My bag has disappeared. It .... (must/steal).
8 I can't find my umbrella. Somebody .... (must/take) it by mistake.
9 It's a serious problem. I don't know how it .... (can/solve).
10 We didn't leave early enough. We .... (should/leave) earlier.
11 Very often when I travel by plane, my flight .... (delay).
12 A new bridge .... (build) across the river. Work started last year and the bridge .... (expect) to open next year.

25 (　) 内の動詞を適切な形にして、以下の新聞記事を完成しなさい。

① **Fire at City Hall**

City Hall (1) ......was damaged...... (damage) in a fire last night. The fire, which (2) .... (discover) at about 9:00, spread very quickly. Nobody (3) .... (injure), but two people had to (4) .... (rescue) from an upstairs room. A large number of documents (5) .... (believe/ destroy). It (6) .... (not / know) how the fire started.

② **Convenience Store Robbery**

A convenience store clerk (1) .... (force) to hand over $500 after (2) .... (threaten) by a man with a knife. The man escaped in a car which (3) .... (steal) earlier in the day. The car (4) .... (later/find) in a parking lot where it (5) .... (abandon) by the thief. A man (6) .... (arrest) in connection with the robbery and (7) .... (still/question) by the police.

③ **Road Delays**

Repair work started yesterday on Route 22. The road (1) .... (resurface), and there will be long delays. Drivers (2) .... (ask) to use an alternative route if possible. The work (3) .... (expect) to last two weeks. Next Sunday, the road (4) .... (close), and traffic (5) .... (divert).

④ **Accident**

A woman (1) .... (take) to the hospital after her car collided with a truck on the highway yesterday. She (2) .... (allow) to go home later in the day after treatment. The road (3) .... (block) for an hour after the accident, and traffic had to (4) .... (reroute). A police officer said afterwards: "The woman was lucky. She could (5) .... (kill)."

間接話法

Units 45–46, 48

26 イラストの状況を説明する間接話法の文を完成させなさい。

1

A woman called at lunchtime yesterday and asked ...*if she could speak to Paul*... . I told .... and .... I asked .... , but she said .... later. But she never did.

2

I went to New York recently, but my trip didn't begin well. I had made a hotel reservation, but when I got to the hotel, they told .... When I asked .... , they said .... , but .... There was nothing I could do. I just had to look for somewhere else to stay.

3

After getting off the plane, we had to stand in line for an hour to get through immigration. Finally, it was our turn. The immigration officer asked us .... , and we told .... Then he wanted to know .... and .... He seemed satisfied with our answers, checked our passports, and wished us a pleasant stay.

4

A: What time is Sue arriving this afternoon?
B: About 3:00. She said ....
A: Aren't you going to meet her?
B: No, she said not .... She said that ....

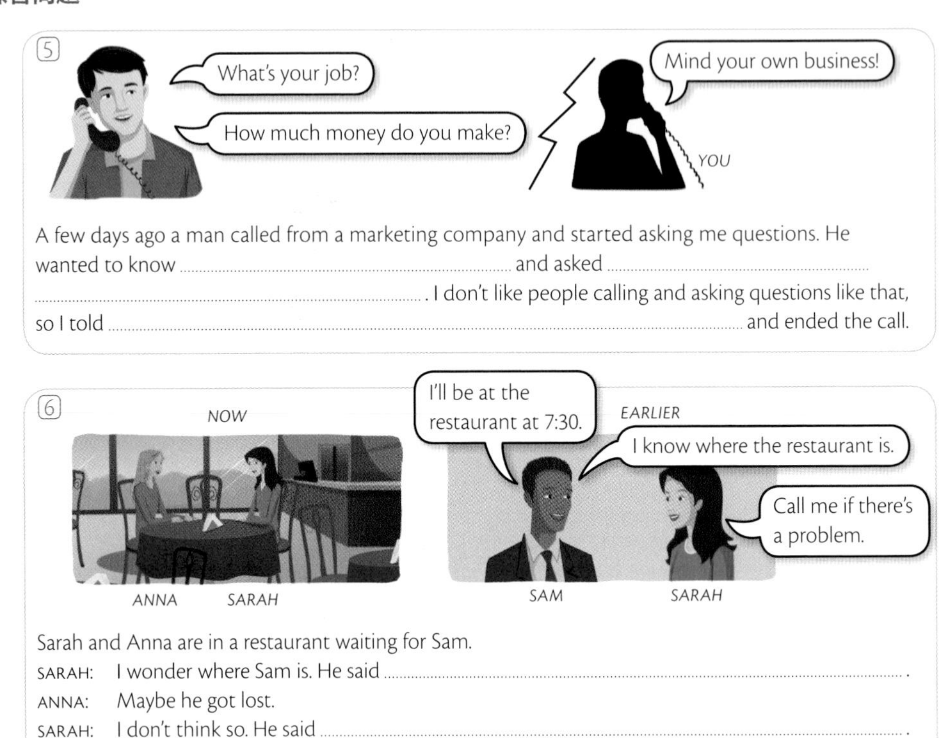

⑤ A few days ago a man called from a marketing company and started asking me questions. He wanted to know .... and asked .... I don't like people calling and asking questions like that, so I told .... and ended the call.

⑥ Sarah and Anna are in a restaurant waiting for Sam.

SARAH: I wonder where Sam is. He said ....
ANNA: Maybe he got lost.
SARAH: I don't think so. He said ....
And I told ....

Five minutes later

JOE: Is there anything to eat?
JEN: You just said ....
JOE: Well, I am now. I'd love a banana.
JEN: A banana? But you said ....
You told ....

動名詞 (-ing) と不定詞 (to + 動詞の原形)

Units 51–64

27 (　) 内の動詞を適切な形に変えて文を完成させなさい。

1 How old were you when you learned ...to drive... ? (drive)
2 I don't mind ...walking... home, but I'd rather ...take... a taxi. (walk, take)
3 I can't make a decision. I keep .... my mind. (change)
4 He had made his decision and refused .... his mind. (change)
5 Why did you change your decision? What made you .... your mind? (change)
6 It was a really good vacation. I really enjoyed .... by the ocean again. (be)

7 Did I really tell you I was unhappy? I don't remember .... that. (say)
8 "Remember .... Tom tomorrow." "OK. I won't forget." (call)
9 The water here is not very good. I'd avoid .... it if I were you. (drink)
10 I pretended .... interested in the conversation, but it was really very boring. (be)
11 I got up and looked out the window .... what the weather was like. (see)
12 I don't have far to go. It's not worth .... a taxi. (take)
13 I have a friend who claims .... able to speak five languages. (be)
14 I like .... carefully about things before .... a decision. (think, make)
15 I had an apartment downtown, but I didn't like .... there, so I decided .... (live, move)
16 Steve used .... a football player. He had to stop .... because of an injury. (be, play)
17 After .... by the police, the man denied .... 100 miles an hour. (stop, drive)
18 A: How do you make this machine .... ? (work)
B: I'm not sure. Try .... that button and see what happens. (push)

28 ( ) 内の語句を用いて文を完成させなさい。動詞は適切な形にしなさい。

1 I can't find the tickets. (I / seem / lose / them)
I seem to have lost them.
2 I don't have far to go. (it / not / worth / take / a taxi)
It's not worth taking a taxi.
3 The game was getting boring. (we / stop / watch / after a while)
....
4 James isn't very reliable. (he / tend / forget / things)
....
5 I've got a lot of luggage. (you / mind / help / me?)
....
6 There's nobody at home. (everybody / seem / go out)
....
7 We don't like our apartment. (we / think / move)
....
8 The vase was very valuable. (I / afraid / touch / it)
....
9 I wanted to get to the station in plenty of time. (I / afraid / miss / my train)
....
10 I don't recommend that movie. (it / not / worth / see)
....
11 I'm very tired after that long walk. (I / not / used / walk / so far)
....
12 Sue is on vacation. She called me yesterday and sounded happy. (she / seem / enjoy / herself)
....
13 Dan took lots of pictures while he was on vacation. (he / insist / show / them to me)
....
14 I don't want to do the shopping. (I'd rather / somebody else / do / it)
....

29 最初の文と同じような意味を表す文を完成させなさい。

1 I was surprised I passed the exam.
I didn't expect *to pass the exam* .
2 Did you manage to solve the problem?
Did you succeed *in solving the problem* ?
3 I don't eat candy anymore.
I've given up ....
4 I'd prefer not to go out tonight.
I'd rather ....
5 He finds it difficult to sleep at night.
He has trouble ....
6 Should I call you tonight?
Do you want .... ?
7 Nobody saw me come in.
I came in without ....
8 Some people said I was a liar.
I was accused ....
9 It will be good to see them again.
I'm looking forward ....
10 What do you think I should do?
What do you advise me .... ?
11 It's too bad I couldn't go out with you last night.
I'd like ....
12 I wish I'd taken your advice.
I regret ....

a/an と the

Units 67–76

30 空所に **a/an** または **the** を入れて文を完成させなさい。いずれも不要な場合には—を記入しなさい。

1 I don't usually like staying at *–* hotels, but last summer we spent two weeks at *a* very nice hotel on *the* ocean.
2 If you go to live in .... foreign country, you should try and learn .... language.
3 Anna is .... economist. She lives in .... United States and works for .... investment company.
4 .... tennis is my favorite sport. I play two or three times .... week if I can, but I'm not .... very good player.
5 I won't be home for .... dinner this evening. I'm meeting some friends after .... work, and we're going to .... movies.
6 When .... unemployment is high, it's difficult for .... people to find .... work. It's .... big problem.
7 There was .... accident as I was going .... home last night. Two people were taken to .... hospital. I think .... most accidents are caused by .... people driving too fast.
8 *A:* What's .... name of .... hotel where you're staying?
B: .... Ambassador. It's on .... West Street in .... suburbs. It's near .... airport.
9 I have two brothers. .... older one is training to be .... pilot. .... younger one is still in .... high school. When he leaves .... school, he wants to go to .... college to study .... engineering.

代名詞と限定詞

Units 80–89

31 A～C の中から適切な語句を選び記号で答えなさい。正しい解答が複数ある場合もあります。

1 I don't remember ....A.... about the accident.（A が正しい）
(A) anything　**B** something　**C** nothing

2 Chris and I have known .... for quite a long time.
A us　**B** each other　**C** ourselves

3 "How often do the buses run?"　" .... twenty minutes."
A All　**B** Each　**C** Every

4 I shouted for help, but .... came.
A nobody　**B** no one　**C** anybody

5 Last night we went out with some friends of ....
A us　**B** our　**C** ours

6 It didn't take us a long time to get here. .... traffic.
A It wasn't much　**B** There wasn't much　**C** It wasn't a lot

7 Can I have .... milk in my coffee, please?
A a little　**B** any　**C** some

8 Sometimes I find it difficult to ....
A concentrate　**B** concentrate me　**C** concentrate myself

9 There's .... on at the movies that I want to see, so there's no point in going.
A something　**B** anything　**C** nothing

10 I drink .... water every day.
A much　**B** a lot of　**C** lots of

11 .... in the mall are open on Sunday.
A Most of stores　**B** Most of the stores　**C** The most of the stores

12 There were about twenty people in the photo. I didn't recognize .... of them.
A any　**B** none　**C** either

13 I've been waiting .... for Sarah to call.
A all morning　**B** the whole morning　**C** all the morning

14 I can't afford to buy anything in this store. .... so expensive.
A All is　**B** Everything is　**C** All are

形容詞と副詞

Units 96–105

32 それぞれの文について誤りがあれば、正しい形に書き直しなさい。誤りがない場合は OK と記入しなさい。

1 The building was (total destroyed) in the fire.　totally destroyed
2 I didn't like the book. It was such a stupid story.　OK
3 The city is very polluted. It's the more polluted place I've ever been to.　....................
4 I was disappointing that I didn't get the job. I was well-qualified, and the interview went well.　....................
5 Could you walk a little more slowly?　....................
6 Joe works hardly, but he doesn't get paid very much.　....................
7 The company's offices are in a modern large building.　....................
8 Dan is a very fast runner. I wish I could run as fast as him.　....................

9 I missed the three last days of the course because I was sick. ....
10 You don't look happy. What's the matter? ....
11 The weather has been unusual cold for this time of year. ....
12 The water in the pool was too dirty to swim in it. ....
13 I got impatient because we had to wait so long time. ....
14 Is this box big enough, or do you need a bigger one? ....
15 This morning I got up more early than usual. ....

接続詞

Units 24, 36, 109–115

33 下線部の正しい方を選びなさい。

1 I'll try to be on time, but don't worry if / ~~when~~ I'm late. (if が正しい)
2 Don't throw that bag away. If / When you don't want it, I'll take it.
3 Please go to the reception desk if / when you arrive at the hotel.
4 We've arranged to go to the beach tomorrow, but we won't go if / when it's raining.
5 Emma is in her final year at school. She still doesn't know what she's going to do if / when she leaves.
6 What would you do if / when you lost your keys?
7 I hope I'll be able to come to the party, but I'll let you know if / unless I can't.
8 I don't want to be disturbed, so don't call me if / unless it's something important.
9 Please sign the contract if / unless you're satisfied with the conditions.
10 I like traveling by ship as long as / unless the water is not rough.
11 You might not remember the name of the hotel, so write it down if / in case you forget it.
12 It's not cold now, but take your coat with you if / in case it gets cold later.
13 Take your coat with you, and then you can put it on if / in case it gets cold later.
14 They always have the TV on, even if / if nobody is watching it.
15 Even / Although I left home early, I got to work late.
16 Despite / Although we've known each other a long time, we're not particularly close friends.
17 "When did you leave school?" "As / When I was 17."
18 I think Amy will be very pleased as / when she hears the news.

時を表す前置詞

Units 12, 116–119

34 以下から適切な語を選び、空所に入れて文を完成させなさい。

at on in during for since by until

1 Jack has gone away. He'll be back ...in... a week.
2 We're having a party .... Saturday. Can you come?
3 I have an interview next week. It's .... Tuesday morning .... 9:30.
4 The road is busy all the time, even .... night.
5 The train service is very good. The trains are nearly always .... time.
6 It was a confusing situation. Many things were happening .... the same time.
7 I couldn't decide whether or not to buy the sweater. .... the end, I decided not to.
8 Sue isn't usually here .... weekends. She goes away.
9 I met a lot of nice people .... my stay in New York.
10 I saw Mary .... Friday, but I haven't seen her .... then.
11 Robert has been doing the same job .... five years.
12 Kim's birthday is .... the end of March. I'm not sure exactly which day it is.
13 We have some friends staying with us .... the moment. They're staying .... Friday.
14 If you're interested in applying for the job, your application must be received .... Friday.
15 I'm just going out. I won't be long—I'll be back .... ten minutes.

場所を表す前置詞, その他の前置詞

Units 120–125

35 空所に適切な前置詞を入れて、文を完成させなさい。

1 I'd love to be able to visit every country .... the world.
2 Jessica White is my favorite author. Have you read anything .... her?
3 There's a grocery store .... the end of this road.
4 Tom is away at the moment. He's .... vacation.
5 We live .... the country, a long way from the nearest town.
6 I've got a stain .... my jacket. I'll have to have it cleaned.
7 We went .... a party .... Emily's house on Saturday.
8 Boston is .... the East Coast of the United States.
9 Look at the leaves .... that tree. They're a beautiful color.
10 I've never been .... Japan, but I'd really like to go.
11 Mozart died .... Vienna in 1791 .... the age of 35.
12 "Are you .... this photo?" "Yes, that's me, ... the left."
13 We went .... the theater last night. We had seats .... the front row.
14 If you want to turn the light on, the switch is .... the wall .... the door.
15 It was late when we arrived .... the hotel.
16 I couldn't decide what to eat. There was nothing .... the menu that I liked.
17 We live .... a high rise. Our apartment is .... the fifteenth floor.
18 Some parts of the movie were a bit stupid, but .... the whole I enjoyed it.
19 "When you paid the restaurant bill, did you pay cash?" "No, I paid .... credit card."
20 "How did you get here? .... the bus?" "No, ... car."
21 I watched a really interesting program .... TV last night.
22 Jessica works for a large company. She works .... the customer service department.
23 Anna spent two years working .... London before returning .... Italy.
24 How was your trip .... the beach? Did you have a good day?
25 Next summer we're going .... a trip to Canada.

名詞 / 形容詞 + 前置詞

Units 126–128

36 空所に適切な前置詞を入れて、文を完成させなさい。

1 The plan has been changed, but nobody seems to know the reason .... this.
2 Don't ask me to decide. I'm not very good .... making decisions.
3 Some people say that Sue is unfriendly, but she's always very nice .... me.
4 What do you think is the best solution .... the problem?
5 There has been a big increase .... the number of tourists visiting the city.
6 He lives a rather lonely life. He doesn't have much contact .... other people.
7 Paul is a great photographer. He likes taking pictures .... people.
8 Michael got married .... a woman he met when he was in college.
9 He's very brave. He's not scared .... anything.
10 I'm surprised .... the traffic today. I didn't think it would be so heavy.
11 Thank you for lending me the guidebook. It was full .... useful information.
12 Please come in and sit down. I'm sorry .... the mess.

動詞＋前置詞

Units 129–133

37 空所に適切な前置詞を入れて、文を完成させなさい。不要な場合は — を記入しなさい。

1 She works quite hard.You can't accuse her .... being lazy.
2 Who's going to look .... your children while you're at work?
3 The problem is becoming serious. We have to discuss .... it.
4 The problem is becoming serious. We have to do something .... it.
5 I prefer this chair .... the other one. It's more comfortable.
6 I have to call .... the office to tell them I won't be at work today.
7 The river divides the city .... two parts.
8 "What do you think .... your new boss?" "She's all right, I guess."
9 Can somebody please explain .... me what I have to do?
10 I said hello to her, but she didn't answer .... me.
11 "Do you like staying at hotels?" "It depends .... the hotel."
12 "Have you ever been to Borla?" "No, I've never heard .... it. What is it?"
13 You remind me .... somebody I knew a long time ago. You look just like her.
14 This is wonderful news! I can't believe .... it.
15 George is not an idealist – he believes .... being practical.
16 What's so funny? What are you laughing .... ?
17 What did you with all the money you had? What did you spend it .... ?
18 If Alex asks .... you .... money, don't give him any.
19 I apologized .... Sarah .... keeping her waiting so long.
20 Hannah was very helpful. I thanked .... her .... everything she'd done.

句動詞

Units 134–142

38 A の文への受け答えとなる文をB から選び記号で答えなさい。

A

1 ~~I'm glad we have a plan.~~
2 I'm too warm with my coat on.
3 This jacket looks nice.
4 Your preference number is 318044BK.
5 I don't think my car will fit in that space.
6 I don't know what this word means.
7 How was the mistake discovered?
8 I'm not sure whether to accept their offer or not.
9 I don't know how to put this toy together.
10 It's a subject he doesn't like to talk about.

B

a I can back up and give you more room.
b Let me try. I'm sure I can figure it out.
c Kate pointed it out.
d ~~Yes, now let's work out the details.~~
e Yes, why don't you try it on?
f OK, I won't bring it up.
g Just a minute. I'll write it down.
h Why don't you take it off then?
i You can look it up.
j I think you should turn it down.

1 d
2 ....
3 ....
4 ....
5 ....
6 ....
7 ....
8 ....
9 ....
10 ....

39 A〜D の中から適切な語句を1つ選び、記号で答えなさい。

1 Nobody believed Chris at first but he ..... B ..... to be right. (B が正しい)
A came out **B** turned out **C** worked out **D** carried out

2 Here's some good news. It will ....
A turn you up **B** put you up **C** blow you up **D** cheer you up

3 Nick and Dan were behaving badly, so Josh ....
A told them up **B** told them off **C** told them out **D** told them over

4 The club committee is .... of the president, the secretary, and seven other members.
A set up **B** made up **C** set out **D** made out

5 When you are finished with those board games, please .... ?
A put them away **B** put them out **C** turn them off **D** turn them away

6 We moved the table to another room. It .... too much space here.
A took in **B** took up **C** took off **D** took over

7 Liz started taking classes in college, but she .... after six months.
A went out **B** fell out **C** turned out **D** dropped out

8 You can't predict everything. Often things don't .... as you expect.
A make out **B** break out **C** turn out **D** get out

9 What's all that noise? What's .... ?
A going off **B** getting off **C** going on **D** getting on

10 It's a very busy airport. There are planes .... or landing every few minutes.
A going up **B** taking off **C** getting up **D** driving off

11 The traffic was blocked by a bus that had ....
A broken down **B** dropped out **C** driven off **D** held up

12 Megan feels different from other kids at her school. She doesn't think she ....
A hands in **B** turns in **C** drops in **D** fits in

40 空所に 2 語を入れて文を完成させなさい。

1 Keep ..... away from ..... the edge of the pool. You might fall in.
2 I didn't notice that the two pictures were different until Amy pointed it .... me.
3 I asked Dave if he had any suggestions about what we should do, but he didn't come .... anything.
4 I'm glad Sarah is coming to the party. I'm really looking .... seeing her again.
5 Things are changing all the time. It's difficult to keep .... all these changes.
6 I don't want to run .... food for the party. Are you sure we have enough?
7 Don't let me interrupt you. Go .... your work.
8 I've had enough of being treated like this. I'm not going to put .... it anymore.
9 I didn't enjoy the trip very much at the time, but when I look .... it now, I realize it was a good experience and I'm glad I went on it.
10 The wedding was supposed to be a secret, so how did you find .... it? Who told you?
11 There is a very nice atmosphere in the office where I work. Everybody gets .... everybody else.

補足練習問題

41 空所に（　）内の語句と同じ意味を持つ句動詞を入れて、文を完成させなさい。

1 The concert in the park had to be ……called off…… because of the weather. (canceled)
2 The story Kate told wasn't true. She ……made it up…… . (invented it)
3 James finally ………………………… an hour late. (arrived)
4 Here's an application form. Can you ………………………… and sign it, please? (complete it)
5 Some houses will have to be ………………………… to make way for the new road. (demolished)
6 Be positive! You must never …………………………! (stop trying)
7 I was very tired and ………………………… in front of the TV. (fell asleep)
8 After eight years together, they've decided to ………………………… . (separate)
9 The noise is terrible. I can't ………………………… any longer. (tolerate it)
10 We don't have a lot of money, but we have enough to ………………………… . (manage)
11 I'm sorry I'm late.The meeting ………………………… longer than I expected. (continued)
12 We need to make a decision today at the latest. We can't ………………………… any longer. (delay it)

42 空所に適切な 1 語を入れて、文を完成させなさい。

1 You're driving too fast. Please ……slow…… down.
2 It was only a small fire, and I managed to ………………………… it out with a bucket of water.
3 The house is empty right now, but I think the new tenants are ………………………… in next week.
4 I've ………………………… on weight. My clothes don't fit any more.
5 Their house is really nice now. They've ………………………… it up really well.
6 I was talking to the woman next to me on the plane, and it ………………………… out that she works for the same company as my brother.
7 I don't know what happened yet, but I'm going to ………………………… out.
8 There's no need to get angry. ………………………… down!
9 Come and see us more often. You can ………………………… in any time you like.
10 Sarah just called to say that she'll be late. She's been ………………………… up.
11 You've written my name wrong. It's Martin, not Marin–you ………………………… out the T.
12 My mom wants me to take her downtown and ………………………… her off at city hall this morning.
13 We had a really interesting discussion, but Lauren didn't ………………………… in. She just listened.
14 Jonathan is pretty fit. He ………………………… out at the gym every day.
15 Jen said she would help me move, but she never came. I can't believe that she ………………………… me down.
16 We are still discussing the contract. There are still a couple of things to ………………………… out.
17 My alarm clock ………………………… off in the middle of the night and ………………………… me up.

診断テスト

「診断テスト」は、自分の学習上の弱点を知るためのものです。この「診断テスト」で正しく解答できなかったユニットが、あなたが学習すべきユニットとなります。

それぞれの問題文中の空所に入るもっともふさわしい語句を、選択肢（A, B, C など）の中から選び、記号で答えてください。問題によっては複数の選択肢が正解となる場合もあります。

問題に正解できなかったり、正解してもなぜその答えになるのか明確にわからない場合は、問題の右側に示されているユニットを学習してください。

「診断テスト」の解答は、p. 331 の「診断テスト解答」で確認してください。

正解がわからない場合は、このユニットを学習します。

現在形と過去形

1.1 At first I didn't like my job, but .... to enjoy it now. — **1, 3**
A I'm beginning **B** I start

1.2 I don't understand this sentence. What .... ? — **2, 47**
A does mean this word **B** does this word mean **C** means this word

1.3 Michael .... tennis two or three times a week. — **2, 3, 107**
A is playing usually **B** is usually playing **C** usually plays **D** plays usually

1.4 How .... now? Better than before? — **4**
A you are feeling **B** do you feel **C** are you feeling

1.5 It was a boring weekend. .... anything. — **5**
A I didn't **B** I don't do **C** I didn't do

1.6 Matt .... while we were having dinner. — **6, 13**
A called **B** was calling **C** has called

現在完了形と過去形

2.1 Everything is going well. There .... any problems so far. — **7**
A weren't **B** have been **C** haven't been

2.2 Sarah has lost her passport again. This is the second time this .... — **7**
A has happened **B** happens **C** happened **D** is happening

2.3 "Are you hungry?" "No, ... lunch." — **8**
A I just had **B** I just have **C** I've just had

2.4 It .... raining for a while, but now it's raining again. — **8**
A stopped **B** has stopped **C** was stopped

2.5 My mother .... in Chile. — **8, 14**
A grew up **B** has grown up **C** had grown up

2.6 Why are you out of breath? .... ? — **9**
A Are you running **B** Had you run **C** Have you been running

2.7 Where's the book I gave you? What .... with it? — **10**
A have you done **B** have you been doing **C** are you doing

正解がわからない場合は、このユニットを学習します。

2.8 "How long ………… Jane?" "A long time. Since we were in school." — 11, 10
A do you know **B** have you known **C** have you been knowing

2.9 Emily has been working here ………… . — 12
A for six months **B** since six months **C** six months ago **D** six months

2.10 It's been two years ………… Joe. — 12
A that I don't see **B** that I haven't seen **C** since I didn't see **D** since I saw

2.11 ………… a lot of candy when you were a child? — 13
A Have you eaten **B** Had you eaten **C** Did you eat

2.12 Jack ………… in New York for ten years. Now he lives in Los Angeles. — 13
A lived **B** has lived **C** has been living

2.13 The people sitting next to me on the plane were nervous. ………… before. — 14
A They haven't flown **B** They didn't fly **C** They hadn't flown
D They'd never flown **E** They weren't flying

2.14 Katherine was lying on the sofa. She was tired because ………… very hard. — 15
A she was working **B** she's been working **C** she'd been working

2.15 ………… a car when you were living in Miami? — 16, 13
A Had you **B** Were you having **C** Have you had **D** Did you have

2.16 I ………… tennis a lot, but I don't play very much now. — 17
A was playing **B** was used to play **C** used to play

未来

3.1 I'm tired. ………… to bed now. Good night. — 18
A I go **B** I'm going

3.2 ………… tomorrow, so we can go out somewhere. — 18, 20
A I'm not working **B** I don't work **C** I won't work

3.3 That bag looks heavy. ………… you with it. — 20
A I'm helping **B** I help **C** I'll help

3.4 I think the weather ………… nice later. — 22, 21
A will be **B** is **C** is going to be **D** would be

3.5 "Anna is in the hospital." "Yes, I know. ………… her this evening." — 22, 19
A I visit **B** I'm going to visit **C** I'll visit

3.6 We're late. The movie ………… by the time we get to the theater. — 23
A will already start **B** will be already started **C** will already have started

3.7 Don't worry ………… late tonight. — 24
A if I'm **B** when I'm **C** when I'll be **D** if I'll be

正解がわからない場合は、このユニットを学習します。

法助動詞

4.1 The fire spread quickly, but everybody .... from the building. — 25
A was able to escape **B** managed to escape **C** could escape

4.2 I'm so tired I .... for a week. — 26
A can sleep **B** could sleep **C** could have slept

4.3 The story .... be true, but I don't think it is. — 26, 28
A might **B** can **C** could **D** may

4.4 Why did you stay at a hotel? You .... with me. — 26
A can stay **B** could stay **C** could have stayed

4.5 I lost one of my gloves. I .... it somewhere." — 27
A must drop **B** must have dropped **C** must be dropping
D must have been dropping

4.6 "Why wasn't Amy at the meeting yesterday?" "She .... about it." — 28
A might not know **B** may not know **C** might not have known
D may not have known

4.7 What .... to get a driver's license? — 30
A have I to do **B** do I have to do **C** I must do **D** I have to

4.8 You missed a great party last night. You .... Why didn't you? — 31
A must have come **B** should have come **C** might have come
D had to come

4.9 Liz suggested .... some new clothes. — 32
A that Mary buy **B** that Mary buys **C** Mary to buy **D** Mary buy

4.10 You're always at home. You .... out more often. — 33
A should go **B** had better go **C** had better to go

4.11 It's late. It's time .... home. — 33
A we go **B** we must go **C** we should go **D** we went **E** to go

4.12 .... a little longer, but I really have to go now. — 34
A I'd stay **B** I'll stay **C** I can stay **D** I'd have stayed

if と wish

5.1 I'm not tired enough to go to bed. If I .... to bed now, I wouldn't sleep. — 36
A go **B** went **C** had gone **D** would go

5.2 If I were rich, ... a lot. — 37
A I'll travel **B** I can travel **C** I would travel **D** I traveled

5.3 I wish I .... have to work tomorrow, but unfortunately I do. — 37, 39
A don't **B** didn't **C** wouldn't **D** won't

5.4 The view was wonderful. I would have taken some pictures if .... a camera with me. — 38
A I had **B** I would have **C** I would have had **D** I'd had

5.5 The weather is horrible. I wish it .... raining. — 39
A would stop **B** stopped **C** stops **D** will stop

正解がわからない場合は、このユニットを学習します。

受動態

6.1 We .... by a loud noise during the night. — 40
A woke up **B** are woken up **C** were woken up **D** were waking up

6.2 A new supermarket is going to .... next year. — 41
A build **B** be built **C** be building **D** building

6.3 There's somebody walking behind us. I think .... — 41
A we are following **B** we are being following **C** we are followed
D we are being followed

6.4 "Where ....?" "In Chicago." — 42
A were you born **B** are you born **C** have you been born **D** did you born

6.5 There was a fight, but nobody .... — 42
A was hurt **B** got hurt **C** hurt

6.6 Jen .... to call me last night, but she didn't. — 43
A supposed **B** is supposed **C** was supposed

6.7 Where ....? Which hairdresser did you go to? — 44
A did you cut your hair **B** have you cut your hair
C did you have cut your hair **D** did you have your hair cut

間接話法

7.1 John left the room suddenly. He said he .... to go. — 46, 45
A had **B** has **C** have

7.2 (道でばったり会って) Joe, this is a surprise. Lauren said you .... in the hospital. — 46, 45
A are **B** were **C** was

7.3 Anna .... and left. — 46
A said goodbye to me **B** said me goodbye **C** told me goodbye

疑問文と繰り返しを避ける助動詞

8.1 "What time ....?" "At 8:30." — 47
A starts the movie **B** does start the movie **C** does the movie start

8.2 "Do you know where ....?" "No, he didn't say." — 48
A Tom has gone **B** has Tom gone **C** has gone Tom

8.3 The police officer stopped us and asked us where .... — 48
A were we going **B** are we going **C** we are going **D** we were going

8.4 "Do you think it will rain?" "...................." — 49
A I hope not. **B** I don't hope. **C** I don't hope so.

8.5 "You don't know where Lauren is, ...?" "Sorry, I have no idea." — 50
A don't you **B** do you **C** is she **D** are you

正解がわからない場合は、このユニットを学習します。

動名詞 (-ing) と不定詞 (to + 動詞の原形)

9.1 Suddenly everybody stopped .... There was silence. — 51
A talking **B** from talking **C** to talk **D** that they talked

9.2 I'd better go now. I promised .... late. — 52, 34
A not being **B** not to be **C** to not be **D** I wouldn't be

9.3 Do you want .... with you, or do you want to go alone? — 53
A me coming **B** me to come **C** that I come **D** that I will come

9.4 I know I locked the door. I clearly remember .... it. — 54
A locking **B** to lock **C** to have locked

9.5 She tried to be serious, but she couldn't help .... — 55
A laughing **B** to laugh **C** that she laughed **D** laugh

9.6 Dan lives in Vancouver now. He likes .... there. — 56
A living **B** to live

9.7 It's not my favorite job, but I like .... the kitchen as often as possible. — 56
A cleaning **B** clean **C** to clean **D** that I clean

9.8 I'm tired. I'd rather .... out tonight, if you don't mind. — 57
A not going **B** not to go **C** don't go **D** not go

9.9 Are you going to tell Anna what happened, or would you rather .... her? — 57
A I'd tell **B** I'll tell **C** I should tell **D** I tell

9.10 Are you looking forward .... on vacation? — 58, 60
A going **B** to go **C** to going **D** that you go

9.11 When Rachel went to Tokyo, she wasn't used .... on the left. — 59
A driving **B** to driving **C** to drive **D** drive

9.12 I'm thinking .... a house. Do you think that's a good idea? — 60, 64
A to buy **B** of to buy **C** of buying **D** about buying

9.13 I had no trouble .... a place to stay. In fact, it was surprisingly easy. — 61
A find **B** found **C** to find **D** finding

9.14 I called the restaurant .... a reservation. — 62
A for make **B** to make **C** for making **D** for to make

9.15 James doesn't speak clearly. .... — 63
A It is hard to understand him. **B** He is hard to understand.
C He is hard to understand him.

9.16 The sidewalk was icy, so we walked very carefully. We were afraid .... — 64
A of falling **B** from falling **C** to fall **D** to falling

9.17 I didn't hear you .... in. You must have been very quiet. — 65
A come **B** to come **C** came

9.18 .... a hotel, we looked for somewhere to eat. — 66
A Finding **B** After finding **C** Having found **D** We found

正解がわからない場合は、このユニットを学習します。

冠詞と名詞

10.1	It wasn't your fault. It was .... **A** accident **B** an accident **C** some accident	67
10.2	Where are you going to put all your .... ? **A** furniture **B** furnitures	68
10.3	"Where are you going?" "I'm going to buy ...." **A** a bread **B** some bread **C** a loaf of bread	68
10.4	Jessica is .... She works at a large hospital. **A** nurse **B** a nurse **C** the nurse	69, 70
10.5	Natalie works six days .... week. **A** in **B** for **C** a **D** the	70
10.6	There are millions of stars in .... **A** space **B** a space **C** the space	71
10.7	Every day .... starts at 9:00 and finishes at 3:00. **A** school **B** a school **C** the school	72
10.8	.... changed a lot in the last thirty years. **A** Life has **B** The life has **C** The lives have	73
10.9	When .... invented? **A** was camera **B** were cameras **C** were the cameras **D** was the camera	74
10.10	Have you been to .... ? **A** Canada or United States **B** the Canada or the United States **C** Canada or the United States **D** the Canada or United States	75
10.11	On our first day in Moscow, we visited .... **A** Kremlin **B** a Kremlin **C** the Kremlin	76
10.12	I have some news for you. .... **A** It's good news **B** They are good news **C** It's a good news	77, 68
10.13	It took us quite a long time to get here. It was .... trip. **A** three hour **B** a three-hours **C** a three-hour	78
10.14	This isn't my book. It's .... **A** my sister **B** my sister's **C** from my sister **D** of my sister **E** of my sister's	79

代名詞と限定詞

11.1	What time should we .... tomorrow? **A** meet **B** meet us **C** meet ourselves	80
11.2	I'm going to a wedding on Saturday. .... is getting married. **A** A friend of me **B** A friend of mine **C** One my friends	81
11.3	They live on a busy street. .... a lot of noise from the traffic. **A** It must be **B** It must have **C** There must have **D** There must be	82

正解がわからない場合は、このユニットを学習します。

11.4	He's lazy. He never does .... work. **A** some **B** any **C** no	83
11.5	"What would you like to eat?" "I don't care. ....—whatever you have." **A** Something **B** Anything **C** Nothing	83
11.6	The course didn't go well. .... of the students were happy. **A** All **B** No one **C** None **D** Nobody	84
11.7	We went shopping and spent .... money. **A** a lot of **B** much **C** lots of **D** many	85
11.8	I was sick yesterday. I spent .... in bed. **A** the most of day **B** most of day **C** the most of the day **D** most of the day	86
11.9	I asked two people how to get to the train station, but .... of them knew. **A** none **B** either **C** both **D** neither	87
11.10	Our vacation was a disaster. .... went wrong. **A** Everything **B** All **C** All things **D** All of things	88
11.11	The bus service is excellent. There's a bus .... ten minutes. **A** each **B** every **C** all	88, 89
11.12	There were four books on the table. .... a different color. **A** Each of books was **B** Each of the books was **C** Each book was	89

関係詞節

12.1	I don't like stories .... have unhappy endings. **A** that **B** they **C** which **D** who	90
12.2	I didn't believe them at first, but in fact everything .... was true. **A** they said **B** that they said **C** what they said	91
12.3	We helped some people .... **A** their car had broken down **B** which car had broken down **C** whose car had broken down **D** that their car had broken down	92
12.4	Anna told me about her new job, ... a lot. **A** that she's enjoying **B** which she's enjoying **C** she's enjoying **D** she's enjoying it	93
12.5	Sarah couldn't meet us, ... was too bad. **A** that **B** it **C** what **D** which	94
12.6	Kevin showed me some pictures .... by his father. **A** painting **B** painted **C** that were painted **D** they were painted	95, 90

正解がわからない場合は、このユニットを学習します。

形容詞と副詞

13.1 Nicole doesn't enjoy her job anymore. She's .... because every day she does exactly the same thing. — 96
A boring **B** bored

13.2 Liz was carrying a .... bag. — 97
A black small plastic **B** small and black plastic **C** small black plastic **D** plastic small black

13.3 Maria's English is excellent. She speaks .... — 98
A perfectly English **B** English perfectly **C** perfect English **D** English perfect

13.4 He .... to find a job, but he had no luck. — 99
A tried hard **B** tried hardly **C** hardly tried

13.5 I haven't seen her for ...., I've forgotten what she looks like. — 100
A so long **B** so long time **C** a such long time **D** such a long time

13.6 Don't stand on that chair. It isn't .... — 101
A enough strong to stand on **B** strong enough to stand on it
C strong enough to stand on **D** strong enough for stand on

13.7 The exam was quite easy—.................... I expected. — 102
A more easy that **B** more easy than **C** easier than **D** easier as

13.8 The more expensive the hotel, ... — 103
A the service will be better **B** will be better the service
C the better the service **D** better the service will be

13.9 Tom is a fast runner. I can't run as fast as .... — 104
A he **B** him **C** he can

13.10 What's .... you've ever made? — 105
A most important decision **B** the more important decision
C the decision more important **D** the most important decision

13.11 Ben likes walking. .... — 106
A Every morning he walks to work. **B** He walks to work every morning.
C He walks every morning to work. **D** He every morning walks to work.

13.12 Joe never calls me. .... — 107
A Always I have to call him. **B** I always have to call him.
C I have always to call him. **D** I have to call always him.

13.13 Megan .... She left last month. — 108
A still doesn't work here **B** doesn't still work here **C** no more works here
D doesn't work here anymore **E** no longer works here

13.14 .... Emma can't drive, she has a car. — 109, 110
A Even **B** Even when **C** Even if **D** Even though

正解がわからない場合は、このユニットを学習します。

接続詞と前置詞

14.1	I couldn't sleep .... very tired. **A** although I was **B** despite I was **C** despite of being **D** in spite of being	110
14.2	You should insure your bike .... stolen. **A** in case it will be **B** if it will be **C** in case it is **D** if it is	111
14.3	The club is for members only. You .... you're a member. **A** can't go in if **B** can go in only if **C** can't go in unless **D** can go in unless	112
14.4	Yesterday we watched TV all evening .... we didn't have anything better to do. **A** when **B** as **C** while **D** since	113
14.5	"What's that noise?" "It sounds .... a baby crying." **A** as **B** like **C** as if **D** as though	114, 115
14.6	They are very kind to me. They treat me .... their own son. **A** like I'm **B** as if I'm **C** as if I was **D** as if I were	115
14.7	I'm going to be in Toronto next week. I hope the weather will be good .... **A** while I'll be there **B** while I'm there **C** during my visit **D** during I'm there	116
14.8	Joe is away right now. I don't know exactly when he's coming back, but I'm sure he'll be back .... Monday. **A** by **B** until	117

前置詞

15.1	Bye! I'll see you .... **A** at Friday morning **B** on Friday morning **C** in Friday morning **D** Friday morning	118
15.2	I'm going away .... the end of January. **A** at **B** on **C** in	119
15.3	When we were in Chile, we spent a few days .... Santiago. **A** at **B** to **C** in	120, 122
15.4	Our apartment is .... the second floor of the building. **A** at **B** on **C** in **D** to	121
15.5	I saw Steve .... a conference on Saturday. **A** at **B** on **C** in **D** to	122
15.6	When did you .... the hotel? **A** arrive to **B** arrive at **C** arrive in **D** get to **E** get in	123
15.7	I'm going .... vacation next week. I'll be away for two weeks. **A** at **B** on **C** in **D** for	124
15.8	We traveled .... 6:45 train, which arrived at 8:30. **A** in the **B** on the **C** by the **D** by	125

正解がわからない場合は、このユニットを学習します。

15.9 "Who is this painting .... ? Picasso?" "I have no idea." — 125
A of **B** from **C** by

15.10 The accident was my fault, so I had to pay for the damage .... the other car. — 126
A of **B** for **C** to **D** on **E** at

15.11 I like them very much. They have always been very nice .... me. — 127
A of **B** for **C** to **D** with

15.12 I'm not very good .... repairing things. — 128
A at **B** for **C** in **D** about

15.13 I don't understand this sentence. Can you .... ? — 129
A explain to me this word **B** explain me this word
C explain this word to me

15.14 If you're worried about the problem, you should do something .... it. — 130
A for **B** about **C** against **D** with

15.15 "Who is Tom Hart?" "I have no idea. I've never heard .... him." — 131
A about **B** from **C** after **D** of

15.16 I don't know what time we'll arrive. It depends .... the traffic. — 132
A of **B** for **C** from **D** on

15.17 I prefer tea .... coffee. — 133, 57
A to **B** than **C** against **D** over

句動詞

16.1 These shoes are uncomfortable. I'm going to .... — 134
A take off **B** take them off **C** take off them

16.2 They were playing cards, so I .... — 135
A joined in **B** came in **C** got in **D** broke in

16.3 Nobody believed Matt at first, but he .... to be right. — 136
A worked out **B** came out **C** found out **D** turned out

16.4 We can't .... making a decision. We have to decide now. — 137
A put away **B** put over **C** put off **D** put out

16.5 The party .... until 4:00 in the morning. — 138
A went by **B** went to **C** went on **D** went off

16.6 You can always rely on Nick. He'll never .... — 139
A put you up **B** let you down **C** take you over **D** see you off

16.7 Children under 16 .... half the population of the city. — 140
A make up **B** put up **C** take up **D** bring up

16.8 I'm surprised to hear that Kate and John have .... They seemed very happy together. — 141
A broken up **B** ended up **C** finished up **D** split up

16.9 I parked in a no-parking zone, but I .... it. — 142
A came up with **B** got away with **C** made off with **D** got on with

診断テスト解答 (p. 321 より)

(p. 321 より)

現在形と過去形

1.1 A
1.2 B
1.3 C
1.4 B, C
1.5 C
1.6 A

現在完了形と過去形

2.1 C
2.2 A
2.3 A, C
2.4 A
2.5 A
2.6 C
2.7 A
2.8 B
2.9 A, D
2.10 D
2.11 C
2.12 A
2.13 C, D
2.14 C
2.15 D
2.16 C

未来

3.1 B
3.2 A
3.3 C
3.4 A, C
3.5 B
3.6 C
3.7 A

法助動詞

4.1 A, B
4.2 B
4.3 A, C, D
4.4 C
4.5 B
4.6 C, D
4.7 B
4.8 B
4.9 A, D
4.10 A
4.11 D, E
4.12 A

if と wish

5.1 B
5.2 C
5.3 B
5.4 D
5.5 A

受動態

6.1 C
6.2 B
6.3 D
6.4 A
6.5 A, B
6.6 C
6.7 D

間接話法

7.1 A
7.2 B
7.3 A

疑問文と繰り返しを避ける助動詞

8.1 C
8.2 A
8.3 D
8.4 A
8.5 B

動名詞 (–ing) と 不定詞 (to + 動詞の原形)

9.1 A
9.2 B, D
9.3 B
9.4 A
9.5 A
9.6 A
9.7 C
9.8 D
9.9 D
9.10 C
9.11 B
9.12 C, D
9.13 D
9.14 B
9.15 A, B
9.16 A
9.17 A
9.18 B, C

冠詞と名詞

10.1 B
10.2 A
10.3 B, C
10.4 B
10.5 C
10.6 A
10.7 A
10.8 A
10.9 D
10.10 C
10.11 C
10.12 A
10.13 C
10.14 B

代名詞と限定詞

11.1 A
11.2 B
11.3 D
11.4 B
11.5 B
11.6 C
11.7 A, C
11.8 D
11.9 D
11.10 A
11.11 B
11.12 B, C

関係詞節

12.1 A, C
12.2 A, B
12.3 C
12.4 B
12.5 D
12.6 B, C

形容詞と副詞

13.1 B
13.2 C
13.3 B, C
13.4 A
13.5 A, D
13.6 C
13.7 C
13.8 C
13.9 B, C
13.10 D
13.11 A, B
13.12 B
13.13 D, E
13.14 D

接続詞と前置詞

14.1 A, D
14.2 C
14.3 B, C
14.4 B, D
14.5 B
14.6 C, D
14.7 B, C
14.8 A

前置詞

15.1 B, D
15.2 A
15.3 C
15.4 B
15.5 A
15.6 B, D
15.7 B
15.8 B
15.9 C
15.10 C
15.11 C
15.12 A
15.13 C
15.14 B
15.15 D
15.16 D
15.17 A

句動詞

16.1 B
16.2 A
16.3 D
16.4 C
16.5 C
16.6 B
16.7 A
16.8 A, D
16.9 B

索引

各項目の右に示した数字はユニットの番号を表します。ページ番号ではありません。

文法項目

注意の必要な文法用語については、簡単な説明を加えてあります。

Grammar in Use Intermediate

マーフィーのケンブリッジ英文法

（中級編）第4版

Raymond Murphy 著
William R. Smalzer, Joseph Chapple 執筆協力
渡辺 雅仁・田島 祐規子・ドナルドソン 友美 訳

練習問題解答

本書の練習問題の中には、自由に自分の考えを述べるものもあります。その場合でも解答例が与えられていますが、できれば英語のネイティブスピーカーや、先生や友人に確認してもらいましょう。なお解答中にある or や / , ( ) は 入れ換え可能を示します。

UNIT 1

1.1
2 He's tying / He is tying
3 They're crossing / They are crossing
4 He's scratching / He is scratching
5 She's hiding / She is hiding
6 They're waving / They are waving

1.2
2 e
3 g
4 a
5 d
6 h
7 b
8 c

1.3
2 Why are you crying?
3 Is she working today?
4 What are you doing these days?
5 What is she studying? / What's she studying?
6 What are they doing?
7 Are you enjoying it?
8 Why are you walking so fast?

1.4
3 I'm not listening / I am not listening
4 She's having / She is having
5 He's learning / He is learning
6 they aren't speaking / they're not speaking / they are not speaking
7 it's getting / it is getting
8 isn't working / 's not working / is not working
9 I'm looking / I am looking
10 It's working / It is working
11 They're building / They are building
12 He's not enjoying / He is not enjoying
13 The weather's changing / The weather is changing
14 He's starting / He is starting

UNIT 2

2.1
2 go
3 causes
4 closes
5 live
6 take
7 connects

2.2
2 do the banks close
3 don't use
4 does Maria come
5 do you do
6 does this word mean
7 doesn't get
8 takes … does it take

2.3
3 rises
4 make
5 don't eat
6 doesn't believe
7 translates
8 don't tell
9 flows

2.4
2 Does your sister play tennis?
3 How often do you go to the movies?
4 What does your brother do?
5 Do you speak Spanish?
6 Where do your grandparents live?

2.5
2 I promise
3 I insist
4 I apologize
5 I recommend
6 I agree

UNIT 3

3.1
3 is trying
4 calls
5 *OK*
6 are they talking
7 *OK*
8 *OK*
9 It's getting / It is getting
10 I'm coming / I am coming
11 He always starts
12 *OK*

3.2
2 a Are you listening
b Do you listen
3 a flows
b is flowing / 's flowing
4 a I don't do
b do you usually do
5 a She's staying / She is staying
b She always stays

3.3
2 She speaks
3 Everybody's waiting / Everybody is waiting
4 do you pronounce
5 isn't working / is not working / 's not working
6 is improving
7 lives
8 I'm starting / I am starting
9 They're visiting / They are visiting
10 does your father do
11 it doesn't take
12 I'm learning / I am learning … is teaching / 's teaching

3.4
2 It's always breaking down.
3 I'm always making the same mistake. / … that mistake.
4 You're always leaving your phone at home.

UNIT 4

4.1
2 believes
3 I don't remember / I do not remember *or* I can't remember
4 I'm using / I am using
5 I need
6 consists
7 does he want
8 is he looking
9 do you recognize
10 I'm thinking / I am thinking
11 do you think
12 he seems

4.2
2 I'm thinking about something. / I am thinking …
3 Who does this umbrella belong to?
4 This smells good.
5 Is anybody sitting there?
6 These gloves don't fit me.

4.3
3 *OK* (I feel *is also correct*)
4 does it taste
5 *OK*
6 do you see
7 *OK*

4.4
2 's / is
3 's being / is being
4 're / are
5 are you being
6 Are you

UNIT 5

5.1
2 had
3 She walked to work
4 It took her (about) half an hour
5 She started work
6 She didn't have (any) lunch. / … eat (any) lunch.
7 She finished work
8 She was tired when she got home.
9 She cooked / She made
10 She didn't go
11 She went to bed
12 She slept

5.2
2 taught
3 sold
4 fell … hurt
5 threw … caught
6 spent … bought … cost

5.3
2 did you travel / did you go
3 did it take (you) / was your trip
4 did you stay
5 How was the weather *or* What was the weather like
6 Did you go to / Did you see / Did you visit

5.4
3 didn't disturb
4 left
5 were
6 didn't sleep
7 didn't cost
8 flew
9 didn't have
10 wasn't

UNIT 6

6.1
2 wasn't listening
3 were sitting
4 was working
5 weren't looking
6 was snowing
7 were you going
8 was looking

6.2
2 e
3 a
4 g
5 c
6 d
7 b

6.3
1 didn't see ... was looking
2 was riding ... stepped ... was going ... managed ... didn't hit

6.4
2 were you doing
3 Did you go
4 were you driving ... happened
5 took ... wasn't looking
6 didn't know ... did
7 saw ... was trying
8 was walking ... heard ... was following ... started
9 wanted ... changed
10 dropped ... was doing ... didn't break

UNIT 7

7.1
2 Have you ever been to California?
3 Have you ever run a marathon?
4 Have you ever spoken to a famous person?
5 What's the most beautiful place you've ever visited? / ... you have ever visited?

7.2
3 haven't eaten
4 I haven't played (it)
5 I've had / I have had
6 I haven't read
7 I've never been / I haven't been
8 it's happened / it has happened *or* that's happened / that has happened
9 I've never tried / I haven't tried *or* I've never eaten / I haven't eaten
10 's been / has been
11 I've never seen / I haven't seen

7.3
Example answers:
2 I haven't taken a bus this week.
3 I haven't been to the movies recently.
4 I haven't read a book for ages.
5 I haven't lost anything today.

7.4
2 It's the first time they've seen a giraffe. / ... they have seen ...
3 She's / She has never ridden a horse before.
4 This is the second time they've been to Japan. / ... they have been to Japan.
5 It's not the first time she's / she has / Emily has stayed at this hotel.
6 He's / He has / Ben has never played tennis before. *or* He/Ben hasn't played tennis before.

UNIT 8

8.1
2 has changed
3 forgot
4 went
5 had
6 has improved

8.2
3 did William Shakespeare write
4 *OK* (I forgot *is also correct*)
5 Who invented
6 *OK*
7 We washed
8 Where were you born
9 *OK* (Mary went *is also correct*)
10 Albert Einstein was the scientist who developed
11 I applied

8.3
2 He just went out / He's just gone out
3 I haven't finished yet / I didn't finish yet
4 I've already done it / I already did it
5 Have you found a place to live yet / Did you find a place to live yet
6 I haven't decided yet. / I didn't decide yet.
7 she just came back / she's just come back
8 already invited me / has already invited me

UNIT 9

9.1
2 's been watching TV / has been watching TV *or* ... watching television
3 've been playing tennis / have been playing tennis
4 's been running / has been running

9.2
2 Have you been waiting long?
3 What have you been doing?
4 How long have you been working here?
5 How long have you been doing that?

9.3
2 've been waiting / have been waiting
3 've been learning Japanese / have been learning Japanese
4 She's been working there / She has been working there
5 They've been going there / going to Mexico for years *or* They have been going there / going to Mexico for years

9.4
2 I've been looking / I have been looking
3 are you looking
4 She's been teaching / She has been teaching
5 I've been thinking / I have been thinking
6 he's working / he is working
7 She's been working / She has been working
8 you're driving / you are driving
9 has been traveling

UNIT 10

10.1
2 She's been traveling / She has been traveling ... She's visited / She has visited ...
3 He's won / He has won ... He's been playing tennis / He has been playing ...
4 They've been making / They have been making ... They've made / They have made ...

10.2
2 Have you been waiting long?
3 Have you caught any fish?
4 How many people have you invited?
5 How long have you been teaching?
6 How many books have you written? How long have you been writing books?
7 How long have you been saving (money)? How much money have you saved?

10.3
2 Somebody's broken / Somebody has broken
3 Have you been working
4 Have you ever worked
5 has she gone
6 I've had / I have had
7 I've been watching / I have been watching
8 He's appeared / He has appeared
9 I haven't been waiting
10 you've been crying / you have been crying
11 it's stopped / it has stopped
12 They've been playing / They have been playing
13 I've lost / I have lost ... Have you seen
14 I've been reading / I have been reading ... I haven't finished
15 I've read / I have read

UNIT 11

11.1
2 have you lived
3 It's raining
4 has been
5 Have you been waiting
6 We're living
7 I haven't known
8 She's
9 have you had
10 I've been feeling

11.2
2 How long have you known Katherine?
3 How long has your sister been in Australia?
4 How long have you been teaching English? / How long have you taught English?
5 How long have you had that jacket?
6 How long has Joe been working at the airport? / How long has Joe worked at the airport?
7 Have you always lived in Chicago?

11.3
3 's been/has been
4 's/is
5 haven't played
6 've been waiting / have been waiting
7 've known / have known
8 hasn't been
9 lives *or* 's living / is living
10 's lived / has lived *or* 's been living / has been living
11 's been watching / has been watching
12 haven't watched
13 've had / have had
14 haven't been
15 've always wanted / have always wanted

UNIT 12

12.1
2 since
3 for (*also correct without* for)
4 for (*also correct without* for)
5 since
6 for
7 since
8 since
9 for

12.2
2 How long have you had this car?
3 How long have you been waiting?
4 When did the class start?
5 When did Anna arrive in New York?
6 How long have you known each other?

12.3
3 He has been sick since Sunday.
4 She got married a year ago.
5 I've had a headache since I woke up.
6 The meeting started/began at 9:00.
7 I've been working in a hotel for six months. / I've been working there …
8 Kate started learning Japanese a long time ago.

12.4
2 No, I haven't seen Amy/her for about a month.
3 No, I haven't been swimming for a long time. *or* … gone swimming for a long time.
4 No, I haven't ridden a bike for ages.
6 No, it's been about a month since I (last) saw Amy.
7 No, it's been a long time since I (last) went swimming.
8 No, it's been ages since I (last) rode a bike.

UNIT 13

13.1
3 *OK*
4 I bought
5 Where were you
6 Maria left school
7 *OK*
8 *OK*
9 *OK*
10 When was this bridge built?

13.2
2 The weather has been cold recently.
3 It was cold last week.
4 I didn't eat any fruit yesterday.
5 I haven't eaten any fruit today.
6 Emily has earned a lot of money this year.
7 She didn't earn so much last year.
8 Have you had a vacation recently?

13.3
3 I didn't sleep
4 There was … there were
5 worked … he gave
6 She's lived / She has lived
7 died … I never met
8 I've never met / I have never met
9 I haven't seen
10 Did you go …was
11 It's been / It has been … it was
12 have you lived / have you been living … did you live … did you live

13.4
Example answers:
2 I haven't bought anything today.
3 I didn't watch TV yesterday.
4 I went out with some friends last night.
5 I haven't been to the movies recently.
6 I've read a lot of books recently.

UNIT 14

14.1
2 It had changed a lot.
3 She'd arranged to do something else. / She had arranged …
4 The movie had already started.
5 I hadn't seen him for five years.
6 They'd just had lunch. / They had just had …

14.2
2 I'd never heard it before. / I had never heard … / I hadn't heard …
3 He'd never played (tennis) before. / He had never played … / He hadn't played …
4 We'd never been there before. / We had never been … / We hadn't been …

14.3
2 there was … she'd gone / she had gone
3 He'd just come back from / He had just come back from … He looked
4 got a phone call
He was … He'd sent her / He had sent her … she'd never replied (to them) / she had never replied (to them)

14.4
2 I went
3 had gone
4 he'd already traveled / he had already traveled
5 broke
6 we saw … had broken … we stopped

UNIT 15

15.1
2 They'd been playing football. / They had been playing …
3 I'd been looking forward to it. / I had been looking forward …
4 She'd been having a bad dream. / She had been having …
5 He'd been watching a movie. / He had been watching …
6 They'd been waiting a long time. / They had been waiting …

15.2
2 I'd been waiting / I had been waiting …
I realized (that) I was
3 went … had been working *or* had worked
4 had been playing … started
5 Example answer:
I'd been walking for about ten minutes when a car suddenly stopped just behind me.

15.3
2 We'd been traveling
3 He was looking
4 She'd been running
5 He was walking
6 I'd had it
7 I'd been going
8 I've been training
9 (When I finally arrived,) she was waiting ... / she'd been waiting (such a long time)
10 a he was already working
b had already been working
c He's been working

UNIT 16

16.1
2 h
3 c
4 g
5 b
6 a
7 e
8 f

16.2
3 don't have / haven't got (haven't *is less usual*)
4 didn't have
5 doesn't have / hasn't got (hasn't *is less usual*)
6 Do you have / Have you got (Have you *is less usual*)
7 didn't have
8 Does he have / Has he got (Has he *is less usual*)
9 did you have
10 don't have / haven't got
11 had ... didn't

16.3
3 I didn't have my phone
4 I have a cold *or* I've got a cold
5 *OK*
6 I didn't have any energy
7 *OK* (*or* It hasn't got many stores.)
8 Did you have (Had you *is unusual*)
9 *OK*
10 he had a beard
11 OK (*or* We've got plenty of time.)
12 Do you have breakfast

16.4
2 had a bad dream
3 had a party
4 have a look
5 's having / is having a nice time
6 had a chat
7 Did you have trouble
8 had a baby
9 Have a good trip
10 haven't had a vacation

UNIT 17

17.1
2 used to have/ride
3 used to live
4 used to be
5 used to eat/have
6 used to take
7 used to be
8 used to work

17.2
2 used
3 used to be
4 did
5 used to
6 use to
7 to
8 be able
9 didn't

17.3
2–6
- She used to be very lazy, but she works very hard these days.
- She didn't use to like cheese, but she eats lots of cheese now.
- She used to play the piano, but she hasn't played the piano for a long time. / ... played it for a long time.
- She didn't use to drink tea, but she likes it now.
- She used to have a dog, but it died two years ago.

17.4
Example answers:
3 I used to be a vegetarian, but now I eat meat sometimes.
4 I used to watch TV a lot, but I don't watch it much now.
5 I used to hate getting up early, but now it's no problem.
7 I didn't use to drink coffee, but I drink it every day now.
8 I didn't use to like hot weather, but now I love it.

UNIT 18

18.1
2 How long are you going for?
3 When are you leaving?
4 Are you going alone?
5 Are you traveling by car?
6 Where are you staying?

18.2
2 We're having
3 I'm not working
4 I'm leaving
5 are you going
6 Laura isn't coming / Laura's not coming
7 I'm going
8 He's working / He is working

18.3
Example answers:
2 I'm working tomorrow morning.
3 I'm not doing anything tomorrow night.
4 I'm going swimming next Sunday.
5 I'm going to a party tonight.

18.4
2 Are you going
3 he's moving / he is moving
4 I'm going / I am going ... does it start
5 we're meeting / we are meeting
6 Are you doing
7 does this semester end ... starts
8 We're going / We are going ... Who's getting / Who is getting
9 Are you watching ...
10 leaves ... arrives
11 It finishes
12 I'm not using / I am not using

UNIT 19

19.1
2 What are you going to wear?
3 Where are you going to put it?
4 Who are you going to invite?
5 How are you going to cook it?

19.2
2 I'm going to try
3 I'm going to say
4 I'm going to wash
5 I'm not going to accept
6 I'm going to learn
7 I'm going to run
8 I'm going to complain
9 I'm not going to tell

19.3
2 He's going to be late.
3 The boat is going to sink.
4 They're going to run out of gas.
5 It's going to cost a lot (of money) to repair the car.

19.4
2 was going to buy
3 were going to play
4 was going to call
5 was going to be
6 was going to quit
7 were you going to say

UNIT 20

20.1
2 I'll turn / I'll put
3 I'll check
4 I'll do
5 I'll show
6 I'll have
7 I'll stay / I'll wait
8 I'll try

20.2
2 I think I'll go to bed.
3 I think I'll go for a walk.
4 I don't think I'll have (any) lunch.
5 I don't think I'll go swimming today.

20.3
2 I'll meet
3 I'll stay
4 I'm having
5 I won't forget
6 we're going
7 Are you doing
8 Will you do
9 Do you drive
10 won't tell
11 I'll do

UNIT 21

21.1
2 won't
3 'll/will
4 won't
5 'll/will
6 won't

21.2
2 It will look
3 you'll like / you will like
4 You'll enjoy / You will enjoy
5 You'll get / You will get
6 people will live
7 we'll see / we will see
8 she'll come / she will come
9 she'll mind
10 it will be

21.3
2 Do you think it will rain?
3 When do you think it will end?
4 How much do you think it will cost?
5 Do you think they'll get married? / … they will get married?
6 What time do you think you'll be back? / … you will be back?
7 What do you think will happen?

21.4
Example answers:
2 I'll be in bed.
3 I'll be at work.
4 I'll probably be at home.
5 I don't know where I'll be.

21.5
2 I'll never forget it.
3 You'll laugh
4 I'm going
5 will win
6 is coming
7 It won't hurt
8 What will happen
9 we're going

UNIT 22

22.1
2 I'll lend
3 I'm going to wash
4 I'll show
5 are you going to paint
6 I'm going to buy
7 I'll have
8 I'm not going to finish
9 (What) is he going to study / (What)'s he going to study
10 I'll call
11 he's going to take … he's going to do.

22.2
2 I'll see
3 I'm going to sell
4 you'll find (you're going to find *is also possible*)
5a I'm going to throw
5b I'll take it.
6a I'll take
6b Amy is going to take *or* is taking

22.3
2 d
3 h
4 g
5 c
6 a
7 e
8 b

UNIT 23

23.1
2 b *is true*
3 a *and* c *are true*
4 b *and* d *are true*
5 c *and* d *are true*
6 c *is true*

23.2
2 be going
3 won't be playing
4 will be starting
5 be watching
6 will you be doing
7 won't be going
8 will be landing

23.3
2 we'll be playing / we will be playing
3 She'll be waiting / She will be waiting
4 it will have finished (*or* it will be finished)
5 you'll still be living / you will still be living
6 she'll have traveled / she will have traveled
7 I'll be staying / I will be staying
8 he'll have spent / he will have spent
9 I won't be doing / I will not be doing

UNIT 24

24.1
2 we'll let
3 starts
4 it changes
5 I'll make
6 I'm 40
7 I'll wait
8 he grows up
9 you're
10 is
11 will be
12 you've had

24.2
2 she goes
3 you know
4 I'll wait / I will wait … you're / you are
5 Will you still be … I get
6 there are … I'll let / I will let
7 you won't recognize / you will not recognize … you see
8 you need … I'm / I am

24.3
2 it gets dark
3 you decide *or* you've decided / you have decided
4 you're in Hong Kong *or* you go to Hong Kong
5 build the new road *or* 've built the new road / have built the new road
6 she apologizes *or* she's apologized / she has apologized

24.4
2 if
3 If
4 when
5 If
6 When
7 if
8 if

UNIT 25

25.1
3 can
4 be able to
5 been able to
6 can (*or* will be able to)
7 be able to
8 can
9 be able to

25.2
Example answers:
2 I used to be able to run fast.
3 I'd like to be able to play the piano.
4 I've never been able to get up early.

25.3
2 could run
3 can wait
4 couldn't sleep
5 can't hear
6 couldn't believe

25.4
2 was able to finish it
3 were able to solve it
4 was able to get away

25.5
4 couldn't
5 managed to
6 could
7 managed to
8 could
9 couldn't
10 managed to

UNIT 26

26.1
2 e
3 b
4 f
5 a
6 d

26.2
2 could
3 can
4 could
5 can
6 can
7 could
8 can
9 could
10 could

26.3
2 could have gone
3 could be
4 could have been
5 could have
6 could come
7 have moved
8 gone

26.4
3 couldn't wear
4 couldn't have done
5 couldn't have been
6 couldn't afford (*or* couldn't do)
7 couldn't have studied
8 couldn't stand

UNIT 27

27.1
2 must
3 must not
4 must
5 must
6 must not
7 must
8 must not

27.2
3 know / have met
4 have left
5 be
6 have been
7 be looking
8 have heard
9 have been
10 be joking / be kidding

27.3
3 It must have been very expensive.
4 They must have gone away.
5 It must not have been easy for her.
6 He must have been waiting for somebody.
7 She must not have understood what I said.
8 I must have forgotten to lock it.
9 The driver must not have seen the red light.
10 He must not have worn them much.

27.4
2 must not
3 can't
4 must not
5 can't
6 must not

UNIT 28

28.1
2 might know
3 might be Brazilian
4 may not be possible
5 may be Tom's
6 might be driving
7 might have one
8 may not be feeling well

28.2
2 have been
3 have arrived
4 be waiting
5 have told
6 have gone
7 be watching
8 have
9 have left
10 have heard
11 have forgotten

28.3
2 might not have wanted
3 couldn't have been
4 couldn't have tried
5 might not have been American

UNIT 29

29.1
2 I'm going to get
3 He might come
4 I might hang
5 She's going
6 I might go away

29.2
2 might wake
3 might spill
4 might need
5 might hear
6 might slip

29.3
2 might have to leave
3 might be able to see
4 might have to pay
5 might have to wait
6 might be able to fix

29.4
2 I might not recognize him.
3 We might not be able to get tickets for the game.
4 I might not have time to do the shopping.
5 I might not be able to go to the wedding.

29.5
2 might as well buy
3 might as well paint the bathroom
4 might as well watch

UNIT 30

30.1
3 I have to go / I'll have to go
4 do you have to go / will you have to go
5 he has to get up
6 we had to run
7 does she have to work
8 I had to do
9 do you have to be
10 We had to close
11 did you have to pay

30.2
3 have to make
4 don't have to decide
5 had to ask
6 don't have to pay
7 didn't have to go
8 has to make
9 had to stand
10 will have to drive / 'll have to drive / is going to have to drive

30.3
3 might have to
4 will have to / 'll have to
5 might have to
6 won't have to

30.4
3 don't have to
4 must not
5 don't have to
6 doesn't have to
7 don't have to
8 must not
9 don't have to

UNIT 31

31.1
2 You should look for another job.
3 He shouldn't stay up so late.
4 You should take a picture.
5 She shouldn't worry so much.
6 He should put some pictures on the walls.

31.2
2 should be here soon
3 should be working OK
4 shouldn't take long
5 should receive
6 should be much warmer
7 shouldn't cost more
8 should solve

31.3
3 should do
4 should have done
5 should have won
6 should come
7 should have turned
8 should have done

31.4
2 We should have made a reservation
3 I should have written down her address. / I should have written her address down. *or* I should have written it down.
4 The store should be open (now / by now). / The store should have opened by now. *or* The store shouldn't be closed now.
5 I should have been looking where I was going. / I shouldn't have been looking at my phone.
6 She shouldn't be driving 50 miles an hour. / She shouldn't be driving so fast. / She should be driving more slowly.
7 I shouldn't have gone to work (yesterday). *or* I should have stayed at home.
8 Team A should win (the game).
9 The driver in front of me shouldn't have stopped (so) suddenly.

UNIT 32

32.1
3 I stay a little longer
4 she visit the museum after lunch
5 I see a specialist
6 I not lift anything heavy
7 we pay the rent by Friday
8 I go away for a few days
9 I not give my children snacks right before dinner
10 we have dinner early

32.2
3 take
4 apologize
5 be
6 wait
7 be
8 wear
9 have
10 remember
11 drink

32.3
2 walk to work (in the morning)
3 eat more fruit and vegetables
4 suggested that he take vitamins

UNIT 33

33.1
2 We'd better make a reservation.
3 You'd better put a bandage on it.
4 You'd better not go to work this morning.
5 I'd/We'd better check what time the movie starts.
6 I'd better not disturb her right now.

33.2
2 *OK*
3 You should come more often.
4 *OK*
5 *OK*
6 everybody should learn a foreign language
7 *OK*

33.3

2 had	6 I'd	10 do
3 not	7 were	11 did
4 should	8 better	12 was
5 to	9 hadn't	

33.4
2 It's time I took a vacation.
3 It's time the children were in bed. / ... went to bed.
4 It's time I started cooking dinner.
5 It's time she/Kate stopped complaining about everything.
6 It's time (some) changes were made ...

UNIT 34

34.1
Example answers:
2 I wouldn't like to be a teacher.
3 I'd love to learn to fly a plane.
4 It would be nice to have a big yard.
5 I'd like to go to Mexico.

34.2
2 'd enjoy / would enjoy
3 'd have enjoyed / would have enjoyed
4 would you do
5 'd have stopped / would have stopped
6 would have been
7 'd be / would be
8 would have

34.3

2 e	4 f	6 d
3 b	5 a	

34.4
2 He promised he'd call (me). / ... he would call (me).
3 You promised you wouldn't tell her. *or* ... wouldn't tell anyone/anybody.
4 They promised they'd wait (for us). / ... they would wait.

34.5
2 wouldn't tell
3 wouldn't speak
4 wouldn't let

34.6
2 would shake
3 would share
4 would always forget
5 would stay
6 would always smile

UNIT 35

35.1

2 g	6 h
3 d	7 f
4 b	8 c
5 a	

35.2
2 Would you like
3 I'd like
4 Would you like to go
5 Can I tell
6 I'd like to
7 Would you like to try
8 Do you mind

35.3
2 Can/Could I/we have the check, please? *or* ... get the check?
3 Can/Could you check these forms (for me)? *or* Do you think you could check ...?
4 Can/Could you turn the music down, please? / ... turn it down? *or* Do you think you could turn ...?
5 Is it OK if I close the window? *or* Is it all right if ...? *or* Can I close ...? *or* Do you mind if I close ...?
6 Would you like to sit down? *or* Would you like a seat? *or* Can I offer you a seat?
7 Can/Could you tell me how to get to the train station? *or* ... the way to the train station? *or* ... where the train station is?
8 Can/Could I try on these pants? *or* Can/Could I try these (pants) on? *or* I'd like to try on these pants. *or* Is it OK if I try ...
9 Can/Could I get/have your autograph? *or* Do you think I could get/have ...

UNIT 36

36.1

2 dropped	5 went
3 lost	6 did
4 happened	7 were

36.2

2 b	5 b
3 a	6 a
4 b	7 b

36.3
2 I bought
3 would you invite
4 he asked
5 I'd be / I would be
6 somebody gave ... I'd take / I would take
7 Would you be ... you met
8 would you do ... you were ... it stopped

36.4
2 If we stayed at a hotel, it would cost too much.
3 If I told you what happened, you wouldn't believe me. *or* ... believe it.
4 If she left her job, it would be hard to find another one.
5 If he applied for the job, he wouldn't get it.

UNIT 37

37.1
3 I'd help / I would help
4 It would taste
5 we lived
6 we'd live / we would live
7 I was / I were
8 it wasn't / it weren't
9 I wouldn't wait ... I'd go / I would go
10 you didn't go ... you wouldn't be
11 there weren't ... there wouldn't be
12 would you do if you didn't have

37.2
2 I'd / I would buy them if they weren't so expensive.
3 We'd / We would take a trip if we could afford it.
4 We could have lunch outside if it weren't/wasn't raining.
5 If I wanted his advice, I'd / I would ask for it.

37.3
2 I wish I had more free time.
3 I wish Emily were/was here.
4 I wish it weren't/wasn't (so) cold.
5 I wish I didn't live in a big city.
6 I wish I could find my phone.
7 I wish I was/were feeling well/better.
8 I wish I didn't have to get up early tomorrow.
9 I wish I knew more about science.

37.4
Example answers:
1 I wish I was/were at home.
2 I wish I had a big yard.
3 I wish I could tell jokes.
4 I wish I was/were taller.

UNIT 38

38.1

2 If she'd missed / she had missed (the train), she'd have missed / she would have missed (her flight too).
3 I'd have forgotten / I would have forgotten (if) you hadn't reminded
4 I'd had / I had had (your email address) I'd have sent / I would have sent (you an email)
5 they'd have enjoyed / they would have enjoyed (it more if the weather) had been (better)
6 It would have been (faster if) we'd walked / we had walked
7 you'd told / you had told (me), I'd have tried / I would have tried
8 I were / I was
9 I'd been / I had been

38.2

2 If the road hadn't been icy, the accident wouldn't have happened.
3 If I'd known / If I had known (that you had to get up early), I'd have woken / I would have woken you up.
4 If I hadn't lost my phone (or If I'd had my phone), I'd have called you / I would have called you / I would have been able to call you / I could have called you
5 If Emma hadn't been wearing a seat belt, she'd have been injured / she would have been injured (in the crash). *or* ... she might/could have been injured
6 If you'd had / If you had had (some) breakfast, you wouldn't be hungry now.
7 If I'd had / If I had had enough money, I'd have taken / I would have taken a taxi. *or* ... gotten a taxi.
8 If Dan had done well/better in high school, he could/would have gone to college.

38.3

2 I wish I'd learned / I wish I had learned to play a musical instrument (when I was younger). *or* I wish I could play ... / I wish I was able to play
3 I wish I hadn't painted it red. *or* ... the gate red. *or* I wish I had painted it a different color.
4 I wish we'd taken / I wish we had taken the train.
5 I wish we'd had / I wish we had had more time (to do all the things we wanted to do).
6 I wish I hadn't moved (to my new apartment). *or* I wish I'd stayed where I was. / ... stayed in my old apartment.

UNIT 39

39.1

2 hope
3 wish
4 wished
5 hope
6 wish
7 hope

39.2

2 wasn't/weren't
3 'd told / had told
4 had / could have
5 could
6 hadn't bought
7 didn't have
8 have gone

39.3

2 I wish she would come. *or* ...would hurry up. *or* would get here.
3 I wish somebody would give me a job.
4 I wish the/that dog would stop barking.
5 I wish you wouldn't drive so fast.
6 I wish you wouldn't leave the door open (all the time).
7 I wish people wouldn't drop litter on the sidewalk.

39.4

3 I knew
4 we hadn't gone
5 the bus would come
6 I could come
7 it was/were
8 I'd taken / I had taken
9 you'd listen / you would listen
10 you wouldn't complain *or* you didn't complain
11 it wasn't/weren't
12 the weather would change
13 I had / I could have
14 we could have stayed

UNIT 40

40.1

2 is made
3 was damaged
4 are shown
5 were invited
6 's/is found
7 were passed
8 are held
9 was injured
10 is surrounded
11 was sent
12 is owned

40.2

2 When was television invented?
3 How are mountains formed?
4 When was DNA discovered?
5 What is silver used for?

40.3

2 a covers
  b is covered
3 a was stolen
  b disappeared
4 a died
  b were brought up
5 a sank
  b was rescued
6 a was fired
  b resigned
7 a doesn't bother
  b 'm/am not bothered
8 a was knocked
  b fell
9 a are they called
  b do you call

40.4

2 All flights were canceled because of fog.
3 I was accused of stealing money.
4 How is this word used?
5 All taxes are included in the price.
6 We were warned not to go out alone.
7 This office isn't / is not used anymore.
8 Five hundred people were invited to the wedding.

UNIT 41

41.1

3 be made
4 be kept
5 have been repaired
6 be carried
7 have been arrested
8 be delayed
9 have been caused
10 be torn
11 be known
12 have been forgotten

41.2

3 It's been stolen! / It has been stolen!
4 Somebody has taken it. *or* ... taken my umbrella.
5 He hasn't been seen since then.
6 I haven't seen her for ages.
7 Have you ever been stung by a bee?
8 It's / It is being repaired right now.
9 It hasn't / It has not been found yet.
10 The furniture had been moved.
11 It's / It is working now. It's / It has been fixed.

41.3

2 A new road is being built
3 Two new hotels have been built
4 some new houses were being built
5 The date of the meeting has been changed.
6 I didn't know that our conversation was being recorded.
7 Is anything being done about the problem?
8 They hadn't / had not been cleaned for ages.

UNIT 42

42.1
2 was given
3 wasn't told / was not told
4 's paid / is paid
5 been shown
6 was asked
7 weren't given / were not given
8 to be offered

42.2
2 being invited
3 being given
4 being hit
5 being bitten
6 being treated
7 being stuck

42.3
2 got stung
3 get used
4 got stolen
5 get paid
6 get broken
7 get asked
8 got stopped

42.4
3 were
4 given
5 lost
6 being
7 get
8 doesn't
9 was
10 weren't

UNIT 43

43.1
2 Many people are reported to be homeless after the floods.
3 The thieves are thought to have gotten in through a window.
4 The driver (of the car) is alleged to have been driving 110 miles an hour. *or* ... to have driven ...
5 The building is reported to have been badly damaged by the fire.
6 The company is said to be losing a lot of money.
7 The company is believed to have lost a lot of money last year.
8 The company is expected to take a loss this year.

43.2
2 they're / they are supposed to be
3 it's / it is supposed to have been
4 they're / they are supposed to have
5 the view is supposed to be
6 she's / she is supposed to be

43.3
2 You're / You are supposed to be my friend.
3 I'm / I am supposed to be on a diet.
4 It was supposed to be a joke.
5 Or maybe it's / it is supposed to be a flower.
6 You're / You are supposed to be working.
7 It's supposed to be open every day.

43.4
2 're/are supposed to start
3 was supposed to call
4 aren't / 're not / are not supposed to put
5 was supposed to depart
6 isn't / 's not / is not supposed to lift

UNIT 44

44.1
1 b 2 a 3 a 4 b

44.2
2 Sarah has her car serviced once a year.
3 Have you had your eyes tested recently?
4 I don't like getting my hair cut.
5 It cost fifteen dollars to have my suit cleaned.
6 You need to get this document translated as soon as possible.

44.3
2 I had it cut.
3 We had them cleaned.
4 He had it built.
5 I had them delivered.
6 She had them repaired.

44.4
2 f 3 a 4 e 5 c 6 b

44.5
2 We had our bags searched.
3 I've had my salary increased. *or* I had my salary increased.
4 He's had his application rejected. *or* He had his application rejected.

UNIT 45

45.1
2 (that) it was too far.
3 (that) she didn't want to go.
4 (that) he would let me know next week.
5 (that) he hadn't seen her for a while.
6 (that) I could borrow hers.
7 (that) she wasn't enjoying it very much.
8 (that) he sold it a few months ago *or* he'd sold it ... / he had sold it ...
9 (that) she didn't know.
10 (that) there were twenty students in her class.

45.2
Example answers:
2 wasn't coming / was going somewhere else / couldn't come
3 they didn't like each other / they didn't get along with each other / they couldn't stand each other
4 he didn't know anyone
5 she would be away / she was going away
6 you were staying at home
7 you couldn't speak / you didn't speak any other languages
8 he'd seen you / he saw you last weekend

UNIT 46

46.1
2 But you said you didn't like fish.
3 But you said you couldn't drive.
4 But you said she had a very well-paid job.
5 But you said you didn't have any brothers or sisters.
6 But you said you'd / you had never been to the United States.
7 But you said you were working tomorrow evening.
8 But you said she was a friend of yours.

46.2
2 Tell
3 Say
4 said
5 told
6 said
7 told
8 said
9 tell ... said
10 tell ... say

46.3
2 her to slow down
3 her not to worry
4 asked Tom to give me a hand *or* ... to help me
5 asked/told me to open my bag
6 told him to mind his own business
7 asked her to marry him
8 told her not to wait (for me) if I was late

UNIT 47

47.1
2 Were you born there?
3 Are you married?
4 How long have you been married?
5 What do you do?
6 What does your wife do?
7 Do you have (any) children? *or* Have you got (any) children?
8 How old are they?

47.2
3 Who paid the bill? / Who paid it?
4 What are you worried about?
5 What happened?
6 What did she/Rachel say?
7 Who does it / this book belong to?
8 Who lives in that house? / Who lives there?
9 What did you fall over?
10 What fell off the shelf?
11 What does it / this word mean?
12 Who was she/Sarah with?
13 What are you looking for?
14 Who does she/Emma remind you of?

47.3
2 How is cheese made?
3 Why isn't Sue working today?
4 What time are your friends arriving?
5 Why was the meeting canceled?
6 When was paper invented?
7 Where were your parents born?
8 Why didn't you come to the party?
9 How did the accident happen?
10 Why aren't you happy?
11 How many languages can you speak?

47.4
2 Don't you like him?
3 Isn't it good?
4 Don't you have any? *or* Haven't you got any?

UNIT 48

48.1
2 c
3 a
4 b
5 b
6 c
7 b
8 a

48.2
2 How far is it to the airport?
3 I wonder how old Tom is.
4 How long have they been married?
5 Do you know how long they have been married?
6 Could you tell me where the train station is?
7 I don't know whether anyone was injured in the accident.
8 Do you know what time you will arrive tomorrow?

48.3
2 She asked me how long I'd been in Chicago. *or* ... how long I had been ...
3 They asked me if/whether I'd been to Chicago before. *or* ... I had been ...
4 She asked me if/whether I liked Chicago.
5 He asked me where I was staying.
6 She asked me how long I was going to stay.
7 She asked me if/whether I thought Chicago was expensive. *or* ... is expensive.
8 They asked me why I'd come to Chicago. *or* ... why I had come ... *or* ... why I came ...

UNIT 49

49.1
2 doesn't
3 was
4 has
5 will
6 should
7 won't
8 do
9 didn't
10 might
11 am ... isn't *or* 'm not ... is *or* can't ... can *or* can ... can't
12 would ... could ... can't

49.2
3 You do? I don't.
4 You didn't? I did.
5 You aren't? I am.
6 You did? I didn't.

49.3
Example answers:
3 So did I. *or* You did? What did you watch?
4 Neither will I. *or* You won't? Where will you be?
5 So do I. *or* You do? What kind of books do you like?
6 So would I. *or* You would? Where would you like to live?
7 Neither can I. *or* You can't? Why not?
8 So am I. *or* You are? Are you doing something fun?

49.4
2 I hope so.
3 I hope not.
4 I don't think so.
5 I suppose so.
6 I'm afraid so.
7 I think so.
8 I'm afraid not.

UNIT 50

50.1
3 don't you
4 were you
5 does she
6 isn't he
7 did it
8 can't you
9 will they
10 aren't there
11 will you
12 is it
13 aren't I
14 would you
15 hasn't she
16 should I
17 had he

50.2
2 It's (very) expensive, isn't it?
3 The course was great, wasn't it?
4 You've gotten your hair cut, haven't you? *or* You got your hair cut, didn't you?
5 She has a good voice, doesn't she? *or* She has a good voice, hasn't she? *or* She's got / She has got a good voice, hasn't she?
6 It doesn't look right, does it?
7 This bridge isn't very safe, is it? *or* ... doesn't look very safe, does it?

50.3
2 Joe, you couldn't help me (with this table), could you?
3 Rachel, you don't know where Sarah is, do you? *or* ... you haven't seen Sarah, have you?
4 Nicole, you don't have a tennis racket, do you? *or* ... you haven't got a tennis racket, have you?
5 Anna, you couldn't take me to the train station, could you? *or* ... you couldn't give me a ride to the train station, could you?
6 Robert, you haven't seen my keys, have you? *or* ... you didn't see my keys, did you?

UNIT 51

51.1
2 playing tennis
3 going for a walk
4 causing the accident
5 waiting a few minutes
6 studying Portuguese

51.2
2 making
3 listening
4 applying
5 reading
6 living
7 driving
8 forgetting
9 paying
10 studying
11 losing
12 interrupting

51.3
2 I don't mind you driving it.
3 Can you imagine anybody being so stupid?
4 I don't remember him playing chess.
5 I don't want to keep you waiting.

51.4
Example answers:
2 sitting on the floor
3 having a picnic
4 laughing
5 breaking down

UNIT 52

52.1
2 to help him
3 to carry her bag (for her)
4 to meet at 8:00
5 to tell him her name / to give him her name
6 not to tell anyone *or* (She promised) she wouldn't tell anyone.

52.2
2 to get
3 to live
4 to play
5 to tell
6 say *or* to say

52.3
2 to look
3 to move
4 waiting
5 to finish
6 barking
7 to be
8 having
9 missing
10 to say

52.4
2 Tom appears to be worried about something.
3 You seem to know a lot of people.
4 My English seems to be getting better.
5 That car appears to have broken down.
6 Rachel seems to be enjoying her job.
7 They claim to have solved the problem.

52.5
2 what to do
3 how to ride
4 whether to go
5 where to put
6 how to use

UNIT 53

53.1
2 or do you want me to lend you some
3 or would you like me to shut it
4 or would you like me to show you
5 or do you want me to repeat it
6 or do you want me to wait

53.2
2 to stay with them
3 to call Joe.
4 him to be careful
5 her to give him a hand

53.3
2 I didn't expect it to rain.
3 Let him do what he wants.
4 Tom's glasses make him look older.
5 I want you to know the truth.
6 Sarah persuaded me to apply for the job.
7 My lawyer advised me not to say anything to the police.
8 I was warned not to believe everything he says.
9 Having a car enables you to get around more easily.

53.4
2 to do
3 cry
4 to study
5 finish
6 do
7 to do
8 drive
9 change
10 to work

UNIT 54

54.1
2 driving
3 to go
4 going
5 to win
6 asking
7 asking
8 to answer
9 causing
10 to do
11 being
12 to climb
13 to tell
14 talking ... to see

54.2
2 He doesn't remember crying
3 He remembers falling into the river.
4 He doesn't remember saying he wanted to be a doctor. *or* He doesn't remember wanting to be a doctor.
5 He doesn't remember being bitten by a dog.
6 He remembers his sister being born (when he was four).

54.3
1 b meeting
c leaving/putting
d to say
e lending
f to call
2 a taking
b to say
c wearing / having / taking / putting on
d leaving / giving up
3 a to become
b working
c reading
d going up / rising / increasing

UNIT 55

55.1
2 to reach
3 knocking
4 to put
5 to concentrate
6 asking
7 calling
8 to remember
9 restarting

55.2
2 It needs cutting.
3 They need cleaning.
4 They need tightening.
5 It needs emptying.

55.3
2 washing
3 looking
4 to think
5 cutting
6 to go
7 to iron
8 ironing

55.4
2 look *or* to look
3 overhearing
4 smiling
5 make *or* to make
6 organize *or* to organize
7 thinking
8 get *or* to get

UNIT 56

56.1
Example answers:
2 I don't mind playing cards.
3 I don't like being alone. *or* ... to be alone.
4 I enjoy going to museums.
5 I love cooking. *or* I love to cook.
6 I hate getting up early.

56.2
2 She likes teaching biology.
3 He likes taking pictures. *or* He likes to take pictures.
4 I didn't like working there.
5 She likes studying medicine.
6 He doesn't like being famous.
7 She doesn't like taking risks. *or* She doesn't like to take risks.
8 I like to know things in advance.

56.3
2 to sit
3 turning
4 doing *or* to do
5 to get
6 being
7 to come / to go
8 living/being
9 to talk
10 to have / to know / to get / to hear / to be told
11 to wait
12 losing *or* to lose

56.4
2 I would like / I'd like to have seen the program.
3 I would hate / I'd hate to have lost my watch.
4 I would love / I'd love to have met your parents.
5 I wouldn't like to have been alone.
6 I would prefer / I'd prefer to have taken the train.

UNIT 57

57.1
Example answers:
2 I prefer basketball to football.
3 I prefer going to a movie theater to watching movies at home.
4 I prefer being very busy to having nothing to do.
6 I prefer to go to a movie theater rather than watch movies at home. *or* I prefer going to a movie theater rather than watching movies at home.
7 I prefer to be very busy rather than have nothing to do. *or* I prefer being very busy rather than having nothing to do.

57.2
3 prefer
4 eat/stay
5 I'd rather / I'd prefer to
6 to go
7 (I'd) rather (think) / (I'd) prefer to (think)
8 I'd prefer
9 go
11 I'd rather listen to some music than watch TV.
12 I'd prefer to eat/stay at home rather than go to a restaurant.
13 I'd rather go for a swim than play tennis. *or* ... than have a game of tennis.
14 I'd prefer to think about it for a while rather than decide now.

57.3
2 (would you rather) I pay it
3 would you rather I do it
4 would you rather I call her

57.4
2 watch
3 to watch
4 tell
5 would you
6 than
7 rather than
8 to
9 stay

UNIT 58

58.1
2 applying for the job
3 remembering names
4 winning the lottery
5 being late
6 eating at home
7 having to wait in line *or* (without) waiting in line
8 being 90 years old

58.2
2 by standing
3 by pushing
4 by borrowing
5 by driving
6 by putting

58.3
2 paying/settling
3 going
4 making
5 being/traveling/sitting
6 going
7 asking/telling/consulting/ informing
8 doing/having
9 turning/going
10 taking
11 bending
12 buying

58.4
2 I'm looking forward to seeing her (again).
3 I'm not looking forward to going to the dentist (tomorrow).
4 She's looking forward to graduating / finishing school (next summer).
5 They're looking forward to moving (to their new apartment).

UNIT 59

59.1
2 used to going
3 used to working / used to being
4 used to walking
5 used to living

59.2
1 It took her a few months to **get used to** it. … She**'s used to working** nights. / She **is used to working** nights.
2 When Jack started working in this job, he **wasn't used to** driving two hours to work every morning, but after some time he **got used to** it. … He**'s used to driving** two hours every morning. / He **is used to driving** …

59.3
2 No, I'm used to sleeping on the floor.
3 I'm used to working long hours.
4 I'm not used to the crowds (of people).

59.4
2 They soon got used to her. / … to the/their new teacher.
3 She had to get used to living in a much smaller house.
4 She can't get used to the weather.
5 He had to get used to having less money.

59.5
2 drink
3 eating
4 having
5 have
6 go
7 be
8 being

UNIT 60

60.1
2 doing
3 coming/going
4 doing/trying
5 buying/having
6 solving
7 buying/having/owning
8 seeing

60.2
2 of stealing
3 from taking off
4 of getting
5 on telling
6 to eating
7 for being
8 from walking (*or* … stop people walking)
9 for inviting
10 of using
11 of (not) trying

60.3
2 on driving/taking Ann to the station
3 on/for getting married
4 Sue for coming to see her
5 (to me) for being late
6 me of not caring about other people

UNIT 61

61.1
2 h
3 d
4 g
5 b
6 a
7 e
8 c

61.2
2 There's no point in working if you don't need money.
3 There's no point in trying to study if you feel tired. *or* There's no point in studying if …
4 There's no point in hurrying if you have plenty of time.

61.3
2 remembering people's names
3 finding/getting a job
4 getting a ticket for the game
5 understanding each other

61.4
2 going/traveling/getting
3 getting
4 watching
5 going/climbing/walking
6 getting/being
7 practicing
8 working
9 applying
10 trying

61.5
2 went swimming
3 go skiing
4 goes horseback riding
5 's/has gone shopping *or* went shopping

UNIT 62

62.1
2 I opened the box to see what was in it.
3 I moved to a new apartment to be closer to my friends.
4 I couldn't find a knife to chop the onions. *or* … a knife to chop the onions with.
5 I called the police to report the accident.
6 I called the hotel to find out if they had any rooms available.
7 I hired an assistant to help me with my work.

62.2
2 to do
3 to walk
4 to drink
5 to put / to carry
6 to discuss / to consider / to talk about
7 to go / to travel
8 to talk / to speak
9 to wear / to put on
10 to celebrate
11 to help / to assist
12 to be

62.3
2 to
3 for
4 to
5 for
6 for
7 to
8 for … to

62.4
2 so that I wouldn't get/be cold.
3 so that he could contact me. / ... would be able to contact me.
4 so that nobody else would hear us. / so that nobody else could hear us. / ... would be able to hear us.
5 so that we can start the meeting on time. / so that we'll be able to start ...
6 so that we wouldn't forget anything.
7 so that the car behind me could pass. / ... would be able to pass.

UNIT 63

63.1
2 The window was difficult to open.
3 Some words are impossible to translate.
4 A car is expensive to maintain.
5 This meat isn't safe to eat.
6 My house is easy to get to from here.

63.2
2 It's an easy mistake to make.
3 It's a great place to live.
4 It was a strange thing to say.

63.3
2 glad
3 to hear
4 of you
5 to help
6 amazed
7 to make
8 not
9 typical

63.4
2 David was the last (person) to arrive.
3 Emily was the only student to pass (the exam). / ... the only one to pass (the exam).
4 I was the second customer/person to complain.
5 Neil Armstrong was the first person/man to walk on the moon.

63.5
2 You're / You are bound to be tired
3 He's / He is sure to forget
4 It's / It is not likely to rain *or* It isn't likely to rain
5 There's / There is sure to be

UNIT 64

64.1
3 I'm afraid of losing it.
4 I was afraid to tell her.
5 We were afraid of missing our train.
6 We were afraid to look.
7 I was afraid of dropping it.
8 I was afraid of running out of gas.
9 Don't be afraid to ask.

64.2
2 interested in starting
3 interested to hear / interested to know
4 interested in studying
5 interested to know / interested to hear
6 interested in looking

64.3
2 sorry to hear
3 sorry for saying / sorry I said
4 sorry to see
5 sorry for making / sorry I made

64.4
1 b to leave
c from leaving
2 a to solve
b to solve
c in solving
3 a of going / about going
b to go (or on going)
c to go
d to going
4 a to buy
b on buying
c to buy
d of buying

UNIT 65

65.1
1 b give
2 a stopped
b stop
3 a open
b opened
4 a say
b said (says *is also possible*)
5 a fell
b fall

65.2
2 We saw Allison eating/sitting in a restaurant.
3 We saw David and Mary playing tennis.
4 We could smell something burning.
5 We could hear Bill playing his/the guitar.
6 We saw Linda jogging/running.

65.3
3 say
4 happen
5 crying
6 put
7 tell
8 explode
9 crawling
10 riding
11 slam
12 lying

UNIT 66

66.1
2 Amy was sitting in an armchair reading a book.
3 Nicole opened the door carefully, trying not to make any noise.
4 Sarah went out saying she would be back in an hour.
5 Kim worked in Rome for two years teaching English.
6 Anna walked around the town looking at the sights and taking pictures.

66.2
2 I got very wet walking in the rain.
3 Lauren had an accident driving to work.
4 My friend slipped and fell getting off a bus.
5 Emily hurt her back trying to lift a heavy box.
6 Two people were overcome by smoke trying to put out the fire.

66.3
Example answers:
2 Having bought our tickets / Having gotten our tickets
3 Having discussed the problem / Having talked about the problem / Having thought about the problem
4 Having said he was hungry
5 Having lost his job / Having given up his job / Having been fired from his job
6 Having spent most of his life / Having lived (for) most of his life

66.4
2 Thinking they might be hungry, ...
3 Being a vegetarian, ...
4 Not having a phone, ...
5 Having traveled a lot, ...
6 Not being able to speak the local language, ...
7 Having spent almost all our money, ...

UNIT 67

67.1
3 We went to **a** very nice restaurant ...
4 *OK*
5 I use **a** toothbrush ...
6 ... if there's **a** bank near here?
7 ... for **an** insurance company.
8 *OK*
9 ... we stayed in **a** big hotel.
10 If you have **a** problem ...
11 ... It's **an** interesting idea.
12 *OK*
13 It's **a** good game.
14 *OK*
15 ... wearing **a** beautiful necklace.
16 ... have **an** airport?

67.2
3 a key
4 a coat
5 ice
6 a cookie
7 electricity
8 a question
9 a minute
10 blood
11 a decision
12 an interview

67.3
2 days
3 meat
4 a line
5 jokes
6 friends
7 people
8 air
9 patience
10 an umbrella
11 languages
12 space

UNIT 68

68.1
1 b there's a lot of noise
2 a Light
b a light
3 a time
b a great time
4 a a glass of water
b broken glass
5 a a very nice room
b room

68.2
2 bad luck
3 trip
4 complete chaos
5 doesn't
6 some lovely scenery
7 very hard work
8 paper
9 heavy traffic
10 Your hair is … it
11 is

68.3
2 furniture
3 chairs
4 hair
5 progress
6 permission
7 advice
8 experience
9 experiences
10 damage

68.4
2 I'd like some information about places to visit (in the town).
3 Can you give me some advice about which courses to take? / … courses I can take?
4 I (just) got some good news.
5 It's a beautiful view (from here), isn't it?
6 What horrible/awful weather!

UNIT 69

69.1
3 They're vegetables.
4 It's a flower.
5 They're planets.
6 It's a game.
7 They're tools.
8 They're rivers.
9 It's an insect.
10 They're languages.

69.2
2 He's a waiter.
3 She's a journalist.
4 He's a surgeon.
5 He's a chef.
6 He's a plumber.
7 She's a tour guide.
8 She's an interpreter.

69.3
2 a careful driver
3 some books
4 books
5 sore feet
6 a sore throat
7 a lovely present
8 some students
9 without an umbrella
10 Some people

69.4
4 a
5 Some
6 an
7 – (You're always asking questions!)
8 a
9 – (Do you like staying in hotels?)
10 Some
11 – (Those are nice shoes.)
12 You need **a** visa to visit **some** countries
13 Kate is **a** teacher. Her parents were teachers too.
14 He's **a** liar. He's always telling lies.

UNIT 70

70.1
1 … and **a** magazine. **The** book is in my bag, but I can't remember where I put **the** magazine.
2 I saw **an** accident this morning. **A** car crashed into **a** tree. **The** driver of **the** car wasn't hurt, but **the** car was badly damaged.
3 … **a** blue one and **a** gray one. **The** blue one belongs to my neighbors. I don't know who **the** owner of **the** gray one is.
4 My friends live in **an** old house in **a** small town. There is **a** beautiful yard behind **the** house. I would like to have **a** yard like that.

70.2
1 a a
b the
c the
2 a a
b a
c the
3 a the
b the
c a
4 a the
b a
c an
5 a the
b a
c a

70.3
2 **the** dentist
3 **the** door
4 **a** problem
5 **the** bus station
6 **the** post office
7 **a** very good player
8 **an** airport
9 **The** nearest airport
10 **the** floor
11 **the** book
12 **a** job in **a** bank
13 **a** small apartment downtown
14 **a** store at **the** end of **the** street

70.4
Example answers:
2 About once a month.
3 Once or twice a year.
4 About seven hours a night.
5 Two or three times a week.
6 About two hours a day.
7 Fifty kilometers an hour.

UNIT 71

71.1
1 **an** elevator
2 **a** nice vacation … **the** best vacation
3 **the** nearest drugstore … **the** end of this street
4 **a** beautiful day … **a** cloud in **the** sky
5 **the** most expensive hotel … **a** cheaper hotel
6 to travel in space … go to **the** moon
7 think of **the** movie … I thought **the** ending …
8 Is it **a** star? No, it's **a** planet. It's **the** largest planet in **the** solar system.

71.2
2 TV
3 the radio
4 The television
5 dinner
6 the same name
7 for breakfast
8 vitamin C
9 the Internet
10 the ground … the sky
11 The next train … Platform 3

71.3
2 … doing **the** same thing
3 Room 25 is on **the** second floor.
4 It was **a** very hot day. It was **the** hottest day of **the** year
5 We had lunch in **a** nice restaurant by **the** ocean.
6 What's playing at **the** movies …
7 I had **a** big breakfast …
8 You'll find **the** information you need at **the** top of page 15.

71.4
2 the ocean
3 question 3
4 the movies
5 the question
6 breakfast
7 Gate 24
8 the gate

UNIT 72

72.1
2 school
3 **the** school
4 school
5 ... get to and from school
6 **the** school
7 school
8 ... walk to school. The school isn't ...

72.2
1 b college
c college
d **the** college
2 a class
b class
c class
d **the** class
3 a prison
b **the** prison
c prison
4 a church
b church
c **the** church

72.3
2 to work
3 bed
4 at home
5 the bed
6 after work
7 in bed
8 home
9 work
10 like home

72.4
2 to school
3 at home *or* stayed home (*without* at)
4 to work
5 to college
6 in bed
7 to class
8 in prison

UNIT 73

73.1
Example answers:
2–5
- I like cats.
- I don't like zoos.
- I don't mind snow.
- I'm not interested in boxing.

73.2
1 b **the** apples
2 a **the** people
b people
3 a names
b **the** names
4 a **The** First World War
b war
5 a hard work
b **the** work

73.3
3 spiders
4 meat
5 **the** questions
6 **the** people
7 Biology
8 lies
9 **The** hotels
10 **The** water
11 **the** grass
12 patience

73.4
1 stories
2 the words
3 the rooms
4 public transportation
5 All the books
6 Life
7 The weather
8 water
9 films (= films with unhappy endings *in general*)

UNIT 74

74.1
1 b the cheetah
c the kangaroo (and the rabbit)
2 a the swan
b the penguin
c the owl
3 a the wheel
b the laser
c the telescope
4 a the rupee
b the (Canadian) dollar
c the ...

74.2
2 a
3 the
4 a
5 the
6 the
7 a
8 The
9 the
10 a

74.3
2 the sick
3 the unemployed
4 the injured
5 the elderly
6 the rich

74.4
2 a German ... Germans / German people
3 a Frenchman/Frenchwoman ... the French / French people
4 a Russian ... Russians / Russian people
5 a Japanese / Japanese person ... the Japanese / Japanese people
6 a Brazilian ... Brazilians / Brazilian people
7 an Englishman/Englishwoman ... the English / English people
8 ...

UNIT 75

75.1
2 The doctor
3 Doctor Thomas
4 Professor Brown
5 the president
6 President Kennedy
7 Inspector Roberts
8 the Wilsons
9 the United States
10 France

75.2
3 *OK*
4 ... and **the** United States
5 ... than **the** north
6 *OK*
7 *OK*
8 ... in **the** Swiss Alps
9 **The** UK ...
10 **The** Seychelles ... in **the** Indian Ocean
11 *OK*
12 **The** Volga River flows into **the** Caspian Sea

75.3
2 (in) South America
3 the Nile
4 Sweden
5 the United States
6 the Rockies
7 the Mediterranean
8 Australia
9 the Pacific
10 the Indian Ocean
11 the Thames
12 the Danube
13 Thailand
14 the Panama Canal
15 the Amazon

UNIT 76

76.1
2 Turner's on Carter Road
3 the Crown (Hotel) on Park Road
4 St. Peter's on Market Street
5 the City Museum on George Street
6 Blackstone's on Forest Avenue
7 Mario's on George Street
8 Lincoln Park (on Park Road) at the end of Market Street.

76.2
2 The Eiffel Tower
3 Buckingham Palace
4 The White House
5 The Kremlin
6 Broadway
7 The Acropolis
8 O'Hare Airport

76.3
2 St Paul's Cathedral
3 Central Park
4 **the** Great Wall
5 O'Hare Airport
6 **The** Classic
7 McGill University
8 **the** National Museum
9 Harrison's
10 Cathay Pacific
11 **The** Morning News
12 **the** Leaning Tower
13 Cambridge University Press
14 **the** College of Art
15 **The** Imperial Hotel is on Baker Street.
16 **The** Statue of Liberty is at the entrance to New York Harbor.

UNIT 77

77.1
2 don't
3 doesn't
4 some
5 them
6 pair
7 are
8 a
9 it

77.2
2 means
3 series
4 species
5 series
6 news
7 species
8 means

77.3
2 don't
3 want
4 was
5 are
6 Is
7 Do
8 look
9 enjoy
10 It's

77.4
2 is too hot
3 isn't enough money
4 isn't long enough
5 is a lot to carry

77.5
3 ... wearing black jeans.
4 ... very nice **people**.
5 *OK*
6 There was a **police officer** / a **policeman** / a **policewoman** ...
7 **These** scissors **aren't** ...
8 ...is **a** very rare species.
9 Twelve hours **is** ...

UNIT 78

78.1
3 train ticket
4 ticket machine
5 hotel staff
6 exam scores
7 race horse
8 horse race
9 running shoes
10 shoe store
11 store window
12 window cleaner
13 a construction company scandal
14 car factory workers
15 a road improvement plan
16 a New York department store

78.2
2 seat belt
3 credit card
4 weather forecast
5 washing machine
6 wedding ring
7 room number
8 birthday party
9 truck driver

78.3
2 high school football team
3 film production company
4 life insurance policy
5 tourist information office

78.4
2 two-hour
3 two hours
4 twenty-dollar
5 ten-dollar
6 15-minute
7 60 minutes
8 twelve-story
9 five days
10 Five-star
11 six years old
12 six-year-old

UNIT 79

79.1
3 your friend's umbrella
4 *OK*
5 James's daughter
6 Helen and Andy's son
7 *OK*
8 *OK*
9 Your children's friends
10 *OK*
11 Our neighbors' garden
12 David's hair
13 *OK*
14 my best friend's party
15 *OK*
16 Ben's parents' car
17 *OK*
18 *OK* (the government's policy *is also OK*)

79.2
2 father's
3 apples
4 Children's
5 South Korea's
6 parents' (two parents), parent's (one parent)
7 photos
8 someone else's
9 Shakespeare's

79.3
2 a child's toy
3 a girl's name
4 a boys' school
5 women's shoes
6 a children's TV program

79.4
2 Last week's storm caused a lot of damage.
3 The town's only movie theater has closed down.
4 Kansas City's weather is very changeable.
5 The region's main industry is tourism.

UNIT 80

80.1
2 hurt himself
3 blame herself
4 put yourself
5 enjoyed themselves
6 burn yourself
7 express myself

80.2
2 me
3 myself
4 us
5 yourself
6 you
7 ourselves
8 them
9 themselves

80.3
3 feel
4 dried myself
5 concentrate
6 defend yourself
7 meeting
8 relax

80.4
2 themselves
3 each other
4 each other
5 themselves
6 each other
7 ourselves
8 each other
9 introduced ourselves to each other

80.5
2 I made it myself
3 Olivia told me herself / Olivia herself told me
4 know themselves
5 cuts it himself
6 do it yourself?

UNIT 81

81.1
2 We met a relative of yours.
3 Jason borrowed a book of mine.
4 I met Maria and some friends of hers.
5 We had dinner with a neighbor of ours.
6 I went on vacation with two friends of mine.
7 I met a friend of Amy's at the party.
8 It's always been an ambition of mine to travel around the world.

81.2
2 his own opinions
3 her own business
4 our own words
5 its own private beach

81.3
2 your own fault
3 her own ideas
4 your own problems
5 his own decisions

81.4
2 make her own (clothes)
3 polish your own (shoes)
4 bake our own (bread)
5 write their own (songs)

81.5
2 myself
3 our own
4 my own
5 himself
6 their own
7 yourself
8 herself

81.6
2 co-workers of **mine**.
3 go out **on** my own.
4 I had **my** own office.
5 always **by** himself.
6 some friends of **theirs**.
7 all **their** own food?

UNIT 82

82.1
3 There's / There is
4 there wasn't
5 Is it
6 Is there
7 there was
8 It isn't / It's not
9 There wasn't
10 It's / It is ... there isn't
11 It was
12 Is there ... there's / there is
13 It's /It is ... There's / There is
14 there was ... It was

82.2
2 There's / There is a lot of salt in the soup. *or* ... too much salt ...
3 There was nothing in the box.
4 There were about 50 people at the meeting.
5 There's / There is a lot of violence in the movie.
6 *Example answers:*
There is a lot to do in this town. / ... plenty to do in this town. / ... a lot happening in this town. / ... a lot of places to go in this town.

82.3
2 There may be
3 There won't be
4 There's / There is going to be
5 There used to be
6 there should be
7 there wouldn't be

82.4
3 **there** will be an opportunity
4 **There** must have been a reason
5 *OK*
6 *OK*
7 **There** used to be a lot of tourists
8 **There's** no signal.
9 *OK*
10 **There's** sure to be a parking lot somewhere.
11 *OK*
12 **there** would be somebody ... but **there** wasn't anybody.

UNIT 83

83.1
2 some
3 any
4 some
5 any ... some
6 any
7 some
8 any
9 some
10 any
11 some ... any

83.2
2 somebody (someone)
3 anybody (anyone)
4 anything
5 something
6 anything *or* anybody (anyone)
7 anybody (anyone)
8 somewhere
9 anybody (anyone)
10 something
11 Anybody (Anyone)
12 somebody/someone ... anybody (anyone)
13 anywhere
14 anything
15 something
16 something ... anybody (anyone)
17 somebody (someone) ... anybody (anyone)
18 anybody (anyone) ... anything

83.3
2 Any day
3 Anything
4 anybody/anyone
5 Any job *or* Anything
6 anywhere
7 Anybody/Anyone

UNIT 84

84.1
3 no
4 any
5 None
6 no
7 none
8 any
9 no
10 any
11 none
12 no
13 any
14 no

84.2
2 Nobody / No one
3 None
4 Nowhere
5 None
6 Nothing
8 I'm not waiting for anybody/anyone.
9 I didn't buy any (bread).
10 I'm not going anywhere.
11 I haven't read any (books).
12 It doesn't cost anything.

84.3
2 nobody / no one
3 Nowhere
4 anything
5 Nobody / No one
6 anywhere
7 Nothing
8 Nothing. I couldn't find anything I liked.
9 Nobody / No one said anything.

84.4
2 nobody
3 anyone
4 Anybody
5 Nothing
6 Anything
7 anything
8 any
9 No one ... anyone

UNIT 85

85.1
3 *OK*
4 It cost **a lot** to ...
5 *OK*
6 You have **a lot of** luggage.
7 *OK*
8 ... know **many** people or ... know **a lot of** people
9 *OK*
10 He travels a lot.

85.2
2 He has (got) plenty of money.
3 There's plenty of room.
4 ... she still has plenty to learn.
5 There is plenty to see.
6 There are plenty of hotels.

85.3
2 little
3 many
4 few
5 little
6 many
7 little
8 much
9 few

85.4
2 a few dollars
3 little traffic
4 a few years ago
5 a little time
6 only a few words
7 Few people

85.5
2 a little
3 a few
4 few
5 little
6 a little
7 a few
8 little
9 a few
10 a little

UNIT 86

86.1
3 –
4 of
5 –
6 –
7 of
8 of
9 – (of *is also correct*)
10 –
11 –
12 of

86.2
3 of my spare time
4 mistakes
5 of the buildings
6 of her friends
7 of the population
8 birds
9 of the players
10 of her opinions
11 European countries
12 (of) my dinner

86.3
Example answers:
2 the time
3 my friends
4 (of) the questions
5 the pictures / the photos / the photographs
6 (of) the money

86.4
2 All of them
3 none of us
4 some of it
5 none of them
6 Some of them
7 all of it
8 none of it

UNIT 87

87.1
2 Neither
3 both
4 Either
5 Neither
6 both

87.2
2 either
3 both
4 Neither of
5 **neither** driver ... **both** / **both the** / **both of the** cars
6 both / both of

87.3
2 either of them
3 both of them
4 Neither of us
5 neither of them

87.4
3 The movie was both boring and long.
4 Neither Joe nor Sam has a car. *or* ... has got a car.
5 Emily speaks both German and Russian.
6 Ben neither watches TV nor reads newspapers.
7 That man's name is either Richard or Robert.
8 I have neither the time nor the money to go on vacation.
9 We can leave either today or tomorrow.

87.5
2 either
3 any
4 none
5 any
6 either
7 neither

UNIT 88

88.1
3 Everybody/Everyone
4 Everything
5 all
6 everybody/everyone
7 everything
8 All
9 everybody/everyone
10 All
11 everything
12 Everybody/Everyone
13 All
14 everything

88.2
2 The whole team played well.
3 He ate the whole box (of chocolates).
4 They searched the whole house.
5 The whole family plays tennis. *or* ... play tennis.
6 Sarah/She worked the whole day.
7 It rained the whole week.
8 Sarah worked all day.
9 It rained all week.

88.3
2 every four hours
3 every four years
4 every five minutes
5 every six months

88.4
2 every day
3 all day
4 The whole building
5 Every time
6 all the time
7 all my luggage

UNIT 89

89.1
3 Each
4 Every
5 Each
6 every
7 each
8 every

89.2
3 Every
4 Each
5 every
6 every
7 each of
8 every
9 each
10 Every
11 each of
12 each

89.3
2 Sonia and I had ten dollars each. *or* Sonia and I each had ten dollars.
3 Those postcards cost a dollar each / ... one dollar each. *or* Those postcards are a dollar each / ... one dollar each
4 We paid 300 dollars each. *or* We each paid 300 dollars.

89.4
2 everyone
3 every one
4 Everyone
5 every one

UNIT 90

90.1
2 A customer is someone who buys something at a store.
3 A burglar is someone who breaks into a house to steal things.
4 A coward is someone who is not brave.
5 A tenant is someone who pays rent to live somewhere.
6 A shoplifter is someone who steals from a store.
7 A liar is someone who doesn't tell the truth.
8 A pessimist is someone who expects the worst to happen.

90.2
2 The waiter who/that served us was impolite and impatient.
3 The building that/which was destroyed in the fire has now been rebuilt.
4 The people who/that were arrested have now been released.
5 The bus that/which goes to the airport runs every half hour.

90.3
2 who/that runs away from home
3 that/which were hanging on the wall
4 that/which cannot be explained
5 who/that has stayed there
6 that/which happened in the past
7 who/that developed the theory of relativity
8 that/which can support life

90.4
3 the nearest store **that/which** sells
4 some things about me **that/which** were
5 the driver **who/that** caused
6 *OK* (the person who took *is also correct*)
7 a world **that/which** is changing
8 *OK*
9 the horse **that/which** won

UNIT 91

91.1
3 *OK* (the people **who/that** we met *is also correct*)
4 The people **who/that** work in the office
5 *OK* (the people **who/that** I work with *is also correct*)
6 *OK* (the money **that/which** I gave you *is also correct*)
7 the money **that/which** was on the table
8 *OK* (the worst movie **that/which** you've ever seen *is also correct*)
9 the best thing **that/which** has ever happened to you

91.2
2 you're wearing *or* that/which you're wearing
3 you're going to see *or* that/which you're going to see
4 I/we wanted to visit *or* that/which I/we wanted to visit
5 I/we invited to the party *or* who/whom/that we invited ...
6 you had to do *or* that/which you had to do
7 I/we rented *or* that/which I/we rented

91.3
2 the wedding we were invited to
3 the hotel you told me about
4 the job I applied for
5 the concert you went to
6 somebody you can rely on
7 the people you were with

91.4
3 – (**that** *is also correct*)
4 what
5 that
6 what
7 – (**that** *is also correct*)
8 what
9 – (**that** *is also correct*)

UNIT 92

92.1
2 whose wife is an English teacher
3 who owns a restaurant
4 whose ambition is to climb Mount Everest
5 who have just gotten married *or* who just got married
6 whose parents used to work in a circus

92.2
2 *more formal:* I went to see a lawyer whom a friend of mine (had) recommended.
less formal: I went to see a lawyer a friend of mine (had) recommended.
3 *more formal:* The person to whom I spoke wasn't very helpful.
less formal: The person I spoke to wasn't very helpful.
4 *more formal:* The woman with whom Tom was in love wasn't in love with him.
less formal: The woman Tom was in love with wasn't in love with him.

92.3
2 where
3 who
4 whose
5 where
6 whose
7 whom
8 where

92.4
Example answers:
2 The reason I left my job was that the salary was too low.
3 I'll never forget the time I got stuck in an elevator.
4 2009 was the year Amanda got married.
5 The reason they don't have a car is that neither of them can drive.
6 The last time I saw Sam was about six months ago.
7 Do you remember the day we first met?

UNIT 93

93.1
3 We drove to the airport, which was not far from the city.
4 Kate's husband, who I've never met, is an airline pilot. *or* ... whom I've never met ...
5 Lisa, whose job involves a lot of traveling, is away from home a lot.
6 Paul and Emily have a daughter, Alice, who just started school.
7 The new stadium, which will be finished next month, will hold 90,000 spectators.
8 My brother lives in Alaska, which is the largest state in the U.S.
9 Our teacher, whose name I have forgotten, was very kind.
10 We enjoyed our visit to the museum, where we saw a lot of interesting things.

93.2
2 The strike at the car factory, which began ten days ago, has now ended.
3 I've found the book I was looking for this morning. *or* ... the book that/which I was looking for.
4 My car, which I've had for 15 years, has never broken down.
5 Very few of the people who/that applied for the job had the necessary qualifications.
6 Amy showed me a picture of her son, who is a police officer.

93.3
2 My office, which is on the second floor, is very small.
3 *OK*
(The office I'm using ... *and* The office which I'm using ... *are also correct*)
4 Sarah's father, who used to be in the army, now works for a TV company.
5 *OK* (The doctor who examined me ... *is also correct*)
6 The sun, which is one of millions of stars in the universe, provides us with heat and light.

UNIT 94

94.1
2 in which
3 with whom
4 to which
5 of which
6 of whom
7 for which
8 after which

94.2
2 most of which was useless
3 none of whom was suitable
4 one of which they never use
5 half of which he gave to his parents
6 both of whom are lawyers
7 neither of which she replied to
8 only a few of whom I knew
10 (the) sides of which were lined with trees
11 the aim of which is to save money

94.3
2 which makes it hard to sleep sometimes.
3 which was nice of her.
4 which makes it hard to contact her.
5 which is good news.
6 which meant I had to wait two hours at the airport.
7 which means we can't go away tomorrow.
8 which she apologized for *or* for which she apologized

UNIT 95

95.1
2 The taxi taking us to the airport
3 a path leading to the river
4 A factory employing 500 people
5 The man sitting next to me on the plane
6 a brochure containing the information I needed

95.2
2 stolen from the museum
3 damaged in the storm
4 made at the meeting
5 surrounded by trees
6 involved in the project

95.3
3 invited
4 called
5 living
6 offering
7 caused
8 blown
9 sitting ... reading
10 working ... studying

95.4
3 There's somebody coming.
4 There's nothing left.
5 There were a lot of people traveling.
6 There was nobody else staying there.
7 There was nothing written on it.
8 There's a new course beginning next Monday.

UNIT 96

96.1
2 a exhausting
b exhausted
3 a depressing
b depressed
c depressed
4 a exciting
b exciting
c excited

96.2
2 interested
3 exciting
4 embarrassing
5 embarrassed
6 amazed
7 amazing
8 amused
9 interested
10 terrifying ... shocked
11 (look so) bored ... (really so) boring
12 boring ... interesting

96.3
2 bored
3 confusing
4 disgusting
5 interested
6 annoyed
7 boring
8 exhausted
9 excited
10 amusing
11 interesting

UNIT 97

97.1
2 an unusual gold ring
3 a beautiful old house
4 red leather gloves
5 an old Italian movie
6 tiny pink flowers
7 a long thin face
8 big black clouds
9 a lovely sunny day
10 an ugly yellow dress
11 a long wide avenue
12 important new ideas
13 a nice new green sweater
14 a small black metal box
15 beautiful long black hair
16 an interesting old French painting
17 a large red and yellow umbrella
18 a big fat black and white cat

97.2
2 tastes/tasted awful
3 feel nervous
4 smell nice
5 look wet
6 sounds/sounded interesting

97.3
2 happy
3 happily
4 terrible
5 properly
6 good
7 slow
8 badly
9 violent

97.4
3 the last two days
4 the first two weeks of May
5 the next few days
6 the first three questions (on the exam)
7 the next two years
8 the last three days of our vacation

UNIT 98

98.1
2 easily
3 patiently
4 unexpectedly
5 regularly
6 perfectly ... slowly ... clearly

98.2
2 selfishly
3 suddenly
4 sudden
5 badly
6 awful
7 terribly
8 comfortable
9 clearly
10 safe
11 safe
12 safely

98.3
2 frequently
3 fluent
4 specially
5 complete
6 perfectly
7 financially
8 permanently
9 nervous
10 dangerously

98.4
2 seriously ill
3 absolutely enormous
4 slightly damaged
5 unusually quiet
6 completely changed
7 unnecessarily long
8 happily married
9 badly planned

UNIT 99

99.1
2 good
3 well
4 well
5 good
6 well
7 well
8 well ... good

99.2
2 well-known
3 well-kept
4 well-written
5 well-informed
6 well-paid

99.3
2 slowly
3 lately
4 fast
5 hard
6 hardly
7 hard
8 hardly see
9 hard

99.4
2 hardly hear
3 hardly slept
4 hardly speak
5 hardly said
6 hardly changed
7 hardly recognized

99.5
2 hardly any
3 hardly anything
4 hardly anybody/anyone
5 hardly ever
6 hardly anywhere
7 hardly *or* hardly ever
8 hardly anybody/anyone
9 hardly any
10 hardly anywhere

UNIT 100

100.1
2 so
3 such
4 such a
5 such
6 such a
7 so
8 so
9 such a
10 such

100.2
2 The bag was so heavy
3 I have such a lot to do *or* I've got such a lot to do
4 I was so surprised
5 The music was so loud
6 It was such horrible weather
7 Her English is so good
8 The hotel was such a long way
9 I had such a big breakfast

100.3
2 are you in such a hurry?
3 I'm surprised it took so long.
4 ... but there's no such company.
5 ... why I did such a stupid thing.
6 Why are you driving so slowly?
7 How did you learn English in such a short time?
8 Why did you buy such an expensive phone?

100.4
Example answers:
2 She's so friendly.
3 She's such a nice person.
4 I haven't seen you for so long.
5 I didn't realize it was such a long way.
6 There were so many people.

UNIT 101

101.1
3 enough buses
4 wide enough
5 enough time
6 enough vegetables
7 tall enough
8 enough room
9 warm enough
10 enough cups

101.2
2 too busy to talk
3 too late to go
4 warm enough to sit
5 too shy to be
6 enough patience to be
7 too far away to hear
8 enough English to read

101.3
2 This coffee is too hot to drink.
3 The piano was too heavy to move.
4 These apples aren't / are not ripe enough to eat.
5 The situation is too complicated to explain.
6 The wall was too high to climb over.
7 This sofa isn't / is not big enough for three people (to sit on).
8 Some things are too small to see without a microscope. *or* ... to be seen without a microscope.

UNIT 102

102.1
2 stronger
3 smaller
4 more expensive
5 warmer/hotter
6 more interesting / more exciting
7 closer/nearer
8 harder / more difficult / more complicated
9 better
10 worse
11 more often
12 farther/further

102.2
3 more serious than
4 thinner
5 bigger
6 more interested
7 more important than
8 more peaceful than
9 more slowly
10 higher than

102.3
2 careful
3 better
4 frequent
5 more
6 worse
7 than
8 quietly

102.4
2 I ran farther/further than Dan.
3 The trip takes longer by train than by car.
4 My friends arrived earlier than I expected.
5 The traffic today is worse than usual.

UNIT 103

103.1
2 much bigger
3 a lot more interesting than
4 a little cooler
5 much more complicated than
6 a little more slowly
7 slightly older

103.2
2 any sooner / any earlier
3 no higher than / no more expensive than / no worse than
4 any farther/further
5 no worse than

103.3
2 bigger and bigger
3 more and more nervous
4 worse and worse
5 more and more expensive
6 better and better
7 more and more time

103.4
2 The more tired you are, the harder it is to concentrate.
3 The sooner we decide (what to do), the better.
4 The more I know, the less I understand.
5 The more electricity you use, the higher your bill will be.
6 The more / The longer Kate had to wait, the more impatient she became.

103.5
2 more
3 longer
4 any
5 the
6 older
7 elder/older
8 slightly
9 no
10 (The) less (he knows, the) better

UNIT 104

104.1
2 My salary isn't as high as yours.
3 You don't know as much about cars as me. *or* ... as I do *or* ... as I know.
4 We aren't as busy today as we were yesterday. *or* ... as busy today as yesterday.
5 I don't feel as bad as I did earlier. *or* as I felt earlier.
6 Our neighbors haven't lived here as long as us. *or* as long as we have.
7 I wasn't as nervous (before the interview) as I usually am. *or* ... as usual.

104.2
3 The train station wasn't as far as I thought.
4 The meal cost less than I expected.
5 I don't watch TV as much as I used to. *or* as often as I used to.
6 Abby used to have longer hair.
7 You don't know them as well as me. *or* as I do.
8 There aren't as many students in this class as in the other one.

104.3
2 as well as
3 as long as
4 as soon as
5 as often as
6 as quietly as
7 just as hard as

104.4
2 Your hair is the same color as mine.
3 I arrived (at) the same time as you.
4 My birthday is (on) the same day as Tom's. *or* My birthday is the same as Tom's.

104.5
2 than
3 as
4 him
5 less
6 much
7 twice
8 is
9 me

UNIT 105

105.1
2 the tallest
3 the worst
4 the most popular
5 the best
6 the most honest
7 the shortest

105.2
3 better
4 the most expensive
5 more comfortable
6 The eldest *or* The oldest
7 oldest
8 the fastest
9 faster
10 my earliest
11 ... the highest (mountain in the world) (It is) higher (than ...)
12 Do you have a sharper one? No, it's the sharpest one I have.

105.3
2 It's the largest country in South America.
3 It was the happiest day of my life.
4 It's the most valuable painting in the museum.
5 It's the busiest time of the year.
7 He's one of the richest men in the country.
8 She's one of the best students in the class.
9 It was one of the worst experiences of my life.
10 It's one of the most famous universities in the world.

105.4
2 That's the funniest joke I've ever heard.
3 This is the best coffee I've ever tasted.
4 It's the worst mistake I've ever made. *or* It was the worst ...
5 Who's the most famous person you've ever met?

UNIT 106

106.1
3 Joe doesn't like football very much.
4 Dan won the race easily.
5 *OK*
6 Have you seen Chris recently?
7 I borrowed some money from a friend.
8 *OK*
9 I ate my breakfast quickly and went out. *or* I quickly ate my breakfast and ...
10 Did you invite a lot of people to the party?
11 Sam watches TV all the time.
12 *OK*

106.2
2 I met a friend of mine on my way home.
3 I forgot to put a stamp on the envelope.
4 We bought a lot of fruit at the market.
5 Did you learn a lot at school today?
6 They built a new hotel across from the park.
7 We found some interesting books in the library.
8 Please write your name at the top of the page.

106.3
2 I go to the supermarket every Friday.
3 Why did you come home so late?
4 Sarah takes her children to school every day.
5 I haven't been to the movies recently.
6 I remembered her name after a few minutes.
7 We walked around the town all morning.
8 My brother has been in Canada since April.
9 I didn't see you at the party on Saturday night.
10 Emma left her umbrella in a restaurant last night.
11 The moon goes around the earth every 27 days.
12 Anna has been teaching Italian in Chicago for the last three years.

UNIT 107

107.1
3 I usually take ...
4 *OK*
5 Steve hardly ever gets angry.
6 ... and I also sent an email.
7 I always have to repeat ...
8 I've never worked / I have never worked ...
9 *OK*
10 My friends were already there. *or* My friends were there already.

107.2
2 Katherine is always very generous.
3 I don't usually have to work on Sundays.
4 Do you always watch TV in the evenings?
5 ... he is also learning Japanese.
6 a We were all on vacation in Spain.
  b We were all staying at the same hotel.
  c We all had a great time.
7 a The new hotel is probably expensive.
  b It probably costs a lot to stay there.
8 a I can probably help you.
  b I probably can't help you.

107.3
2 usually sleeps
3 It's / It is usually easy to ... *or* Usually it's / it is easy to ...
4 were both born
5 She can also sing
6 Do you usually take
7 I have / I've never spoken
8 We're / We are still living ...
9 You always have to wait
10 We might never meet
11 I probably won't be
12 Will you still be
13 She's / She is hardly ever
14 We would / We'd never have met
15 It doesn't always take
16 We were all ... we all fell
17 always says ... she never does

UNIT 108

108.1
3 He doesn't write poems anymore.
4 He still wants to be a teacher.
5 He isn't / He's not interested in politics anymore.
6 He's still single.
7 He doesn't go fishing anymore.
8 He doesn't have a beard anymore. *or* He hasn't got ...

9–12
- He no longer writes poems.
- He is / He's no longer interested in politics.
- He no longer goes fishing.
- He no longer has a beard. / He's no longer got a beard.

108.2
2 He hasn't left yet.
3 They haven't finished (it) yet. / ... finished repairing the road yet.
4 They haven't woken up yet.
5 She hasn't found one yet. / ... found a job yet.
6 I haven't decided (what to do) yet.
7 It hasn't taken off yet.

108.3
3 still
4 yet
5 anymore
6 yet
7 anymore
8 still
9 already
10 still
11 already
12 yet
13 still
14 already
15 still
16 anymore

UNIT 109

109.1
2 even Julia
3 not even Amy
4 even Julia
5 even Kate
6 not even Julia

109.2
2 We even painted the floor.
3 She's even met the president.
4 You could even hear it from the next street. / You could even hear the noise from ... *or* You could hear it / the noise even from the next street.
6 I can't even remember her name.
7 There isn't even a movie theater.
8 He didn't even tell his wife (where he was going).
9 I don't even know my neighbors.

109.3
2 even older
3 even better
4 even more difficult
5 even worse
6 even less

109.4
2 if
3 even if
4 even
5 even though
6 Even
7 even though
8 even if
9 Even though

UNIT 110

110.1
2 Although I had never seen her before
3 although it was quite cold
4 although we don't like them very much
5 Although I didn't speak the language well
6 Although the heat was on
7 although I'd met her twice before
8 although we've known each other for a long time

110.2
2 a In spite of (*or* Despite)
  b Although
3 a because
  b although
4 a because of
  b in spite of (*or* despite)
5 a Although
  b because of

Example answers:
6 a he hadn't studied very hard
  b he had studied very hard
7 a I was hungry
  b being hungry / my hunger / the fact (that) I was hungry

110.3
2 In spite of playing quite well, we lost the game *or* In spite of the fact (that) we played quite well ...
3 Although I'd hurt my foot, I managed to walk home. *or* I managed to walk home although I'd ...
4 I enjoyed the movie in spite of the silly story. / ... in spite of the story being silly. / ... in spite of the fact (that) the story was silly. *or* In spite of ... , I enjoyed the movie.
5 Despite living in the same building, we hardly ever see each other. *or* Despite the fact (that) we live in ... *or* We hardly ever see each other despite ...
6 They came to the party even though they hadn't been invited. *or* Even though they hadn't been invited, they came to the party.

110.4
2 It's very long, though.
3 We ate it, though.
4 I don't like her husband, though.

UNIT 111

111.1
2 in case you get hungry / ... you are hungry
3 in case it rains
4 in case you get thirsty / ... you are thirsty
5 in case you need to call somebody
6 in case you get lonely / ... you are lonely

111.2
2 I'll say goodbye now in case I don't see you again (before you go).
3 Can you check the list in case we've forgotten something? / ... in case we forgot something?
4 Keep the receipt in case they don't fit you (and you have to take them back to the store).

111.3
2 in case I forgot it.
3 in case they were worried (about me).
4 in case she didn't get the first one. / in case she hadn't gotten ...
5 in case they came to New York (one day).

111.4
3 If
4 in case
5 if
6 in case
7 if
8 in case
9 in case

UNIT 112

112.1
2 You won't know what to do unless you listen carefully.
3 I'll never speak to her again unless she apologizes (to me). *or* Unless she apologizes (to me), I'll ...
4 He won't understand you unless you speak very slowly. *or* Unless you speak very slowly, he ...
5 The company will have to close unless business improves soon. *or* Unless business improves soon, the company ...
6 The problem will get worse unless we do something soon. *or* Unless we do something soon, the problem

112.2
2 I'm not going (to the party) unless you go too. / ... unless you're going too.
3 The dog won't chase you unless you move suddenly.
4 Ben won't speak to you unless you ask him something.
5 The doctor won't see you unless it's an emergency.

112.3
2 unless
3 provided
4 as long as
5 unless
6 unless
7 provided
8 Unless
9 unless
10 as long as

112.4
Example answers:
2 it's not too hot.
3 there isn't too much traffic.
4 it isn't raining.
5 I'm in a hurry.
6 you have something else to do.
7 you pay it back next week.
8 you don't tell anyone else.
9 you take risks.

UNIT 113

113.1
2 I listened as she told me her story.
3 I burned myself as I was taking a hot dish out of the oven.
4 The spectators cheered as the two teams came onto the field.
5 A dog ran out in front of the car as we were driving along the road.

113.2
2 As today is a public holiday, all government offices are closed.
3 As I didn't want to disturb anybody, I tried to be very quiet.
4 As I can't go to the concert, you can have my ticket.
5 As it was a nice day, we went for a walk by the river.

113.3
3 because
4 at the same time as
5 at the same time as
6 because
7 because

113.4
3 *OK*
4 **when** I was in Boston
5 **When** I left school
6 *OK*
7 **when** I was a child
8 *OK*

113.5
Example answers:
2 I saw you as you were getting into your car.
3 It started to rain just as we started playing tennis.
4 As she doesn't have a phone, it's quite difficult to contact her.
5 Just as I took the picture, somebody walked in front of the camera.

UNIT 114

114.1
3 ... **like** his father
4 ... people **like** him
5 *OK* (Why didn't you do it like I told you ... *is also correct*)
6 **Like** her mother ...
7 ... **like** talking to the wall
8 *OK*
9 *OK*
10 **like** a fish

114.2
2 e
3 b
4 f
5 d
6 a

114.3
2 like blocks of ice
3 like a beginner
4 as a tour guide
5 like a theater
6 as a birthday present
7 like winter
8 like a child

114.4
2 like
3 as
4 as
5 like
6 As
7 as
8 like
9 like
10 as
11 like
12 as
13 like
14 like
15 as
16 like

UNIT 115

115.1
2 You look as if you've seen a ghost. / ... as if you saw a ghost.
3 I feel like I've (just) run a marathon. / ... like I (just) ran a marathon.
4 You sound as if you're having a good time.

115.2
2 It looks like it's going to rain.
3 It sounds like they're having an argument.
4 It looks like there's been an accident.
5 It looks like they don't have any.
6 It sounds like you should see a doctor.

115.3
2 as if he meant what he said
3 as if she's hurt her leg / as if she hurt her leg
4 as if he hadn't eaten for a week
5 as if she was enjoying it
6 as if I was crazy / as if I were crazy
7 as if she didn't want to come
8 as if I didn't exist

115.4
2 as if I was/were
3 as if she was/were
4 as if it was/were

UNIT 116

116.1
3 during
4 for
5 for
6 during
7 for
8 during
9 for
10 for
11 during
12 for

116.2
3 while
4 While
5 during
6 during
7 during
8 while
9 during
10 while
11 During
12 while

116.3
1 for
2 during
3 while
4 during
5 for
6 while
7 during
8 for
9 while
10 during

116.4
Example answers:
3 Can you wait for me while I make a quick phone call?
4 Most of the students looked bored during the class.
5 I was asked a lot of questions during the interview.
6 Don't open the car door while the car is moving.
7 The lights suddenly went out while we were watching TV.
8 What are you going to do while you're on vacation?
9 It started to rain during the game.
10 It started to rain while we were walking home.

UNIT 117

117.1
2 by 8:30
3 Let me know by Saturday
4 you're here by 2:00
5 we should arrive by lunchtime

117.2
2 by
3 until
4 by
5 until
6 by
7 by
8 until
9 by
10 by
11 until
12 By
13 until
14 by

117.3
Example answers:
3 until I come back
4 by 5:00
5 by April 3
6 until 2028
7 until midnight

117.4
2 By the time I got to the station
3 By the time I finished (work)
4 By the time the police arrived
5 By the time we got to the top (of the mountain)

UNIT 118

118.1
2 on
3 in
4 on (*or* at *in British English*)
5 on
6 in
7 in
8 at
9 on
10 at
11 in
12 in
13 at
14 on
15 in
16 At
17 in
18 on
19 at
20 **at** 5:00 **in** the morning
21 on January 7 ... in April
22 on Tuesday morning ... in the afternoon (*or* at home Tuesday morning ... in the afternoon)

118.2
2 at night
3 in the evening
4 on July 21, 1969
5 at the same time
6 in the 1920s
7 in about 20 minutes
8 at the moment
9 in 11 seconds
10 on Saturdays

118.3
3 a
4 both
5 a
6 b
7 b
8 a
9 both
10 b

UNIT 119

119.1
2 on time
3 on time
4 in time
5 on time
6 in time
7 in time
8 on time
9 in time

119.2
2 I got home just in time.
3 I stopped him just in time.
4 We got to the theater just in time for the beginning of the movie. *or* ... just in time to see the beginning of the movie.

119.3
2 at the end of the month
3 at the end of the course
4 at the end of the race
5 at the end of the interview

119.4
2 In the end, she resigned (from her job). *or* She resigned (from her job) in the end.
3 In the end, I gave up (trying to learn Japanese / learning Japanese). *or* I gave up (learning Japanese) in the end.
4 In the end, we decided not to go (to the party). *or* In the end, we didn't go (to the party). *or* We decided not to go (to the party) in the end. *or* We didn't go (to the party) in the end.

119.5
2 In
3 in
4 at
5 In
6 At
7 in
8 in
9 in
10 at ... at

UNIT 120

120.1
2 On his arm. *or* On the man's arm.
3 At the traffic light.
4 On the door. (notice) In the door. (key)
5 On the wall.
6 In Paris.
7 At the gate. (man) On the gate. (bird)
8 On the beach.

120.2
2 on my guitar
3 at the next gas station
4 in his hand
5 on that tree
6 in the mountains
7 on the island
8 at the window

120.3
2 on
3 at
4 on
5 in
6 on
7 in
8 at
9 on
10 at
11 in
12 on
13 in … in
14 on … in

UNIT 121

121.1
2 On the second floor.
3 On the corner. *or* At the corner.
4 In the corner.
5 At the top of the stairs.
6 In the back of the car.
7 In the front.
8 On the left.
9 In the back row.
10 At the end of the street.

121.2
2 on the right
3 in the world
4 on the way to work
5 on the West Coast
6 in the front row
7 in the back of the class (at the back of the class *is also possible*)
8 on the back of this card

121.3
2 in
3 at
4 in
5 on
6 in
7 in
8 in
9 at
10 on
11 in
12 on
13 in
14 on … on

UNIT 122

122.1
2 on a train
3 at a conference
4 in the hospital
5 at the hairdresser's
6 on his bike
7 in New York
8 at the Apollo Theater

122.2
2 at the station
3 in a taxi
4 at the gym
5 on the plane
6 in Tokyo
7 in school
8 at the art museum

122.3
2 in
3 at
4 in
5 on
6 in
7 in
8 at
9 at
10 in
11 on
12 at
13 in
14 in
15 at
16 at … at

UNIT 123

123.1
3 at
4 to
5 to
6 into
7 – (*no preposition*)
8 to
9 into
10 to
11 at
12 to
13 to
14 into
15 to
16 – (*no preposition*)
17 to (France) … in (Japan)
18 in (Chicago) … to (Boston)

123.2
2 I've been to … once.
3 I've never been to …
4 I've been to … a few times.
5 I've been to … many times.

123.3
2 in
3 – (*no preposition*)
4 at
5 to
6 – (*no preposition*)

123.4
2 I got on
3 I got out of the/my car.
4 I got off (the train).
5 I got into the taxi.
6 I got off (the plane).

UNIT 124

124.1
2 in cold weather
3 in French
4 in love
5 in the mood
6 in the shade
7 in my opinion
8 in kilometers

124.2
2 on strike
3 on a cruise
4 on fire
5 on a tour
6 on her phone
7 on TV
8 on purpose
9 on a diet
10 on vacation
11 on business
12 on the whole

124.3
2 on
3 at
4 in
5 on
6 in
7 at
8 at
9 on
10 on
11 at
12 on
13 in
14 on
15 on
16 on
17 In
18 in
19 on
20 in

UNIT 125

125.1
2 by email
3 by mistake
4 on purpose
5 by chance
6 by hand

125.2
2 on
3 by
4 on
5 by
6 in
7 by
8 by
9 by bike (*or* on his bike) ... on foot

125.3
2 by a professional photographer
3 by mosquitoes
4 by Leonardo da Vinci
5 by one of our players
6 by lightning
7 by Beethoven

125.4
2 with
3 by
4 by
5 in
6 by
7 with
8 by
9 on
10 by
11 **by** the bed **with** a lamp and a clock **on** it

125.5
2 In the last ten years the population has gone up / increased / grown / risen **by** 6 million.
3 Anna won (the election) **by** two votes.
4 I missed her/Kate **by** five minutes.

UNIT 126

126.1
2 to the problem
3 with her brother
4 in the cost of living
5 to your question
6 for a new road
7 in/to living in a big city
8 in food prices
9 for shoes like these anymore
10 between your job and mine

126.2
2 invitation to
3 contact with
4 key to (key for *is also possible*)
5 cause of
6 reply to
7 connection between
8 photos of
9 reason for
10 damage to

126.3
2 to
3 in
4 of
5 in/to
6 for
7 to *or* toward/towards *or* about
8 with
9 of
10 to
11 of
12 for
13 of
14 with

UNIT 127

127.1
2 That was generous of her.
3 That wasn't very nice of them.
4 That's very kind of you.
5 That isn't very polite of him.
6 That's a little childish of them.

127.2
2 kind to
3 mad at
4 excited about
5 impressed by / impressed with
6 bored with (bored by *is also possible*)
7 amazed at / amazed by
8 careless of

127.3
2 of
3 to
4 with
5 with (by *or* in *are also possible*)
6 to
7 at/by
8 with
9 about
10 about
11 for
12 about/by/at
13 to
14 of
15 by/with
16 with/at
17 about
18 at/by
19 for/about
20 at/by
21 of
22 to
23 about
24 furious **with**/**at** us **for** making

UNIT 128

128.1
2 proud of
3 ashamed of
4 typical of
5 capable of
6 scared of
7 aware of
8 envious of

128.2
Example answers:
2 I'm terrible at telling jokes.
3 I'm not very good at math.
4 I'm pretty good at remembering names.
5 I'm good at making decisions.

128.3
2 similar to
3 afraid of
4 interested in
5 responsible for
6 proud of
7 different from / different than
8 capable of

128.4
2 of furniture
3 in sports
4 of time
5 at her job
6 to a doctor
7 of him / of Robert
8 from yours / from your problem *or* than yours / than your problem

128.5
2 for
3 of
4 in
5 of
6 of
7 with
8 of
9 on
10 of

UNIT 129

129.1
2 a
3 b
4 b
5 a
6 a
7 b
8 a
9 b
10 b
11 a
12 b

129.2
3 spoken to
4 point (them) at
5 look (directly) at
6 listen to
7 throw (stones) at
8 throw (it) to
9 reply to

129.3
2 at
3 at
4 to
5 to
6 at
7 at
8 to
9 at
10 at
11 to

UNIT 130

130.1
2 waiting for her to reply
3 searched my bag
4 asked him for a receipt
5 ask the way
6 discussed the problem
7 nothing about them
8 for the airport

130.2
2 to
3 for
4 about
5 – (*no preposition*)
6 about
7 for
8 about

130.3
2 of
3 about
4 for
5 of
6 for
7 about
8 – (*no preposition*)

130.4
2 looking for
3 looked after
4 look for
5 looks after
6 looking for

130.5
2 wait for
3 talk about
4 ask (me) for
5 applied for
6 do (something) about
7 takes (care) of
8 left (Boston) for

UNIT 131

131.1
2 hear about
3 heard from
4 heard of
5 hear from
6 hear about
7 heard of

131.2
2 think about
3 thinking about
4 think of
5 think of
6 thinking of / thinking about
7 thought about
8 think of
9 think about
10 think (much) of
11 thinking about / thinking of
12 think of

131.3
2 of
3 about
4 of
5 of
6 to (us) about
7 of
8 about ... about ... about ... about

131.4
2 complaining about
3 think about
4 heard of
5 dream of
6 reminded (me) about
7 remind (you) of

UNIT 132

132.1
2 for
3 of
4 of
5 – (*no preposition*)
6 for
7 of/from
8 for
9 of
10 for
11 on
12 for

132.2
2 for the misunderstanding
3 her on/for winning the tournament
4 him from his enemies
5 on bread and eggs
6 me for the (bad) weather *or* the (bad) weather on me
7 my friend of stealing a car *or* (that) my friend had stolen a car.

132.3
2 paid for
3 accused of
4 depends on
5 live on
6 apologize to
7 suffers from
8 congratulate (him) on/for

132.4
2 from
3 on
4 – (*no preposition*)
5 from
6 depends how (*no preposition*) *or* depends **on** how
7 on
8 of
9 on

UNIT 133

133.1
2 happened to
3 divided into
4 invited to
5 believe in
6 fill (it) with
7 breaks into
8 Concentrate on
9 succeeded in
10 drove into

133.2
2 I prefer small towns to big cities
3 The company provided me with all the information I needed
4 This morning I spent $120 on a pair of shoes
5 The city is divided into ten districts

133.3
2 to
3 on
4 in
5 to
6 in
7 with
8 into
9 in
10 on
11 – (*no preposition*)
12 into
13 on
14 into
15 with
16 from (one language) into another

133.4
Example answers:
2 on gas
3 into a wall
4 to volleyball
5 in seafood
6 into many languages

UNIT 134

134.1
2 sit down
3 taking off
4 flew away / flew off
5 get out
6 speak up
7 get by
8 gone up
9 looked around
10 be back
11 broke down
12 get along

134.2
2 back at
3 up to
4 forward to
5 away with
6 up at
7 in through
8 out about

134.3
2 wake me up
3 get it out
4 give them back
5 turn it on
6 take them off

134.4
3 I have to give them back to her.
4 We can turn the TV/television off. *or*
We can turn off the TV/television.
5 I don't want to wake her up.
6 You should put your coat on … *or*
You should put on your coat …
7 I was able to put it out …
8 Should I turn the light(s) on? *or*
Should I turn on the light(s)?
9 I took my shoes off … *or*
I took off my shoes …
10 I knocked it over …

UNIT 135

135.1
2 eats
3 drop
4 fill
5 moved
6 checked
7 plug
8 dropped
9 dive

135.2
2 in
3 into
4 out
5 into
6 in
7 out
8 out of

135.3
2 dropped out
3 moved in
4 left out
5 joined in
6 fits in
7 dropped in
8 handing out

135.4
2 Fill them out
3 handed it in
4 let us in
5 get out of it

135.5
2 drop out of college
3 fill out the application form
4 get out of going to the party
5 drop in (and see us) sometime
6 was left out of the team *or*
had been left out …

UNIT 136

136.1
2 a candle
3 an order
4 a fire
5 a new product
6 a problem

136.2
2 works out
3 carried out
4 ran out
5 work out
6 find out
7 tried out
8 pointed out
9 work out
10 went out
11 turned out
12 check out
13 find out
14 put out
15 figure out
16 works out

136.3
2 blew out / has blown out
3 turned out nice/sunny
4 working out
5 run out of
6 figure out how to use the camera / her new camera

136.4
2 try it out
3 figure it out / work it out
4 pointing it out
5 check it out

UNIT 137

137.1
2 turned the oven on
3 turn the heat off
4 turned the TV off
5 turn some music on

137.2
2 going on
3 take off
4 drove off / went off
5 put on
6 had on
7 put off
8 called off
9 put on
10 tried on
11 see (me) off
12 putting (it) off.

137.3
2 took off
3 tried on a/the hat *or*
tried a/the hat on
4 was called off
5 see him off
6 put them on

UNIT 138

138.1
2 c
3 b
4 a
5 c
6 b

138.2
2 lay off
3 drive on / go on
4 ripped off
5 taken on
6 went off
7 told off
8 went on
9 move on
10 keep on
11 showing off
12 hold on
13 went on
14 dozed off / dropped off / nodded off

138.3
2 dragging on
3 go on / keep on
4 move on
5 were/got ripped off
6 go off
7 tell her off
8 She keeps on
9 dropped me off

UNIT 139

139.1
2 took them down
3 stand up
4 turned it up
5 put their bags down
6 were blown down
7 put them up
8 bent down (and) picked them up

139.2
2 turned it down
3 calm him down
4 let her down
5 written it down
6 cut them down

139.3
2 calm down
3 slowed down
4 was turned down
5 broken down
6 cut down
7 let down
8 closed down / has closed down
9 be torn down
10 turned down
11 burned down
12 broken down

UNIT 140

140.1
2 went up to / walked up to
3 catch up with
4 keep up with

140.2
2 used up
3 backed up
4 grow up
5 show up
6 gave up
7 taking up
8 give up
9 ended up
10 takes up
11 make up

140.3
3 keep it up
4 backing me up
5 keep up with
6 was brought up
7 went up to
8 set it up
9 gave it up / gave up
10 was made up of

UNIT 141

141.1
2 d
3 e
4 c
5 g
6 a
7 b

141.2
2 held up
3 fixed it up
4 cheer him up

141.3
2 blew up
3 beaten up
4 broken up / split up
5 came up
6 clears up / will clear up
7 mixed up

141.4
2 look it up
3 put up with
4 making it up
5 come up with
6 tear them up
7 saving up for
8 bring it up
9 mix them up / get them mixed up
10 clean it up

UNIT 142

142.1
2 blew away
3 put it back
4 walked away
5 threw it back (to her)
6 threw them away

142.2
2 be away / have gone away
3 be back
4 ran away
5 get away
6 keep away / keep back
7 smile back

142.3
2 throw
3 gets
4 be
5 look
6 gave
7 get
8 put

142.4
2 throw it away
3 take them back
4 pay you back / pay it back
5 gave them away
6 called back / called me back

補足練習問題解答

1

3 I'm getting / I am getting
4 do you do
5 we arrived ... it was raining
6 calls ... she didn't call
7 you were thinking ... I decided
8 are you looking
9 It doesn't rain
10 He wasn't looking
11 we went ... She was studying ... We didn't want ... we didn't stay
12 told ... he didn't believe ... He thought ... I was joking

2

2 didn't go
3 is wearing
4 went
5 haven't heard
6 is being
7 wasn't reading
8 didn't have
9 It's beginning
10 worked
11 wasn't
12 you've stayed
13 I've been doing
14 did she leave
15 I've been playing
16 do you come
17 since I saw her
18 for 20 years

3

3 are you going
4 Do you watch
5 have you lived / have you been living / have you been
6 Did they have
7 Have you seen
8 was she wearing
9 Have you been waiting / Have you been here
10 does it take
11 Have you heard
12 Have you been / Have you ever been

4

2 've known each other / have known each other *or* 've been friends / have been friends
3 I've ever had / I've ever been on / I've had for ages (*etc.*)
4 He went / He went home / He went out / He left
5 I've worn it
6 I was playing
7 been swimming for / gone swimming for
8 since I've been / since I've gone / since I went / since I last went
9 did you buy / did you get

5

1 got ... was already waiting ... had arrived
2 was lying ... wasn't watching ... 'd fallen / had fallen ... was snoring ... turned ... woke
3 'd just gone / had just gone ... was reading ... heard ... got ... didn't see ... went
4 missed ... was standing ... realized ... 'd left / had left ... had ... got
5 met ... was walking ... 'd been / had been ... 'd been playing / had been playing ... were going ... invited ... 'd arranged / had arranged ... didn't have

6

2 Somebody has taken it.
3 They'd only known / They had only known each other (for) a few weeks.
4 It's been raining / It has been raining all day. *or* It's rained / It has rained all day.
5 I'd been dreaming. / I had been dreaming.
6 I'd had / I had had a big breakfast.
7 They've been going / They have been going there for years.
8 I've had it / I have had it since I got up.
9 He's been training / He has been training very hard for it. (He's / He is training ... *is also possible.*)

7

1 I haven't seen
2 You look / You're looking
3 are you going
4 are you meeting
5 I'm going
6 Do you travel
7 are you going
8 I'm meeting
9 has been (delayed) / is (delayed)
10 I've been waiting
11 has just started / just started
12 is she doing
13 Does she like
14 she thinks
15 Are you working
16 spoke
17 you were working
18 went
19 I started / I'd started
20 I lost
21 you haven't had
22 I've had
23 have you seen
24 has he been
25 I saw
26 he left
27 He'd been
28 he decided / he'd decided
29 He was really looking forward
30 is he doing
31 I haven't heard
32 he left

8

1 invented
2 it ended / it has ended / it's ended
3 had gone ... left
4 did you do ... Did you go
5 have you had
6 was looking *or* 'd been looking / had been looking
7 She's been teaching / She has been teaching
8 bought ... she hasn't worn *or* she didn't wear
9 I saw ... looked ... I'd seen / I had seen ... I remembered ... he was
10 Have you heard ... She was ... died ... She wrote ... I haven't read
11 does this word mean ... I've never seen
12 Did you get ... it had already started
13 knocked ... was ... she'd gone / she had gone ... she didn't want
14 He'd never used / He had never used ... he didn't know
15 went ... She needed ... she'd been sitting / she had been sitting

9

3 used to drive
4 was driving
5 were working
6 used to have
7 was living
8 was playing
9 used to play
10 was wearing

10

2 I'm going to the dentist.
3 No, we're going to rent a car.
4 I'll call her now.
5 I'm having lunch with Sue.
6 What are you going to have? / What are you having?
7 I'll turn on the light.
8 I'm going to close the window.

11

2 B
3 A
4 B
5 A
6 C
7 C
8 A

12

1 (2) Are you going to take / Are you taking
(3) it starts
(4) you'll enjoy / you're going to enjoy
(5) it will be / it's going to be
2 (1) you're going
(2) We're going
(3) you have
(4) I'll get
(5) I get
3 (1) I'm having / I'm going to have
(2) are coming
(3) they'll have left
(4) they're
(5) I won't be / I will not be
(6) you know
(7) I'll call
4 (1) I'll be waiting
(2) you arrive
(3) I'll be sitting
(4) I'll be wearing
(5) Is Agent 307 coming / Is Agent 307 going to come / Will Agent 307 be coming
(6) I'll explain / I'm going to explain
(7) I see
(8) I'll try

13

1 I'll have
2 Are you going
3 It's going to land
4 it's / it is
5 I'll miss / I'm going to miss ... you go / you've gone
6 I'll give ... I give ... will you call
7 I'm going to resign
8 does it finish
9 I'm going ... is getting
10 I'll tell ... I'm ... I won't be
11 I'm going to get / I'm getting
12 she apologizes
13 we'll be living / we'll live
14 you finish / you've finished

14

2 I've had / I have had
3 I bought *or* I got
4 I'll come / I will come *or* I'll be / I will be
5 I've been / I have been *or* I've eaten / I have eaten
6 I used to play
7 I haven't been waiting *or* I haven't been here
8 I'd been / I had been / I was *or* I'd gone / I had gone / I went
9 I'm going / I am going
10 I haven't seen *or* I haven't heard from
11 I'll have gone / I will have gone *or* I'll have left / I will have left

15

2 I've been traveling
3 I'm beginning
4 I've seen
5 has been
6 I've met
7 I left
8 I stayed *or* I was staying
9 I'd planned *or* I was planning
10 I ended up
11 I enjoyed
12 I took
13 met
14 I'm staying *or* I'm going to stay *or* I'll be staying *or* I'll stay
15 I continue
16 I'll get
17 I'm
18 I'll let
19 I know
20 I'm staying
21 we're going to visit *or* we're visiting
22 are building *or* have been building
23 it will be
24 I'll be

16

2 A
3 C
4 B *or* C
5 B
6 A *or* C
7 A *or* C
8 C
9 B *or* C
10 A *or* B
11 A
12 C
13 A *or* B
14 B
15 B

17

2 should have come
3 shouldn't have eaten
4 must have forgotten
5 can't be changed
6 may be watching
7 should have been
8 must have been waiting
9 couldn't have done
10 could have called
11 should have been warned

18

3 could rain / might rain
4 might have gone / could have gone
5 couldn't go
6 couldn't have seen / can't have seen
7 should get
8 wouldn't recognize / might not recognize
9 must have heard
10 should have turned

19

2 Where should we go (on vacation)?
3 Should I buy it?
4 Should we take a taxi, or should we walk?
5 What should we give/buy/get Olivia (for her birthday)?
6 What time should we meet?

20

4 rings
5 you were
6 it's / it is
7 it was *or* it were
8 it had been
9 you had
10 I'd had / I had had
11 it wouldn't have happened
12 I didn't watch

21

2 called (me)
3 (If) I'd known / I had known ... (I) wouldn't have disturbed (you).
4 (There) wouldn't be (so many accidents if) there was ... *or* ... (if) there were ...
5 (If) you'd told me about (the problem), I would have tried to help / I'd have tried to help (you). *or* ... I would have helped / I'd have helped
6 (I) would have gotten (very wet if) I hadn't had ...
7 (If he) hadn't been / hadn't gotten ... he wouldn't have failed / he would have passed / he'd have passed ...

22

Example answers:

1 I wasn't feeling so tired
2 I hadn't had so much to do
3 I would have forgotten Amy's birthday
4 I'd probably waste it
5 I'll take a picture of you
6 you were in trouble
7 you hadn't taken so long to get ready
8 I would have gone to the concert
9 you might have gotten the job
10 you'd eaten lunch
11 there was/were less traffic
12 it would be harder to get information

23

3 was canceled
4 has been repaired
5 is being restored
6 It's believed / It is believed
7 I'd be fired / I would be fired *or* I'd get fired / I would get fired
8 It might have been thrown
9 He was taught
10 being arrested / having been arrested *or* I was arrested
11 Have you ever been arrested
12 are reported ... have been injured

24

3 sold *or* 've sold / have sold
4 's been sold / has been sold *or* was sold
5 are made
6 might be/get stolen
7 must have been stolen
8 must have taken
9 can be solved
10 should have left
11 is delayed
12 is being built ... is expected

25

Fire at City Hall
2 was discovered
3 was injured
4 be rescued
5 are believed to have been destroyed
6 is not known

Convenience Store Robbery
1 was forced
2 being threatened
3 had been stolen
4 was later found
5 had been abandoned
6 has been arrested / was arrested
7 is still being questioned

Road Delays
1 is being resurfaced
2 are asked / are being asked / have been asked
3 is expected
4 will be closed / is going to be closed
5 will be diverted / is going to be diverted

Accident
1 was taken
2 was allowed
3 was blocked
4 be rerouted
5 have been killed

26

1 I told **her** (**that**) **Paul had gone out** and **I didn't know when he'd be back**. I asked (**her**) **if/whether she wanted to leave a message**, but she said (**that**)**she'd try again** later.
2 I had made a hotel reservation, but when I got to the hotel they told **me** (**that**) **they had no record of a reservation in my name**. When I asked (**them**) **if/whether they had any rooms available**, they said (**that**) **they were sorry**, but **the hotel was full**.
3 The immigration officer asked us **why we were visiting the country**, and we told **him** (**that**) **we were on vacation**. Then he wanted to know **how long we intended to stay** and **where we would be staying during our visit**.
4 She said (**that**) **she'd call us from the airport when she arrived**. *or* She said (**that**) **she'll call us from the airport when she arrives**.
No, she said **not to come to the airport**. She said **that she'd take the bus**. *or* She said **that she'll take the bus**.
5 He wanted to know **what my job was** and asked (**me**) **how much** (**money**) **I made**. *or* He wanted to know **what my job is and asked me how much** (**money**) **I make**. ... so I told **him to mind his own business** and ended the call.
6 He said (**that**) **he'd be at the restaurant at 7:30**.
He said (**that**) **he knew where the restaurant was**.
And I told **him to call me if there was a problem**.
7 You just said (**that**) **you weren't hungry**.
But you said (**that**) **you didn't like bananas**. You told **me not to buy any**.

27

3 changing
4 to change
5 change
6 being
7 saying
8 to call
9 drinking
10 to be
11 to see
12 taking
13 to be
14 to think ... making
15 living ... to move
16 to be ... playing
17 being stopped ... driving
18 work ... pushing

28

3 We stopped watching after a while.
4 He tends to forget things.
5 Would you mind helping me? / Do you mind helping me?
6 Everybody seems to have gone out.
7 We're / We are thinking of moving.
8 I was afraid to touch it.
9 I was afraid of missing my train.
10 It's / It is not worth seeing.
11 I'm not used to walking so far.
12 She seems to be enjoying herself. *or* She seemed ...
13 He insisted on showing them to me.
14 I'd rather somebody else did it.

29

3 I've given up eating candy.
4 I'd rather not go out tonight / ... stay at home tonight.
5 He has trouble sleeping at night.
6 Do you want me to call you tonight?
7 I came in without anybody/anyone seeing me / ... without being seen.
8 I was accused of being a liar / ... of lying.
9 I'm looking forward to seeing them again.
10 What do you advise me to do?
11 I'd like to have gone out with you last night.
12 I regret not taking your advice / ... that I didn't take your advice.

30

2 a foreign country ... the language
3 an economist ... in the United States ... for an investment company
4 Tennis is my favorite sport ... two or three times a week ... not a very good player
5 for dinner ... after work ... to the movies
6 When unemployment is ... for people to find work .... a big problem
7 an accident ... going home ... taken to the hospital ... I think most accidents ... by people driving
8 the name of the hotel ... The Ambassador ... on West Street in the suburbs ... near the airport
9 The older one ... to be a pilot ... The younger one ... in high school ... he leaves school ... go to college ... study engineering

31

2 B
3 C
4 A *or* B
5 C
6 B
7 A *or* C
8 A
9 C
10 B *or* C
11 B
12 A
13 A *or* B
14 B

32

3 It's the most polluted place ...
4 I was disappointed that ...
5 *OK*
6 Joe works hard, but ...
7 ... in a large modern building.
8 *OK* (as fast as he can *is also correct*)
9 I missed the last three days ...
10 *OK*
11 The weather has been unusually cold ...
12 The water in the pool was too dirty to swim in.
13 ... to wait such a long time. *or* to wait so long.
14 *OK*
15 ... I got up earlier than usual.

33

2 If
3 when
4 if
5 when
6 if
7 if
8 unless
9 if
10 as long as
11 in case
12 in case
13 if
14 even if
15 Although
16 Although
17 When
18 when

34

2 on
3 on Tuesday morning at 9.30
4 at
5 on
6 at
7 In
8 on
9 during
10 on Friday ... since then
11 for
12 at
13 at the moment ... until Friday
14 by
15 in

35

1 in
2 by
3 at
4 on
5 in
6 on
7 to a party at Emily's house
8 on
9 on
10 to
11 in Vienna ... at the age of 35
12 in this photo ... on the left
13 to the theater ... in the front row
14 on the wall by the door / next to the door / beside the door
15 at
16 on
17 in a high rise ... on the fifteenth floor
18 on
19 by
20 on the bus ... by car
21 on
22 in
23 in London ... to Italy
24 to
25 on

36

1 for
2 at
3 to
4 to
5 in
6 with
7 of
8 to
9 of
10 at/by
11 of
12 about

37

1 of
2 after
3 – (*no preposition*)
4 about
5 to
6 – (*no preposition*)
7 into
8 of (about *is also possible*)
9 to
10 – (*no preposition*)
11 on
12 of
13 of
14 – (*no preposition*)
15 in
16 at (about *is also possible*)
17 on
18 If Alex asks you for money
19 I apologized to Sarah for keeping ...
20 I thanked her for everything

38

2 h
3 e
4 g
5 a
6 i
7 c
8 j
9 b
10 f

39

2 D
3 B
4 B
5 A
6 B
7 D
8 C
9 C
10 B
11 A
12 D

40

2 out to
3 up with
4 forward to
5 up with
6 out of
7 on with
8 up with
9 back on
10 out about
11 along with

41

3 showed up / turned up
4 fill it out
5 torn down
6 give up
7 dozed off / dropped off / nodded off
8 split up / break up
9 put up with it
10 get by
11 went on
12 put it off

42

2 put
3 moving
4 put
5 fixed
6 turned/turns
7 find
8 Calm
9 drop/stop
10 held
11 left / 've left / have left *or* missed / 've missed / have missed
12 drop
13 join
14 works
15 let
16 work
17 went off ... woke